CHIAVENATO

INTRODUÇÃO À
Teoria Geral da Administração

O GEN | Grupo Editorial Nacional – maior plataforma editorial brasileira no segmento científico, técnico e profissional – publica conteúdos nas áreas de ciências sociais aplicadas, exatas, humanas, jurídicas e da saúde, além de prover serviços direcionados à educação continuada e à preparação para concursos.

As editoras que integram o GEN, das mais respeitadas no mercado editorial, construíram catálogos inigualáveis, com obras decisivas para a formação acadêmica e o aperfeiçoamento de várias gerações de profissionais e estudantes, tendo se tornado sinônimo de qualidade e seriedade.

A missão do GEN e dos núcleos de conteúdo que o compõem é prover a melhor informação científica e distribuí-la de maneira flexível e conveniente, a preços justos, gerando benefícios e servindo a autores, docentes, livreiros, funcionários, colaboradores e acionistas.

Nosso comportamento ético incondicional e nossa responsabilidade social e ambiental são reforçados pela natureza educacional de nossa atividade e dão sustentabilidade ao crescimento contínuo e à rentabilidade do grupo.

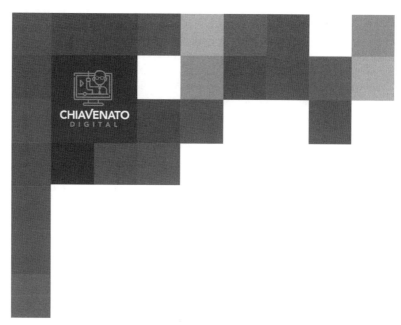

Idalberto
Chiavenato

INTRODUÇÃO À
Teoria Geral da Administração

EDIÇÃO COMPACTA

Uma visão abrangente
da moderna administração
das organizações

5ª ed.

- O autor deste livro e a editora empenharam seus melhores esforços para assegurar que as informações e os procedimentos apresentados no texto estejam em acordo com os padrões aceitos à época da publicação, *e todos os dados foram atualizados pelo autor até a data de fechamento do livro.* Entretanto, tendo em conta a evolução das ciências, as atualizações legislativas, as mudanças regulamentares governamentais e o constante fluxo de novas informações sobre os temas que constam do livro, recomendamos enfaticamente que os leitores consultem sempre outras fontes fidedignas, de modo a se certificarem de que as informações contidas no texto estão corretas e de que não houve alterações nas recomendações ou na legislação regulamentadora.
- Data do fechamento do livro: 10/12/2020
- O autor e a editora se empenharam para citar adequadamente e dar o devido crédito a todos os detentores de direitos autorais de qualquer material utilizado neste livro, dispondo-se a possíveis acertos posteriores caso, inadvertida e involuntariamente, a identificação de algum deles tenha sido omitida.
- **Atendimento ao cliente: (11) 5080-0751 | faleconosco@grupogen.com.br**
- Direitos exclusivos para a língua portuguesa
Copyright © 2021, 2022 (2ª impressão) by
Editora Atlas Ltda.
Uma editora integrante do GEN | Grupo Editorial Nacional
- Travessa do Ouvidor, 11
Rio de Janeiro – RJ – 20040-040
www.grupogen.com.br
- Reservados todos os direitos. É proibida a duplicação ou reprodução deste volume, no todo ou em parte, em quaisquer formas ou por quaisquer meios (eletrônico, mecânico, gravação, fotocópia, distribuição pela Internet ou outros), sem permissão, por escrito, da Editora Atlas Ltda.
- Capa: Bruno Sales
- Editoração eletrônica: Caio Cardoso
- Ficha catalográfica

CIP-BRASIL. CATALOGAÇÃO NA PUBLICAÇÃO
SINDICATO NACIONAL DOS EDITORES DE LIVROS, RJ

C458i
5. ed.

Chiavenato, Idalberto, 1936-
Introdução à teoria geral da administração : uma visão abrangente da moderna administração das organizações : edição compacta / Idalberto Chiavenato. – 5. ed. – [2. Reimpr.]. – São Paulo : Atlas, 2022.

; 24 cm.

Inclui bibliografia e índice
ISBN 978-85-97-02609-2

1. Administração. I. Título.

20-67718	CDD: 658.001
	CDU: 005.1

Meri Gleice Rodrigues de Souza - Bibliotecária - CRB-7/6439

À Rita

*Diz o velho e conhecido adágio popular que todo homem somente se realiza plenamente quando faz um filho, planta uma árvore e escreve um livro.
Já fiz todas essas três coisas.
Tive vários filhos, plantei inúmeras árvores e os diversos livros que escrevi ultrapassaram fronteiras e enfrentaram desafios.
E tudo isso já se foi no tempo e no espaço.
Assim, acho que agora, vislumbrando o meu passado e o meu presente, tenho condições de avaliar serenamente tudo aquilo que realmente pode realizar um homem na plenitude de suas potencialidades materiais e espirituais.
Não é bem um filho, uma árvore ou um livro tão somente que crescem, passam e se distanciam da gente.
É, sobretudo, o amor de uma mulher.
E mais do que tudo isso, é o seu amor que realmente me encanta e realiza como homem e criatura humana.
A você, minha plena realização, dedico este livro com todo amor e ternura.*

Parabéns!

Além da edição compacta e mais atualizada do livro *Introdução à Teoria Geral da Administração*, agora você tem acesso à Sala de Aula Virtual do Prof. Idalberto Chiavenato.

Chiavenato Digital é a solução que você precisa para complementar seus estudos.

São diversos objetos educacionais, como vídeos do autor, mapas mentais, estudos de caso e muito mais!

Para acessar, basta seguir o passo a passo descrito na orelha deste livro.

Bons estudos!

Confira o vídeo de apresentação da plataforma pelo autor.

uqr.to/hs6d

Sempre que o ícone aparece, há um conteúdo disponível na Sala de Aula Virtual.

CHIAVENÁRIO
Glossário interativo com as principais terminologias utilizadas pelo autor.

VÍDEOS
Vídeos esclarecedores e complementares aos conteúdos da obra são apresentados pelo autor.

SAIBA MAIS
Conteúdos complementares colaboram para aprofundar o conhecimento.

QUIZZES
Questões de múltipla escolha relacionadas aos capítulos ajudam a diagnosticar o aprendizado.

TENDÊNCIAS EM TGA
Atualidades e novos paradigmas da Introdução à Teoria Geral da Administração são apresentados.

PARA REFLEXÃO
Situações e temas controversos são apresentados para promover a reflexão.

MAPAS MENTAIS
Esquemas sintetizam de forma gráfica os conteúdos desenvolvidos em cada capítulo.

SOBRE O AUTOR

Idalberto Chiavenato é Doutor e Mestre em Administração pela City University Los Angeles (Califórnia, EUA), especialista em Administração de Empresas pela Escola de Administração de Empresas de São Paulo da Fundação Getulio Vargas (FGV EAESP), graduado em Filosofia e Pedagogia, com especialização em Psicologia Educacional, pela Universidade de São Paulo (USP), e em Direito pela Universidade Presbiteriana Mackenzie.

Professor honorário de várias universidades do exterior e renomado palestrante ao redor do mundo, foi professor da FGV EAESP. Fundador e presidente do Instituto Chiavenato, ocupa a cadeira imortal nº 48 da Academia Brasileira de Ciências da Administração. Conselheiro e vice-presidente de Assuntos Acadêmicos do Conselho Regional de Administração de São Paulo (CRA-SP).

Autor de 48 livros nas áreas de Administração, Recursos Humanos, Estratégia Organizacional e Comportamento Organizacional publicados no Brasil e no exterior. Recebeu três títulos de *Doutor Honoris Causa* por universidades latino-americanas e a Comenda de Recursos Humanos pela ABRH-Nacional.

PREFÁCIO

No mundo dinâmico, mutável, competitivo e exponencial em que vivemos, essencialmente ambíguo e repleto de incertezas, a aposta é que a criatividade e as competências duráveis serão os elementos que as organizações requererão de seus administradores para manter sua competitividade e sustentabilidade em um cenário de rápidas transformações. Vivemos em um mundo agitado por incessantes mudanças no qual somente as organizações bem administradas conseguem sobreviver e alcançar sucesso. Nunca como agora a teoria administrativa se tornou tão imprescindível para o sucesso das organizações. Em um mundo de incertezas e perplexidades, despontam a criatividade e a inovação. Quanto mais esse ambiente se torna mais mutável, instável e turbulento, maior é a necessidade de opções diferentes e criativas para a solução dos problemas e situações que as organizações enfrentam e que se alteram de maneira cada vez mais diversa e inesperada.

Nesse sentido, a Teoria Geral da Administração (TGA) – disciplina que nasceu com a primeira edição deste livro – constitui a orientação firme para o comportamento profissional de todos aqueles que lidam com Administração. Em vez de se preocupar em ensinar a executar ou fazer as mesmas coisas – o como –, a TGA busca ensinar o que deve ser feito – o porquê das coisas. Enquanto o especialista e executor de tarefas sabe apenas fazer e executar coisas de maneira mecânica e rotineira, o estrategista sabe analisar e resolver situações complexas e problemáticas, pois aprendeu a pensar, a raciocinar, a avaliar e a ponderar em termos abstratos, estratégicos, conceituais e teóricos. Enquanto o especialista é um mero agente de execução e de operação que segue ordens superiores, o estrategista é um agente de mudanças e de inovação, pois adquire competências de perceber e diagnosticar situações que o especialista nem sequer imagina existirem. E, a partir daí, antevê oportunidades incríveis, planeja e faz executar mudanças e transformações que levam as organizações exponenciais ao sucesso. E quanto maior a mudança e a instabilidade, tanto maior a necessidade de habilidades e competências conceituais para proporcionar a inovação dentro das organizações. Assim, a TGA procura formar o profissional estrategista e ensiná-lo a pensar e raciocinar dentro de uma nova mentalidade a partir de conceitos e ideias avançadas como um poderoso ferramental de trabalho. Esta é a caixa de ferramentas do administrador bem-sucedido.

Eis o papel da TGA: para que o administrador tenha condições profissionais de sucesso em qualquer organização – qualquer que seja o nível hierárquico ou a área de atuação profissional –, ele precisa de competências pessoais de diagnóstico e de avaliação situacional para ajudá-lo a discernir o que fazer frente a situações novas, complexas, imprecisas e ambíguas. Assim, vale a pena lembrar a frase de Kurt Lewin: "Nada é mais prático do que uma boa teoria". E, apesar de ser teoria, a TGA é terrivelmente instrumental. Ela fornece ao administrador a arma mais poderosa: a sua competência conceitual em como saber diagnosticar antes de saber executar um projeto de trabalho. Criar e inovar. Melhorar e renovar. Todo o talento administrativo funciona ao redor dessas competências básicas. A TGA, ao longo dos tempos, mostra o importante avanço das ideias e dos conceitos na moderna Administração, bem como suas fortes tendências para um futuro digital e exponencial. Não se esqueça nunca: a Administração constitui hoje a melhor solução para os maiores problemas da humanidade.

Idalberto Chiavenato

Figura 01 Estrutura do livro.

SUMÁRIO

PARTE I – INTRODUÇÃO À TEORIA GERAL DA ADMINISTRAÇÃO, 1

I.1 HABILIDADES NECESSÁRIAS AO ADMINISTRADOR, 2
I.2 COMPETÊNCIAS DURÁVEIS DO ADMINISTRADOR, 3
I.3 PAPÉIS DO ADMINISTRADOR, 5
REFERÊNCIAS, 8

Capítulo 1
A ADMINISTRAÇÃO E SUAS PERSPECTIVAS: DELINEANDO O PAPEL DA ADMINISTRAÇÃO, 9

1.1 CONTEÚDO E OBJETO DE ESTUDO DA ADMINISTRAÇÃO, 11
    1.1.1 Conceito de Administração, 11
    1.1.2 Teorias administrativas, 13
1.2 ESTADO ATUAL DA TEORIA GERAL DA ADMINISTRAÇÃO, 15
1.3 ADMINISTRAÇÃO NA SOCIEDADE MODERNA, 15
1.4 PERSPECTIVAS FUTURAS DA ADMINISTRAÇÃO, 16
    1.4.1 O que vem por aí, 17
CONCLUSÕES, 20
REFERÊNCIAS, 20

PARTE II – ABORDAGEM CLÁSSICA DA ADMINISTRAÇÃO, 23

II.1 AS CONDIÇÕES PREPARATÓRIAS, 23
    II.1.1 Influência da organização da Igreja Católica, 23
    II.1.2 Influência da organização militar, 24
    II.1.3 Influência da física tradicional, 24
    II.1.4 Influência das Revoluções Industriais, 25
    II.1.5 Influência de alguns economistas, 28
    II.1.6 Influência dos pioneiros e empreendedores, 28
II.2 O DESPONTAR DA ADMINISTRAÇÃO, 30
II.3 ORIGENS DA ABORDAGEM CLÁSSICA, 31
REFERÊNCIAS, 32

Capítulo 2
ADMINISTRAÇÃO CIENTÍFICA: ARRUMANDO O CHÃO DA FÁBRICA, 35

2.1 A OBRA DE TAYLOR, 36
    2.1.1 Primeiro período de Taylor, 36
    2.1.2 Segundo período de Taylor, 37
2.2 ADMINISTRAÇÃO COMO CIÊNCIA, 37
2.3 ORGANIZAÇÃO RACIONAL DO TRABALHO, 38
    2.3.1 Análise do trabalho e estudo dos tempos e movimentos, 38
    2.3.2 Estudo da fadiga humana, 39
    2.3.3 Divisão do trabalho e especialização do operário, 40
    2.3.4 Desenho de cargos e tarefas, 41
    2.3.5 Incentivos salariais e prêmios de produção, 41
    2.3.6 Conceito de *homo economicus*, 42
    2.3.7 Condições de trabalho, 42
    2.3.8 Padronização, 43
    2.3.9 Supervisão funcional, 43
2.4 PRINCÍPIOS DA ADMINISTRAÇÃO CIENTÍFICA, 44
    2.4.1 Princípios da Administração Científica de Taylor, 44
    2.4.2 Princípios de eficiência de Emerson, 45
    2.4.3 Princípios básicos de Ford, 45
    2.4.4 Princípio da exceção, 47
2.5 APRECIAÇÃO CRÍTICA DA ADMINISTRAÇÃO CIENTÍFICA, 48
    2.5.1 Mecanicismo da Administração Científica, 48
    2.5.2 Superespecialização do operário, 49
    2.5.3 Visão microscópica do ser humano, 50
    2.5.4 Ausência de comprovação científica, 50
    2.5.5 Abordagem incompleta da organização, 51
    2.5.6 Limitação do campo de aplicação, 51
    2.5.7 Abordagem prescritiva e normativa, 51
    2.5.8 Abordagem de sistema fechado, 51
    2.5.9 Pioneirismo na Administração, 51
CONCLUSÕES, 52
REFERÊNCIAS, 53

Capítulo 3
TEORIA CLÁSSICA DA ADMINISTRAÇÃO: ORGANIZANDO A EMPRESA, 55

3.1 A ÉPOCA, 56
3.2 A OBRA DE FAYOL, 56
    3.2.1 As funções básicas da empresa, 56
    3.2.2 Conceito de Administração, 57

3.2.3 Proporcionalidade das funções administrativas, 58
3.2.4 Diferença entre Administração e Organização, 59
3.2.5 Princípios gerais de Administração para Fayol, 59
3.3 TEORIA DA ADMINISTRAÇÃO, 60
3.3.1 Administração como ciência, 60
3.3.2 Teoria da organização, 60
3.3.3 Divisão do trabalho e especialização, 60
3.3.4 Coordenação, 62
3.3.5 Organização linear, 62
3.3.6 Tipos de autoridade, 62
3.4 ELEMENTOS DA ADMINISTRAÇÃO, 63
3.4.1 Elementos da Administração para Urwick, 63
3.4.2 Elementos da Administração para Gulick, 64
3.5 PRINCÍPIOS DE ADMINISTRAÇÃO, 64
3.5.1 Princípios de Administração para Urwick, 64
3.6 APRECIAÇÃO CRÍTICA DA TEORIA CLÁSSICA, 65
3.6.1 Abordagem simplificada da organização formal, 65
3.6.2 Ausência de trabalhos experimentais, 65
3.6.3 Extremo racionalismo na concepção da Administração, 66
3.6.4 Teoria da máquina, 66
3.6.5 Abordagem incompleta da organização, 66
3.6.6 Abordagem de sistema fechado, 67
CONCLUSÕES, 68
REFERÊNCIAS, 68

PARTE III – ABORDAGEM HUMANÍSTICA DA ADMINISTRAÇÃO, 71
III.1 TEORIAS TRANSITIVAS, 72
REFERÊNCIAS, 73

Capítulo 4
TEORIA DAS RELAÇÕES HUMANAS, 75
4.1 ORIGENS DA TEORIA DAS RELAÇÕES HUMANAS, 76
4.1.1 A experiência de Hawthorne, 76
4.1.2 Conclusões da experiência de Hawthorne, 77
4.2 A CIVILIZAÇÃO INDUSTRIALIZADA E O HOMEM, 78
4.3 FUNÇÕES BÁSICAS DA ORGANIZAÇÃO INDUSTRIAL, 79
4.3.1 Uma nova visão da empresa, 81
4.3.2 A natureza humana, 81
4.4 INFLUÊNCIA DA MOTIVAÇÃO HUMANA, 82
4.4.1 Teoria de Campo de Lewin, 82
4.4.2 Ciclo motivacional, 83

4.4.3 Frustração e compensação, 83
4.4.4 Moral e clima organizacional, 84
4.5 LIDERANÇA, 85
4.5.1 Conceituações de liderança, 85
4.6 TEORIAS SOBRE LIDERANÇA, 86
4.6.1 Teorias de traços de personalidade, 87
4.6.2 Teorias sobre estilos de liderança, 87
4.6.3 Teorias situacionais de liderança, 90
4.7 COMUNICAÇÃO, 91
4.8 ORGANIZAÇÃO INFORMAL, 92
4.8.1 Características da organização informal, 92
4.8.2 Origens da organização informal, 93
4.9 DINÂMICA DE GRUPO, 94
4.10 APRECIAÇÃO CRÍTICA DA TEORIA DAS RELAÇÕES HUMANAS, 96
CONCLUSÃO, 99
REFERÊNCIAS, 100

PARTE IV – ABORDAGEM ESTRUTURALISTA DA ADMINISTRAÇÃO, 103
IV.1 A ÉPOCA, 104

Capítulo 5
O MODELO BUROCRÁTICO E A TEORIA ESTRUTURALISTA DA ADMINISTRAÇÃO, 105

5.1 ORIGENS DA TEORIA DA BUROCRACIA, 106
5.2 CARACTERÍSTICAS DA BUROCRACIA, 110
5.2.1 Vantagens da burocracia, 113
5.2.2 Racionalidade burocrática, 113
5.3 DISFUNÇÕES DA BUROCRACIA, 114
5.4 AS DIMENSÕES DA BUROCRACIA, 117
5.4.1 Apreciação crítica da Teoria da Burocracia, 118
5.5 TEORIA ESTRUTURALISTA DA ADMINISTRAÇÃO, 120
5.6 ORIGENS DA TEORIA ESTRUTURALISTA, 120
5.7 SOCIEDADE DE ORGANIZAÇÕES, 121
5.8 ANÁLISE DAS ORGANIZAÇÕES, 121
5.9 TIPOLOGIA DAS ORGANIZAÇÕES, 124
5.10 OBJETIVOS ORGANIZACIONAIS, 126
5.11 AMBIENTE ORGANIZACIONAL, 127
5.12 CONFLITOS ORGANIZACIONAIS, 127
5.13 APRECIAÇÃO CRÍTICA DA TEORIA ESTRUTURALISTA, 129
REFERÊNCIAS, 130

PARTE V - ABORDAGEM NEOCLÁSSICA DA ADMINISTRAÇÃO, 135
REFERÊNCIAS, 136

Capítulo 6
TEORIA NEOCLÁSSICA DA ADMINISTRAÇÃO: DEFININDO O PAPEL DO ADMINISTRADOR, 137

6.1 CARACTERÍSTICAS DA TEORIA NEOCLÁSSICA, 138
6.2 PRINCÍPIOS BÁSICOS DE ORGANIZAÇÃO, 140
6.3 FUNÇÕES DO ADMINISTRADOR, 144
    6.3.1 Planejamento, 145
    6.3.2 Organização, 150
    6.3.3 Direção (ou liderança), 151
    6.3.4 Controle, 152
    6.3.5 Abrangência do controle, 154
6.4 TIPOS DE ORGANIZAÇÃO, 156
    6.4.2 Apreciação crítica dos tipos de organização, 161
    6.4.3 Conclusões sobre a Teoria Neoclássica, 162
6.5 DEPARTAMENTALIZAÇÃO, 162
    6.5.1 Tipos de departamentalização, 164
    6.5.2 Escolhas de alternativas de departamentalização, 171
    6.5.3 Apreciação crítica da departamentalização, 171
    6.5.4 Administração por Objetivos (APO), 172
    6.5.5 Apreciação crítica da APO, 175
REFERÊNCIAS, 176

PARTE VI - ABORDAGEM COMPORTAMENTAL DA ADMINISTRAÇÃO, 179
REFERÊNCIAS, 180

Capítulo 7
TEORIA COMPORTAMENTAL DA ADMINISTRAÇÃO, 181

7.1 ORIGENS DA TEORIA COMPORTAMENTAL, 182
7.2 NOVAS PROPOSIÇÕES SOBRE A MOTIVAÇÃO HUMANA, 183
    7.2.1 Hierarquia das necessidades de Maslow, 183
    7.2.2 Teoria dos dois fatores de Herzberg, 185
7.3 ESTILOS DE ADMINISTRAÇÃO, 189
    7.3.1 Teoria X e Teoria Y, 190
    7.3.2 Sistemas de Administração, 192
7.4 ORGANIZAÇÃO COMO UM SISTEMA SOCIAL COOPERATIVO, 196
7.5 PROCESSO DECISÓRIO, 197

7.6 COMPORTAMENTO ORGANIZACIONAL, 201
    7.6.1 Teoria do Equilíbrio Organizacional, 202
    7.6.2 Tipos de participantes, 203
7.7 CONFLITO ENTRE OBJETIVOS ORGANIZACIONAIS E INDIVIDUAIS, 204
    7.7.1 Negociação, 205
7.8 APRECIAÇÃO CRÍTICA DA TEORIA COMPORTAMENTAL, 205
7.9 TEORIA DO DESENVOLVIMENTO ORGANIZACIONAL (DO), 209
    7.9.1 As mudanças e a organização, 209
    7.9.2 Que é desenvolvimento organizacional?, 215
    7.9.3 Processo de DO, 219
7.10 MODELOS DE DO, 222
    7.10.1 *Managerial Grid* (ou DO do tipo *Grid*), 222
    7.10.2 Modelo de Lawrence e Lorsch, 224
    7.10.3 Teoria 3-D da eficácia gerencial, de Reddin, 225
7.11 APRECIAÇÃO CRÍTICA DO DO, 227
REFERÊNCIAS, 227

PARTE VII – ABORDAGEM SISTÊMICA DA ADMINISTRAÇÃO, 231

Capítulo 8
TEORIA DE SISTEMAS, 235

8.1 ORIGENS DA TEORIA DE SISTEMAS, 236
8.2 CONCEITO DE SISTEMAS, 237
    8.2.1 Características dos sistemas, 237
    8.2.2 Tipos de sistemas, 238
    8.2.3 Parâmetros dos sistemas, 239
8.3 SISTEMA ABERTO, 240
8.4 ORGANIZAÇÃO COMO UM SISTEMA ABERTO, 241
    8.4.1 Características das organizações como sistemas abertos, 242
8.5 MODELOS DE ORGANIZAÇÃO, 244
    8.5.1 Modelo de Schein, 244
    8.5.2 Modelo de Katz e Kahn, 244
    8.5.3 Modelo sociotécnico de Tavistock, 248
8.6 APRECIAÇÃO CRÍTICA DA TEORIA DE SISTEMAS, 249
REFERÊNCIAS, 253

Capítulo 9
TEORIA MATEMÁTICA E A TECNOLOGIA NA ADMINISTRAÇÃO, 257

9.1 ORIGENS DA TEORIA MATEMÁTICA NA ADMINISTRAÇÃO, 258
9.2 TEORIA DA DECISÃO E O PROCESSO DECISÓRIO, 259
9.3 MODELOS MATEMÁTICOS EM ADMINISTRAÇÃO, 260

9.4 PESQUISA OPERACIONAL, 262
    9.4.1 Teoria dos Jogos, 263
    9.4.2 Teoria das Filas, 264
    9.4.3 Teoria dos Grafos, 265
    9.4.4 Programação linear, 266
    9.4.5 Programação dinâmica, 266
    9.4.6 Análise estatística e cálculo de probabilidade, 266
9.5 NECESSIDADE DE INDICADORES DE DESEMPENHO, 269
9.6 APRECIAÇÃO CRÍTICA DA TEORIA MATEMÁTICA, 275
9.7 TECNOLOGIA E ADMINISTRAÇÃO, 281
9.8 PONTO DE PARTIDA DA CIBERNÉTICA, 281
    9.8.1 Origens da Cibernética, 282
    9.8.2 Conceito de Cibernética, 283
    9.8.3 Principais conceitos relacionados com sistemas, 285
9.9 TEORIA DA INFORMAÇÃO, 288
    9.9.1 Informática, 291
9.10 CONSEQUÊNCIAS DA INFORMÁTICA NA ADMINISTRAÇÃO, 291
    9.10.1 Automação, 292
    9.10.2 Tecnologia da Informação (TI), 293
    9.10.3 Sistemas de informação, 293
    9.10.4 Integração do negócio, 294
    9.10.5 *E-business*, 295
    9.10.6 *Homo digitalis*, 296
9.11 DADOS, 296
    9.11.1 *Big data*, 297
    9.11.2 Nível de maturidade digital, 299
9.12 APRECIAÇÃO CRÍTICA DA TECNOLOGIA NA ADMINISTRAÇÃO, 301
REFERÊNCIAS, 301

PARTE VIII – ABORDAGEM CONTINGENCIAL DA ADMINISTRAÇÃO, 305
REFERÊNCIAS, 308

Capítulo 10
TEORIA DA CONTINGÊNCIA: EM BUSCA DE FLEXIBILIDADE E AGILIDADE, 309

10.1 ORIGENS DA TEORIA DA CONTINGÊNCIA, 310
    10.1.1 Pesquisa de Chandler sobre estratégia e estrutura, 310
    10.1.2 Pesquisa de Burns e Stalker sobre as organizações, 311
    10.1.3 Pesquisa de Lawrence e Lorsch sobre o ambiente, 313
    10.1.4 Pesquisa de Joan Woodward sobre a tecnologia, 314

10.2 AMBIENTE, 317
    10.2.1 Ambiente geral, 317
    10.2.2 Ambiente de tarefa, 318
    10.2.3 Tipologia de ambientes, 319

10.3 TECNOLOGIA, 322
    10.3.1 Tipologia de tecnologias de Thompson, 323
    10.3.2 Impacto da tecnologia, 327

10.4 ORGANIZAÇÕES E SEUS NÍVEIS, 328

10.5 ARRANJO ORGANIZACIONAL, 330
    10.5.1 Adhocracia, 331
    10.5.2 Estrutura matricial, 332
    10.5.3 Organização por equipes, 334
    10.5.4 Abordagens em redes, 335
    10.5.5 Permeabilidade e flexibilidade das fronteiras organizacionais, 336
    10.5.6 Organizações virtuais, 337

10.6 MODELO CONTINGENCIAL DE MOTIVAÇÃO, 339
    10.6.1 Modelo de motivação de Vroom, 339
    10.6.2 Modelo de motivação de Lawler, 340
    10.6.3 Modelo de impulsos motivacionais, 341
    10.6.4 Clima organizacional, 342

10.7 APRECIAÇÃO CRÍTICA DA TEORIA DA CONTINGÊNCIA, 343

CONCLUSÃO, 347

REFERÊNCIAS, 347

PARTE IX – NOVAS ABORDAGENS DA ADMINISTRAÇÃO, 349

IX.1 PARADOXOS DAS CIÊNCIAS, 350
    IX.1.1 Darwinismo organizacional, 350
    IX.1.2 Teoria dos *Quanta*, 350
    IX.1.3 Teoria da Relatividade, 352
    IX.1.4 Princípio da Incerteza, 352
    IX.1.5 Teoria do Caos, 352
    IX.1.6 Teoria da Complexidade, 353

IX.2 QUINTA ONDA, 355

REFERÊNCIAS, 357

Capítulo 11
PARA ONDE VAI A ADMINISTRAÇÃO? ADMINISTRAÇÃO EM UM MUNDO EXPONENCIAL, 359

11.1 ERA DA INFORMAÇÃO: MUDANÇA E INCERTEZA, 360
    11.1.1 A forte influência da Tecnologia da Informação, 361
    11.1.2 Desafios da Era da Informação, 361

11.2 SOLUÇÕES EMERGENTES JÁ EXPERIMENTADAS, 363
    11.2.1 Melhoria contínua, 363
    11.2.2 Qualidade total, 364
    11.2.3 Reengenharia, 365
    11.2.4 *Benchmarking*, 368
    11.2.5 Equipes de alto desempenho, 369

11.3 NOVA LÓGICA DAS ORGANIZAÇÕES, 370

11.4 O QUE ESTÁ ACONTECENDO, 371
    11.4.1 Gestão do conhecimento e capital intelectual, 371
    11.4.2 Organizações de aprendizagem, 373

11.5 ÉTICA E RESPONSABILIDADE SOCIAL, 376

11.6 ERA DIGITAL E EXPONENCIALIDADE, 378

11.7 QUARTA REVOLUÇÃO INDUSTRIAL, 381

11.8 EXPECTATIVAS QUANTO AO FUTURO, 382
    11.8.1 Estamos adequadamente preparados?, 383
    11.8.2 E o que virá no futuro?, 383

11.9 APRECIAÇÃO CRÍTICA DAS NOVAS ABORDAGENS, 384
    11.9.1 Caráter provocativo da Administração, 384
    11.9.2 Caráter universal da Administração, 385
    11.9.3 Novos parâmetros da Administração, 385
    11.9.4 Características das organizações, 386
    11.9.5 Amplitude de ação do administrador, 387
    11.9.6 Competências das pessoas, 388
    11.9.7 Profundo realinhamento e atualização de conceitos, 389
    11.9.8 O profundo impacto da tecnologia, 392
    11.9.9 Simplificar, descomplicar e digitalizar para enfrentar a complexidade e a transformação exponencial, 392

REFERÊNCIAS, 394

ÍNDICE ALFABÉTICO, 399

PARTE I — INTRODUÇÃO À TEORIA GERAL DA ADMINISTRAÇÃO

Capítulo 1 – A Administração e suas perspectivas: delineando o papel da Administração

Estamos frente a um novo mundo caracterizado por um frenético e intenso ritmo de mudanças e transformações que ocorrem em progressão geométrica, e que invade rompendo as características do mundo corporativo, da vida em sociedade e da maneira como vivemos, trabalhamos e nos relacionamos. Nunca antes tantas inovadoras tecnologias juntas passaram a alterar profundamente os mais diversos campos da sociedade. Principalmente nas organizações e na sua Administração. Estamos frente a um mundo exponencial, termo inspirado na matemática e constantemente utilizado para caracterizar a sua intensa e rápida transformação e expansão.

Esse mundo exponencial escancara as portas para a 4ª Revolução Industrial, afetando diretamente não apenas os meios de produção, mas todos os setores simultaneamente em um intrincado inter-relacionamento envolvendo *big data*, inteligência artificial, computação quântica, aprendizagem de máquina, robotização avançada, *blockchain*, realidade aumentada, impressão em 4D e inúmeras atividades digitais, afetando principalmente a Administração e provocando rupturas e inovação. O mundo e as organizações exponenciais se tornam cada vez mais dinâmicos e não seguem mais o velho modelo linear de crescimento. As tecnologias inovadoras estão intrinsecamente conectadas a essas transformações, e vão provocar rapidíssimas mudanças em curto tempo. Precisamos nos preparar rapidamente para esse mundo exponencial e oferecer a Administração de que ele vai necessitar. E ela será diferente daquilo que temos hoje, pois exigirá novas competências do administrador. E, como a Administração é uma disciplina de caráter pluralista e multidisciplinar, o seu desafio será ainda maior nesse futuro mundo de organizações exponenciais.

O fato é que já vivemos há tempos em uma sociedade composta de organizações: uma verdadeira sociedade de organizações. Todas as atividades relacionadas com a produção de bens, comercialização ou prestação de serviços dos mais diversos tipos são criadas, planejadas, coordenadas, dirigidas, executadas e controladas por organizações. Todas elas são constituídas de pessoas (competências), de recursos (físicos e materiais, financeiros, tecnológicos, mercadológicos) e giram ao redor de uma multidão de dados e informações que transitam ao redor do planeta. A vida das pessoas nessa sociedade depende das organizações. E estas dependem do talento das pessoas que praticamente vivem a maior parte de suas vidas dentro de organizações.

As organizações são extremamente heterogêneas e diversificadas, com tamanhos diferentes, características diferentes, estruturas diferentes, naturezas e objetivos diferentes. Existem organizações lucrativas (chamadas empresas) e organizações não lucrativas (como Estado, exército, Igreja, partidos políticos, serviços públicos, entidades filantrópicas, organizações não governamentais (ONGs) etc.). A Teoria das Organizações (TO) é o campo do conhecimento humano que se ocupa do estudo das organizações em geral. Todas as organizações precisam ser administradas, e a sua Administração requer um aparato de pessoas estratificadas em diversos níveis hierárquicos que se ocupam de incumbências diferentes. A Administração nada mais é do que a condução racional das atividades de uma organização. A Administração trata do planejamento, da organização (estruturação), da direção (e liderança) e do controle de todas as suas atividades. Assim, ela é imprescindível para a existência, sobrevivência e sucesso das organizações. Sem a Administração, as organizações jamais teriam condições de existir, crescer e alcançar êxito em suas atividades. A Teoria Geral da Administração (TGA) é a área do conhecimento humano que se ocupa do estudo da Administração em geral. A TGA trata do estudo da Administração das organizações.

1.1 HABILIDADES NECESSÁRIAS AO ADMINISTRADOR

Levitt[1] lembra que, enquanto um químico ou físico são considerados profissionais porque passaram em um teste de conhecimentos acerca de suas profissões, o mesmo não acontece com o administrador. Seu conhecimento é apenas um dos múltiplos aspectos na avaliação de sua capacitação profissional. Ele não é apenas analisado pelas organizações por seus conhecimentos sobre Administração, mas também pelo seu modo de agir, por suas atitudes, habilidades, competências, valores e filosofia de trabalho. A finalidade é verificar se essas qualidades se coadunam com os padrões de cultura e de ética, com a competitividade da organização e com as pessoas que vão trabalhar com ele. Além disso, não existe uma única maneira certa de um administrador avaliar as situações ou de conduzir as organizações ou parte delas. Pelo contrário, existem várias maneiras de levar a cabo as tarefas em condições específicas por dirigentes de temperamentos diversos e modos de agir próprios.

Para Katz,[2] o sucesso do administrador depende mais do seu desempenho e da maneira como lida com pessoas e situações do que de seus traços particulares de personalidade. Depende daquilo que ele consegue fazer e não daquilo que ele é. Esse desempenho é o resultado de certas habilidades e competências que o administrador possui e sabe utilizar. Uma habilidade é a capacidade de transformar conhecimento em ação que resulta em um desempenho desejado. Para Katz, existem três tipos de habilidades importantes para o desempenho administrativo bem-sucedido: as habilidades técnicas, humanas e conceituais.

- **Habilidades técnicas:** envolvem o uso de conhecimento e aplicação de técnicas relacionadas com o trabalho e sua realização. É o caso de habilidades em produzir algo, uso do computador, em planejar, organizar etc. Constituem habilidades *hard* e estão relacionadas com o fazer, isto é, o trabalho com "coisas" envolvendo processos materiais ou objetos físicos e concretos, lidar com instrumentos ou ferramentas, com métodos e processos de trabalho.

- **Habilidades humanas:** são relacionadas com o trabalho com pessoas, e referem-se à facilidade de relacionamento interpessoal e grupal. Envolvem a capacidade de comunicar, motivar, coordenar, liderar e resolver conflitos pessoais ou grupais. São habilidades relacionadas com a interação com as pessoas, desenvolvimento da cooperação da equipe, encorajamento da participação e o envolvimento e engajamento das pessoas. Envolvem a capacidade de liderar, comunicar, motivar pessoas etc.
- **Habilidades conceituais:** envolvem a visão da organização ou da unidade organizacional como uma totalidade, facilidade em trabalhar com ideias e conceitos, teorias, modelos e abstrações. Constituem o aspecto *soft* e permitem visualizar as várias funções da organização, complementá-las entre si, como a organização se relaciona com seu ambiente, e como as mudanças em uma parte da organização afetam o restante dela. Estão relacionadas com o pensar, com o raciocinar, com o diagnóstico das situações e com a formulação de alternativas de solução dos problemas. Representam as capacidades cognitivas mais sofisticadas do administrador e que lhe permitem planejar o futuro, interpretar a missão, desenvolver a visão de futuro, definir estratégias para o alcance de objetivos, *insights* e perceber oportunidades onde ninguém enxerga coisa nenhuma.

A combinação dessas três habilidades é importante para o sucesso do administrador.[3] Na medida em que ele sobe para os níveis mais elevados da organização, diminui a necessidade de habilidades técnicas enquanto aumenta a necessidade de habilidades conceituais. Os níveis organizacionais inferiores requerem considerável habilidade técnica para lidar com os problemas operacionais concretos e cotidianos da organização.

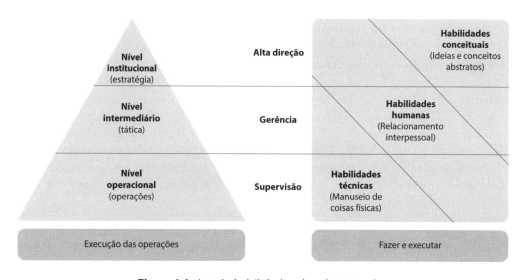

Figura I.1 As três habilidades do administrador.

I.2 COMPETÊNCIAS DURÁVEIS DO ADMINISTRADOR

Contudo, as três habilidades – técnicas, humanas e conceituais – requerem certas competências pessoais a fim de serem colocadas em ação com êxito. As competências, isto é, qualidade de quem tem habilidade para analisar uma situação, resolver assuntos ou problemas e apresentar soluções criativas, constituem o maior patrimônio pessoal do administrador, sua maior riqueza, ou seja, seu capital intelectual. Porém, em um mundo em constante mudança e transformação, o segredo está em adquirir competências duráveis – aquelas que mesmo em tempos de rápida mudança não se tornam descartáveis nem obsoletas. Essas competências duráveis são:[4]

- **Conhecimento:** significa o acervo de informações, conceitos, ideias e experiências que o administrador possui. Como o conhecimento muda a cada instante em função da mudança e da inovação que ocorrem com intensidade cada vez maior, o administrador precisa atualizar-se constantemente e renová-lo continuamente. Isso significa saber aprender, ler e, sobretudo, reciclar-se continuamente para não se tornar obsoleto e ultrapassado. Mas o conhecimento, além de atualizado, precisa ser utilizado e aplicado. Ele é necessário e fundamental, mas não é suficiente para o sucesso profissional. Ele precisa ser adicionado a outras competências duráveis: habilidade, julgamento e atitude.
- **Habilidade:** significa a capacidade de pôr o conhecimento em ação, em uso. Em saber transformar a teoria em prática. Em aplicar o conhecimento na análise das situações, na solução dos problemas e na condução do negócio. Representa a capacidade de colocar em ação os conceitos e ideias abstratas, em visualizar oportunidades que nem sempre são percebidas pelas pessoas comuns e transformá-las em soluções, novos processos, novos produtos ou serviços. Na realidade, a habilidade é a condição que torna o administrador capaz de diagnosticar situações e propor soluções criativas e inovadoras.
- **Julgamento e decisão:** não basta ter conhecimento e habilidade. O administrador precisa saber analisar e avaliar cada situação com clareza, obter dados e informação suficiente para julgar os fatos com espírito crítico, ponderar com equilíbrio, definir prioridades e tomar decisões. O administrador é um tomador de decisões.
- **Atitude:** significa o comportamento do administrador frente aos desafios e situações com que se defronta no trabalho. É o seu estilo pessoal de fazer as coisas acontecerem, a maneira de liderar, motivar, comunicar e de levar as coisas para a frente. Envolve o impulso e determinação de inovar e a convicção de melhorar continuamente, ter espírito empreendedor e inconformismo com os problemas atuais e, sobretudo, a facilidade de trabalhar com pessoas e convencê-las. É essa competência durável que transforma o administrador em um líder e agente de mudança nas empresas e organizações, e não simplesmente um mero agente de conservação e manutenção do *status quo*.

Sobre competências pessoais

Entre as competências Conhecimento, Habilidade, Julgamento e Atitude, qual é a mais importante? Qual delas sobressai em relação às outras? Sem dúvida, a competência pessoal mais importante para o administrador é a atitude, sua maneira de fazer as coisas acontecerem, depois de julgar e decidir. O administrador precisa ser um agente de mudança dentro das organizações. É ele que faz acontecer a mudança de mentalidade, envolvendo a cultura, processos, atividades, produtos e serviços etc.

Seu principal produto é a inovação. É o administrador que torna as organizações mais eficazes e competitivas, e as orienta rumo ao sucesso em um complicado mundo de negócios cheio de mudanças e competitividade. Mas, para que seja o paladino da mudança e inovação capazes de garantir e manter a competitividade organizacional, o administrador precisa desenvolver certas características pessoais que o tornem um verdadeiro líder na organização, tais como combatividade, assertividade, convicção profunda, não aceitação da situação atual, inconformismo com a mediocridade e alta dose de espírito empreendedor.

Figura I.2 Competências duráveis do administrador.

I.3 PAPÉIS DO ADMINISTRADOR

Toda pessoa desempenha determinado papel em uma organização. Papel significa um conjunto de expectativas da organização a respeito do comportamento de uma pessoa no seu trabalho. Cada papel envolve atividades que cada pessoa é incumbida de realizar. O papel básico do administrador exige o cumprimento das funções de planejar, organizar, dirigir (liderar) e controlar, que serão estudadas mais adiante. Todavia, esse papel envolve uma variedade de outros papéis derivados e que Mintzberg desdobra em dez papéis e os divide em três categorias:[5]

1. **Papéis interpessoais:** representam as relações com outras pessoas e estão associados com as habilidades humanas. Mostram como o administrador interage com as pessoas e influencia seus subordinados, clientes e fornecedores.
2. **Papéis informacionais:** descrevem as atividades para manter e desenvolver uma rede de informações. Mostram como o administrador intercambia e processa a informação. O administrador, no nível institucional, passa em média mais de 75% do seu tempo intercambiando informações e conhecimentos com outras pessoas dentro e fora da organização.

3. **Papéis decisórios:** envolvem eventos e situações em que o administrador deve fazer uma escolha ou opção de cursos de ação em função do diagnóstico que faz a respeito. Os papéis decisórios requerem habilidades, tanto técnicas e humanas quanto conceituais. Indicam como o administrador utiliza a informação e o conhecimento em suas decisões.

Quadro I.1 Os dez papéis do administrador segundo Mintzberg[6]

Categoria	Papel	Atividade
Interpessoal	Representação	Assume deveres cerimoniais e simbólicos, representa a organização e assina documentos legais.
	Liderança	Dirige e motiva pessoas, treina, aconselha e orienta.
	Ligação	Mantém redes de comunicação dentro e fora da organização.
Informacional	Monitoração	Manda e recebe informação, controla, relata e mantém contatos pessoais.
	Disseminação	Envia informação para outras organizações, memorandos e relatórios, *e-mails*, telefonemas e contatos.
	Porta-voz	Transmite informações por meio de conversas, relatórios e memorandos.
Decisorial	Empreende	Inicia projetos, desenvolve novas ideias, assume riscos, delega responsabilidades.
	Resolve conflitos	Toma ação corretiva em disputas ou crises, resolve conflitos, adapta a equipe em crises e a mudanças.
	Alocação de recursos	Decide a quem atribuir recursos, programa, orça e estabelece prioridades.
	Negociação	Representa os interesses da organização em negociações, em vendas, compras ou financiamentos.

Contudo, administrar é muito mais do que uma mera função de manter relacionamentos com pessoas, intercambiar informações ou analisar, diagnosticar situações ou problemas e tomar decisões. É muito mais que simplesmente lidar com pessoas, competências, recursos, atividades e processos complexos ou com tecnologias avançadas para fazer as organizações funcionarem com eficiência e eficácia. Na verdade, administrar envolve conduzir com sucesso uma nação, uma organização ou qualquer empreendimento de grande porte em um mundo de negócios altamente conectado, dinâmico, mutável e incerto onde tudo se transforma rápida e incessantemente, e onde reinam a inovação e a competitividade. E o papel do administrador em épocas de mudança, transformação, instabilidade e exponencialidade se centra cada vez mais na criatividade, na inovação e na agilidade organizacional,[7] o que envolve forte espírito empreendedor, assunção de riscos, visão estratégica de futuro, foco em objetivos, planejamento, organização, liderança e controle de várias atividades simultâneas e complexas em andamento.

Quadro I.2 Os dez papéis do administrador segundo Mintzberg[8]

Papéis Interpessoais	Papéis Informacionais	Papéis Decisórios
Como o administrador interage	Como o administrador intercambia e processa a informação	Como o administrador utiliza a informação nas suas decisões
1. Representação 2. Liderança 3. Ligação	4. Monitoração 5. Disseminação 6. Porta-voz	7. Empreendedor 8. Solução de conflitos 9. Alocação de recursos 10. Negociação

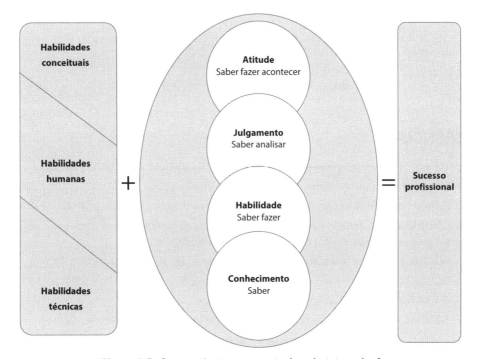

Figura I.3 Competências pessoais do administrador.[9]

Figura I.4 Mapa mental da introdução à TGA.

REFERÊNCIAS

1. LEVITT, Theodore. The managerial merry-go-round. *Harvard Business Review*, 1974. Transcrito de: O carrossel dos administradores. *Expansão*, p. 52-66, 18 set. 1974.
2. KATZ, Robert L. Skills of an effective administrator. *Harvard Business Review*, p. 33-42, jan./feb. 1955.
3. HERSEY, Paul; BLANCHARD, Kenneth H. *Psicologia para administradores de empresas*: a utilização de recursos humanos. São Paulo: Ed. Pedagógica e Universitária, 1976. p. 7.
4. CHIAVENATO, Idalberto. *Administração nos novos tempos*. São Paulo: Atlas, 2020. p. 20.
5. MINTZBERG, Henry. *The nature of managerial work*. Nova York: Harper & Row, 1973. p. 92-93.
6. CHIAVENATO, Idalberto. *Administração nos novos tempos*. op. cit., p. 24.
7. KAHNEMAN, F. *Thinking fast, thinking slow*. New York: Farrar, Strauss & Giroux, 2011.
8. MINTZBERG, Henry. *The nature of managerial work*. op. cit., p. 93.
9. CHIAVENATO, Idalberto. *Administração nos novos tempos*. op. cit., p. 22.

1 A ADMINISTRAÇÃO E SUAS PERSPECTIVAS: DELINEANDO O PAPEL DA ADMINISTRAÇÃO

OBJETIVOS DE APRENDIZAGEM

- Definir conceitos básicos de Administração, TGA e organizações.
- Mostrar a importância atual da Administração.
- Explicitar o conteúdo e o objeto de estudo da Administração.
- Projetar as perspectivas futuras da Administração.

O QUE VEREMOS ADIANTE

- Conteúdo e objeto de estudo da Administração.
- O estado atual da Teoria Geral da Administração.
- A Administração na sociedade moderna.
- Perspectivas futuras da Administração.

CASO INTRODUTÓRIO

A promoção de Marcelo

Marcelo Gonçalves é um engenheiro bem-sucedido. Em função do seu desenvolvimento profissional, Marcelo foi promovido a Gerente do Departamento de Novos Produtos da EletroMecânica Paraíso. Está feliz da vida, mas extremamente preocupado. Em toda a sua carreira profissional, sempre trabalhou como engenheiro e com coisas concretas: novos produtos, protótipos de produtos, especificações de materiais, limites de tolerância para controle de qualidade e coisas assim. Está acostumado a trabalhar com medidas exatas, números, tamanhos e materiais concretos. Contudo, nunca lidou com situações abstratas nem com pessoas. Agora, tornou-se o responsável por uma equipe de 30 funcionários sob seu comando, entre engenheiros, técnicos, *designers*, projetistas e desenhistas. Seu principal desafio passou a ser lidar com pessoas e com situações. Sua base lógica, matemática e quantitativa precisa ser substituída rapidamente por uma maneira mais abrangente, flexível, psicológica e humana para ser bem-sucedido na nova posição. Marcelo não tem a menor ideia sobre como gerir seu novo departamento e como conduzir sua equipe. Percebeu que muitos profissionais como ele – engenheiros, economistas, médicos, advogados, psicólogos etc. –, quando bem-sucedidos em suas respectivas profissões, tendem a ser promovidos como gerentes em suas empresas e deixam de lado suas especialidades para assumir posições administrativas. Por onde Marcelo deveria começar?

Em uma época de complexidades, mudanças disruptivas e incertezas como a que atravessamos nos dias de hoje, a Administração tornou-se uma das mais importantes áreas da atividade humana. Vivemos em uma civilização em que predominam as organizações e na qual o esforço cooperativo do homem é a base fundamental da sociedade. E a tarefa básica da Administração é a de transformar as organizações em entidades bem-sucedidas, competitivas e sustentáveis. Nas organizações – como indústrias, comércio, organizações de serviços públicos, hospitais, universidades, organizações não governamentais, instituições militares ou em qualquer outra forma de empreendimento humano –, a sua eficiência e eficácia no sentido de alcançar objetivos organizacionais dependem diretamente da capacidade daqueles que exercem a função administrativa. Todo o impressionante avanço tecnológico e a aquisição de recursos e competências, apenas por si mesmos, não produzem efeitos se a qualidade da Administração não permitir a sua aplicação eficaz. A Administração está sendo considerada a principal chave para a solução dos mais graves problemas que atualmente afligem o mundo moderno.

O trabalho do administrador em qualquer organização – seja ele um supervisor de primeira linha ou o dirigente máximo da organização – envolve sempre uma visão crítica e inovadora. Qualquer que seja a posição ou o nível que ocupe, o administrador alcança resultados por meio da efetiva cooperação dos subordinados. Toda organização – seja ela industrial ou prestadora de serviços – precisa ser administrada para alcançar seus objetivos por meio de suas competências, recursos e com a maior **eficiência**, **competitividade** e **autossustentabilidade**, além de muita inovação no meio.

E por que existem as organizações? Devido às suas limitações físicas, biológicas e psíquicas, as pessoas têm necessidade de cooperar com outras pessoas para, em conjunto, alcançar objetivos que isoladamente jamais poderiam alcançar. A coordenação do esforço humano torna-se um problema essencialmente administrativo para o alcance de objetivos – sejam industriais, comerciais, religiosos, militares, caritativos ou educacionais. Onde quer que a cooperação de pessoas no intuito de alcançar objetivos comuns se torne organizada e formal, o componente essencial e fundamental dessa associação é a Administração – a função de conseguir fazer as coisas por meio das pessoas e com os melhores resultados. Somente a partir do momento em que as organizações alcançaram certo tamanho e complexidade foi que a sua Administração começou a apresentar dificuldades e desafios até então intransponíveis para seus dirigentes. Foi

Reflita sobre **As habilidades do administrador** na seção *Para reflexão* ITGAc 1.1

nesse momento que surgiu a necessidade de uma Teoria da Administração que permitisse oferecer aos dirigentes das organizações os modelos e estratégias adequados para a solução de seus problemas empresariais.

1.1 CONTEÚDO E OBJETO DE ESTUDO DA ADMINISTRAÇÃO

A palavra *Administração* vem do latim *ad* (direção, tendência para) e *minister* (subordinação ou obediência) e significa aquele que realiza uma função sob o controle de outrem, isto é, aquele que presta um serviço a outro. No entanto, a palavra *Administração* sofreu uma radical transformação e ampliação em seu significado original. A tarefa da Administração passou a ser a de interpretar os objetivos propostos pela organização e transformá-los em ação organizacional por meio do planejamento, organização, direção e controle de todos os esforços realizados em todas as áreas e em todos os níveis da organização, a fim de alcançar tais objetivos da maneira mais adequada à situação e garantir a competitividade em um mundo de negócios altamente concorrencial e complexo. Em termos genéricos, a Administração consiste no processo de planejar, organizar, dirigir e controlar o uso de recursos e competências, a fim de alcançar os objetivos organizacionais desejados.

1.1.1 Conceito de Administração

Vale a pena comparar cada conceituação da Administração:

- **Administração:** é o processo de alcançar objetivos pelo trabalho com e por intermédio de pessoas e outros recursos organizacionais.[1]
- **Administração:** é o processo de planejar, organizar, liderar e controlar o trabalho dos membros da organização e utilizar todos os recursos organizacionais disponíveis para alcançar objetivos organizacionais definidos.[2]
- **Administração:** é o processo de planejar, organizar, liderar e controlar o uso de recursos para alcançar objetivos de desempenho.[3]
- **Administração:** é o alcance de objetivos organizacionais de maneira eficaz e eficiente graças ao planejamento, à organização, à liderança e ao controle dos recursos organizacionais.[4]
- **Administração:** é o ato de trabalhar com e por intermédio de outras pessoas para realizar os objetivos da organização, bem como de seus membros.[5]

Contudo, a Administração é muito mais do que simplesmente planejar, organizar, dirigir e controlar, como diz a maioria dos autores. A Administração envolve um complexo de decisões e ações, aplicado a uma variedade de situações em uma ampla variedade de organizações. Por isso, o conceito de Administração admite várias interpretações, tais como:[6]

1. **Administração:** é um processo contínuo e sistêmico que envolve uma série de atividades impulsionadoras como planejar, organizar, dirigir e controlar recursos e competências para alcançar metas e objetivos organizacionais. Ela implica fixar objetivos a serem alcançados, tomar decisões no meio desse caminho e liderar todo esse processo para o alcance dos objetivos.
2. **Administração:** envolve a articulação e aplicação de vários conjuntos de recursos e competências organizacionais para alcançar objetivos. Ela é um processo abrangente

que envolve e põe em uso uma variedade de recursos: humanos, financeiros, materiais, tecnológicos e uma torrente de dados e informação.

3. **Administração:** exige ações orientadas para alcançar objetivos fazendo com que pessoas e órgãos trabalhem de maneira conjunta e integrada. Não se trata de uma atividade randômica ou casual, mas uma abordagem proposital e direcionada para alvos previamente definidos, envolvendo objetivos individuais, grupais e organizacionais ou uma combinação deles.

4. **Administração:** envolve o direcionamento de atividades executadas por todo o conjunto organizacional. É um processo desenvolvido nos vários níveis das organizações por pessoas com diferentes funções intencionalmente estruturadas e coordenadas para o alcance de propósitos comuns.

Nesses termos, pode-se chegar a algumas conclusões sobre a Administração:[7]

1. **A Administração ocorre exclusivamente dentro de organizações:** ela não acontece em situações isoladas. Todas as organizações – nações, estados e municípios, empresas, empreendimentos de todo tipo não importando seu tamanho ou natureza – precisam ser administradas. Ocorre que cada organização é única, singular e diferente das demais, e suas características ímpares afetam tanto o administrador como todas as pessoas que com ele interagem. Assim, o administrador precisa necessariamente compreender a organização que dirige. Essa é a sua praia.

2. **A Administração requer fazer as coisas por meio das pessoas:** o papel do administrador não é o de executar, mas o de assessorar as pessoas e desenvolver nelas capacidades e competências para que executem adequadamente suas atividades. Para isso, deve saber comunicar, orientar, engajar, ensinar, liderar e motivar pessoas.

3. **A Administração requer simultaneamente lidar com situações múltiplas e complexas, muitas vezes inesperadas e potencialmente conflitivas:** assim, a Administração é um processo complexo que requer integração, articulação e visão de conjunto, principalmente quando as atividades são divididas, diferenciadas e fragmentadas. Isso requer uma perspectiva global e uma compreensão local do mercado, dos clientes, dos concorrentes, da sociedade, do governo e do mundo globalizado. O administrador trabalha sempre com o radar ligado monitorando tudo ao seu redor.

4. **O administrador deve continuamente buscar, localizar e aproveitar novas oportunidades de negócios:** deve possuir uma mentalidade empreendedora focada no compromisso de constantemente aprender novas habilidades, novos conhecimentos, e adquirir novas competências. Deve ser um agente de mudança e de transformação das organizações.

5. **O administrador precisa saber reunir simultaneamente conceitos e ação:** em outras palavras, juntar a teoria com a prática e o pensar com o agir. Conceitos sem ação não levam a nada; ação sem conceitos é pura perda de tempo. Cada vez mais a Administração está sendo envolvida por assuntos abstratos e complexos. No seu começo, ela foi eficiência e eficácia. Depois, vieram a produtividade e a lucratividade. Mais adiante, vieram o mercado, a excelência, a competitividade, a sustentabilidade e a responsabilidade social. O que são esses assuntos senão conceitos abstratos e intangíveis? Pura teoria. E, sem ela, o administrador fica sem saber exatamente o que fazer em situações abstratas e intangíveis.

A menos que ele queira trabalhar exclusivamente com coisas concretas, ou seja, com a mão na massa e dentro de uma rotina bitolada e repetitiva enquanto o mundo de negócios ao seu redor é dinâmico, mutável e competitivo. Vai perder a parada.

Além do mais, pela sua complexidade, a Administração é simultaneamente uma ciência, uma tecnologia e uma arte, diferentemente das demais ciências.

- **Como ciência:** a Administração repousa em fundamentos científicos, em metodologias e em teorias sobre fatos e evidências que são frequentemente analisadas, experimentadas e testadas na prática cotidiana. Como ciência, ela define o que causa o quê, por que causa e quando causa, isto é, as relações de causa e efeito. Ou seja, quando uma determinada força fará algo andar e quando fará algo parar.
- **Como tecnologia:** a Administração utiliza técnicas, modelos, práticas e ferramentas conceituais baseadas em teorias científicas que facilitam e orientam a vida do administrador. A Era Digital está mostrando isso.
- **Como arte:** a Administração requer do administrador a leitura de cada situação em uma visão abrangente, a intuição, a abordagem criativa e inovadora, e isso não somente para resolver problemas, mas principalmente para melhorar, criar, mudar, inovar e transformar as organizações. Com muita classe.

Figura 1.1 Administração como ciência, tecnologia e arte.[8]

1.1.2 Teorias administrativas

Tudo em Administração depende do tempo, da situação e das circunstâncias. Por isso, existem várias teorias a respeito da Administração. Cada uma delas ensina a discernir o que é relevante e a guiar e priorizar suas ações, além do que pode e deve ser feito em cada situação ou circunstância. Cada teoria funciona como um modelo de pensar sobre o curso de ação diante de uma situação específica. Todo administrador busca resultados, mas sem a teoria adequada para chegar lá será apenas um palpiteiro ou um chutador às cegas.[9]

Quadro 1.1 Principais teorias administrativas

Ênfase	Teorias administrativas	Principais enfoques
Tarefas	Administração científica	■ Racionalização do trabalho ■ Ciência da Administração
Estrutura	Clássica	■ Organização formal ■ Princípios gerais da Administração
	Neoclássica	■ Funções do administrador
	Burocrática e estruturalista	■ Organização formal burocrática ■ Múltipla abordagem ■ Organização formal e informal
Pessoas	Matemática e tecnologia	■ Análise intraorganizacional ■ Análise extraorganizacional
Ambiente	Relações humanas	■ Grupos sociais ■ Organização informal
Tecnologia	Comportamental	■ Teoria das decisões ■ Estilos de Administração
Competitividade	Sistemas	■ Análise organizacional ■ Abordagem de sistema aberto
	Contingência	■ Análise ambiental (imperativo ambiental)
	Contingência	■ Administração da tecnologia
	Novas abordagens	■ Caos e complexidade ■ Aprendizagem organizacional ■ Capital intelectual

Aprofunde seus conhecimentos sobre **A gradativa ampliação do escopo** na seção *Saiba mais* ITGAc 1.1

Reflita sobre **As dificuldades de lidar com pessoas** na seção *Para reflexão* ITGAc 1.2

Tanto o significado como o conteúdo da Administração sofreram formidáveis ampliação e aprofundamento por meio das diferentes teorias que abordaremos neste livro.

Cada uma das seis variáveis que envolvem a Administração – tarefas, estrutura, pessoas, ambiente, tecnologia e competitividade – provocou ao seu tempo uma diferente teoria administrativa, marcando um passo no gradativo desenvolvimento da TGA. Cada teoria administrativa privilegia ou enfatiza uma ou mais dessas cinco variáveis.

1.2 ESTADO ATUAL DA TEORIA GERAL DA ADMINISTRAÇÃO

As rápidas pinceladas a respeito dos gradativos passos da TGA mostram o efeito cumulativo, e gradativamente abrangente, das diversas teorias com suas diferentes contribuições e diferentes abordagens.[10]

Todas as teorias administrativas são válidas, embora cada qual valorize uma ou algumas das seis variáveis básicas. Na realidade, cada teoria administrativa surgiu como uma resposta aos problemas empresariais mais relevantes de sua época. E, nesse caso, todas elas foram bem-sucedidas ao apresentarem soluções específicas para tais problemas. De certo modo, todas as teorias administrativas são aplicáveis às situações atuais e o administrador precisa conhecê-las bem para ter à sua disposição um naipe de alternativas adequadas para a situação.

A teoria administrativa está continuamente se expandindo e se reinventando a cada instante na medida em que o mundo organizacional se torna cada vez mais dinâmico, mutável e competitivo.

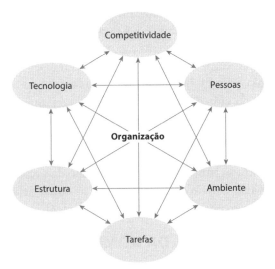

Figura 1.2 Variáveis básicas da TGA.

1.3 ADMINISTRAÇÃO NA SOCIEDADE MODERNA

A Administração é um fenômeno organizacional e universal no mundo moderno. Toda organização requer o alcance de seus objetivos em um cenário de mudança e concorrência acirrada por meio da tomada de decisões, coordenação de múltiplas atividades, condução de diferentes pessoas, avaliação do desempenho dirigido a metas previamente determinadas, obtenção e alocação de recursos, geração de competências e oferta de valor. Numerosas atividades administrativas são desempenhadas por vários administradores e, orientadas para áreas e problemas específicos, precisam ser realizadas e coordenadas de maneira integrada e coesa em cada organização ou empresa.

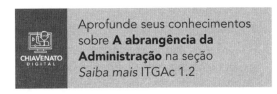

Aprofunde seus conhecimentos sobre **A abrangência da Administração** na seção *Saiba mais ITGAc 1.2*

A tarefa do administrador é a de lidar com organizações ou com parte delas. Assim, ele não é um mero executor de tarefas, mas o responsável pelo trabalho das pessoas a ele subordinadas, sejam diretores, gerentes, supervisores, equipes ou executores. O administrador é um profissional cuja formação é ampla e variada: ele precisa conhecer disciplinas heterogêneas (como Matemática, Direito, Psicologia, Sociologia, Estatística etc.); precisa lidar com pessoas que gerenciam ou executam diferentes tarefas. Ou que planejam, organizam, controlam, assessoram ou pesquisam, e que lhe estejam subordinadas, no mesmo nível ou acima dele. Precisa estar atento aos eventos passados e presentes, bem como às previsões ou tendências futuras, pois seu horizonte temporal deve ser amplo, já que ele é o responsável pela direção de pessoas que seguem suas ordens e orientação. Precisa lidar com eventos internos (localizados dentro da empresa) e externos (localizados no ambiente que envolve externamente a empresa). Precisa ver mais longe que os outros, pois está orientado para os objetivos que a empresa pretende alcançar por meio da atividade conjunta de todos. Ele é um agente, não somente de condução ou manutenção, mas de mudança e transformação das organizações, levando-as a novos rumos, estratégicas, novos processos, novas tecnologias, e patamares cada vez mais elevados. Ele é também um agente educador e orientador no sentido de que, com sua direção e orientação, modifica comportamentos e atitudes das pessoas. Ele é um agente cultural na medida em que, com o seu estilo de gestão, modifica a cultura organizacional e a mentalidade existente nas empresas. Assim, o administrador deixa marcas profundas na vida das pessoas na medida em que lida com elas e com seus destinos dentro das empresas e na medida em que sua atuação influi também no comportamento dos consumidores, clientes, fornecedores, concorrentes e demais organizações humanas. Sua influência é poderosa, tanto interna como externamente.

A Administração tornou-se fundamental na condução da sociedade moderna. Ela não é um fim em si mesma, mas um meio de fazer com que as coisas sejam realizadas da melhor forma, com o menor custo e com a maior eficiência e eficácia.

1.4 PERSPECTIVAS FUTURAS DA ADMINISTRAÇÃO

Rápida e gradativamente, o mundo está vendo o fim da forma organizacional de hoje (a ordenação burocrática que ainda predomina em muitas organizações) e o surgimento de novas arquiteturas organizacionais adequadas às novas demandas da era digital pós-industrial.[11]

Essa previsão se baseia no princípio evolucionário de que cada era ou idade desenvolve uma forma organizacional apropriada às suas características e exigências. As fraquezas da tradicional organização burocrática serão os germes dos futuros sistemas organizacionais, devido a três aspectos:[12]

1. **Mudanças rápidas e inesperadas no mundo dos negócios:** seja no campo do conhecimento, impondo novas e crescentes necessidades a que as atuais organizações não têm condições de atender.

2. **Crescimento e expansão das organizações:** que se tornam cada vez mais complexas, virtuais e globalizadas.

3. **Atividades complexas que exigem diferentes pessoas com competências diversas e especializadas:** envolvendo problemas de coordenação e de capacitação e constante atualização profissional em função das rápidas mudanças no mundo dos negócios.

Capítulo 1 – A Administração e suas perspectivas: delineando o papel da Administração

A tarefa administrativa nos próximos anos será incerta e desafiadora, pois deverá ser atingida por uma infinidade de variáveis, mudanças e transformações carregadas de ambiguidades, volatilidades e incertezas. O administrador irá se defrontar com problemas multifacetados e cada vez mais complexos do que os anteriores, e sua atenção será disputada por eventos e por grupos situados dentro e fora da organização, que lhe proporcionarão informações contraditórias as quais complicarão seu diagnóstico perceptivo e sua visão dos problemas a resolver ou das situações a enfrentar. São as exigências da sociedade, dos clientes, dos fornecedores e das agências regulamentadoras. São os desafios dos concorrentes, as expectativas da alta Administração, dos colaboradores, dos acionistas etc. Porém, essas exigências, desafios e expectativas sofrem mudanças e transformações que tendem a aumentar com a inclusão de novas variáveis na medida em que o processo se desenvolve criando uma turbulência que perturba e complica a tarefa administrativa de planejar, organizar, dirigir e controlar uma empresa eficiente e eficaz. E o futuro parece complicar cada vez mais essa realidade.

1.4.1 O que vem por aí

Vários fatores deverão provocar profundos impactos sobre as organizações e empresas ao longo do tempo, tais como:[13]

1. **Crescimento das organizações:** as organizações bem-sucedidas tendem ao crescimento, ampliação e diversificação de suas atividades, seja em termos de tamanho e de recursos e competências, seja na expansão de mercados, seja no volume de operações. O crescimento é uma decorrência inevitável do êxito organizacional.

2. **Concorrência mais aguda:** na medida em que aumentam os mercados e os negócios, crescem também a competição e os riscos da atividade empresarial. O desenvolvimento de produtos ou serviços exigirá maiores investimentos em pesquisa e desenvolvimento, dissolução de velhos departamentos e criação de novos, busca incessante de novos mercados e necessidade de competir com outras organizações, concorrendo com elas para sobreviver e crescer.

3. **Sofisticação crescente da tecnologia:** com o uso das telecomunicações, do computador e da internet, as organizações internacionalizaram suas operações e atividades em tempo real. A tecnologia proporciona eficiência maior, precisão maior, incrível rapidez e a liberação da atividade humana para tarefas mais complicadas que exijam planejamento e criatividade. A tecnologia introduziu novos processos e ferramentas que causarão profundos impactos sobre as organizações, como automação, robotização, sensores, algoritmos, *big data*, análises preditivas, inteligência artificial, realidade virtual, impressão em três dimensões que transformaram subitamente as organizações, cada vez mais virtuais e digitalizadas. E um mundo novo e exponencial está chegando com uma velocidade incrível em direção à 4ª Revolução Industrial.

4. **Globalização da economia e internacionalização dos negócios:** o esforço de criação de subsidiárias para deitar suas raízes em outros territórios estrangeiros, é um fenômeno que influenciará as organizações do futuro e sua Administração. A globalização e o intercâmbio planetário fazem com que a competição se torne mundial e planetária.

5. **Visibilidade maior das organizações:** enquanto crescem, as organizações tornam-se competitivas, sofisticadas, internacionalizam-se e, com isso, aumentam sua influência

ambiental. Com isso, elas também chamam mais a atenção do ambiente e do público e passam a ser mais visíveis e percebidas pela opinião pública. A visibilidade da organização, ou seja, sua capacidade de chamar a atenção dos outros, pode ocorrer de maneira positiva (imagem positiva perante o público) ou negativa (imagem deteriorada). De qualquer forma, a organização jamais será ignorada por consumidores, fornecedores, imprensa, política, governo etc., e isso influencia poderosamente o seu sucesso ou fracasso.

Todos esses desafios trarão uma consequência para a Administração das organizações: a gestão da incerteza e da imponderabilidade. As mudanças rápidas e bruscas, o crescimento organizacional, a concorrência das demais organizações, o desenvolvimento tecnológico, os fenômenos econômicos, a visibilidade e a interferência da opinião pública, e a internacionalização das atividades, farão com que as organizações passem a lidar não mais com a permanência, previsibilidade, continuidade e estabilidade, mas com mudança, incerteza, imprevisibilidade, descontinuidade e instabilidade em todos os setores de atividade. Novas formas e modelos de organização e uma nova mentalidade dos administradores serão necessários e imprescindíveis para os novos tempos.

VOLTANDO AO CASO INTRODUTÓRIO
A promoção de Marcelo

Marcelo Gonçalves refletiu bastante sobre sua recente promoção ao cargo de Gerente do Departamento de Novos Produtos. O que deveria fazer para começar de maneira satisfatória? Suas principais dúvidas estão relacionadas com os seguintes desafios:

- Quais as tarefas a serem desenvolvidas pelo departamento?
- Qual a estrutura e distribuição de cargos?
- Como deveria lidar com os subordinados?
- Quais as tecnologias que deveria utilizar?
- Qual o contexto ambiental da sua atividade?
- Como contribuir para a competitividade de sua empresa?

Como você poderia ajudar Marcelo em sua iniciação à Administração?

Acesse conteúdo sobre
As megatendências na seção
Tendências em TGA 1.1

TENDÊNCIAS EM TGA

Um mundo novo para o administrador

O sucesso das organizações dependerá de sua capacidade de ler e interpretar a realidade externa, rastrear mudanças e transformações, identificar oportunidades ao seu redor para responder pronta e adequadamente a elas, de um lado, e reconhecer ameaças e dificuldades para neutralizá-las ou amortecê-las, de outro lado. Na medida em que a conjuntura econômica se retrai ou se expande, e se alteram as necessidades dos clientes que mudam os hábitos e tendências do público, as organizações precisam modificar sua linha de ação, renovar-se, ajustar-se, transformar-se e adaptar-se rapidamente. Surgirão cada vez mais novos e diferentes problemas, enquanto os antigos passarão por novas soluções. No fundo, os problemas apenas mudarão de figura, de natureza ou de roupagem, mas a *mudança* será sempre a constante. A Administração é um processo de ajustes constantes a coisas novas e complexas, e que nunca aconteceram antes.

Quadro 1.2 Megatendências segundo Naisbitt[14]

De	Para	Alteração
Sociedade industrial	Sociedade da Informação	Inovação e mudança
Tecnologia simples	Tecnologia sofisticada	Maior eficiência e rapidez
Economia nacional	Economia mundial	Globalização e competitividade
Curto prazo	Longo prazo	Visão do negócio e do futuro
Democracia representativa	Democracia participativa	Pluralismo e participação
Hierarquia	Comunicação lateral	Democratização e *empowerment*
Opção dual ou binária	Opção múltipla	Visão sistêmica e contingencial
Centralização	Descentralização	Incerteza e imprevisibilidade
Ajuda institucional	Autoajuda	Autonomia e serviços diferenciados

Nessas condições, a Administração das organizações torna-se uma das tarefas mais difíceis e complexas para alcançar eficiência e eficácia. A ênfase pragmática nas técnicas e no "como fazer as coisas", com a utilização de fórmulas e receitas universais de gestão já utilizadas com sucesso sem que se visualize cada nova e diferente situação, não basta. Mais importante que a terapêutica é o diagnóstico correto e rápido. Mais importante do que saber como fazer é saber o que fazer. Nisto reside a essência fundamental da Administração contemporânea: a visão estratégica de cada operação ou atividade. Para isso, é preciso visualizar cada tarefa ou atividade em um contexto ambiental mais amplo e que se modifica a cada instante. Se isso é abordagem sistêmica ou abordagem contingencial, pouco importa. O que realmente deve ser considerado é que em Administração nada é absoluto ou definitivo. Tudo é relativo e tudo depende da situação, do momento, dos objetivos a atingir e do valor que se pretende oferecer e entregar. Essa visão expansiva é a consequência da gradativa ampliação do conceito de Administração que veremos na sequência deste livro.

> **PARA REFLEXÃO**
>
> **O administrador como agente de mudanças**
>
> O administrador deve estar focado no futuro para poder preparar sua empresa para enfrentar os novos desafios que surgem, seja por meio de novas tecnologias, novas condições sociais e culturais, novos produtos e serviços e uma concorrência acirrada. Além disso, deve pensar globalmente (ver o mundo) e agir localmente (atuar na empresa). Para levar sua empresa à excelência, o administrador deve ter espírito empreendedor, aceitar desafios, assumir riscos e possuir um senso de inconformismo sistemático rumo à melhoria contínua e constante. E entregar valor, não somente ao cliente ou consumidor, mas a todos os públicos estratégicos direta ou indiretamente ligados ao negócio da empresa. Somente assim, o administrador poderá conduzir sua empresa a uma situação melhor. O que você acha de tudo isso?

CONCLUSÕES

A Administração constitui hoje uma das mais importantes áreas do conhecimento humano. Sua influência nas organizações, na sociedade e no governo é profunda. O mundo de hoje reconhece na Administração a fonte básica e inesgotável de progresso e desenvolvimento das organizações e das nações. É a mola-mestra que conduz organizações e nações ao desenvolvimento e à melhor qualidade de vida dos cidadãos. A ciência que permite às demais ciências a transformação de suas respectivas invenções e descobertas em produtos e serviços disponíveis pelas organizações à sociedade. A ciência que permite transformar esforços individuais e coletivos em valor agregado e em resultados tangíveis. Nesse novo mundo, o administrador passa a exercer enorme influência tanto nas organizações como na sociedade em geral.

REFERÊNCIAS

1. CERTO, Samuel C. *Modern management*: diversity, quality, ethics, and the global environment. Boston: Allyn & Bacon, 1994. p. 3.
2. STONER, James A. F.; FREEMAN, R. Edward; GILBERT JR., Daniel A. *Management*. Englewood Cliffs: Prentice Hall, 1995. p. G5.
3. SCHERMERHORN, JR., John R. *Management*. New York: John Wiley & Sons, 1996. p. G6.
4. DAFT, Richard L. *Management*. Fort Worth, Texas: The Dryden Press, 1993. p. G6.
5. MONTANA, Patrick J.; CHARNOV, Bruce H. *Administração*. São Paulo: Saraiva, 2003. p. 2.
6. HITT, Michael A; BLACK, J. Stewart; PORTER, Lyman W. *Management*. Upper Saddle Upper: Prentice Hall, 2005. p. 8.
7. MINTZBERG, Henry. *Managing*. San Francisco: Berrett-Koehler, 2009.
8. MINTZBERG, Henry. *Managing. op. cit.*, p. 12.
9. NÓBREGA, Clemente. *A ciência da gestão*. Rio de Janeiro: Senac Rio, 2004. p. 23-25.

10. CHIAVENATO, Idalberto. Novas abordagens na teoria administrativa. *Revista de Administração de Empresas*, Rio de Janeiro: Fundação Getulio Vargas, v. 19. n. 2, p. 27-42, abr./jun. 1979.
11. BENNIS, Warren G. Organizations of the future. In: CARROL Jr., Stephen J.; PAINE, Frank T.; MINER, John B. *The management process*: cases and readings. New York: MacMillan, 1973. p. 378.
12. BENNIS, Warren G. Organizations of the future. *op. cit.*, p. 379-380.
13. BASIL, Douglas; COOK, Curtis. *O empresário diante das transformações sociais, econômicas e tecnológicas*. São Paulo: McGraw-Hill do Brasil, 1978. p. 135-140.
14. NAISBITT, John. *Megatrends*. São Paulo: Abril Cultural, 1985.

A Administração é um fenômeno tipicamente organizacional. Ela surgiu quando a humanidade chegou a criar organizações que alcançaram um tamanho tal que passou a exigir soluções para as quais a simples experiência profissional não era suficiente. Foram necessários séculos de lentidão no progresso para que o trabalho coletivo passasse a ser minimamente organizado e provocasse problemas incontornáveis. Na longa história da humanidade, as organizações e sua Administração, tal como ocorre hoje, formam um capítulo que teve o seu início há muito pouco tempo. Até então, a sociedade era completamente diferente. As organizações eram pouquíssimas e predominavam pequenas e rudimentares oficinas, artesãos e profissionais autônomos como médicos, advogados e artistas que trabalhavam por conta própria e de maneira desorganizada.

Na verdade, para se chegar à Administração de hoje, foi necessária uma longa e progressiva jornada, que durou séculos. O seu aparecimento ocorreu no limiar do século 20 e se deu graças a um amplo e indireto conjunto de circunstâncias.

II.1 AS CONDIÇÕES PREPARATÓRIAS

O exemplo dado por algumas entidades que se organizaram ao longo dos tempos – como a Igreja Católica e os exércitos –, bem como as transformações com o advento da Revolução Industrial e o desenvolvimento da ciência, foram as bases que proporcionaram o progressivo surgimento de negócios bem-sucedidos que cresceram e prepararam as condições para o surgimento da Administração.

II.1.1 Influência da organização da Igreja Católica

Com a queda do Império Romano em 476 d.C., a Igreja Católica passou a constituir progressivamente a maior organização de sua época. As normas administrativas e os princípios de organização pública foram se transferindo das instituições dos Estados (como era o caso de Atenas, Roma etc.) para as instituições da Igreja Católica e da organização militar. Essa transferência se fez lentamente porque a unidade de propósitos e de objetivos, ou seja, princípios fundamentais na organização eclesiástica e militar, nem sempre é encontrada na ação política que se desenvolvia nos Estados movida por objetivos contraditórios de cada partido político, dirigente ou classe social.

II.1.2 Influência da organização militar

A organização militar influenciou poderosamente o aparecimento das primeiras teorias da Administração a partir do final do século 19. O general e filósofo chinês Sun Tzu (544 a.C.-496 a.C.),[1] ainda reverenciado nos dias de hoje, escreveu um livro sobre a arte da guerra, no qual trata da preparação dos planos de guerra. As lições de Sun Tzu ganharam versões contemporâneas de muitos autores e consultores.

Nos tempos da Antiguidade e da Idade Média, a organização militar dos exércitos já utilizava a chamada *estrutura linear*, cujo princípio da unidade de comando (pelo qual cada subordinado só pode ter um superior) é o núcleo das organizações militares até hoje. A escala hierárquica – os vários escalões hierárquicos de comando com graus de autoridade e responsabilidade – é um aspecto típico da organização militar ainda utilizado em muitas organizações.

Na época de Napoleão Bonaparte (1769-1821), cada general, ao chefiar seu exército, cuidava da totalidade do campo de batalha.[2] Com as guerras de maior alcance e de âmbito continental, o comando das operações exigiu novos princípios de organização, e um planejamento e controle centralizados em paralelo com operações de campo descentralizadas. Com isso, passou-se à centralização do comando e à descentralização da execução das operações militares.

Uma contribuição da organização militar é o princípio de direção, que preceitua que todo soldado deve saber perfeitamente o que se espera dele e aquilo que ele deve fazer. Mesmo Napoleão Bonaparte, o general mais autocrata da história militar, nunca deu uma ordem sem explicar seu objetivo e certificar-se de que o haviam compreendido corretamente, pois estava convencido de que a obediência cega jamais leva a uma execução inteligente.

O general prussiano Karl von Clausewitz (1780-1831) é considerado o pai do pensamento estratégico. No início do século 19, ele escreveu um tratado sobre a estratégia de guerra e os princípios de guerra,[3] e sobre como administrar os exércitos em períodos de guerra. Definiu a guerra como uma continuação da política por outros meios. A guerra sempre foi um jogo. Embora cruel e destruidora, a guerra sempre foi um evento frequente da sociedade humana e um instrumento racional de política.

II.1.3 Influência da física tradicional

Dois físicos merecem especial atenção pela forte influência que exerceram nos primórdios da Administração: Descartes e Newton.

René Descartes (1596-1650) criou as coordenadas cartesianas e deu impulso à Matemática e à Geometria da época. Celebrizou-se pelo livro *O discurso do método*, no qual descreve o método cartesiano, cujos princípios são:[4]

1. **Princípio da dúvida sistemática ou da evidência:** consiste em não aceitar nada como verdadeiro enquanto não se souber de maneira clara e distinta se aquilo que é realmente

verdadeiro. Com a dúvida sistemática, evita-se a prevenção e a precipitação, aceitando-se apenas como certo o que for evidentemente certo.

2. **Princípio da análise ou de decomposição:** consiste em dividir e decompor cada dificuldade ou problema em tantas partes quantas sejam possíveis e necessárias à sua compreensão e solução, e resolvê-las separadamente.

3. **Princípio da síntese ou da composição:** consiste em conduzir os pensamentos e o raciocínio, começando pelos aspectos mais fáceis e simples de serem conhecidos para passar gradualmente aos mais difíceis.

4. **Princípio da enumeração ou da verificação:** consiste em fazer verificações, recontagens e revisões para assegurar que nada foi omitido ou deixado de lado.

O método cartesiano teve decisiva influência na Administração, principalmente nas suas abordagens normativas e prescritivas, como a Administração Científica, Teoria Clássica e Neoclássica.

Sir Isaac Newton (1643-1727): considerado o cientista mais influente na história da ciência. Sua física tradicional trouxe forte tendência ao determinismo matemático e à exatidão na Administração.[5] Para ele, o mundo físico era um mundo ordenado, lógico e matematicamente previsível. A influência da física newtoniana, pelo seu racionalismo, exatidão, causalidade e mecanicismo, foi profunda nas demais ciências e tornou-se fundamental no decorrer do início da teoria administrativa.

II.1.4 Influência das Revoluções Industriais

Foi com a invenção da máquina a vapor por James Watt (1736-1819) e sua aplicação à produção que surgiu uma nova concepção de trabalho, a qual modificou completamente a estrutura social e comercial da época, provocando profundas e rápidas mudanças de ordem econômica, política e social que no lapso de um século foram maiores do que todas as mudanças ocorridas no milênio anterior. É a chamada Revolução Industrial, que se iniciou na Inglaterra e que pode ser dividida em duas épocas bem definidas:[6]

1ª **Revolução Industrial:** a revolução do carvão e do ferro e da produção fabril, entre 1780 e 1850.

2ª **Revolução Industrial:** a revolução do aço e de novas fontes de energia (eletricidade, petróleo, nuclear), divisão do trabalho, produção em série, linhas de montagem e grandes concentrações industriais), entre 1850 e 1950.

A Revolução Industrial teve uma aceleração crescente e alcançou todo seu ímpeto a partir do século 19.

A 1ª Revolução Industrial passou por quatro fases distintas:[7]

1ª) **Mecanização da indústria e da agricultura:** em fins do século 18, com a máquina de fiar (em 1767), do tear hidráulico (em 1769), do tear mecânico (em 1785) e do descaroçador de algodão (em 1792), que substituíram o trabalho humano e a força motriz muscular do homem, do animal e da roda de água. Eram máquinas enormes, mas com incrível superioridade sobre os processos manuais de produção da época. O descaroçador de algodão trabalhava mil libras de algodão no mesmo tempo em que um operário conseguia trabalhar apenas cinco libras.

2ª) **Aplicação da força motriz à indústria:** a força elástica do vapor passou a ser utilizada quando Watt inventou a máquina a vapor. Com a aplicação do vapor às máquinas, iniciam-se grandes transformações nas oficinas artesanais (que se converteram em fábricas), nos transportes (ferrovias e navios a vapor), na agricultura e nas comunicações.

3ª) **Desenvolvimento do sistema fabril:** o artesão e sua pequena oficina patronal desapareceram para ceder lugar ao operário e às fábricas e usinas baseadas na divisão do trabalho. Surgem as indústrias em detrimento da atividade rural. A migração de massas humanas das áreas agrícolas para as proximidades das fábricas provoca a urbanização.

4ª) **Espetacular aceleramento dos transportes e das comunicações:** a navegação a vapor surgiu em 1807 e logo depois as rodas propulsoras foram substituídas por hélices. À locomotiva a vapor seguiu-se a primeira estrada de ferro na Inglaterra (1825) e logo depois nos Estados Unidos (em 1829) e no Japão (em 1832). Outros meios de comunicação apareceram com rapidez surpreendente: o telégrafo elétrico (1835), o selo postal na Inglaterra (em 1840), o telefone (em 1876). Surgem os primeiros sintomas do enorme desenvolvimento econômico, social, tecnológico e industrial e profundas transformações.

A partir de 1850, a Revolução Industrial entrou em sua segunda fase: a 2ª Revolução Industrial, provocada por três fatos importantes: o processo de fabricação do aço (em 1856), o aperfeiçoamento do dínamo e a invenção do motor de combustão interna (em 1873).

As características da 2ª Revolução Industrial são:[8]

1. **Substituição do ferro pelo aço:** como material industrial básico.
2. **Substituição do vapor pela eletricidade e derivados do petróleo:** como fontes básicas de energia.
3. **Desenvolvimento da maquinaria automática e da especialização do trabalhador:** o artesão que trabalhava com ferramentas é substituído pelo operário especializado que trabalha com máquinas.
4. **Crescente domínio da indústria pela ciência:** surgiu, assim, a idade heroica das invenções: telégrafo sem fio, fotografia, máquina de costura, máquina de escrever, telefone, rádio, elevador, dinamite, raios X, submarino, avião, lâmpada elétrica, motor a explosão, motor a diesel, linotipia, projetor cinematográfico etc.
5. **Transformações radicais nos transportes e nas comunicações:** as vias férreas são ampliadas, os automóveis na Alemanha (1880), o pneumático (1888) e Henry Ford inicia a produção do seu modelo "T" (1908). Em 1906, Santos Dumont faz a primeira experiência com o avião.
6. **Novas formas de organização capitalista – do capitalismo industrial para o capitalismo financeiro:** as firmas de sócios solidários – formas típicas de organização comercial cujo capital provinha dos lucros auferidos *(capitalismo industrial)* e que tomavam parte ativa na direção dos negócios – deram lugar ao *capitalismo financeiro*, que apresenta quatro características principais:

    a) **Dominação da indústria por inversões bancárias e instituições financeiras e de crédito:** como na formação da United States Steel Corporation (1901).

    b) **Formação de imensas acumulações de capital:** provenientes de trustes e de fusões de empresas.

c) **Separação entre a propriedade particular e a direção das empresas:** com o aparecimento dos primeiros profissionais de gestão de empresas.

d) **Aparecimento das empresas *holdings*:** que detêm o controle de duas ou mais empresas por meio da propriedade da maioria das cotas ou ações, permitindo coordenar e integrar negócios diversificados.

7. **Expansão da industrialização:** desde a Europa até o Extremo Oriente, chegando ao Japão, com o surgimento dos países industrializados, logo depois denominados países do Primeiro Mundo.

A calma produção do artesanato, em que os operários se conheciam e eram organizados em corporações de ofício regidas por estatutos, foi substituída pelo regime de produção por meio de máquinas e dentro de grandes fábricas. Em razão disso, houve uma súbita transformação provocada por dois aspectos:

1. **Transferência da habilidade do artesão para a máquina:** para produzir com rapidez, em maior quantidade e melhor qualidade, permitindo forte redução nos custos de produção e menor preço de venda.
2. **Substituição da força do animal ou do ser humano pela potência da máquina a vapor** (e depois pelo motor), permitindo maior produção e enorme economia.

O crescimento industrial era improvisado e baseado no puro empirismo. Ao mesmo tempo em que intensa migração de mão de obra se desloca dos campos agrícolas para os centros industriais, surge um surto acelerado e desorganizado de urbanização. O capitalismo se solidifica e cresce o tamanho de uma nova classe social: o proletariado. O baixo padrão de vida, a promiscuidade nas fábricas, os riscos de graves acidentes e os longos períodos de trabalho em conjunto proporcionam uma interação estreita entre os trabalhadores e uma crescente conscientização da precariedade das condições de vida e de trabalho, e da exploração por uma classe social economicamente favorecida. Conflitos entre a classe operária e os proprietários de indústrias não tardaram a aparecer. Alguns países passaram a intervir em determinados aspectos das relações entre operários e fábricas, baixando leis trabalhistas.

A organização e a empresa moderna começaram a aparecer com os efeitos da 1ª e da 2ª Revoluções Industriais graças a vários fatores, como:

1. A ruptura das estruturas corporativas da Idade Média.
2. O avanço tecnológico e a aplicação dos progressos científicos à produção, descoberta de novas formas de energia e a enorme ampliação de mercados.
3. A substituição do tipo artesanal pelo tipo industrial de produção. O artesão que trabalhava solitariamente em sua casa transformou-se em operário de fábrica.
4. O início da Era Industrial, que se prolongou até o final do século 20, quando teve início a Era da Informação, e no século 21 com a Era Digital.

O início da história da Administração foi predominantemente uma história de cidades, de países, governantes, exércitos, e da Igreja. A Revolução Industrial provocou profundas mudanças na época, tais como:

- Aparecimento das fábricas e das empresas industriais.

- Substituição do artesão pelo operário especializado.
- Crescimento das cidades e aumento da necessidade da Administração pública.
- Surgimento dos sindicatos como organização proletária a partir dos anos 1800. Somente a partir de 1890 alguns deles foram legalizados.
- Doutrina social da Igreja para contrabalancear o conflito entre capital e trabalho.
- Primeiras experiências empíricas sobre Administração de empresas.

PARA REFLEXÃO

A defesa de Eliana

Eliana Almeida não se conformava. Todos diziam que a empresa que ela dirigia, a Dinosaurus, estava vivendo ainda em plena era da Revolução Industrial. Alguns até achavam que ela ainda não tinha saído da primeira Revolução Industrial. Eliana achava incrível receber menções desse tipo. Como você explicaria isso a Eliana e a convenceria a mudar?

II.1.5 Influência de alguns economistas

A partir do século 18, desenvolveu-se uma variedade de teorias econômicas centradas na explicação dos fenômenos empresariais (microeconômicos) e baseadas em dados empíricos, ou seja, a partir da experiência cotidiana, e nas tradições do comércio da época. A reação para o liberalismo culmina com a Revolução Francesa. As ideias liberais decorrem do direito natural: a ordem natural é a mais perfeita. Os bens naturais, sociais e econômicos são os bens que possuem caráter eterno. Os direitos econômicos humanos são inalienáveis e existe uma harmonia preestabelecida em toda a coletividade de indivíduos. Os operários, contudo, estão à mercê dos patrões, que são os donos dos meios de produção. A livre concorrência é o postulado principal do liberalismo econômico.

As ideias básicas dos economistas clássicos liberais constituem os germes iniciais do pensamento administrativo.[9] Adam Smith (1723-1790) é o fundador da economia clássica, cuja ideia central é a competição, apesar de mecanismos abstratos (que chamava de mão invisível que governa o mercado) que garantem a alocação mais eficiente dos recursos e da produção, sem que haja excesso de lucros. Por essa razão, o papel do governo (além do básico, que é garantir a lei e a ordem) é a intervenção na economia quando o mercado não existe ou quando deixa de funcionar em condições satisfatórias, ou seja, quando não ocorre competição livre. Smith já visualizava o princípio da especialização dos operários e já enfatizava a necessidade de se racionalizar a produção. O princípio da especialização e o princípio da divisão do trabalho aparecem em referências em seu livro publicado em 1776.[10] Para ele, a origem da riqueza das nações reside na divisão do trabalho e na especialização das tarefas, preconizando o estudo dos tempos e movimentos que Taylor faria.

II.1.6 Influência dos pioneiros e empreendedores

O século 19 assistiu a um monumental desfile de inovações e mudanças no cenário empresarial. O mundo estava mudando. E as empresas também. Estava surgindo a Era Industrial.

As condições para o aparecimento da teoria administrativa estavam se consolidando. Nos Estados Unidos, ao redor de 1820, o maior negócio empresarial foram as estradas de ferro, como empreendimentos privados que constituíram um poderoso núcleo de investimentos de toda uma classe de investidores. Foi a partir das estradas de ferro que as ações de investimento e o ramo de seguros se tornaram populares. As ferrovias permitiram o desbravamento do território e provocaram o fenômeno da urbanização que criou novas necessidades de habitação, alimentação, roupa, luz e aquecimento, voltadas para o consumo direto, que se traduziu em um rápido crescimento das empresas.[11]

Em 1871, a Inglaterra era a maior potência econômica mundial. Em 1865, John D. Rockefeller (1839-1937) funda a Standard Oil. Em 1890, Andrew Carnegie (1835-1919) funda o truste de aço, ultrapassando rapidamente a produção de toda a Inglaterra. Swift e Armour formam o truste das conservas. Guggenheim forma o truste do cobre e Mello, o truste do alumínio. Logo, teve início a integração vertical nas empresas. Os "criadores de impérios" (*empire builders*) passaram a comprar e integrar concorrentes, fornecedores ou distribuidores para garantir seus negócios. Juntamente com as empresas e instalações vinham também os antigos donos e respectivos empregados. Surgiram os primitivos impérios industriais, aglomerados de empresas que se tornaram grandes demais para serem dirigidos por pequenos grupos familiares. Logo apareceram os *gerentes profissionais*, os primeiros organizadores que se preocupavam mais com a fábrica do que com vendas ou compras. Até essa época, os empresários achavam melhor ampliar sua produção do que organizar uma rede de distribuição e vendas.[12]

Na década de 1880, a Westinghouse e a General Electric já dominavam o ramo de bens duráveis e criaram organizações próprias de vendas com vendedores treinados, dando início ao que hoje denominamos "marketing". Ambas assumiram a *organização* do tipo funcional que seria adotada pela maioria das empresas americanas, com os seguintes órgãos básicos:[13]

1. **Departamento de produção**: para cuidar da manufatura de fábricas isoladas.
2. **Departamento de vendas**: para administrar um sistema nacional de escritórios distritais com vendedores.
3. **Departamento financeiro**: para cuidar das transações financeiras.
4. **Departamento técnico**: de engenharia para desenhar e desenvolver produtos.

E aqui chegamos ao início do século 20, dirigir grandes empresas não era apenas uma questão de habilidade pessoal, como muitos empreendedores pensavam. Estavam criadas as condições para o aparecimento dos grandes organizadores da empresa moderna. Os capitães das indústrias – pioneiros e empreendedores – cederam lugar para os organizadores. Estava chegando a era da competição e da concorrência resultante de fatores como:[14]

1. O desenvolvimento tecnológico proporcionou um crescente número de empresas e nações concorrendo nos mercados mundiais.
2. O livre comércio.
3. A mudança dos mercados vendedores para mercados compradores.
4. O aumento da capacidade de investimento de capital e a elevação dos níveis de ponto de equilíbrio.

5. A rapidez do ritmo de mudança tecnológica que em pouco tempo torna obsoleto um produto ou reduz drasticamente seus custos de produção.
6. O crescimento dos negócios e das empresas.

Todos esses fatores iriam completar as condições propícias à busca de bases científicas para a melhoria da prática empresarial e o surgimento da teoria administrativa. A Revolução Industrial abriu as portas para o início da Era Industrial, que passou a dominar o mundo econômico até o final do século 20 e que foi o divisor de águas entre os países industrializados (os mais avançados) e os países não industrializados (emergentes e subdesenvolvidos), assim como entre as organizações mais bem administradas e aquelas precariamente administradas.

Foi somente a partir do início do século 20 que a Administração surgiu e explodiu em um desenvolvimento de notável pujança e inovação. Uma das razões para tanto é que a sociedade típica dos países desenvolvidos se tornou uma sociedade pluralista de organizações, na qual a maior parte das obrigações sociais (como a produção de bens ou serviços em geral) passou a ser confiada a organizações (como indústrias, comércio, universidades e escolas, hospitais, comunicações, serviços públicos etc.) que precisam ser administradas para se tornarem mais eficientes e eficazes.

II.2 O DESPONTAR DA ADMINISTRAÇÃO

No despontar do século 20, dois engenheiros desenvolveram os primeiros trabalhos pioneiros a respeito da Administração. Um deles era americano – Frederick Winslow Taylor – e iniciou a Escola da Administração Científica, preocupada em aumentar a eficiência da indústria por meio da racionalização do trabalho do operário. O outro era europeu – Henri Fayol – e desenvolveu a Teoria Clássica da Administração, preocupada em aumentar a eficiência da empresa por meio de sua organização e da aplicação de princípios gerais da Administração em bases científicas. Muito embora ambos não tenham se comunicado entre si e tenham partido de pontos de vista diferentes e mesmo opostos, o certo é que suas ideias constituem as bases da chamada *Abordagem Clássica da Administração*, cujos postulados dominaram as quatro primeiras décadas do século 20 no panorama administrativo das organizações.

Ambos, Taylor e Fayol, são considerados os precursores da moderna Administração. Cada qual, em suas diferentes concepções, formulou as bases do pensamento administrativo. Em razão dessas duas correntes, a Abordagem Clássica da Administração é desdobrada em duas orientações diferentes e, até certo ponto, opostas entre si, mas que se complementam com relativa coerência:

1. **Escola da Administração Científica:** desenvolvida nos Estados Unidos, a partir dos trabalhos de Taylor. Essa escola era formada por engenheiros. A preocupação básica era aumentar a produtividade da empresa por meio do aumento de eficiência no nível operacional, isto é, no nível dos operários. Daí a ênfase na análise e divisão do trabalho do operário, uma vez que as tarefas do cargo constituem a unidade fundamental da organização. Nesse sentido, a abordagem da Administração Científica é uma abordagem de baixo para cima (do operário para o gerente) e das partes (operário e seus cargos) para o todo (organização empresarial). Predominava a atenção para o método de trabalho, para os movimentos necessários à execução de uma tarefa, para o tempo-padrão determinado para

sua execução. Esse cuidado analítico e detalhista permitia a especialização do operário e o reagrupamento de movimentos, operações, tarefas etc., que constituem a Organização Racional do Trabalho (ORT). Foi uma corrente de ideias desenvolvida por engenheiros que procuravam elaborar uma engenharia industrial dentro de uma concepção pragmática. A ênfase nas tarefas é a principal característica da Administração Científica.

2. **Teoria Clássica da Administração:** foi a corrente dos Anatomistas e Fisiologistas da organização, desenvolvida na França com os trabalhos pioneiros de Fayol. Essa corrente recebe o nome de *Teoria Clássica*. A preocupação básica era aumentar a eficiência da empresa por meio da forma e disposição dos órgãos componentes da organização (departamentos e divisões) e de suas inter-relações estruturais. Daí a ênfase na anatomia (estrutura) e na fisiologia (funcionamento) da organização. A abordagem é inversa à da Administração Científica: de cima para baixo (da direção para a execução) e do todo (organização) para as suas partes componentes (departamentos).[15] Predominava o cuidado com a síntese e com a visão global sob a centralização de um executivo principal na cúpula.[16] Foi uma corrente teórica e orientada administrativamente.[17] A ênfase na estrutura é a sua principal característica.

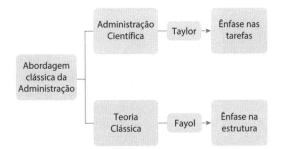

Figura II.1 Desdobramento da abordagem clássica.

II.3 ORIGENS DA ABORDAGEM CLÁSSICA

As origens da Abordagem Clássica da Administração remontam às consequências geradas pela primeira e pela segunda Revoluções Industriais e podem ser resumidas em dois fatos genéricos, a saber:

1. **Crescimento acelerado e desorganizado das organizações:** ocasionando uma gradativa complexidade em sua Administração e exigindo uma abordagem científica e mais apurada que substituísse o empirismo e a improvisação até então predominantes.
2. **Necessidade de aumentar a eficiência e a eficácia das organizações:** no sentido de se obter o melhor rendimento possível dos recursos e fazer face à competição que se avolumava entre as empresas. O capitalismo liberal se instala nos monopólios nos Estados Unidos entre 1880 e 1890 com a produção em massa, aumentando o número de assalariados nas indústrias, ou seja, ele torna necessário evitar o desperdício e economizar mão de obra. Surge a divisão de trabalho entre aqueles que pensam (gerentes) e os que executam (trabalhadores).

Para o enfoque da Abordagem Clássica da Administração, teremos um capítulo sobre a Administração Científica de Taylor (Capítulo 2) e um capítulo sobre a Teoria Clássica de Fayol (Capítulo 3). Nesses dois capítulos, teremos uma ideia abrangente da Abordagem Clássica, suas características e modelos de aplicação, mostrando o figurino de Administração utilizado pelas empresas americanas e europeias nas primeiras décadas do século 20, apresentando suas adequações e vantagens de um lado e suas restrições e limitações de outro.

Figura II.2 Mapa mental da Abordagem Clássica da Administração.

REFERÊNCIAS

1. SUN TZU. *A arte da guerra*. Lisboa: Europa-América, 1994.
   A respeito de Sun Tzu, *vide* na internet:
   www.suntzu.com.br/
   pt.wikipedia.org/wiki/A_Arte_da_Guerra
   pt.wikipedia.org/wiki/Sun_Tzu
   www.pensador.com/autor/sun_tzu
   www.culturabrasil.pro.br/artedaguerra.htm
   books.google.com.br/books?isbn=0976072696.

2. A respeito de Napoleão Bonaparte, *vide* na internet:
   educacao.uol.com.br/biografias/ult1789u153.jhtm
   www.suapesquisa.com/biografias/napoleao.htm
   www.vidaslusofonas.pt/napoleao_bonaparte.htm
   pt.wikipedia.org/wiki/Napoleão_Bonaparte.

3. CLAUSEWITZ, Carl von. *On war*. New York: Barnes & Noble, s.d.; Carl von Clausewitz. *Principles of war*. Harrisburgh: Military Service Publishing, 1832.

4. A respeito de René Descartes, *vide* na internet:
   www.mundodosfilosofos.com.br/descartes.htm
   pt.wikipedia.org/wiki/René_Descartes
   www.mundodosfilosofos.com.br/descartes2.htm
   educacao.uol.com.br/biografias/ult1789u702.jhtm
   www.consciencia.org/descartes.shtml.
5. MOONEY, James D. *The principles of organization*. New York: Harper & Bros., 1947. p. 102-117.
6. BURNS, Edward McNall. *História da civilização ocidental*. Porto Alegre: Globo, 1957. p. 647-658.
7. BURNS, Edward McNall. *História da civilização ocidental. op. cit.*, p. 658-674.
8. BURNS, Edward McNall. *História da civilização ocidental. op. cit.*, p. 658-674.
9. GEORGE JR., Claude S. *The history of management thought*. Englewood Cliffs: Prentice-Hall, 1968. *Vide* trad. bras. *História do pensamento administrativo*. São Paulo: Cultrix, 1974.
10. SMITH, Adam. *An inquiry into the nature of the wealth of nations*. London: A. Strahan & T. Cadell, 1776.
11. SANDRONI, Paulo (org.). *Dicionário de economia*. São Paulo: Best Seller, 1989. p. 182, 187-188.
12. GEORGE JR., Claude S. *The history of management though. op. cit.*
13. LODI, João Bosco. *História da administração*. São Paulo: Pioneira, 1987. p. 6.
14. KOONTZ, Harold; O'DONNELL, Cyril; WEIHRICH, Heinz. *Management*. Toquio: McGraw-Hill, Kogakusha, 1980. p. 33.
15. WAHRLICH, Beatriz M. de Souza. *Uma análise das teorias de organização*. Rio de Janeiro: Fundação Getulio Vargas, Serviço de Publicações, 1971. p. 7-19.
16. GULICK, Luther. *Notes on the theory of organization*: papers on the science of administration. New York: Columbia University, Institute of Public Administration, 1937. p. 11.
17. WALDO, Dwight. *The status and prospects of administrative theory*. Washington: D.C., set. 1953 (49ª Annual Conference of American Political Science Association).

2 ADMINISTRAÇÃO CIENTÍFICA: ARRUMANDO O CHÃO DA FÁBRICA

OBJETIVOS DE APRENDIZAGEM

- Mostrar os fundamentos da Administração Científica.
- Identificar a ênfase na tarefa e nos meios (métodos e processos de trabalho) e na busca da eficiência (a melhor maneira de fazer um trabalho).
- Indicar a mudança das atitudes e comportamentos em função da Administração Científica.
- Identificar as limitações e restrições da Administração Científica.

O QUE VEREMOS ADIANTE

- A obra de Taylor.
- Administração como ciência.
- Organização racional do trabalho.
- Princípios da Administração Científica.
- Apreciação crítica da Administração Científica.
- Conclusões.

CASO INTRODUTÓRIO
Tecno Componentes

Estevão Marques recebeu uma incrível notícia da diretoria da Tecno Componentes: sua promoção ao cargo de Gerente de Produção. A empresa dedica-se à produção de materiais elétricos e está perdendo mercado devido aos seus elevados custos industriais e à consequente perda de competitividade. Como Estevão poderia planejar seu trabalho?

No início do século 20, surgiu a Administração como ciência, graças aos trabalhos do engenheiro americano Frederick Winslow Taylor, considerado o seu fundador. Sua abordagem, conhecida como Escola da Administração Científica, se baseia na ênfase colocada nas tarefas e em sua racionalização. Apesar de que o trabalho sempre tenha existido por toda a longa história da humanidade, nunca se pensou em estudá-lo ou melhorá-lo. Taylor foi um dos primeiros a fazê-lo. O nome *Administração Científica* é devido à tentativa de aplicação dos métodos da ciência – como observação e mensuração – aos problemas da Administração a fim de aumentar a eficiência industrial. Taylor provocou uma verdadeira revolução no pensamento administrativo e no mundo industrial de sua época. A sua preocupação original foi eliminar o fantasma do desperdício e das perdas sofridas pelas indústrias e elevar os níveis de produtividade por meio da aplicação de métodos e técnicas da engenharia industrial.

2.1 A OBRA DE TAYLOR

Frederick Winslow Taylor (1856-1915) iniciou sua carreira como operário na Midvale Steel Co., passando a capataz e contramestre até chegar a engenheiro, quando se formou pelo Stevens Institute. Na época, vigorava o sistema de pagamento por peça ou por tarefa. Os patrões procuravam ganhar o máximo na hora de fixar o preço da tarefa, enquanto os operários reduziam o ritmo de produção para contrabalancear o pagamento por peça determinado pelos patrões. Isso levou Taylor a estudar o problema de produção a fim de tentar uma solução justa tanto para os patrões como para os empregados.

2.1.1 Primeiro período de Taylor

Corresponde à época da publicação do seu livro *Shop management* (Administração de Oficinas), em 1903,[1] sobre as técnicas de racionalização do trabalho do operário, por meio do estudo de tempos e movimentos *(motion-time study)*. Taylor começou por baixo, junto com os operários no nível de execução, efetuando um paciente trabalho de análise das tarefas de cada operário, decompondo os seus movimentos e processos de trabalho para aperfeiçoá-los e racionalizá-los. Verificou que o operário médio, e com o equipamento disponível, produzia muito menos do que era potencialmente capaz. Concluiu que, se o operário mais produtivo percebe que obtém a mesma remuneração que o seu colega menos produtivo, acaba se acomodando, perdendo o interesse e não produzindo de acordo com sua capacidade. Daí a necessidade de criar condições de pagar mais ao operário que produz mais, como um prêmio ao bom trabalho. Em essência, Taylor alegava que:

1. O objetivo da Administração é pagar salários melhores e reduzir custos de produção.
2. Para realizar tal objetivo, a Administração deve aplicar métodos científicos de pesquisa e experimentos para formular princípios e estabelecer processos padronizados que permitam o controle das operações fabris.
3. Os empregados devem ser cientificamente selecionados e colocados em seus postos com condições de trabalho adequadas para que as normas possam ser cumpridas.
4. Os empregados devem ser cientificamente treinados para aperfeiçoar suas aptidões e executar as tarefas para que a produção normal seja cumprida.
5. A Administração precisa criar uma atmosfera de íntima e cordial cooperação com os trabalhadores para garantir a permanência desse ambiente psicológico.[2]

2.1.2 Segundo período de Taylor

Corresponde à publicação do seu livro *Princípios de administração científica* (1911),[3] quando concluiu que a racionalização do trabalho do operário deveria ser acompanhada de uma estruturação geral para tornar coerente a aplicação dos seus princípios na empresa como um todo. A partir daí, desenvolveu seus estudos sobre a Administração geral, a qual denominou Administração Científica. Para Taylor, as indústrias de sua época padeciam de três males:

1. Vadiagem sistemática dos operários, que reduziam a produção em cerca de um terço da que seria normal, para evitar a redução das tarifas de salários pela gerência. Há três causas determinantes da vadiagem no trabalho:[4]

    a) O engano dos trabalhadores de que, quanto maior o rendimento do homem e da máquina, tanto maior o desemprego.

    b) O sistema defeituoso de Administração que força os operários à ociosidade no trabalho a fim de proteger seus interesses pessoais.

    c) Os métodos empíricos e ineficientes utilizados nas empresas com os quais o operário desperdiça grande parte de seu esforço e tempo.

2. Desconhecimento da gerência a respeito das rotinas de trabalho e do tempo necessário para sua realização.

3. Falta de uniformidade das técnicas e métodos de trabalho.

Para sanar esses males, Taylor idealizou a Administração Científica ou Organização Racional do Trabalho. Segundo ele, a Administração Científica é uma evolução e não uma teoria, tendo como ingredientes 75% de análise e 25% de bom senso. Sua implantação deve ser gradual e obedecer a um período de tempo para evitar alterações bruscas que causem descontentamento por parte dos empregados e prejuízo aos patrões. No fundo, a Administração Científica é uma combinação de "ciência em lugar de empirismo; harmonia em vez de discórdia; cooperação e não individualismo; rendimento máximo em lugar de produção reduzida; desenvolvimento de cada homem a fim de alcançar maior eficiência e prosperidade".[5] Pena que Taylor não foi bem compreendido em sua época.

2.2 ADMINISTRAÇÃO COMO CIÊNCIA

Para Taylor, a organização e a Administração devem ser estudadas e tratadas cientificamente, e não empiricamente. A improvisação deve ceder lugar ao planejamento e o empirismo à ciência. O mérito de Taylor como pioneiro reside em encarar sistematicamente o estudo da organização. Ele foi o primeiro a fazer uma análise completa do trabalho – inclusive dos tempos e movimentos, estabelecer padrões de execução, treinar os operários, especializar o pessoal, incluindo os de direção, instalar uma sala de planejamento –, em resumo, assumir uma atitude metódica ao analisar e organizar a unidade fundamental de trabalho, adotando esse critério até o topo da organização. Tudo isso eleva Taylor a uma altura não comum no campo da organização.[6]

Taylor procurou aplicar a Administração Científica aos padrões de produção, padronização de máquinas e ferramentas, métodos e rotinas para execução de tarefas e prêmios de produção para incentivar a produtividade.[7] Embora ele se preocupasse mais com a filosofia – com a essência da ideia que exige uma revolução mental tanto da parte da direção como da parte dos operários –, a tendência de seus seguidores foi uma preocupação maior com as técnicas do que com a filosofia da Administração Científica.[8]

O principal objetivo da Administração é assegurar o máximo de prosperidade ao patrão e, ao mesmo tempo, o máximo de prosperidade ao empregado. Este princípio deve ser o objetivo final da Administração. Com isso se obtém uma identidade de interesses entre empregados e empregadores.

PARA REFLEXÃO

A desconfiança gerencial
Dora Lopes sempre foi uma pessoa muito desconfiada e relutante. Sua maior preocupação é que nenhum de seus funcionários fique vadiando nos corredores da fábrica. Quase sempre, Dora percorre as instalações para se certificar de que todos estão trabalhando. Você acha isso correto? Como Dora deveria proceder?

2.3 ORGANIZAÇÃO RACIONAL DO TRABALHO

Taylor verificou que os operários aprendiam seu trabalho por meio da observação dos companheiros ao lado. Notou que isso levava a diferentes métodos para fazer a mesma tarefa e a uma enorme variedade de instrumentos e ferramentas diferentes em cada operação. Sempre há um método mais rápido e um instrumento mais adequado que os demais, e eles podem ser encontrados e aperfeiçoados por meio de uma análise científica e um acurado estudo de tempos e movimentos, ao invés de ficar a critério pessoal de cada operário. Essa tentativa de substituir métodos empíricos e rudimentares pelos métodos científicos recebeu o nome de organização racional do trabalho (ORT).

A ORT fundamenta-se nos seguintes aspectos:

2.3.1 Análise do trabalho e estudo dos tempos e movimentos

O instrumento básico para se racionalizar o trabalho dos operários era o estudo de tempos e movimentos (*motion-time study*). O trabalho é executado de forma melhor, e mais economicamente, por meio da análise do trabalho, isto é, da divisão e subdivisão de todos os movimentos necessários à execução de cada operação de uma tarefa. Observando metodicamente a execução de cada operação a cargo dos operários, Taylor viu a possibilidade de decompor cada tarefa e cada operação da tarefa em uma série ordenada de movimentos simples. Os movimentos inúteis são eliminados enquanto os movimentos úteis são simplificados, racionalizados ou fundidos com outros movimentos para proporcionar economia de tempo e de esforço ao operário. À análise do trabalho segue-se o estudo dos tempos e movimentos, com a utilização do cronômetro para a determinação do tempo médio que o operário comum levaria para a execução da tarefa. Ao tempo médio são adicionados os tempos elementares e mortos (esperas, tempos de saída do operário da linha para suas necessidades pessoais etc.) para resultar no tempo-padrão. Com isso padroniza-se o método de trabalho e o tempo médio destinado à sua execução. Método é a maneira de se fazer alguma coisa para obter um determinado resultado. O estudo dos tempos e movimentos permite a racionalização do método de trabalho e fixação do tempo-padrão para sua execução.

O método traz muitas vantagens:[9]

1. Elimina o desperdício de esforço humano e de movimentos inúteis.
2. Racionaliza a seleção dos operários e sua adaptação ao trabalho.
3. Facilita o treinamento dos operários e melhora a eficiência e o rendimento da produção pela especialização das atividades.
4. Distribui uniformemente o trabalho e evita períodos de falta ou excesso de trabalho.
5. Define métodos e estabelece normas para a execução do trabalho.
6. Estabelece uma base uniforme para salários equitativos e prêmios de produção.

Frank B. Gilbreth (1868-1924) foi um engenheiro americano que acompanhou Taylor em seu trabalho pelo aumento da produtividade.[10] Introduziu o estudo dos tempos e movimentos dos operários como técnica administrativa básica para a racionalização do trabalho. Para ele, todo trabalho manual pode ser reduzido a movimentos elementares (aos quais deu o nome de **therblig**, anagrama de *Gilbreth*) para definir os movimentos necessários à execução de qualquer tarefa.[11]

Os movimentos elementares (*therbligs*) permitem decompor e analisar qualquer tarefa. Por exemplo, colocar parafusos envolve sete *therbligs*: pegar o parafuso, transportar até a peça, posicionar, pegar e transportar a chave de fenda até o parafuso, utilizar e posicionar na situação correta. Para Gilbreth, o *therblig* é a unidade fundamental de trabalho e o elemento básico da Administração Científica.

Aprofunde seus conhecimentos sobre **O conceito de eficiência** na seção *Saiba mais* ITGAc 2.1

2.3.2 Estudo da fadiga humana

A fadiga é considerada um redutor da eficiência. O estudo dos movimentos leva em conta a anatomia e a fisiologia humanas. Nesse sentido, Gilbreth efetuou estudos (estatísticos e não fisiológicos, pois era engenheiro) sobre os efeitos da fadiga na produtividade do operário. Verificou que a fadiga predispõe o trabalhador à diminuição da produtividade e qualidade do trabalho, perda de tempo e esforço, aumento da rotatividade de pessoal, doenças e acidentes.

Para Gilbreth, o estudo dos movimentos humanos tem tripla finalidade:

1. Evitar movimentos inúteis na execução de uma tarefa.
2. Execução econômica dos movimentos úteis do ponto de vista fisiológico.
3. Seriação dos movimentos (princípios de economia de movimentos).

Para reduzir a fadiga dos operários, Gilbreth propõe três princípios de economia de movimentos:

1. Relativos ao uso do corpo humano.

2. Relativos ao arranjo material do local de trabalho.

3. Relativos ao desempenho das ferramentas e do equipamento.

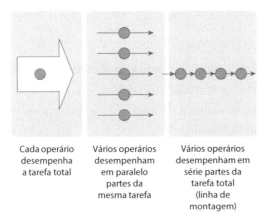

Figura 2.1 Caminhos da divisão do trabalho e especialização do operário.

A Administração Científica pretendia racionalizar os movimentos, eliminando os que não estão diretamente relacionados com a tarefa e os que produzem fadiga.

2.3.3 Divisão do trabalho e especialização do operário

A ORT provocou a reestruturação das operações industriais nos Estados Unidos, eliminando os movimentos desnecessários e economizando energia e tempo. Uma das decorrências do estudo dos tempos e movimentos foi a divisão do trabalho e a especialização do operário a fim de elevar sua produtividade. Cada operário passou a ser especializado na execução de uma única tarefa para ajustar-se aos padrões e às normas de desempenho definidas pelo método.

 VOLTANDO AO CASO INTRODUTÓRIO

Tecno Componentes

O primeiro passo de Estevão Marques como Gerente de Produção foi começar a analisar os tempos e movimentos das principais operações da fábrica. Queria definir tempos padrões para poder planejar o trabalho: qual o tempo médio de produção de cada produto e, consequentemente, saber quantos produtos poderia fabricar por hora, por dia, por semana, por mês. Isso lhe proporcionaria uma ideia mais precisa do custo da mão de obra por produto. Como você poderia ajudar Estevão?

2.3.4 Desenho de cargos e tarefas

A primeira tentativa de definir e estabelecer racionalmente cargos e tarefas surgiu com a Administração Científica. Nesse aspecto, Taylor foi o pioneiro. E, como todo pioneiro, ele é reverenciado por alguns e criticado por outros. Tarefa é toda atividade executada por uma pessoa no seu trabalho. A tarefa constitui a menor unidade possível dentro da divisão do trabalho em uma organização. Cargo é o conjunto de tarefas executadas de maneira cíclica ou repetitiva. Desenhar um cargo é especificar seu conteúdo (tarefas), os métodos de executar as tarefas e as relações com os demais cargos existentes. O desenho de cargos é a maneira pela qual um cargo é criado e projetado, e combinado com outros cargos para a execução das tarefas.

A simplificação no desenho dos cargos permite as seguintes vantagens:

Aprofunde seus conhecimentos sobre **A rotinização do trabalho** na seção *Saiba mais* ITGAc 2.2

1. Contratação de empregados com qualificações mínimas e salários menores para reduzir os custos de produção.
2. Minimização dos custos de treinamento.
3. Redução de erros na execução, diminuindo os refugos e rejeições.
4. Facilidade de supervisão, permitindo que cada supervisor controle um número maior de subordinados.
5. Aumento da eficiência do trabalhador, permitindo maior produtividade.

2.3.5 Incentivos salariais e prêmios de produção

Uma vez analisado o trabalho, racionalizadas as tarefas, definido o tempo-padrão e selecionado cientificamente o operário, e treinado de acordo com o método preestabelecido, resta fazer com que o operário colabore com a empresa e trabalhe dentro dos padrões de tempo previstos. Para obter a colaboração do operário, foram desenvolvidos planos de incentivos salariais e de prêmios de produção. A ideia básica era a de que a remuneração baseada no tempo (salário mensal, diário ou por hora) não estimula ninguém a trabalhar mais e deve ser substituída por remuneração baseada na produção de cada operário (salário por peça): o operário que produz pouco ganha pouco, e o que produz mais ganha na proporção de sua produção. O estímulo salarial adicional para que os operários ultrapassem o tempo-padrão é o prêmio de produção.

 Aprofunde seus conhecimentos sobre **A criação de riqueza** na seção *Saiba mais* ITGAc 2.3

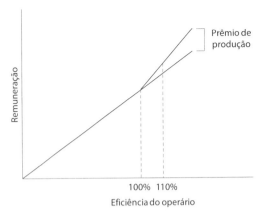

Figura 2.2 Plano de incentivo salarial.

2.3.6 Conceito de *homo economicus*

A Administração Científica baseou-se no conceito de homem econômico – *homo economicus*. Segundo esse conceito, toda pessoa é influenciada exclusivamente por recompensas salariais, econômicas e materiais. Em outros termos, o homem procura o trabalho não porque gosta dele, mas como um modo de ganhar a vida por meio do salário que o trabalho proporciona. O homem é motivado a trabalhar pelo medo da fome e pela necessidade de dinheiro para viver. Assim, as recompensas salariais e prêmios de produção (salário baseado na produção) influenciam os esforços individuais do trabalho, fazendo com que o trabalhador desenvolva o máximo de produção de que é fisicamente capaz, para obter um ganho maior. A expectativa: uma vez selecionado cientificamente o trabalhador, ensinado o método de trabalho e condicionada sua remuneração à eficiência, ele passaria a produzir o máximo dentro de sua capacidade física.

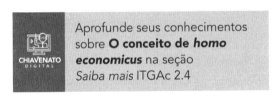

Aprofunde seus conhecimentos sobre **O conceito de *homo economicus*** na seção *Saiba mais* ITGAc 2.4

2.3.7 Condições de trabalho

Verificou-se que a eficiência depende não somente do método de trabalho e do incentivo salarial, mas também de um conjunto de condições de trabalho que garantam o bem-estar físico do trabalhador e diminuam a fadiga. As condições de trabalho que mais preocuparam a Administração Científica foram:

1. Adequação de instrumentos e ferramentas de trabalho para minimizar o esforço do operário e a perda de tempo na execução da tarefa.
2. Arranjo físico dos equipamentos para racionalizar o fluxo da produção.
3. Melhoria do ambiente físico de trabalho para que o ruído, ventilação, iluminação e conforto no trabalho não reduzam a eficiência do trabalhador.
4. Projeto de instrumentos e equipamentos de apoio, como transportadores, seguidores, contadores e utensílios para reduzir movimentos inúteis.

SAIBA MAIS — Sobre a interdependência entre conforto e produtividade

A Administração Científica deu muita importância às condições de trabalho no aumento da eficiência. O conforto do operário e a melhoria do ambiente físico (iluminação, ventilação, ruído, aspectos visuais da fábrica etc.) passaram a ser valorizados não porque as pessoas o merecessem, mas porque eram essenciais para a melhoria da eficiência do trabalhador.

2.3.8 Padronização

A organização racional do trabalho não se preocupou somente com a análise do trabalho, estudo dos tempos e movimentos, fadiga do operário, divisão do trabalho e especialização do operário e com os planos de incentivos salariais. Foi mais além e passou a se preocupar também com a padronização dos métodos e processos de trabalho, com a padronização das máquinas e equipamentos, ferramentas e instrumentos de trabalho, matérias-primas e componentes, no intuito de reduzir a variabilidade e diversidade no processo produtivo, e a partir daí eliminar o desperdício e aumentar a eficiência.

2.3.9 Supervisão funcional

A especialização do operário deve ser acompanhada da especialização do supervisor. Taylor era contrário à centralização da autoridade e propunha a chamada supervisão funcional, que nada mais é do que a existência de diversos supervisores, cada qual especializado em determinada área e com autoridade funcional (relativa somente à sua especialidade) sobre os mesmos subordinados. A autoridade funcional é relativa e parcial. Para Taylor, ela é o tipo de organização por excelência. "A Administração funcional consiste em dividir o trabalho de maneira que cada homem, desde o assistente até o superintendente, tenha que executar a menor variedade possível de funções. Sempre que possível, o trabalho de cada homem deverá limitar-se à execução de uma única função."[13] Para Taylor, "a Administração funcional consiste no fato de que cada operário, em lugar de se pôr em contato direto com a Administração em um único ponto (por meio de seu chefe de turma), recebe orientação e ordens diárias de vários encarregados diferentes, cada qual desempenhando sua própria função particular".[14]

Aprofunde seus conhecimentos sobre **A divisão do trabalho e a especialização da supervisão** na seção *Saiba mais* ITGAc 2.5

Reflita sobre produtividade com o texto **Produtividade da BMZ** na seção *Para reflexão* ITGAc 2.1

Essa concepção funcional de supervisão trouxe muitas críticas, pois argumenta-se que um operário não pode se subordinar a dois ou mais chefes. Apesar disso, o tipo funcional de Administração foi uma revolução e, mais do que isso, uma previsão notável na época do rumo que os problemas administrativos e empresariais haveriam de tomar com a crescente complexidade das empresas.

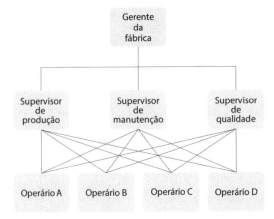

Figura 2.3 Supervisão funcional.

> **VOLTANDO AO CASO INTRODUTÓRIO**
> **Tecno Componentes**
> O segundo passo de Estevão Marques foi aprimorar os métodos de trabalho. Conhecendo os movimentos utilizados pelos operários, tornou-se possível racionalizá-los, eliminando movimentos inúteis e aprimorando movimentos úteis. Estevão queria reduzir em 20% o tempo de produção graças à melhoria de métodos de trabalho.

2.4 PRINCÍPIOS DA ADMINISTRAÇÃO CIENTÍFICA

A preocupação de racionalizar, padronizar e prescrever normas de conduta ao administrador levou os engenheiros da Administração Científica a pensar que tais princípios pudessem ser aplicados a todas as situações possíveis. Um princípio é uma afirmação válida para determinada situação; é uma previsão antecipada do que deverá ser feito quando ocorrer tal situação.

2.4.1 Princípios da Administração Científica de Taylor

Para Taylor, a gerência deve seguir quatro princípios:

1. **Princípio de planejamento**: substituir no trabalho o critério individual do operário, improvisação e atuação empírico-prática, por métodos baseados em procedimentos científicos. Substituir a improvisação pela ciência por meio do planejamento do método de trabalho.
2. **Princípio de preparo**: selecionar cientificamente os trabalhadores de acordo com suas aptidões, além de prepará-los e treiná-los para produzirem mais e melhor, de acordo com o método planejado. Preparar máquinas e equipamentos em um arranjo físico e com disposição racional.

3. **Princípio do controle**: controlar o trabalho para se certificar de que este está sendo executado de acordo com os métodos estabelecidos, e segundo o plano previsto. A gerência deve cooperar com os trabalhadores para que a execução seja a melhor possível.

4. **Princípio da execução**: distribuir atribuições e responsabilidades para que a execução do trabalho seja disciplinada.

2.4.2 Princípios de eficiência de Emerson

Harrington Emerson (1853-1931) foi um engenheiro americano que simplificou os métodos de trabalho. Popularizou a Administração Científica e desenvolveu os primeiros trabalhos sobre seleção e treinamento de empregados. Seus princípios são:[15]

1. Traçar um plano bem definido e de acordo com os objetivos a alcançar.
2. Estabelecer o predomínio do bom senso.
3. Oferecer orientação e supervisão aos operários.
4. Manter a disciplina.
5. Impor honestidade nos acordos e aplicar justiça social no trabalho.
6. Manter registros precisos, imediatos e adequados.
7. Oferecer remuneração proporcional ao trabalho.
8. Fixar normas padronizadas para as condições de trabalho.
9. Fixar normas padronizadas para o trabalho em si.
10. Fixar normas padronizadas para as operações.
11. Estabelecer instruções precisas ao pessoal.
12. Oferecer incentivos ao pessoal para aumentar o rendimento e a eficiência.

Emerson antecipou-se à Administração por Objetivos proposta por Peter Drucker por volta da década de 1960.

PARA REFLEXÃO

Expansão da MMWX

A MMWX é uma indústria produtora de peças para automóveis. Em função das exigências do mercado, a fábrica precisa aumentar sua produção em 15% no próximo ano. Para tanto, deverão ser contratados cerca de 80 novos empregados, além de alterações em máquinas e equipamentos e nos métodos de produção. Como você procederia nesta situação?

2.4.3 Princípios básicos de Ford

Provavelmente o mais conhecido de todos os precursores da Administração Científica, Henry Ford (1863-1947) iniciou sua vida como mecânico. Projetou um modelo de carro, e em 1899 fundou sua primeira fábrica de automóveis, que logo depois foi fechada. Sem desanimar, fundou em 1903 a Ford Motor Co. Sua ideia: popularizar um produto caro, antes artesanal e destinado a poucos milionários. Revolucionou a estratégia comercial da época ao vender carros a preços populares e com assistência técnica garantida quando não havia ruas e estradas adequadas. Entre 1905 e 1910, promoveu a grande inovação do século 20: a produção em massa. Embora não tenha inventado o automóvel nem mesmo a linha de montagem, Ford inovou na organização do trabalho: a produção de maior número de produtos acabados com a maior garantia de qualidade e pelo menor custo possível. E essa inovação teve maior impacto sobre a maneira de viver do homem do que muitas das maiores invenções do passado da humanidade. Em 1913, Ford já fabricava 800 carros por dia. Em 1914, repartiu com seus empregados uma parte do controle acionário da empresa. Estabeleceu o salário-mínimo de US$ 5,00 por dia e jornada diária de oito horas, quando na época, a jornada variava entre dez e doze horas. Em 1926, já tinha 88 fábricas e empregava 150.000 pessoas, fabricando 2.000.000 de carros por ano. Utilizou um sistema de concentração vertical, produzindo desde a matéria-prima inicial até o produto final acabado, além da concentração horizontal mediante uma cadeia de distribuição comercial por meio de agências próprias. Fez uma das maiores fortunas do mundo graças ao constante aperfeiçoamento de seus métodos e processos de trabalho.

SAIBA MAIS Sobre o fordismo

A racionalização da produção proporcionou a linha de montagem que permite a produção em série. Na produção em série ou em massa, o produto é padronizado, bem como o maquinário, material, mão de obra e o desenho do produto, aspectos que proporcionam um custo mínimo. Daí a produção em grandes quantidades, cuja condição precedente é a capacidade de consumo em massa, seja real ou potencial, na outra ponta.

A condição-chave da produção em massa é a simplicidade. Três aspectos suportam o sistema:

1. A progressão do produto por meio do processo produtivo é planejada, ordenada e contínua.
2. O trabalho é entregue ao trabalhador ao invés de deixá-lo com a iniciativa de ir buscá-lo.
3. As operações são analisadas em seus elementos constituintes.

Para obter um esquema que se caracteriza pela aceleração da produção por meio de um trabalho ritmado, coordenado e econômico, Ford adotou três princípios:

1. **Princípio de intensificação**: diminuir o tempo de execução com o uso imediato dos equipamentos e matéria-prima, e a rápida colocação do produto no mercado.
2. **Princípio de economicidade**: reduzir ao mínimo o volume do estoque da matéria-prima em transformação, fazendo com que o automóvel seja pago à empresa antes de vencido o prazo de pagamento dos salários e da matéria-prima adquirida. A velocidade de

produção deve ser rápida: "o minério sai da mina no sábado e é entregue sob a forma de um carro ao consumidor, na terça-feira, à tarde".[16]

3. **Princípio de produtividade:** aumentar a capacidade de produção do homem no mesmo período (produtividade) por meio da especialização e da linha de montagem. O operário ganha mais e o empresário tem maior produção.

Aprofunde seus conhecimentos sobre **Ford: o gênio do marketing** na seção *Saiba mais* ITGAc 2.6

2.4.4 Princípio da exceção

Taylor adotou um sistema de controle operacional simples e baseado não no desempenho médio, mas na verificação das exceções ou desvios dos padrões normais. Em outros termos, tudo o que ocorre dentro dos padrões normais não deve ocupar demasiadamente a atenção do administrador. Este deve preocupar-se com as ocorrências que se afastam dos padrões – as exceções – para que sejam corrigidas.

Os desvios positivos ou negativos que fogem dos padrões normais devem ser identificados e localizados para a tomada de providências.

Aprofunde seus conhecimentos sobre **O princípio da exceção** na seção *Saiba mais* ITGAc 2.7

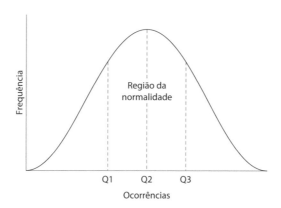

Figura 2.4 Princípio da exceção.

PARA REFLEXÃO

Rendimento da linha de montagem

Para melhorar o rendimento da linha de montagem de sua seção, Alexandra pretende medir os tempos e os movimentos do pessoal para melhor balancear o ritmo e a cadência do trabalho. Como deveria agir Alexandra como supervisora da seção?

2.5 APRECIAÇÃO CRÍTICA DA ADMINISTRAÇÃO CIENTÍFICA

Na verdade, a Administração Científica deveria ser denominada Estudo Científico do Trabalho. Ela foi a precursora da moderna organização do trabalho.

A Administração Científica é passível de críticas que não diminuem o mérito e o galardão de pioneiros e desbravadores da nascente teoria administrativa. Na época, a mentalidade reinante e os preconceitos tanto dos dirigentes como dos empregados, a falta de conhecimento sobre assuntos administrativos e a precária experiência industrial e empresarial, não apresentavam condições propícias de formulação de hipóteses nem o suporte adequado para elaboração de conceitos mais rigorosos.

Aprofunde seus conhecimentos sobre **A nova revolução industrial provocada pela Administração Científica** na seção *Saiba mais* ITGAc 2.8

As principais críticas à Administração Científica são as seguintes:

2.5.1 Mecanicismo da Administração Científica

A Administração Científica restringiu-se às tarefas e aspectos diretamente relacionados com o cargo e a função do operário. Embora toda organização seja constituída de pessoas, deu-se pouca atenção ao elemento humano. A organização era concebida como "um arranjo rígido e estático de peças",[17] ou seja, como uma máquina dotada de peças e especificações. Daí a denominação "teoria da máquina"[18] dada à Administração Científica.

As "principais ferramentas da Administração Científica foram os estudos dos tempos e movimentos. Os períodos de descanso durante o dia de trabalho foram estudados em termos de recuperação da fadiga fisiológica. Os salários e pagamentos de incentivos, como fontes de motivação, foram concebidos nos termos de um modelo do homem econômico".[19] A pressuposição é a de que os empregados "são essencialmente instrumentos passivos, capazes de executar o trabalho e receber ordens, mas sem poder de iniciativa e sem exercerem influência provida de qualquer significado".[20]

O método é mais uma intensificação do ritmo de trabalho do que uma racionalização do processo de trabalho, procurando sempre o rendimento máximo e não apenas o rendimento ótimo.

Os princípios adotados por Taylor para conciliar interesses entre patrões e empregados foram a causa de transtornos e críticas sofridas posteriormente. O fato de supor que o empregado age motivado pelo interesse do ganho material e financeiro produzindo o máximo possível (conceito do *homo economicus*), mas sem levar em consideração outros fatores motivacionais importantes, foi, sem dúvida, outro aspecto mecanicista típico dessa teoria. De um modo geral, a abordagem dos engenheiros americanos concebeu a organização dentro de um sentido mecânico, e o emprego de técnicas mecanicistas passou a representar a desumanização do trabalho industrial.

Aprofunde seus conhecimentos sobre **A pesquisa Hoxie** na seção *Saiba mais* ITGAc 2.9

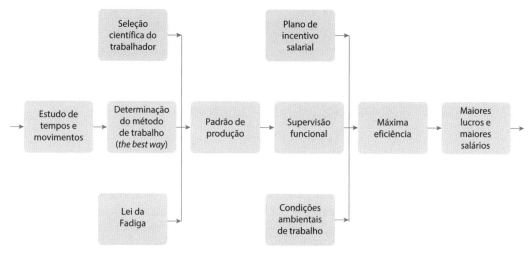

Figura 2.5 Abordagem microscópica e mecanicista da Administração Científica.

2.5.2 Superespecialização do operário

Na busca da eficiência, a Administração Científica preconizava a especialização do operário por meio da divisão do trabalho em seus elementos constitutivos. As tarefas mais simples – o resultado daquela divisão – podem ser mais facilmente ensinadas, e a perícia do operário pode ser incrivelmente aumentada. Por outro lado, alcança-se uma padronização no desempenho dos operários, pois na medida em que as tarefas vão se fracionando, a maneira de executá-las torna-se padronizada.[21] No entanto, essas "formas de organização de tarefas privam os operários da satisfação no trabalho, e, o que é pior, violam a dignidade humana".[22]

O taylorismo demonstrou que a maneira espontânea com que os trabalhadores executavam suas tarefas era a mais fatigante, menos econômica e menos segura. "Em lugar dos erros do passado, o taylorismo propõe uma verdadeira racionalização; é esse seu papel positivo. Uma nova ordem de coisas. O taylorismo propõe diminuir o número de atribuições de cada indivíduo e especializar as atribuições de cada chefe. Isso é a negação de apreender a situação total em cada nível. Trata-se de uma decomposição analítica das funções, a recusa de reconhecer os grupos e a negação da visão da situação a cada nível".[23] Contudo, a proposição de que "a eficiência administrativa aumenta com a especialização do trabalho" não encontrou amparo nos resultados de pesquisas posteriores: aumento na especialização não consegue redundar necessariamente em um aumento de eficiência.[24]

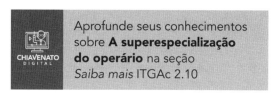

VOLTANDO AO CASO INTRODUTÓRIO

Tecno Componentes

O terceiro passo de Estevão Marques como Gerente de Produção foi implantar sistemas de incentivo salarial por meio de um plano de prêmios de produção para quem ultrapassasse o tempo padrão. Como você poderia ajudar Estevão?

2.5.3 Visão microscópica do ser humano

A Administração Científica visualiza cada empregado tomado individualmente, ignorando que o trabalhador é um ser humano e social. A partir de sua concepção negativista do homem – as pessoas são preguiçosas e ineficientes –, Taylor enfatiza o papel monocrático do administrador: "a aceleração do trabalho só pode ser obtida por meio da padronização obrigatória dos métodos, adoção obrigatória de instrumentos e condições de trabalho e cooperação obrigatórias. E essa atribuição de impor padrões e forçar a cooperação compete exclusivamente à gerência".[25] Assim, "o esquema de Taylor implica a proliferação do trabalho desqualificado que coexiste com uma estrutura administrativa monocrática, alienante, na qual a principal virtude é a obediência a ordens".[26]

Ao lado dessa concepção atomística do homem há outra decorrência da visão microscópica do trabalhador. Apesar de Taylor e seguidores terem se preocupado com a adequação dos dois elementos que constituem a essência do trabalho – as características do homem e as características da máquina –, essa preocupação inicial não chegou a confirmar-se em seus trabalhos posteriores. Os engenheiros americanos limitaram-se às características físicas do corpo humano em trabalhos rotineiros, com ênfase nos estudos sobre os movimentos e a fadiga. O trabalho do operário foi sendo abordado como um processo assessório da máquina, substituindo a inicial preocupação de se adaptarem mutuamente os recursos humanos e mecânicos. A utilização dos seres humanos na organização limitou-se às tarefas que se executam na linha de produção e nos escritórios, abrangendo apenas as variáveis fisiológicas. Sendo assim, a Administração Científica pode ser chamada de teoria fisiológica da organização.[27] No fundo, Taylor considerou os recursos humanos e materiais não tanto reciprocamente ajustáveis, mas sobretudo, o homem trabalhando como um apêndice da maquinaria industrial.[28]

Aprofunde seus conhecimentos sobre **A omissão do trabalho em grupo** na seção *Saiba mais* ITGAc 2.11

2.5.4 Ausência de comprovação científica

A Administração Científica é criticada por pretender criar uma ciência sem o cuidado de apresentar comprovação científica das suas proposições e princípios. Em outros termos, utilizou pouquíssima pesquisa e experimentação científica para comprovar suas teses. Seu método é empírico e concreto, no qual o conhecimento é alcançado pela evidência e não pela abstração: baseia-se em dados singulares e observáveis pelo analista de tempos e movimentos, relacionados com o *como* e não com o *porquê* da ação do operário.

2.5.5 Abordagem incompleta da organização

A Administração Científica é incompleta, parcial e inacabada, por se limitar apenas aos aspectos formais da organização, omitindo a organização informal e os aspectos humanos da organização. Essa perspectiva incompleta ignora a vida social interna dos participantes da organização. As pessoas são tomadas como indivíduos isolados e arranjados de acordo com suas habilidades pessoais e com as demandas da tarefa a ser executada. Também omite certas variáveis críticas, como o compromisso pessoal e a orientação profissional dos membros da organização, o conflito entre objetivos individuais e objetivos organizacionais etc.

2.5.6 Limitação do campo de aplicação

A Administração Científica também ficou restrita aos problemas de produção na fábrica, não considerando os demais aspectos da vida da organização, como financeiros, comerciais, logísticos etc. Além disso, o desenho de cargos e tarefas retrata suas concepções a respeito da natureza humana (*homo economicus*) e se baseia em uma expectativa de estabilidade e previsibilidade das operações da organização no longo prazo.

2.5.7 Abordagem prescritiva e normativa

A Administração Científica se caracteriza pela preocupação em prescrever princípios normativos, que devem ser aplicados como receituário em todas as circunstâncias. Essa abordagem prescritiva e normativa padroniza situações para poder prescrever a maneira como elas deverão ser administradas. É uma abordagem com receitas antecipadas, soluções enlatadas e princípios normativos que regem o *como fazer* as coisas dentro das organizações. Essa perspectiva visualiza a organização como ela deveria funcionar ao invés de explicar o seu funcionamento.[29]

2.5.8 Abordagem de sistema fechado

A Administração Científica não consegue enxergar a organização como um todo, e a visualiza como se ela existisse no vácuo ou como se fosse entidade autônoma, absoluta e hermeticamente fechada a qualquer influência vinda de fora dela. É uma abordagem de sistema fechado que, como veremos em capítulos posteriores, se caracteriza pelo fato de visualizar somente aquilo que acontece dentro de uma organização sem levar em conta o meio ambiente em que ela está situada. Outra característica da abordagem de sistema fechado é a maneira de ver tudo o que acontece dentro de uma organização sob o ponto de vista de apenas algumas variáveis mais importantes, omitindo-se outras cuja influência não seja bem conhecida no conjunto.

2.5.9 Pioneirismo na Administração

A Administração Científica constitui o ponto de partida da Administração nos seguintes aspectos:

1. É o primeiro esforço científico para analisar e padronizar os processos produtivos com o objetivo de aumentar a produtividade e a eficiência.
2. Obteve enorme êxito na racionalização das empresas da época.

3. Complementou a tecnologia da época, desenvolvendo técnicas e métodos que racionalizaram a produção e lograram forte aumento da produtividade.

Na verdade, ela se preocupa com a competência técnica como o principal requisito para o gerente, adotando o pressuposto simplista de que mais engenharia, melhores métodos e melhores equipamentos produzem necessariamente melhores resultados.[30] Essa é uma simplificação enganosa, como veremos adiante, e que tem custado muito caro às organizações de hoje.[31]

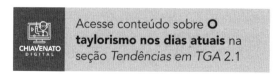

Acesse conteúdo sobre **O taylorismo nos dias atuais** na seção Tendências em TGA 2.1

CONCLUSÕES

Em resumo, os alicerces fundamentais da Administração Científica foram:[32]

1. **Comando e controle:** a gerência funciona como uma ditadura benigna inspirada nos modelos militares. O gerente planeja e controla o trabalho; os trabalhadores o executam. Em suma, o gerente deve pensar e mandar; os trabalhadores devem obedecer e fazer de acordo com o plano.

2. **Uma única maneira certa (*the one best way*):** o método estabelecido pelo gerente é a melhor maneira de executar uma tarefa. O papel dos trabalhadores é utilizar o método sem questioná-lo.

3. **Mão de obra e não recursos humanos:** a força de trabalho é a mão de obra, ou seja, a mão contratada sem qualquer envolvimento da pessoa na organização. Como a oferta de trabalhadores era abundante, a empresa nada devia a eles, embora esperasse lealdade de sua parte.

4. **Segurança, não insegurança:** embora os operários não ganhassem reconhecimento ou responsabilidade, havia um acordo tácito baseado na segurança e permanência no emprego. As empresas davam uma sensação de estabilidade dominando seus mercados. O futuro parecia previsível, e o destino de cada empresa ainda mais previsível.

Com a Administração Científica, começa a incessante e permanente luta pela produtividade que iria perdurar até os dias de hoje. Produtividade significa a relação entre a quantidade de produto resultante do processo de produção e a quantidade de fatores e recursos necessários para sua obtenção.[33]

O importante é que a Administração Científica comprovou o fato de que existe uma nova maneira de ganhar dinheiro e que as empresas não têm sabido usar, ou seja, deixar de perdê-lo. A luta contra o desperdício – seja de tempo, esforço, energia, capacidade instalada, de dinheiro etc. – foi uma de suas principais bandeiras.[34] E ela deu certo. Transformou os Estados Unidos na nação mais produtiva do mundo.

Apesar de todas as críticas formuladas à Administração Científica, há uma forte tendência atual com o intuito de reabilitar e realçar a imagem de Taylor. Alguns autores[35] chegam a apontá-lo como um cientista social interessado pelos problemas de motivação e de comportamento das pessoas dentro da sua maneira lógica de ver as coisas. O certo é que Taylor teve profunda influência na vida do século 20 e no forte desenvolvimento industrial que suas ideias proporcionaram. Sua importância decorre de um fato extremamente simples: ele deu certo! E é cada vez mais atual.

Aprofunde seus conhecimentos sobre
O toyotismo na seção *Saiba mais* ITGAc 2.12

PARA REFLEXÃO

O Problema de Waldemar Lemos

Diante dos problemas existentes em sua indústria, Waldemar Lemos pediu a assessoria de um consultor de empresas. Depois de um cuidadoso diagnóstico da situação da indústria, o consultor elaborou um longo relatório no qual mencionava, entre outras coisas, que a empresa somente se preocupava com sua área industrial, que a visão predominante na empresa era tipicamente mecanicista com uma abordagem de sistema fechado. Que os operários eram superespecializados, os gerentes tinham uma visão microscópica de seus subordinados e se preocupavam mais em como fazer as coisas do que com o que era importante fazer. O que o consultor queria dizer com essas afirmações?

REFERÊNCIAS

1. TAYLOR, Frederick W. *Shop management*. New York: Harper & Bros., 1903.
2. GEORGE JR. Claude S. *História do pensamento administrativo*. São Paulo: Cultrix, 1974. p. 136.
3. TAYLOR, Frederick W. *The principles of scientific management*. New York: Harper & Bros., 1911.
4. TAYLOR, Frederick W. *Princípios de administração científica*. São Paulo: Atlas, 1970. p. 34.
5. TAYLOR, Frederick W. *Princípios de administração científica*. op. cit., p. 29-31.
6. WAHRLICH, Beatriz M. de Souza. *Uma análise das teorias de organização*. Rio de Janeiro: Fundação Getulio Vargas, Serv. Publicações, 1971. p. 17.
7. TAYLOR, Frederick W. *Princípios de administração científica*. op. cit., p. 126.
8. WAHRLICH, Beatriz M. de Souza. *Uma análise das teorias de organização*. op. cit. p. 11.
9. HAYNES, Warren; MASSIE, Joseph L. *Management*: analysis, concepts and cases. New Jersey: Prentice Hall, 1969. p. 26.
10. GILBRETH, Frank B. As principais obras de Frank B. Gilbreth são:
    – *Concret system*. New York: The Engineering New Publishing, 1908;
    – *Bricklaying system*. New York: The Myron C. Clark Publishing, 1909;
    – *Motion study*. New York: D. Van Nostrand, 1911;
    – *Primer of scientific management*. New York: D. Van Nostrand, 1912;
    – *Fatigue study*. New York: Sturgis & Walton, 1916.

    Em coautoria com sua esposa GILBRETH, Lilian M.:

    – *Applied motion study*. New York: Sturgis & Walton, 1917;
    – Scientific management in other countries than the United States. *Taylor Society Bulletin*, p. 132, June 1924;
    – The achievements of motion psychology. *Taylor Society Bulletin*, p. 322, Dec. 1924.

As principais obras de GILBRETH, Lilian M. são:

- *The psychology of management*. New York: Sturgis, Sturgis & Walton, 1914;
- *The quest of the one best way*. Chicago: Society of Industrial Engineers, 1924.

11. Posteriormente, publicou outro livro: GILBRETH, Lilian M.; COOK, A. R. *The foremen in manpower*. New York: McGraw-Hill, 1947.
12. GILBRETH, Frank B.; GILBRETH, Lilian M. *Applied motion study. op. cit.*
13. EMERSON, Harrington. *The twelve principles of efficiency*. New York: The Engineering Magazine, 1912.
14. TAYLOR, Frederick W. *Princípios de administração científica. op.cit.*, p. 99-100.
15. TAYLOR, Frederick W. *Princípios de administração científica. op. cit.*, p. 99.
16. EMERSON, Harrington publicou dois livros: *Efficiency as a basis for operation and wages*. New York: The Engineering Magazine, 1909 e *The twelve principles of efficiency. op. cit.*, 1912.
17. FORD, Henry. *My life work*. New York: 1923. p. 77-90.
18. KATZ, Daniel; KAHN, Robert L. *Psicologia social das organizações*. São Paulo: Atlas, 1970. p. 92.
19. WORTHY, J. C. Organizational structure and employee morale. *American Sociological Review*, v. 15, p. 169-179, 1950.
20. KATZ, Daniel; KAHN, Robert L. *Psicologia social das organizações. cit.*, p. 92.
21. MARCH, James G.; SIMON, Herbert A. *Teoria das organizações*. Rio de Janeiro: Fundação Getulio Vargas, Serv. de Publicações, 1966. p. 9.
22. KATZ, Daniel; KAHN, Robert L. *Psicologia social das organizações. op. cit.*, p. 90-91.
23. SCOTT, William G. *Human relations in management*. Homewood, Ill., 1962. p. 43.
24. MEIGNIEZ, Robert. *Pathologie sociale de l'enterprise, la crise et la fonction de direction*. Paris: Gauthier-Villars, 1971. p. 25.
25. SIMON, Herbert A. *O comportamento administrativo*. Rio de Janeiro: Fundação Getulio Vargas, Serv. de Publicações, 1974.
26. TAYLOR, Frederik W. *Princípios de administração científica. op. cit.*, p. 82.
27. TRAGTENBERG, Maurício. *Ideologia e burocracia*. São Paulo: Ática, 1974. p. 194.
28. MARCH, James; SIMON, Herbert A. *Teoria das organizações. op. cit.*, p. 18.
29. ETZIONI, Amitai. *Organizações modernas*. São Paulo: Pioneira, 1967. p. 37-39.
30. HAAS, J. Eugene; DRABEK, Thomas E. *Complex organizations: a sociological perspective*. New York: MacMillan, 1973. p. 37-41.
31. MESCON, Michael H.; HAMMOND, William Rogers; BYARS, Lloyd L. et al. *The management of enterprise*. New York: MacMillan, 1973. Cap. 12.
32. HAAS, J. Eugene; DRABEK, Thomas E. *Complex organizations: a sociological perspective*. New York: MacMillan, 1973. p. 37-41.
33. KANIGEL, Robert. *The one best way:* Frederick Winslow Taylor and the enigma of efficiency. New York: Viking Press, 2000.
34. PETERSEN, Peter B. Scientific management at the watertown arsenal. In: CERTO, Samuel C. *Modern management*: diversity, quality, ethics, and the global environment. Boston: Allyn & Bacon, 1994, p. 47.
35. CRAINER, Stuart. *Key management ideas:* thinkers that changed the management world. New Jersey: Prentice Hall, 1998. p. 19-20.
36. MESCON, Michael H.; HAMMOND, William Rogers; BYARS, Lloyd L. *et al. op. cit.*, Cap. 12.

3 TEORIA CLÁSSICA DA ADMINISTRAÇÃO: ORGANIZANDO A EMPRESA

OBJETIVOS DE APRENDIZAGEM

- Apresentar os fundamentos da Teoria Clássica da Administração.
- Mostrar a ênfase na estrutura da organização como base para o alcance da eficiência.
- Definir os elementos e princípios da Administração como bases do processo administrativo.
- Identificar as limitações e restrições da Teoria Clássica em uma apreciação crítica.
- Conclusões.

O QUE VEREMOS ADIANTE

- A época.
- A obra de Fayol.
- Teoria da Administração.
- Elementos da Administração.
- Princípios de Administração.
- Apreciação crítica da Teoria Clássica.

CASO INTRODUTÓRIO
Castor Comércio e Indústria

A nova diretora presidente da Castor Comércio e Indústria, Isabela Menezes, pretende revitalizar a empresa fundada há 50 anos pelo seu pai, um empreendedor bem-sucedido. A Castor se dedica a produção e comercialização de cimento. O desejo de Isabela é tornar a empresa mais competitiva em um mercado caracterizado pelo conservantismo e pela mesmice. A Castor – como todas as empresas concorrentes – é uma empresa tipicamente tradicional que pouco mudou nas últimas décadas. Empresa típica da Era Industrial. Uma pergunta paira na cabeça de Isabela: Quais são as opções para o futuro da Castor?

Enquanto Taylor e outros engenheiros desenvolviam a Administração Científica nos Estados Unidos, em 1916 surgia na França, espraiando-se rapidamente pela Europa, a Teoria Clássica da Administração. Enquanto a Administração Científica se caracterizava pela ênfase na tarefa realizada pelo operário, a **Teoria Clássica** se caracterizava pela ênfase na estrutura que a organização deveria possuir para ser eficiente. Na realidade, o objetivo de ambas as teorias era o mesmo: a busca da eficiência das organizações. Para a Administração Científica, essa eficiência é alcançada por meio da racionalização do trabalho do operário e pela soma das eficiências individuais. A Teoria Clássica, ao contrário, partia do todo empresarial e da sua estrutura para garantir eficiência ao conjunto das partes envolvidas, fossem elas órgãos (departamentos, divisões, seções) ou pessoas (dirigentes, gerentes e empregados). Assim, a microabordagem no nível individual de cada operário com relação à tarefa é enormemente ampliada ao nível global da organização como uma totalidade. Essa preocupação com a estrutura da organização como um todo constitui uma substancial ampliação do objeto de estudo da TGA. Henri Fayol, um engenheiro francês, fundador da Teoria Clássica da Administração, partiu de uma abordagem sintética, global e universal da empresa, inaugurando uma abordagem anatômica e estrutural que rapidamente ultrapassou a abordagem analítica e concreta de Taylor.

3.1 A ÉPOCA

A segunda década do século 20 foi tumultuada. A Primeira Guerra Mundial (1914-1918) envolveu a Europa e os Estados Unidos em operações militares conjuntas. O taylorismo trouxe uma formidável ajuda ao esforço militar americano. Terminado o conflito mundial, houve uma forte expansão da indústria e das ferrovias, além do início da aviação militar, civil e comercial. Nas comunicações, houve uma incrível expansão do jornalismo e do rádio em ondas médias e curtas. Todas essas inovações exigiram uma ampliação do conteúdo da Administração Científica e o surgimento da Teoria Clássica da Administração.

3.2 A OBRA DE FAYOL

Henri Fayol (1841-1925), o fundador da Teoria Clássica, nasceu em Constantinopla e faleceu em Paris, vivendo as consequências da Revolução Industrial e da Primeira Guerra Mundial. Formou-se em engenharia de minas e ingressou em uma empresa metalúrgica e carbonífera, onde construiu sua carreira. Fayol expôs sua teoria de Administração no seu livro *Administration industrielle et générale*, publicado em 1916.[1] Seu trabalho, antes da tradução para o inglês, foi divulgado por Urwick e Gulick,[2] dois conhecidos autores clássicos.

3.2.1 As funções básicas da empresa

Fayol salienta que toda empresa apresenta seis funções, a saber:[3]

1. **Funções técnicas**: relacionadas com a produção de bens ou de serviços da empresa.
2. **Funções comerciais**: relacionadas com venda, compra e permutação.
3. **Funções financeiras**: relacionadas com a busca e a gestão de capitais.
4. **Funções de segurança**: relacionadas com a proteção e a preservação dos bens e pessoas.
5. **Funções contábeis**: relacionadas com inventários, registros, balanços, custos e estatísticas.

6. **Funções administrativas**: relacionadas com a integração de cúpula das demais cinco funções. As funções administrativas coordenam e sincronizam as demais funções da empresa, pairando sempre acima delas.

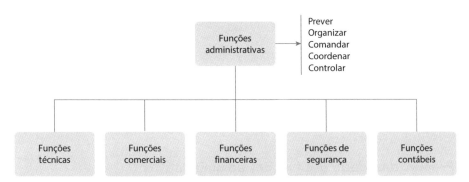

Figura 3.1 Seis funções básicas da empresa para Fayol.

Para Fayol, "nenhuma das cinco funções essenciais precedentes tem o encargo de formular o programa de ação geral da empresa, de constituir o seu corpo social, de coordenar os esforços e de harmonizar os atos. Essas atribuições constituem outra função designada pelo nome de Administração".[4]

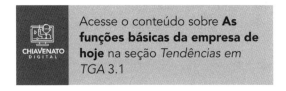

3.2.2 Conceito de Administração

Fayol define o ato de administrar como: prever, organizar, comandar, coordenar e controlar. As **funções administrativas** envolvem os **elementos da Administração**, que são as funções do administrador, a saber:

1. **Prever**: significa visualizar o futuro e traçar o programa de ação.
2. **Organizar**: constituir o duplo organismo material e social da empresa.
3. **Comandar**: dirigir e orientar o pessoal.
4. **Coordenar**: ligar, unir, harmonizar todos os atos e os esforços coletivos.
5. **Controlar**: verificar que tudo ocorra de acordo com as regras estabelecidas e as ordens dadas.

Esses são os elementos da Administração que constituem o chamado processo administrativo: são localizáveis no trabalho do administrador em qualquer nível ou área de atividade da empresa. Em outros termos, tanto o diretor como o gerente, o chefe e o supervisor – cada qual em seu respectivo nível – desempenham atividades de **previsão**, **organização**, **comando**, **coordenação** e **controle**, como atividades administrativas essenciais.

Quadro 3.1 As funções do administrador segundo Fayol

1. Previsão: é a avaliação do futuro e o aprovisionamento dos recursos em função dele.
2. Organização: estrutura todos os órgãos necessários ao funcionamento da empresa. Pode ser dividida em organização material e organização social.
3. Comando: faz a organização funcionar. Seu objetivo é orientar os empregados no interesse dos aspectos globais do negócio.
4. Coordenação: harmoniza todas as atividades do negócio, facilitando seu trabalho e sucesso. Sincroniza coisas e ações em proporções certas e adapta meios aos fins visados.
5. Controle: consiste na verificação para certificar se as coisas ocorrem em conformidade com o plano adotado, com as instruções transmitidas e os princípios estabelecidos. O objetivo é localizar as fraquezas e os erros no intuito de retificá-los e prevenir a recorrência.

3.2.3 Proporcionalidade das funções administrativas

Para Fayol, existe uma proporcionalidade da função administrativa. Ela se reparte por todos os níveis da **hierarquia** da empresa e não é privativa da alta cúpula. A função administrativa não se concentra exclusivamente no topo da empresa nem é privilégio dos diretores, mas é distribuída proporcionalmente entre os níveis hierárquicos. Na medida em que se desce na escala hierárquica, mais aumenta a proporção das outras funções da empresa, e na medida em que se sobe na escala hierárquica, mais aumenta a extensão e o volume das funções administrativas.

PARA REFLEXÃO

A organização formal da Alimenta

A Alimenta é uma tradicional empresa do mercado alimentício com três divisões, cada qual com um gerente, a saber: divisão comercial, divisão industrial e divisão financeira. O diretor geral acumula as funções administrativas e coordena o trabalho dos gerentes. Como você montaria um organograma com a descrição das funções de cada divisão?

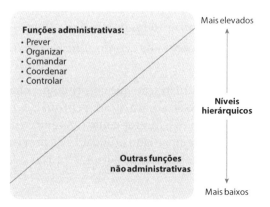

Figura 3.2 A proporcionalidade da função administrativa.

3.2.4 Diferença entre Administração e Organização

Apesar de utilizar a palavra *Administração* como sinônimo de organização, Fayol faz uma distinção entre ambos os conceitos. Para ele, Administração é um todo do qual a organização é uma das partes. O conceito amplo e compreensivo de Administração, como um conjunto de processos entrosados e unificados, abrange aspectos que a organização por si só não envolve, como previsão, comando e controle. A organização abrange apenas a definição da estrutura e do formato da empresa sendo estática e limitada. O conceito de organização passa a ter dois significados diferentes:

1. **Organização como uma entidade social:** dentro da qual as pessoas interagem entre si para alcançar objetivos específicos. Nesse sentido, a palavra *organização* significa um empreendimento humano e social, moldado intencionalmente para atingir determinados objetivos. Organizações são nações, empresas industriais e comerciais, prestadoras de serviços, universidades, hospitais, exércitos, igrejas, partidos políticos, hotéis, emissoras de rádio e TV etc.

2. **Organização como função administrativa e parte do processo administrativo:** como a previsão, comando, coordenação e controle. Nesse sentido, organização significa o ato de organizar, estruturar e alocar os recursos, definir os órgãos e suas atribuições e relações entre si.

3.2.5 Princípios gerais de Administração para Fayol

Como toda ciência, a Administração deve se basear em leis ou em princípios. Fayol define os "princípios gerais" de Administração para afastar dela qualquer ideia de rigidez, pois nada existe de rígido ou absoluto em matéria administrativa. Tudo em Administração é questão de medida, ponderação e bom senso. Os princípios são universais e maleáveis e adaptam-se a qualquer tempo, lugar ou circunstância.

Aprofunde seus conhecimentos sobre **Os 14 princípios da Administração** na seção *Saiba mais* ITGAc 3.1

VOLTANDO AO CASO INTRODUTÓRIO

Castor Comércio e Indústria

Isabela Menezes sabe que a área industrial predomina na empresa: a produção determina todos os objetivos principais da empresa. O diretor industrial toma as principais decisões e todas as demais áreas – marketing, administração geral, recursos humanos, finanças – seguem atrás. Em resumo, o volume de produção determina as necessidades de vendas e os custos de produção determinam o preço do produto no mercado. Como você poderia ajudar Isabela?

3.3 TEORIA DA ADMINISTRAÇÃO

Os autores clássicos pretendem criar uma teoria da Administração baseada na divisão do trabalho, especialização, coordenação e atividades de linha e de *staff*.

3.3.1 Administração como ciência

O ponto de partida dos autores da Teoria Clássica é o estudo científico da Administração, substituindo o empirismo e a improvisação por técnicas científicas. Pretendia-se elaborar uma ciência da Administração. Fayol defendia a necessidade de um ensino organizado e metódico da Administração de caráter geral para formar administradores. Em sua época, essa ideia era uma novidade.

3.3.2 Teoria da organização

A Teoria Clássica concebe a organização como se fosse uma estrutura de blocos de construção. Essa maneira de conceber a estrutura organizacional é influenciada pelas concepções antigas de organização (como a organização militar e a eclesiástica) tradicionais, rígidas e hierarquizadas. Nesse aspecto, a Teoria Clássica não se desligou do passado.[5] Embora tenha contribuído para tirar a organização industrial da confusão inicial que enfrentava em decorrência da Revolução Industrial, a Teoria Clássica pouco avançou em termos de uma teoria da organização. Para Fayol, a organização envolve a definição de estrutura e forma, sendo, portanto, estática e limitada. James Mooney (1884-1957) acrescenta que "a organização é a forma de toda associação humana para a realização de um fim comum. A técnica de organização pode ser descrita como a técnica de correlacionar atividades específicas ou funções em um todo coordenado".[6] Daí a importância da coordenação. Para Lyndall Urwick (1891-1983), a organização militar é o modelo do comportamento administrativo. Assim, a preocupação com a estrutura e com a forma da organização marca a essência da Teoria Clássica. A estrutura organizacional constitui uma cadeia de comando, ou seja, uma linha sequencial de autoridade que interliga as posições da organização e define quem se subordina a quem. A **cadeia de comando** – ou cadeia escalar – baseia-se no princípio da unidade de comando, que significa que cada empregado deve se reportar a um só superior. Para a Teoria Clássica, a estrutura organizacional é analisada de cima para baixo (da direção para a execução) e do todo para as partes (da síntese para a análise), ao contrário da abordagem da Administração Científica.

3.3.3 Divisão do trabalho e especialização

A organização se caracteriza por uma divisão do trabalho claramente definida. "A divisão do trabalho constitui a base da organização; na verdade, é a própria razão da organização."[7] A divisão do trabalho conduz à especialização e à diferenciação das tarefas, ou seja, à heterogeneidade. A ideia é de que as organizações com maior divisão do trabalho sejam mais eficientes do que aquelas com pouca fragmentação. Para a Teoria Clássica, a divisão do trabalho pode dar-se em duas direções, a saber:

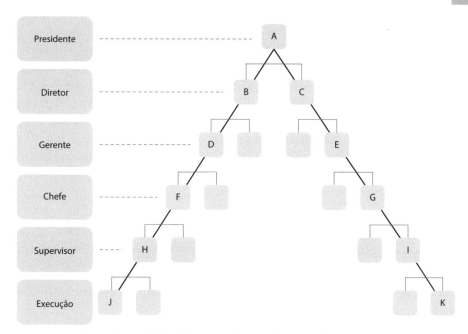

Figura 3.3 Cadeia de comando e cadeia escalar de Fayol.

a) **Divisão vertical do trabalho:** refere-se aos níveis de autoridade e responsabilidade (como na escala hierárquica de Fayol ou no princípio escalar de Mooney) definindo os escalões hierárquicos da organização que detêm diferentes níveis de autoridade. A autoridade aumenta na medida em que se sobe na hierarquia da organização. A hierarquia define a graduação das responsabilidades conforme os graus de autoridade. Em toda organização há uma escala hierárquica de autoridade (princípio escalar ou cadeia escalar). Daí a denominação autoridade de linha para significar a autoridade de comando de um superior sobre um subordinado.

b) **Divisão horizontal do trabalho:** refere-se aos diferentes tipos de atividades da organização (como na especialização de Fayol ou no princípio de homogeneidade de Gulick). No mesmo nível hierárquico, cada departamento ou seção passa a ser responsável por uma função ou atividade específica e própria.

A divisão do trabalho no sentido horizontal que assegura homogeneidade e equilíbrio é chamada departamentalização: refere-se à especialização horizontal da organização. A homogeneidade na organização é obtida quando são reunidos, na mesma unidade, todos os que estiverem executando o mesmo trabalho pelo mesmo processo para a mesma clientela no mesmo lugar. Qualquer um desses quatro fatores – função, processo, clientela, localização – proporciona departamentalização por função, por processo, por clientela ou por localização geográfica. A ideia básica era de que, quanto mais departamentalizada, mais a organização seria eficiente em suas atividades.[8]

Aprofunde seus conhecimentos sobre **Departamentalização** na seção *Saiba mais* ITGAc 3.2

3.3.4 Coordenação

Fayol inclui a coordenação como um dos elementos da Administração, enquanto outros autores clássicos a incluem nos princípios de Administração. Para Fayol, a coordenação é a reunião, a unificação e a harmonização de toda a atividade e esforço, enquanto para Gulick, se a subdivisão do trabalho é indispensável, a coordenação é obrigatória. Para Mooney, "coordenação é a distribuição ordenada do esforço do grupo, a fim de obter unidade de ação na consecução de um fio comum".[9] A pressuposição básica era de que, quanto maior a organização e quanto maior a divisão do trabalho, tanto maior será a necessidade de coordenação para assegurar a eficiência da organização como um todo.[10]

3.3.5 Organização linear

Fayol enfatizava a organização linear que constitui um dos tipos mais simples de organização. A organização linear se baseia nos princípios de:

a) **Unidade de comando ou supervisão única**: cada pessoa tem apenas um único e exclusivo chefe.

b) **Unidade de direção**: todos os planos se integram a planos maiores que conduzam aos objetivos da organização.

c) **Centralização da autoridade**: toda autoridade máxima de uma organização deve estar concentrada em seu topo.

d) **Cadeia escalar**: a autoridade deve estar disposta em uma hierarquia, isto é, em escalões hierárquicos, de maneira que todo nível hierárquico esteja subordinado ao nível hierárquico superior (autoridade de comando).

A organização linear é um tipo de estrutura organizacional que apresenta uma forma piramidal. Nela ocorre a supervisão linear (ou autoridade linear), baseada na unidade de comando e que é o oposto da supervisão funcional proposta pela Administração Científica. Fayol e seus seguidores discordam da supervisão funcional por acharem que ela constitui uma negação da unidade de comando, princípio vital para a coordenação das atividades da organização. Na organização linear, os órgãos de linha que compõem a organização seguem rigidamente o princípio escalar (autoridade de comando). Para que os órgãos de linha possam se dedicar exclusivamente às suas atividades especializadas, são necessários outros órgãos prestadores de serviços especializados, estranhos às atividades dos órgãos de linha. Esses órgãos prestadores de serviços – órgãos de *staff* ou de assessoria – fornecem serviços, conselhos, recomendações, assessoria e consultoria que os órgãos de linha não têm condições de prover por si próprios. São serviços e assessorias que não podem ser impostos aos órgãos de linha, mas simplesmente oferecidos. Assim, os órgãos de *staff* não obedecem ao princípio escalar nem possuem autoridade de comando em relação aos órgãos de linha. Sua autoridade – autoridade de *staff* – é autoridade de especialista e não autoridade de comando.

3.3.6 Tipos de autoridade

Os clássicos distinguem dois tipos de autoridade: de linha e de *staff*.

a) **Autoridade de linha:** é a forma de autoridade na qual os gerentes têm o poder formal de dirigir e controlar os subordinados imediatos.

b) **Autoridade de *staff*:** é a forma de autoridade atribuída a esses especialistas em suas áreas de atuação e prestação de serviços. A autoridade de *staff* é mais estreita e inclui o direito de aconselhar, recomendar e orientar. Os especialistas de *staff* aconselham os gerentes de linha em suas áreas de especialidade.

PARA REFLEXÃO

A reorganização de Sara

Ao ser promovida a presidente da Continental S.A., Sara Plechman queria mudar a empresa. Sua primeira providência foi analisar a estrutura organizacional, a forma e disposição dos departamentos, a cadeia de comando, as especializações vertical e horizontal existentes, a coordenação necessária entre os diversos órgãos, e quais órgãos deveriam trabalhar como suporte e apoio dos demais (como pessoal, contabilidade, propaganda, organização & métodos etc.). Como você procederia no lugar de Sara?

3.4 ELEMENTOS DA ADMINISTRAÇÃO

Ao definir o que é Administração, Fayol definiu os elementos que a compõem: previsão, organização, comando, coordenação e controle. Esses cinco elementos constituem as chamadas funções do administrador. Contudo, seus seguidores não aceitaram os elementos da Administração, tais como o velho mestre afirmara. Cada autor clássico define ao seu modo os elementos da Administração.

3.4.1 Elementos da Administração para Urwick

Para Lyndall Urwick (1891-1983),[11] são sete os elementos da Administração, ou seja, as funções do administrador:

a) **Investigação**

b) **Previsão**

c) **Planejamento**

d) **Organização**

e) **Coordenação**

f) **Comando**

g) **Controle**

No fundo, Urwick apenas desdobrou a previsão de Fayol em três elementos distintos (investigação, previsão e **planejamento**).[12]

3.4.2 Elementos da Administração para Gulick

Luther Gulick (1892-1993) propõe sete elementos da Administração:[13]

a) **Planejamento** *(planning)*: é a tarefa de traçar as linhas gerais das coisas que devem ser feitas e dos métodos de fazê-las, a fim de atingir os objetivos da empresa.

b) **Organização** *(organizing)*: é o estabelecimento da estrutura formal de autoridade, por meio da qual as subdivisões de trabalho são integradas, definidas e coordenadas para o objetivo em vista.

c) **Assessoria** *(staffing)*: é a função de preparar, treinar o pessoal e manter condições favoráveis de trabalho.

d) **Direção** *(directing)*: é a tarefa contínua de tomar decisões e incorporá-las em ordens e instruções específicas e gerais, e, ainda, a de funcionar como líder da empresa.

e) **Coordenação** *(coordinating)*: é o estabelecimento de relações entre as várias partes do trabalho.

f) **Informação** *(reporting)*: é o esforço de manter informados a respeito do que se passa aqueles perante os quais o chefe é responsável; pressupõe a existência de registros, documentação, pesquisa e inspeções.

g) **Orçamento** *(budgeting)*: é a função relacionada com elaboração, execução e fiscalização orçamentárias, plano fiscal, contabilidade e controle.

As palavras (*planning, organizing, staffing, directing, coordinating, reporting* e *budgeting*) formam o acróstico POSDCORB, que Gulick utiliza para memorizar os elementos da Administração.

3.5 PRINCÍPIOS DE ADMINISTRAÇÃO

Para os autores clássicos, os elementos da Administração servem como base para as funções do administrador. Este deve obedecer a normas ou regras de comportamento, isto é, a princípios gerais para desempenhar as funções de planejar, organizar, dirigir, coordenar e controlar.

3.5.1 Princípios de Administração para Urwick

Urwick propõe quatro princípios de Administração:[14]

a) **Princípio da especialização:** cada pessoa deve ocupar uma só função, o que determina uma divisão especializada do trabalho. Esse princípio dá origem à organização de linha, de *staff* e funcional.

b) **Princípio de autoridade:** deve haver uma linha de *autoridade* claramente definida, conhecida e reconhecida por todos, desde o topo até a base da organização.

c) **Princípio da amplitude administrativa (*span of control*):** cada superior deve ter certo número de subordinados. O superior deve supervisionar pessoas, bem como as relações entre as pessoas que supervisiona. O número ótimo de subordinados varia segundo o nível e a natureza dos cargos, complexidade do trabalho e preparo dos subordinados.

d) **Princípio da definição:** os deveres, autoridade e responsabilidade de cada cargo e suas relações com os outros cargos devem ser definidos por escrito e comunicados a todos.

Figura 3.4 Características que marcam a Administração na Era Industrial.

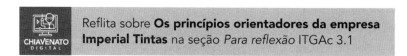

3.6 APRECIAÇÃO CRÍTICA DA TEORIA CLÁSSICA

Todas as teorias posteriores da Administração se preocuparam em apontar falhas, distorções e omissões nessa abordagem que representou durante várias décadas o figurino que serviu de modelo para as organizações. As principais críticas à Teoria Clássica são:

3.6.1 Abordagem simplificada da organização formal

Os autores clássicos concebem a organização em termos lógicos, formais, rígidos e abstratos, sem considerar seu conteúdo psicológico e social com a devida importância. Limitam-se à organização formal, estabelecendo esquemas lógicos e preestabelecidos, segundo os quais as organizações devem ser construídas e governadas. Nesse sentido, são prescritivos e normativos:[15] como o administrador deve conduzir-se em todas as situações por meio do processo administrativo e os princípios gerais que deve seguir para obter a máxima eficiência. A preocupação com as regras do jogo é fundamental.

A preocupação com a estrutura da organização constitui uma substancial ampliação do objeto de estudo da teoria administrativa. A microabordagem no nível individual de cada operário com relação à tarefa é enormemente ampliada no nível da empresa como um todo em relação à sua estrutura organizacional. A Teoria Clássica representa um passo adiante em relação à Administração Científica.

3.6.2 Ausência de trabalhos experimentais

Os autores clássicos fundamentam seus conceitos apenas na observação e no senso comum. Seu método é empírico e concreto, baseado na experiência direta e no pragmatismo, e não confronta a teoria com elementos de prova. Suas afirmações se dissolvem quando postas em experimentação.[16] O fato de denominar princípios a muitas de suas proposições é criticado como um procedimento presunçoso.[17] As ideias mais importantes são catalogadas como princípios, o que provocou críticas, pois o princípio utilizado como sinônimo de lei deve, como esta, envolver um alto grau de regularidade e consistência, permitindo razoável previsão em sua aplicação, tal como acontece nas outras ciências:[18]

3.6.3 Extremo racionalismo na concepção da Administração

Os autores clássicos se preocupam com a apresentação racional e lógica das suas proposições, sacrificando a clareza de suas ideias. O abstracionismo e o formalismo são criticados por levarem a análise da Administração à superficialidade, supersimplificação e falta de realismo.[19] A insistência sobre a concepção da Administração com um conjunto de princípios universalmente aplicáveis provocou a denominação Escola Universalista.[20]

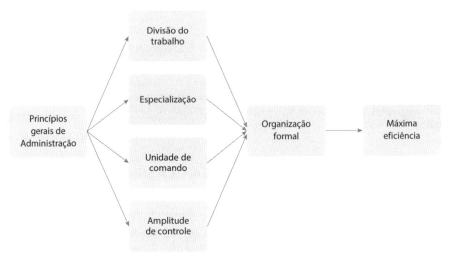

Figura 3.5 Abordagem prescritiva e normativa da Teoria Clássica.

3.6.4 Teoria da máquina

A Teoria Clássica ganhou a denominação de teoria da máquina pelo fato de considerar a organização sob o prisma do comportamento mecânico de uma máquina. Determinadas ações ou causas decorrem de determinados efeitos ou consequências dentro de uma correlação determinística. A organização deve ser arranjada tal como as engrenagens de uma máquina. Ou como blocos de construção. Os modelos administrativos correspondem à divisão mecanicista do trabalho: essa é a mola do sistema. A abordagem mecânica, lógica e determinística da organização foi o fator que conduziu erradamente os clássicos em busca de uma ciência da Administração. O fato é que hoje não se considera a Administração uma ciência exata, mas carregada de relatividade, tal como a física quântica. Naquela época, a Administração era profundamente influenciada pela física tradicional e pelo método cartesiano.

3.6.5 Abordagem incompleta da organização

A visão parcialista da Administração Científica se repetiu na Teoria Clássica. Esta focalizou apenas a organização formal, deixando de lado a organização informal. O foco exclusivo na forma e a ênfase na estrutura levaram a exageros. A teoria da organização formal não ignora os aspectos humanos da organização, mas não conseguiu dar tratamento sistemático à interação entre pessoas e grupos informais, nem aos conflitos organizacionais e ao processo decisório.[21]

Aprofunde seus conhecimentos sobre **O que fazer com a Teoria Clássica** na seção *Saiba mais* ITGAc 3.3

3.6.6 Abordagem de sistema fechado

A Teoria Clássica trata a organização como se ela fosse um sistema fechado, composto de algumas variáveis perfeitamente conhecidas e previsíveis e de alguns aspectos que são manipulados por meio de princípios gerais e universais. Contudo, apesar de todas as críticas, a Teoria Clássica é a abordagem mais utilizada para treinamento de neófitos em Administração, pois permite uma abordagem sistemática e ordenada. Também para a execução de tarefas administrativas rotineiras, a abordagem clássica disseca o trabalho gerencial em categorias compreensíveis e úteis. Os princípios proporcionam guias gerais e permitem ao administrador manipular os deveres do dia a dia de seu trabalho com confiança. Mantendo essa filosofia dos fatores básicos da Administração, a escola clássica permite uma abordagem simplificada. Sem mudar sua base, ela vai absorver novos elementos como fatores adicionais em sua filosofia.[22]

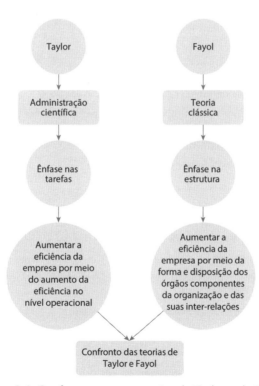

Figura 3.6 Confronto entre as teorias de Taylor e de Fayol.

CONCLUSÕES

Apesar de todas as críticas, a Teoria Clássica é ainda uma abordagem utilizada pelos iniciantes em Administração, pois permite uma visão simples e ordenada. Também para a execução de tarefas administrativas rotineiras, a abordagem clássica disseca o trabalho organizacional em categorias compreensíveis e úteis. Os princípios proporcionam guias gerais que permitem ao administrador atender aos deveres do cotidiano do seu trabalho com mais segurança e confiança.[23]

Porém, em uma era de mudança e instabilidade como a que atravessamos, a abordagem clássica mostra-se rígida, inflexível e conservadora, pois ela foi concebida em uma época de estabilidade e permanência.

VOLTANDO AO CASO INTRODUTÓRIO
A Castor Comércio e Indústria

Isabela convocou a diretoria para tratar da nova estrutura organizacional da empresa. Sua ideia era definir um novo organograma que incluísse todas as áreas da empresa em igualdade de condições. O que você sugeriria a Isabela?

REFERÊNCIAS

1. FAYOL, Henry. *Administração industrial e geral*. São Paulo: Atlas, 1950.
2. URWICK, Lyndall. The functions of administration with special reference to the work of FAYOL, Henri. In: GULICK, Luther; URWICK, Lyndall F. *Papers on the science of administration*. Columbia: Columbia University, Institute of Public Administration, 1937.
3. FAYOL, Henri, *Administração industrial e geral*, op. cit., p. 7.
4. FAYOL, Henri, *Administração industrial e geral*, op. cit., p. 10.
5. BEHRING, Orlando. Unification of management theory: a pessimistic view. In: WORTMAN JR., Max S.; LUTHANS, Fred. *Emerging concepts in management*: process, behavioral, qualitative, and systems. Londres: Collier-Macmillan, 1969. p. 34-43.
6. MOONEY, James D.; REILEY, Allan. *Onward industry*. New York: Harper & Bros., 1931. Este livro foi apresentado posteriormente revisado e com outro título: MOONEY, James D. *The principles of organization*. New York: Harper & Bros. 1947. p. 47-164.
7. GULICK, Luther. *Papers on the science of administration*. op. cit., p. 3.
8. GULICK, Luther. *Papers on the science of administration*. op. cit., p. 15.
9. MOONEY, James D. *The principles of organization*. op. cit., p. 5.
10. MOONEY, James D. *The principles of organization*. op. cit., p. 6-11.
11. URWICK, Lyndall F. (1891-1970). Coronel inglês, foi presidente da Urwick Orr and Partners Ltd., empresa de consultoria em Administração. Escreveu vários livros para sistematizar e divulgar os conhecimentos sobre a Administração, a saber:

    – GULICK, L.; URWICK, L. F. *Papers on the science of administration*. Columbia: Columbia University, Institute of Public Administration, 1937;

- URWICK, L. F. *The making of scientific management*. Londres: Pitman, 1945-1950. Vol. I: Thirteen Pioneers; vol. II: Management in British Industry; vol. III: The Hawthorne Investigations;
- BECH, E. F. L.; URWICK, L. F. *A short survey of industrial management*. B. I. M. Ocasional Papers, n. 1, Revised, 1962.

12. URWICK, Lyndall F. *The elements of administration. op. cit.*, 1943.
13. GULICK, Luther. *Notes on the theory of organization. op. cit.*, p. 3.
14. URWICK, Lyndall F. *The elements of administration. op. cit.*
15. WAHRLICH, Beatriz M. de Souza. *Uma análise das teorias de organização*. Rio de Janeiro: Fundação Getulio Vargas, Serviço de Publicações, 1971. p. 83-94.
16. MARCH, J. G.; SIMON, H. A. *Teoria das organizações*. Rio de Janeiro: FGV/Serviço de Publicações, 1967. p. 42-43.
17. PIFFNER, John M.; SHERWOOD, Franck P. *Organização administrativa*. São Paulo: Bestseller, 1965, p. 73.
18. PFIFFNER, John M.; SHERWOOD, Franck P. *Organização administrativa. op. cit.*, p. 60.
19. SIMON, H. A. *Comportamento administrativo*. Rio de Janeiro: FGV, 1965.
20. WAINO, V.; SUOJANEN, W. Management theory: functional and evolutionary. *Academy of Management Journal*, v. VI, p. 7, Mar. 1963.
21. SCOTT, Willian G. *Organization theory*: a behavioral analysis for management. Homewood, Ill.: R. D. Irwin, 1967. p. 109.
22. WADIA, Maneck S. *The nature and scope of management*. Chicago: Scott, Foresman and Co., 1966. p. 33.
23. WADIA, Maneck S. *The nature and scope of management. op. cit.*, p. 33.

Capítulo 4 – Teoria das Relações Humanas

Uma torrente de livros sobre Psicologia nas duas décadas do início do século 20 trouxe uma nova preocupação: as relações humanas. Com essa abordagem humanística, a teoria administrativa passa por uma revolução conceitual: a transferência da ênfase antes colocada na tarefa (pela Administração Científica) e na estrutura organizacional (pela Teoria Clássica) para a *ênfase* nas pessoas que trabalham ou que participam nas organizações. A abordagem humanística faz com que a preocupação com a máquina e com o método de trabalho e a preocupação com a organização formal e os princípios de Administração cedam prioridade para a preocupação com as pessoas e grupos sociais – dos aspectos técnicos e formais para aspectos psicológicos e sociológicos.

A abordagem humanística ocorre com o aparecimento da Teoria das Relações Humanas nos Estados Unidos a partir da década de 1930. Ela surgiu graças ao desenvolvimento das ciências sociais, notadamente a Psicologia do Trabalho, que passou por duas etapas:

- **Análise do trabalho e adaptação do trabalhador ao trabalho:** com aspecto meramente produtivo. O objetivo era a análise das características humanas que cada tarefa exige do seu executante. Os temas predominantes são: seleção de pessoal, orientação profissional, treinamento, fisiologia do trabalho e o estudo dos acidentes e da fadiga.

- **Adaptação do trabalho ao trabalhador:** nesta etapa, a Psicologia Industrial está voltada para os aspectos individuais e sociais do trabalho. Os temas predominantes são: estudo da personalidade do trabalhador, motivação e incentivos do trabalho, liderança, comunicações e as relações interpessoais e sociais na organização.

A Psicologia Industrial contribuiu para demonstrar a parcialidade dos princípios de Administração adotados pela Teoria Clássica. E as mudanças ocorridas no panorama econômico, social, político e tecnológico trouxeram novas variáveis para o estudo da Administração. A grande depressão econômica que atormentou o mundo em 1929, acompanhada de inflação, desemprego e forte atuação dos sindicatos, levou à busca da eficiência. Essa crise mundial provocou reelaboração dos conceitos e reavaliação dos princípios clássicos de Administração até então aceitos, apesar de seu caráter dogmático e prescritivo.

A abordagem humanística da Administração a partir da década de 1930 recebeu enorme aceitação nos Estados Unidos em razão de suas características democráticas. Sua divulgação fora dos Estados Unidos ocorreu depois do final da Segunda Guerra Mundial.

III.1 TEORIAS TRANSITIVAS

Em meio à Teoria Clássica e antecipando-se à Teoria das Relações Humanas, surgiram autores que – apesar de defenderem os princípios clássicos – iniciaram um trabalho pioneiro de revisão, crítica e reformulação das bases da teoria administrativa. Embora não houvessem consolidado uma corrente e não dispusessem de uma conexão teórica, alguns autores podem ser inseridos nessa zona de transição entre o classicismo e o humanismo na Administração, a saber:

- **Hugo Münsterberg** (1863-1916): introduziu a psicologia aplicada nas organizações e o uso de testes de seleção de pessoal.[1]
- **Ordway Tead** (1860-1933): foi o primeiro a tratar da liderança democrática na Administração.[2]
- **Mary Parker Follett** (1868-1933): introduziu a corrente psicológica na Administração.[3] Rejeita qualquer fórmula universal ou única e introduz a lei da situação: é a situação concreta que determina o que é certo e o que é errado. Toda decisão é um momento de um processo e se torna fundamental conhecer todo o contexto que envolve esse processo.[4]
- **Chester Barnard** (1886-1961): introduziu a teoria da cooperação na organização.[5] Como as pessoas têm limitações pessoais – biológicas, físicas e psicológicas –, precisam superá-las por meio do trabalho conjunto. A cooperação entre pessoas surge da necessidade de sobrepujar as limitações pessoais que restringem sua ação isolada. A necessidade de cooperarem entre si leva as pessoas a constituírem grupos sociais e organizações. O grupo social existe quando:
    - Existe interação entre duas ou mais pessoas.
    - Há o desejo e a disposição para cooperar: cooperação.
    - Existem objetivos comuns entre elas.

A organização é um sistema cooperativo racional. A racionalidade reside nos fins visados pela organização, isto é, no alcance dos objetivos comuns. As organizações existem para alcançar objetivos que as pessoas isoladamente não conseguem alcançar sozinhas.

A abordagem humanística da Administração envolve o capítulo sobre Teoria das Relações Humanas para relatar o enorme volume de variáveis teóricas acrescentadas à teoria administrativa.

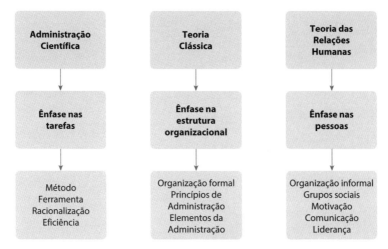

Figura III.1 As visões parcialistas no início da teoria administrativa.

REFERÊNCIAS

1. GEORGE JR., Claude. *História do pensamento administrativo*. São Paulo: Cultrix, 1974. p. 153-154.
2. TEAD, Ordway. *Human nature and management*. New York: Houghton Mifflin, 1929.
3. FOLLETT, Mary Parker. *The new state*: group organization. London: Longman, 1918.
4. FOLLETT, Mary Parker. *Dynamic organization*. New York: Harper & Brothers, 1941.
5. BARNARD, Chester I. *As funções do executivo*. São Paulo: Pioneira, 1971.

4 TEORIA DAS RELAÇÕES HUMANAS

OBJETIVOS DE APRENDIZAGEM

- Identificar as origens e o contexto no qual surgiu a Teoria das Relações Humanas, deslocando a ênfase na estrutura e nas tarefas para a ênfase nas pessoas.
- Explicar a experiência de Hawthorne e suas conclusões.
- Mostrar a preocupação psicológica e sociológica quanto à influência massificante da civilização industrial sobre o ser humano.
- Conceituar a Administração a partir de uma nova concepção da natureza do ser humano: o homem social.

O QUE VEREMOS ADIANTE

- Origens da Teoria das Relações Humanas.
- A civilização industrializada e o homem.
- Influência da motivação humana.
- Funções básicas da organização industrial.
- Liderança.
- Comunicação.
- Organização informal.
- Dinâmica de grupo.

CASO INTRODUTÓRIO
Hamburgo Eletrônica

A vida de Carlos Carvalho está passando por uma verdadeira revolução. Carlos trabalha há muitos anos como operador de linha de montagem na Hamburgo Eletrônica, uma fábrica de componentes eletrônicos. Alguns meses atrás, sua seção foi visitada por uma equipe de analistas de cargos. Fizeram estudos de tempos e movimentos e elaboraram cálculos sobre tempos padrões, definindo novos métodos de trabalho e um diferente ritmo de produção. Carlos ficou satisfeito com a implantação de prêmios de produção, mas seu sindicato convocou uma assembleia para discutir o assunto com todos os operários envolvidos. Na sua opinião, o que Carlos deveria fazer?

Em uma época conturbada pela grande depressão de 1929, a Teoria das Relações Humanas – ou Escola Humanística da Administração – surgiu nos Estados Unidos como consequência imediata das conclusões da experiência de Hawthorne, desenvolvida por Elton Mayo e colaboradores. Dela decorreu um forte movimento de reação e de oposição à abordagem clássica da Administração.

4.1 ORIGENS DA TEORIA DAS RELAÇÕES HUMANAS

O aparecimento da Teoria das Relações Humanas deve-se aos seguintes fatos:

- **A necessidade de humanizar e democratizar a Administração:** libertando-a dos conceitos rígidos e mecanicistas da Teoria Clássica e adequando-a aos novos padrões democráticos de vida do povo americano.
- **O desenvolvimento das ciências humanas** – principalmente a Psicologia e Sociologia: sua crescente influência intelectual e suas primeiras aplicações à organização industrial. As ciências humanas vieram demonstrar inadequações dos princípios da Teoria Clássica.
- **As ideias da filosofia pragmática:** de John Dewey (1890-1952)[1] e da Psicologia Dinâmica de Kurt Lewin (1890-1947)[2] foram capitais para o humanismo na Administração. Elton Mayo (1880-1949) é o fundador da escola. Dewey e Lewin contribuíram fortemente para a sua concepção.[3] A sociologia de Vilfredo Pareto (1848-1923) foi fundamental.[4]
- **As conclusões da experiência de Hawthorne:** realizada entre 1927 e 1932, sob a coordenação de Elton Mayo, pondo em xeque os principais postulados da Teoria Clássica da Administração.

4.1.1 A experiência de Hawthorne

Em 1927, o Conselho Nacional de Pesquisas iniciou uma experiência na fábrica da Western Electric Company, no bairro de Hawthorne, em Chicago, para pesquisar a correlação entre iluminação e eficiência dos operários, medida por meio da produção.[5] A experiência foi coordenada por Elton Mayo[6] e estendeu-se à fadiga, acidentes no trabalho, rotatividade do pessoal (*turnover*) e ao efeito das condições de trabalho sobre a produtividade do pessoal. Os pesquisadores verificaram que os resultados da experiência eram prejudicados por variáveis de natureza psicológica. Tentaram eliminar ou neutralizar o fator psicológico, então estranho e impertinente, razão pela qual a experiência se prolongou até 1932.[7]

Aprofunde seus conhecimentos sobre **A Experiência de Hawthorne** na seção *Saiba mais* ITGAc 4.1

Capítulo 4 – Teoria das Relações Humanas

> **PARA REFLEXÃO**
>
> **O ambiente interno da Lucen Lac.**
>
> Como empresária, Celeste Aguiar Luz considera-se uma mulher bem-sucedida. Sua empresa, a Lucen Lac, alcança excelentes resultados financeiros e elevada lucratividade. Contudo, Celeste nota que o ambiente interno de sua empresa é frio, inamistoso e negativo. O clima é pesado e agressivo. Quando passa por entre os funcionários, Celeste percebe que não é bem recebida. Afinal, qual é o problema que está existindo?

4.1.2 Conclusões da experiência de Hawthorne

A experiência de Hawthorne permitiu o delineamento dos princípios básicos da Escola das Relações Humanas. Suas conclusões mais relevantes são as seguintes:

1. **Nível de produção é resultante da integração social:** verificou-se que o nível de produção não é determinado pela capacidade física ou fisiológica do empregado (como afirmava a Teoria Clássica), mas por normas sociais e expectativas grupais. É a capacidade social do trabalhador que determina o seu nível de competência e eficiência e não a sua capacidade de executar movimentos eficientes dentro do tempo estabelecido.[8]

2. **Comportamento social dos empregados:** o comportamento do indivíduo se apoia totalmente no seu grupo social. Os trabalhadores não agem ou reagem isoladamente como indivíduos, mas como membros de grupos. Cada indivíduo não se sentia livre para estabelecer por si mesmo a sua quota de produção, pois esta era estabelecida e imposta pelo grupo. A Teoria das Relações Humanas contrapõe o comportamento social do empregado ao comportamento do tipo máquina proposto pela Teoria Clássica com base em uma concepção atomística do homem.

3. **Recompensas e sanções sociais:** constatou-se que os operários que produziam acima ou abaixo da norma socialmente imposta pelo grupo perderam o respeito e consideração dos colegas. Os operários preferiram produzir menos – e ganhar menos – do que pôr em risco suas relações amistosas com os colegas do grupo. O comportamento dos trabalhadores está condicionado a normas e padrões sociais do grupo.

Aumente seus conhecimentos sobre **O homem social** na seção *Saiba mais* ITGAc 4.2

4. **Grupos informais:** enquanto os clássicos se preocupavam com aspectos formais da organização (como autoridade, responsabilidade, especialização, estudos de tempos e movimentos, princípios gerais, departamentalização etc.), os autores humanistas se concentravam nos aspectos informais da organização (como grupos informais, comportamento social dos empregados, crenças, atitude e expectativa, motivação etc.). A empresa passou a ser visualizada como uma organização social composta de grupos sociais informais, cuja estrutura nem sempre coincide com a organização formal da empresa, ou seja, com os propósitos definidos pela empresa.[9] Esses grupos informais definem suas regras de comportamento, recompensas ou sanções sociais, objetivos, escala de valores

sociais, crenças e expectativas, que cada participante vai assimilando e integrando em suas atitudes e comportamento.[10]

5. **Relações humanas:** os indivíduos dentro da organização participam de grupos sociais e mantêm-se em uma constante interação social. Para explicar o comportamento humano nas organizações, a Teoria das Relações Humanas passou a estudar essa interação social. As relações humanas são as ações e atitudes desenvolvidas a partir dos contatos entre pessoas e grupos. Cada pessoa influi no comportamento e nas atitudes das outras com quem mantém contatos e é, por outro lado, igualmente influenciada pelas outras. Cada pessoa procura ajustar-se às demais pessoas e grupos, pretendendo ser compreendida, aceita e participar, no sentido de atender aos seus interesses e aspirações.

6. **Importância do conteúdo do cargo:** a especialização (e, portanto a fragmentação das tarefas) do trabalho não é a forma mais eficiente de divisão do trabalho. Embora não tenham se preocupado com este aspecto, Mayo e seus colaboradores verificaram que a especialização defendida pela Teoria Clássica não cria a organização mais eficiente. Observaram que os operários trocavam de posição para variar e evitar a monotonia, contrariando a política da empresa. Tais trocas informais provocavam efeitos negativos na produção, mas elevavam o moral do grupo. Verificaram que o conteúdo e a natureza do trabalho têm forte influência sobre o moral do trabalhador. Trabalhos simples e repetitivos tendem a tornar-se monótonos e maçantes, afetando negativamente a atitude do trabalhador e reduzindo a sua satisfação e eficiência.

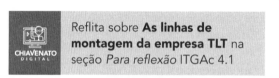
Reflita sobre **As linhas de montagem da empresa TLT** na seção *Para reflexão ITGAc 4.1*

7. **Ênfase nos aspectos emocionais:** os elementos emocionais, não planejados e mesmo irracionais do comportamento humano passam a merecer atenção especial da Teoria das Relações Humanas.[11]

4.2 A CIVILIZAÇÃO INDUSTRIALIZADA E O HOMEM

A Teoria das Relações Humanas preocupou-se com o esmagamento do homem pelo impetuoso desenvolvimento da civilização industrializada. Elton Mayo[12] salienta que, enquanto a eficiência material aumentou vigorosamente nos últimos 200 anos, a capacidade humana para o trabalho coletivo não manteve esse ritmo de desenvolvimento. O progresso industrial provocou um profundo desgaste no sentimento espontâneo de cooperação. A solução do problema da cooperação não pode ser encontrada por meio de formas tradicionais de organização, mas por uma nova concepção das relações humanas no trabalho. A colaboração na sociedade industrializada não pode ser entregue ao acaso, enquanto se cuida apenas dos aspectos materiais e tecnológicos. Os métodos de trabalho visam a eficiência e não a cooperação. A cooperação humana não é o resultado de determinações legais ou da lógica organizacional. Mayo salienta que:

- **O trabalho é uma atividade tipicamente grupal:** o nível de produção é influenciado mais pelas normas do grupo do que pelos incentivos salariais e materiais de produção.
- **O operário não reage como indivíduo isolado, mas como membro de um grupo social:** as mudanças tecnológicas tendem a romper os laços informais de camaradagem e de amizade dentro do trabalho e a privar o operário do espírito gregário.

- **A tarefa básica da Administração é formar uma elite capaz de compreender e de comunicar:** com chefes democráticos, persuasivos e simpáticos. Em vez de se tentar fazer os empregados compreenderem a lógica da administração, a nova elite de administradores deve perceber as limitações dessa lógica e entender a lógica dos trabalhadores. Para Mayo, "já passamos do estágio de organização humana em que a comunicação e colaboração eram asseguradas, e a sociedade civilizada alterou seus postulados".[13] Passamos de uma sociedade estável para uma sociedade adaptável e negligenciamos a habilidade social. A capacidade de colaborar com as pessoas está se deteriorando. "Somos tecnicamente competentes como nenhuma outra idade na história o foi, e combinamos isto com uma total incompetência social."[14] É necessária a formação de uma elite social capaz de recobrar a cooperação.

- **A pessoa humana é motivada pela necessidade de "estar junto", de "ser reconhecida":** de receber adequada comunicação. A organização eficiente, por si só, não leva à maior produção, pois ela é incapaz de elevar a produtividade se as necessidades psicológicas do trabalhador não forem descobertas, localizadas e satisfeitas.[15]

- **A civilização industrializada traz como consequência a desintegração dos grupos primários da sociedade:** como a família, os grupos informais e a religião, enquanto a fábrica surgirá como uma nova unidade social que proporcionará um novo lar, um local de compreensão e de segurança emocional para os indivíduos. Dentro dessa visão romântica, o operário encontrará na fábrica uma administração compreensiva e paternal, capaz de satisfazer suas necessidades psicológicas e sociais.[16]

Já que os métodos convergem para a eficiência e não para a cooperação humana – e muito menos para objetivos humanos –, há um conflito social na sociedade industrial: a incompatibilidade entre os objetivos organizacionais da empresa e os objetivos individuais dos empregados. Ambos nunca se deram muito bem, principalmente quando a preocupação exclusiva com a eficiência sufoca o trabalhador. O conflito social deve ser evitado a todo custo por meio de uma administração humanizada capaz de um tratamento preventivo e profilático. As relações humanas e a cooperação constituem a chave para evitar o conflito social. Mayo não vê possibilidade de solução construtiva e positiva do conflito social. Para ele, o conflito social é o germe da destruição da própria sociedade. "O conflito é uma chaga social enquanto a cooperação é o bem-estar social."[17]

4.3 FUNÇÕES BÁSICAS DA ORGANIZAÇÃO INDUSTRIAL

A experiência de Hawthorne permitiu o aparecimento de novos conceitos sobre a Administração. Roethlisberger e Dickson,[18] dois relatores da pesquisa, concebem a fábrica como um sistema social. Para eles, a organização industrial tem duas funções principais: produzir bens ou serviços (função econômica que busca o equilíbrio externo) e distribuir satisfações entre os seus participantes (função social que busca o equilíbrio interno da organização), antecipando-se às atuais preocupações com a responsabilidade social das organizações. A organização industrial deve buscar simultaneamente essas duas formas de equilíbrio. A organização da época – estritamente calcada na Teoria Clássica – somente se preocupava com o equilíbrio econômico e externo e não apresentava maturidade suficiente para obter a cooperação do pessoal, característica fundamental para o alcance do equilíbrio interno.

Figura 4.1 Funções básicas da organização, segundo Roethlisberger e Dickson.

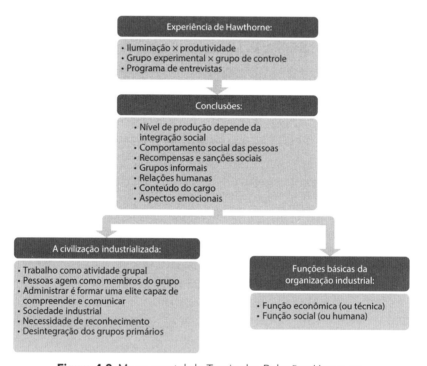

Figura 4.2 Mapa mental da Teoria das Relações Humanas.

 VOLTANDO O CASO INTRODUTÓRIO
Hamburgo Eletrônica

Na assembleia, o pessoal do sindicato explicou que as mudanças na Hamburgo Eletrônica eram prejudiciais aos operários. Essas mudanças favoreceriam apenas a empresa em detrimento dos interesses dos operários. Carlos começou a perceber que as pessoas não vivem apenas de recompensas salariais. Salários são importantes, mas não são decisivos para a satisfação pessoal e profissional. Como você poderia ajudar Carlos?

A colaboração humana é determinada mais pela organização informal do que pela organização formal. A colaboração é um fenômeno social, não lógico, baseado em códigos sociais, convenções, tradições, expectativas e modos de reagir às situações. Não é questão de lógica, mas de psicologia. Dentro desse espírito, a Teoria das Relações Humanas trouxe novas dimensões e variáveis para a Teoria Geral da Administração (TGA).

As conclusões de Hawthorne somente tiveram um impacto decisivo na teoria administrativa a partir da década de 1950, com o aparecimento da Teoria Comportamental, que veremos adiante.

Quadro 4.1 Comparação entre Teoria Clássica e Teoria das Relações Humanas

Teoria Clássica	Teoria das Relações Humanas
■ Trata a organização como máquina.	■ Trata a organização como grupos de pessoas.
■ Enfatiza as tarefas ou a tecnologia.	■ Enfatiza as pessoas.
■ Inspirada em sistemas de engenharia.	■ Inspirada em sistemas de psicologia.
■ Autoridade centralizada.	■ Delegação de autoridade.
■ Linhas claras de autoridade.	■ Autonomia do empregado.
■ Especialização e competência técnica.	■ Confiança e abertura.
■ Acentuada divisão do trabalho.	■ Ênfase nas relações entre as pessoas.
■ Confiança nas regras e nos regulamentos.	■ Confiança nas pessoas.
■ Clara separação entre linha e *staff*.	■ Dinâmica grupal e interpessoal.

4.3.1 Uma nova visão da empresa

Com o advento da Teoria das Relações Humanas, uma nova linguagem passa a dominar o repertório administrativo: fala-se agora em motivação, liderança, comunicação, organização informal, dinâmica de grupo etc. Conceitos clássicos como autoridade, hierarquia, racionalização do trabalho, princípios gerais, departamentalização passam a ser contestados. Subitamente, explora-se o reverso da medalha.[19] O engenheiro e o técnico cedem lugar ao psicólogo e ao sociólogo. O método e a máquina perdem a primazia em favor da dinâmica de grupo. A felicidade humana passa a ser vista sob um ângulo diferente, pois o conceito de *homo economicus* cede o lugar para o de homem social. Essa revolução na Administração ocorreu nos prenúncios da Segunda Guerra Mundial, ressaltando o caráter democrático da Administração. Aqui, a ênfase nas tarefas e na estrutura é totalmente substituída pela ênfase nas pessoas.

4.3.2 A natureza humana

A Teoria das Relações Humanas inaugura uma nova concepção sobre a natureza do homem: o homem social, que se baseia nos seguintes aspectos:

- **Os trabalhadores são criaturas sociais complexas:** dotados de sentimentos, desejos e temores. O comportamento no trabalho – como em qualquer lugar – é consequência de vários fatores motivacionais.

- **As pessoas são motivadas por necessidades humanas:** e alcançam satisfações por meio dos grupos sociais com quem interagem. Dificuldades em participar e se relacionar com o grupo provocam elevação da rotatividade de pessoal (*turnover*), abaixamento do moral, fadiga psicológica, redução do nível de desempenho etc.

- **O comportamento dos grupos sociais é influenciado pelo estilo de supervisão e liderança:** o supervisor eficaz é aquele que possui habilidade para influenciar seus subordinados, obtendo lealdade, padrões elevados de desempenho e compromisso com os objetivos da organização.
- **As normas sociais do grupo funcionam como mecanismos reguladores do comportamento dos membros:** os níveis de produção são controlados informalmente pelas normas do grupo. Esse controle social adota tanto sanções positivas (estímulos, aceitação social etc.) como negativas (gozações, esfriamento por parte do grupo, sanções simbólicas etc.).

4.4 INFLUÊNCIA DA MOTIVAÇÃO HUMANA

A motivação procura explicar por que as pessoas se comportam. A experiência de Hawthorne demonstrou que o pagamento ou recompensa salarial – mesmo quando efetuado em bases justas ou generosas – não é o único fator decisivo na satisfação do trabalhador dentro da situação de trabalho.[20] Elton Mayo e sua equipe passaram a chamar a atenção para uma nova teoria da motivação antagônica à do *homo economicus*: o ser humano é motivado, não por estímulos econômicos e salariais, mas por recompensas sociais, simbólicas e não materiais. Com tais afirmações, as empresas norte-americanas tomaram consciência de um terrível paradoxo: "o trabalhador americano vem sendo cada vez mais valorizado, quer pelo seu nível de educação, quer pelo seu salário; ao mesmo tempo, vão se degradando as suas funções, pela extensão e intensificação da automação e por uma organização cada vez mais precisa e detalhada. As consequências são duplas: no plano individual, o desestímulo à produtividade devido à crise de motivações e o subemprego do capital humano; e no plano político, o mal-estar de hoje e talvez a revolta de amanhã".[21] Com a Teoria das Relações Humanas, passou-se a estudar a influência da motivação no comportamento das pessoas.

4.4.1 Teoria de Campo de Lewin

Em suas pesquisas sobre o comportamento social, Kurt Lewin (1890-1947) já se referia ao importante papel da motivação. Para explicar a motivação do comportamento, elaborou a teoria de campo, que se baseia em duas suposições fundamentais:[22]

- O comportamento humano é derivado da totalidade de fatos coexistentes. Ele é molar e não molecular.
- Esses fatos coexistentes apresentam o caráter de um campo dinâmico, no qual cada parte do campo depende de uma inter-relação com as demais outras partes.

O comportamento humano não depende somente do passado ou do futuro, mas do campo dinâmico atual e presente. Esse campo dinâmico é "o *espaço de vida* que contém a pessoa e o seu *ambiente psicológico*".[23] Lewin propõe a seguinte equação, para explicar o comportamento humano:

$$C = f(P, M)$$

em que o comportamento (C) é função (f) ou resultado da interação entre a pessoa (P) e o meio ambiente (M) que a rodeia.

Para Lewin, toda necessidade gera um estado de tensão no indivíduo, uma predisposição à ação, sem nenhuma direção específica. Quando um objeto exequível é encontrado, ele adquire uma valência positiva, e um vetor é despertado para dirigir locomoção para o objeto. Quando a tensão é excessiva (muita fome, por exemplo), ela pode tumultuar a percepção do ambiente e desorientar o comportamento do indivíduo. Se surge uma barreira, ocorre a frustração pelo não alcance do objeto, provocando aumento da tensão e levando a um comportamento ainda mais desorientado. Lewin foi o grande inspirador dos autores da Escola das Relações Humanas e demais teorias posteriores.

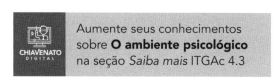

Aumente seus conhecimentos sobre **O ambiente psicológico** na seção *Saiba mais* ITGAc 4.3

4.4.2 Ciclo motivacional

A motivação é a tensão persistente que leva o indivíduo a alguma forma de comportamento visando à satisfação de uma ou mais necessidades. Daí o conceito de ciclo motivacional: o organismo humano permanece em estado de equilíbrio psicológico (equilíbrio de forças psicológicas, segundo Lewin), até que um estímulo o rompa e crie uma necessidade. Essa necessidade provoca um estado de tensão em substituição ao estado de equilíbrio anterior. A tensão conduz a um comportamento ou ação para chegar a alguma forma de satisfação da necessidade. Se a necessidade é satisfeita, o organismo retorna ao seu estado de equilíbrio inicial, até que outro estímulo sobrevenha. Toda satisfação é, basicamente, uma liberação de tensão ou descarga tensional que permite o retorno ao equilíbrio anterior.

Figura 4.3 Etapas do ciclo motivacional, resultando em satisfação da necessidade.

4.4.3 Frustração e compensação

Nem sempre a satisfação das necessidades é alcançada. Pode existir alguma barreira ou obstáculo que impeça a satisfação da necessidade. Toda vez que a satisfação é bloqueada por uma barreira, ocorre a frustração. Havendo frustração, a tensão existente não é liberada e mantém o estado de desequilíbrio e de tensão.

O ciclo motivacional pode ter outra solução. Além da satisfação ou frustração da necessidade, existe a compensação (ou transferência). Ocorre a compensação quando o indivíduo tenta satisfazer uma necessidade impossível de ser satisfeita por meio da satisfação de outra necessidade complementar ou substitutiva capaz de aplacar a necessidade mais importante e reduz ou evita a frustração. Desta forma, toda necessidade humana pode ser satisfeita, frustrada ou compensada por uma infinidade de nuances e variações intermediárias.

4.4.4 Moral e clima organizacional

A literatura sobre o moral dos empregados teve seu início com a Teoria das Relações Humanas.[24] O moral é um conceito abstrato, intangível, porém perfeitamente perceptível, pois é uma decorrência do estado motivacional provocado pela satisfação ou não satisfação das necessidades individuais das pessoas. E está intimamente relacionado com o estado motivacional. Na medida em que as necessidades das pessoas são satisfeitas pela organização, ocorre elevação do moral. E na medida em que essas necessidades são frustradas, ocorre abaixamento do moral.

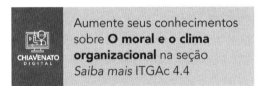

Aumente seus conhecimentos sobre **O moral e o clima organizacional** na seção *Saiba mais* ITGAc 4.4

Via de regra, o moral é elevado porque as necessidades individuais encontram meios e condições de satisfação. O moral é baixo porque as necessidades individuais encontram barreiras internas ou externas que impedem sua satisfação e provocam a frustração.

Figura 4.4 Níveis do moral e atitudes resultantes.

Do conceito de moral decorre o conceito de clima organizacional, que é o ambiente psicológico e social que existe em uma organização e que condiciona o comportamento dos seus membros. O moral elevado proporciona um clima receptivo, amigável, quente e agradável, enquanto o moral baixo quase sempre provoca um clima negativo, adverso, frio e desagradável. As pesquisas comprovam que trabalhar em um clima organizacional agradável faz com que as pessoas se sintam mais satisfeitas com o trabalho.

Reflita sobre **A motivação dos colaboradores na empresa Mayerlinck** na seção *Para reflexão* ITGA 4.2

4.5 LIDERANÇA

A Teoria Clássica não havia se preocupado muito com a liderança e suas implicações. A Teoria das Relações Humanas constatou a profunda influência da liderança sobre o comportamento das pessoas. Enquanto a Teoria Clássica enfatiza a autoridade formal, a experiência de Hawthorne teve o mérito de demonstrar a existência de líderes informais que encarnavam as normas e expectativas do grupo e mantinham controle sobre o comportamento do grupo, ajudando os operários a atuarem como um grupo social coeso e integrado, tanto a favor como contra as solicitações superiores.

4.5.1 Conceituações de liderança

A liderança é necessária em todos os tipos de organização humana, principalmente nas empresas e em cada um de seus departamentos. Ela é essencial em todas as funções da Administração: o administrador precisa conhecer a natureza humana e saber conduzir as pessoas, isto é, saber liderar. A liderança pode ser visualizada sob diversos ângulos, a saber:

1. **Liderança como um fenômeno de influência interpessoal:** é a influência interpessoal exercida em uma situação e dirigida por meio do processo da comunicação humana para a consecução de um ou mais objetivos específicos.[25] A liderança é um fenômeno social que ocorre exclusivamente nos grupos sociais. Ela é decorrente dos relacionamentos entre as pessoas em determinada estrutura social.[26] A influência é uma força psicológica, uma transação interpessoal na qual uma pessoa age de modo a modificar o comportamento de outra, de algum modo intencional. A influência envolve conceitos como poder e autoridade, abrangendo maneiras pelas quais se provocam mudanças no comportamento de pessoas ou de grupos sociais. O controle representa as tentativas de influência bem-sucedidas e que produzem consequências desejadas pelo agente influenciador. O poder é o potencial de influência de uma pessoa sobre outras; é a capacidade de exercer influência, embora isto não signifique que essa influência seja realmente exercida. Assim, o poder é o potencial de influência que pode ou não ser realizado. A autoridade (o conceito mais restrito destes todos) é o poder legítimo, isto é, o poder que tem uma pessoa em virtude do seu papel ou posição em uma estrutura organizacional. É, portanto, o poder legal e socialmente aceito.

2. **Liderança como um processo de redução da incerteza de um grupo:** o grau em que um indivíduo demonstra qualidade de liderança depende não somente do líder, mas também das características da situação na qual se encontra.[27] Liderança é um contínuo processo de escolha que permite ao grupo caminhar em direção à sua meta, apesar de todas as perturbações internas e externas.[28] O grupo tende a escolher como líder a pessoa que pode lhe dar maior assistência e orientação (que escolha ou ajude o grupo a escolher os rumos

e as melhores soluções) para que alcance seus objetivos. A liderança é uma questão de redução da incerteza do grupo, isto é, uma escolha ou tomada de decisão. Neste sentido, o líder é um tomador de decisões ou aquele que ajuda o grupo a tomar decisões adequadas.

3. **Liderança como relação funcional entre líder e subordinados:** ela é uma função das necessidades existentes em determinada situação e consiste em uma relação entre um líder e o grupo, repousando em três generalizações:[29]

    - A vida para cada pessoa constitui uma contínua luta para satisfazer necessidades, aliviar tensões e manter o equilíbrio no comportamento.
    - A maior parte das necessidades individuais, em nossa cultura, é satisfeita por meio de relações com outros indivíduos ou grupos sociais.
    - Para as pessoas, as relações com outras pessoas é um processo ativo – e não passivo – de satisfazer necessidades. A pessoa não espera passivamente que a relação capaz de lhe proporcionar os meios de satisfazer uma necessidade ocorra naturalmente, mas ela própria procura os relacionamentos adequados para isso ou utiliza relacionamentos que já existem com o propósito de satisfazer suas necessidades individuais.

    Este conceito repousa em uma relação funcional em que um líder é percebido por um grupo como o possuidor ou o controlador dos meios para a satisfação de suas necessidades. Assim, segui-lo constitui para o grupo um meio para aumentar a satisfação de suas necessidades ou para evitar sua diminuição. "O líder surge como um meio ou instrumento para a consecução dos objetivos desejados por um grupo."[30] Um estrategista que sabe indicar os rumos que as pessoas devem seguir.

4. **Liderança como um processo de lidar com as variáveis da situação:** liderança é o processo de exercer influência sobre pessoas ou grupos nos esforços para realização de objetivos em uma determinada situação. A liderança depende de variáveis no líder, nos subordinados e na situação. Ela é função dos objetivos pessoais, da situação e dos valores das pessoas e pode ser definida pela equação: $L = f(o, s, v)$.[31] De acordo com esta colocação, a liderança existe em função das necessidades existentes em determinada situação. Trata-se de uma abordagem situacional. A liderança depende da conjugação de características pessoais do líder, dos subordinados e da situação que os envolve.[32] O líder é a pessoa que sabe conjugar e ajustar todas essas características em um conjunto integrado. E não há um tipo único e exclusivo de liderança para cada situação.

4.6 TEORIAS SOBRE LIDERANÇA

A Teoria das Relações Humanas enfatizou o estudo da liderança. A liderança constitui um dos temas mais pesquisados e estudados nos últimos anos. Várias teorias sobre a liderança acompanharam o desenvolvimento da teoria administrativa e podem ser classificadas em três grupos distintos:

Quadro 4.2 As teorias sobre liderança

Teorias de Traços de Personalidade	Características marcantes de personalidade possuídas pelo líder
Teorias sobre Estilos de Liderança	Maneiras e estilos de comportamento adotados pelo líder
Teorias Situacionais de Lideranças	Adequação do comportamento do líder às circunstâncias da situação

Cada um desses grupos de teorias apresenta características e abordagens próprias:

4.6.1 Teorias de traços de personalidade

São as teorias mais antigas a respeito da liderança. Um traço é uma qualidade ou característica distintiva da personalidade. Segundo estas teorias, o líder é aquele que possui alguns traços específicos de personalidade que o distinguem das demais pessoas. São teorias influenciadas pela teoria do "grande homem" defendida por Carlyle[33] para explicar que o progresso do mundo foi produto das realizações pessoais de grandes líderes que dominam a história da humanidade, como reis, heróis, militares, estadistas e empreendedores.[34] São teorias que partem do pressuposto de que certas pessoas possuem uma combinação especial de traços marcantes de personalidade por meio das quais influencia as demais. Cada autor define traços característicos da personalidade de um líder:[35]

- **Traços físicos:** energia, aparência pessoal e estatura.
- **Traços intelectuais:** adaptabilidade, agressividade, entusiasmo e autoconfiança.
- **Traços sociais:** cooperação, habilidades interpessoais e habilidade administrativa.
- **Traços relacionados com a tarefa:** impulso de realização, persistência, empreendedorismo e iniciativa.

Em resumo, um líder deve inspirar confiança, ser inteligente, perceptivo e decisivo para ter condições de liderar com sucesso.[36] Porém, as teorias de traços caíram em descrédito e perderam sua importância. No entanto, a simples enumeração de algumas características pessoais de liderança constitui um exemplo e um paradigma interessante para o administrador ter em mente.

4.6.2 Teorias sobre estilos de liderança

São as teorias que estudam os possíveis estilos de comportamento do líder em relação aos subordinados, isto é, maneiras pelas quais o líder orienta sua conduta. Enquanto a abordagem dos traços se refere àquilo que o líder é, a abordagem dos estilos de liderança se refere àquilo que o líder faz.

A teoria sobre estilos de comportamento mais conhecida, sem se preocupar com características pessoais de personalidade do líder, é a de White e Lippitt,[37] que fizeram uma pesquisa para analisar o impacto provocado em quatro grupos. A direção de cada grupo era desenvolvida por líderes que utilizavam três estilos diferentes:[38]

1. **Liderança autocrática:** o líder centraliza as decisões e impõe suas ordens ao grupo. O comportamento dos grupos mostrou forte tensão, frustração e agressividade, e de outro lado, nenhuma espontaneidade ou iniciativa nem formação de grupos de amizade. Embora aparentemente gostassem das tarefas, não demonstraram satisfação com relação à situação. O trabalho somente se desenvolvia com a presença física do líder e, quando este se ausentava, as atividades paravam e os grupos expandiam seus sentimentos reprimidos, chegando a explosões de indisciplina e de agressividade.

2. **Liderança liberal:** o líder delega totalmente as decisões ao grupo e deixa-o totalmente à vontade e sem controle algum. Embora a atividade dos grupos fosse intensa, a produção foi apenas medíocre. As tarefas se desenvolviam ao acaso, com muitas

oscilações, perdendo-se tempo com discussões focadas em motivos pessoais do que relacionadas com o trabalho em si. Notou-se forte individualismo agressivo e pouco respeito ao líder.

3. **Liderança democrática:** o líder conduz e orienta o grupo e incentiva a participação democrática das pessoas. Houve formação de grupos de amizade e de relacionamentos cordiais entre os meninos. Líder e subordinados passaram a desenvolver comunicações espontâneas, francas e cordiais. O trabalho mostrou um ritmo suave e seguro, sem alterações, mesmo quando o líder se ausentava. Houve um nítido sentido de responsabilidade e de comprometimento pessoal além de uma impressionante integração grupal, dentro de um clima de satisfação.

Os grupos submetidos à liderança autocrática apresentaram a maior quantidade de trabalho produzido. Sob a liderança liberal não se saíram bem quanto à quantidade e quanto à qualidade. Com a liderança democrática, os grupos apresentaram um nível quantitativo de produção equivalente à liderança autocrática, com uma qualidade de trabalho surpreendentemente superior.

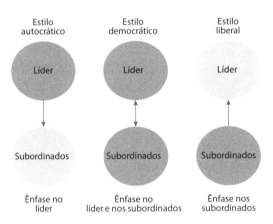

Figura 4.5 As diferentes ênfases decorrentes dos três estilos de liderança.

Em todas as demais pesquisas posteriormente desenvolvidas, "os grupos dirigidos democraticamente, eram mais eficientes, pelo fato de serem, no mínimo, tão produtivos quanto os outros e também mais criativos".[39]

Na prática, um líder utiliza os três processos de liderança, de acordo com a situação, com as pessoas e com a tarefa a ser executada. O líder tanto manda cumprir ordens, como consulta os subordinados antes de tomar uma decisão, como também sugere a algum subordinado realizar determinadas tarefas: ele utiliza a liderança autocrática, a democrática e a liberal. O desafio da liderança é saber quando aplicar qual processo, com quem e dentro de que circunstâncias e atividades a serem desenvolvidas. A partir dessa experiência, passou-se a defender intensamente o papel da liderança democrática – compatível com o espírito americano da época – extremamente comunicativa, que encoraja a participação do empregado, que é justa e não arbitrária e que se preocupa com os problemas do trabalho, mas também com os problemas dos trabalhadores.[40]

Capítulo 4 – Teoria das Relações Humanas

Quadro 4.3 Os três estilos de liderança[41]

Autocrática	Democrática	Liberal (*laissez-faire*)
■ O líder fixa as diretrizes, sem qualquer participação do grupo. ■ O líder determina as providências para a execução das tarefas, cada uma por vez, na medida em que se tornam necessárias e de modo imprevisível para o grupo. ■ O líder determina qual a tarefa que cada um deve executar e qual o seu companheiro de trabalho. ■ O líder é dominador e é "pessoal" nos elogios e nas críticas ao trabalho de cada membro.	■ As diretrizes são debatidas e decididas pelo grupo, estimulado e assistido pelo líder. ■ O grupo esboça as providências para atingir o alvo e é aconselhado pelo líder, que sugere alternativas para o grupo escolher. As tarefas ganham novas perspectivas com os debates. ■ A divisão das tarefas fica a critério do grupo e cada membro tem liberdade de escolher seus companheiros de trabalho. ■ O líder procura ser um membro normal do grupo, em espírito. O líder é "objetivo" e limita-se aos "fatos" nas críticas e elogios.	■ Há liberdade total para as decisões grupais ou individuais, e mínima participação do líder. ■ A participação do líder é limitada, apresentando apenas materiais variados ao grupo, esclarecendo que poderia fornecer informações desde que as pedissem. ■ A divisão das tarefas e escolha dos colegas fica totalmente a cargo do grupo. Absoluta falta de participação do líder. ■ O líder não avalia o grupo, nem controla os acontecimentos. Apenas comenta as atividades quando perguntado.

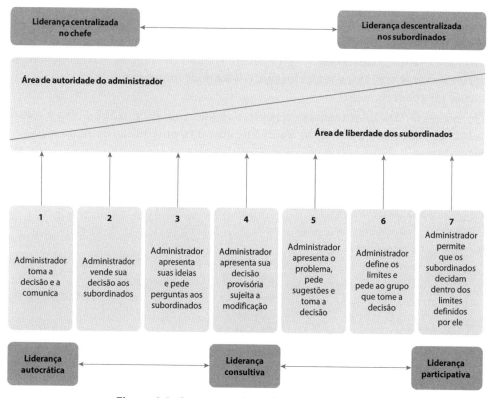

Figura 4.6 *Continuum* de padrões de liderança.[42]

4.6.3 Teorias situacionais de liderança

São teorias que explicam a liderança dentro de um contexto mais amplo e relativo. Enquanto as teorias sobre traços de personalidade são simplistas e limitadas e as teorias sobre estilos de liderança consideram apenas certas variáveis da situação, as teorias situacionais são mais atrativas ao administrador, pois aumentam as opções e possibilidades de mudar a situação para adequá-las a um modelo de liderança ou, então, mudar o modelo de liderança para adequá-lo à situação.

Bavelas salienta que o reconhecimento de um líder depende em grande parte da posição que ele ocupa dentro da cadeia de comunicações, muito mais do que em suas características de personalidade.[43] Aos poucos, a abordagem situacional da liderança passou a ganhar terreno.

Tannenbaum e Schmidt[44] expõem uma abordagem situacional da liderança sugerindo uma gama de padrões de comportamento de liderança que o administrador escolhe para as suas relações com os subordinados. Cada tipo de comportamento está relacionado com o grau de autoridade utilizado pelo líder e o grau de liberdade disponível para os subordinados na tomada de decisões, dentro de um *continuum* de padrões de liderança.

Para escolher o padrão de liderança a adotar em relação aos subordinados, o administrador deve considerar e avaliar três forças que agem simultaneamente, a saber:[45]

Da abordagem situacional, podem-se inferir as seguintes proposições:

- O líder pode assumir diferentes padrões de liderança para cada um de seus subordinados, de acordo com as forças mostradas na Figura 4.7.
- Para um mesmo subordinado, o líder também pode assumir diferentes padrões de liderança, conforme a situação envolvida. Em situações em que o subordinado apresenta alto nível de eficiência, o líder pode lhe dar maior liberdade nas decisões, mas se o subordinado apresenta erros seguidos e imperdoáveis, o líder pode impor maior autoridade pessoal e menor liberdade de trabalho.
- Quando as tarefas são rotineiras e repetitivas, a liderança é limitada e sujeita a controles pelo chefe, que passa a adotar um padrão de liderança próximo ao extremo esquerdo da Figura 4.6.

A liderança continua um tema constante na TGA e será tratada em todas as teorias administrativas na sequência.

Figura 4.7 As forças que condicionam os padrões de liderança.

4.7 COMUNICAÇÃO

Para a Teoria das Relações Humanas, comunicação é a troca de informações entre indivíduos. Significa tornar comum uma mensagem ou informação. Constitui um dos processos fundamentais da experiência humana e da organização social.

A comunicação requer um código para formular uma mensagem e enviá-la na forma de sinal (como ondas sonoras, letras impressas, símbolos), por meio de um canal (ar, fios, papel) a um receptor da mensagem que a decodifica e interpreta o seu significado. Na comunicação pessoal direta falada, ou seja, na conversação, a linguagem funciona como código e é reforçada por elementos de comunicação não verbal (como gestos, sinais, símbolos). A comunicação interpessoal também se pode dar a distância, por intermédio da escrita, telefone ou internet como meio de transmitir as mensagens.

O enfoque das relações humanas mostrou que as comunicações dentro das organizações são falhas e compeliu os administradores a:[23,46]

- assegurar a participação das pessoas dos escalões inferiores na solução dos problemas operacionais da empresa;
- incentivar maior franqueza e confiança entre indivíduos e grupos nas empresas.

A comunicação é uma atividade administrativa com dois propósitos principais:[24]

- proporcionar informação e compreensão necessárias para que as pessoas possam conduzir suas tarefas;
- proporcionar atitudes necessárias que promovam motivação, cooperação e satisfação nos cargos.

Estes dois propósitos promovem um ambiente que conduz a um espírito de equipe e a um melhor desempenho nas tarefas.

Para a Teoria das Relações Humanas, a comunicação é importante no relacionamento entre as pessoas e na explicação aos participantes das razões das orientações tomadas. Os subordinados devem receber um fluxo de comunicações capaz de suprir-lhes as necessidades. Por outro lado, os superiores devem receber dos subordinados um fluxo de comunicações capaz de lhes fornecer uma ideia adequada do que está acontecendo. A comunicação em duas vias (descendente e ascendente) é importante, pois:

- a pessoa trabalha melhor quando conhece os padrões do seu trabalho;
- a organização opera mais eficientemente quando a pessoa e seu chefe têm um entendimento comum das suas responsabilidades e padrões de desempenho que a empresa espera obter deles;
- cada pessoa pode ser auxiliada e incentivada a dar a máxima contribuição à organização e a utilizar ao máximo as suas habilidades e capacidades.

Ao enfatizar a criação de grupos e não o comportamento individual, a Teoria das Relações Humanas trata a comunicação como um fenômeno social. As redes de comunicação – ou padrões ou cadeias de comunicação – foram extensivamente pesquisadas pelos autores humanistas. Esses estudos tentaram inicialmente encontrar a melhor maneira (*the one best way*) de comunicar. A conclusão final foi de que não existe uma única maneira universal de comunicar nas organizações, pois os dados e informações são intercambiados entre as pessoas por uma variedade de propósitos dependendo de fatores situacionais.

4.8 ORGANIZAÇÃO INFORMAL

Os conceitos fundamentais da Teoria das Relações Humanas foram expostos por Roethlisberger e Dickson[30] no seu memorável livro sobre a experiência de Hawthorne. Verificaram que o comportamento dos indivíduos no trabalho não pode ser compreendido sem se considerar a organização informal e suas relações com a organização informal da fábrica.

O conjunto de interações e relacionamentos que se estabelecem entre as pessoas denomina-se organização informal, em contraposição à organização formal, que é constituída pela estrutura organizacional composta de órgãos, cargos, relações funcionais, níveis hierárquicos etc. O comportamento dos grupos sociais está simultaneamente condicionado a dois tipos de organização: a organização formal ou racional e a organização informal ou natural.

A organização formal é conduzida pelas práticas estabelecidas pela empresa e por uma política empresarial traçada para atingir objetivos da empresa. Ela apresenta um caráter essencialmente lógico. Por outro lado, a organização informal concretiza-se nos usos e costumes, nas tradições, nos ideais e normas sociais. Traduz-se por meio de atitudes e disposições baseadas na opinião e no sentimento. Representa a expressão da necessidade de associação e não se modifica rapidamente nem procede da lógica.

4.8.1 Características da organização informal

A organização informal apresenta as seguintes características:

- **Relação de coesão ou de antagonismo:** as pessoas em associação com as outras, situadas em diferentes níveis de setores da empresa, criam relações pessoais de simpatia (de identificação) ou de antagonismo (de antipatia).
- *Status:* os indivíduos interagem em grupos informais, dentro dos quais cada um, independentemente da sua posição na organização formal, adquire certa posição social ou *status* em função do seu papel e participação e integração na vida do grupo.
- **Colaboração espontânea:** a organização informal é um reflexo da colaboração espontânea que pode e deve ser aplicado a favor da empresa.
- **A possibilidade da oposição à organização informal:** quando não bem entendida ou manipulada inadequadamente, a organização informal pode se desenvolver em oposição à organização formal e em desarmonia com os objetivos da empresa.
- **Padrões de relações e atitudes:** os grupos informais desenvolvem, espontaneamente, padrões de relações e atitudes aceitos e assimilados pelas pessoas, pois traduzem os interesses e aspirações do grupo.
- **Mudanças de níveis e alterações dos grupos informais:** as pessoas participam de vários grupos informais em face das relações funcionais que mantêm com outras pessoas em outros níveis e setores da empresa. Os grupos informais tendem a se alterar com as modificações na organização formal.
- **A organização informal transcende a organização formal:** a organização informal é constituída por interações e relações espontâneas, cuja duração e natureza transcendem as interações e relações formais. Enquanto a organização formal está circunscrita ao local físico e ao horário de trabalho da empresa, a organização informal escapa a essas limitações.
- **Padrões de desempenho nos grupos informais:** os padrões de desempenho e de trabalho estabelecidos pelo grupo informal nem sempre correspondem aos padrões estabelecidos pela administração. Podem ser maiores ou menores, bem como podem estar em perfeita harmonia ou em completa oposição, dependendo do grau de motivação do grupo quanto aos objetivos da empresa.

Na organização informal, o indivíduo preocupa-se com o reconhecimento e a aprovação social do grupo ao qual pertence. O seu ajustamento social reflete sua integração ao grupo. A organização informal tem sua origem na necessidade de cada indivíduo de conviver com os demais seres humanos.

4.8.2 Origens da organização informal

Existem quatro fatores que condicionam os grupos informais:[31]

- **Interesses comuns aglutinam as pessoas:** ao passarem juntas a maior parte de seu tempo nos locais de trabalho, a pessoas passam a identificar interesses comuns quanto a assuntos de política, esportes, acontecimentos públicos, atividades etc.
- **Interação provocada pela própria organização formal:** o cargo que a pessoa ocupa na empresa exige contatos e relações formais com outras pessoas. Essa inter-relação se prolonga e se amplia além dos momentos do trabalho, propiciando a formação de contatos informais.

- **Flutuação do pessoal dentro da empresa:** provoca a alteração dos grupos sociais informais. A rotatividade, a movimentação horizontal e vertical do pessoal, as transferências etc. causam mudanças na estrutura informal, pois as interações se alteram e com elas os vínculos humanos.
- **Períodos de lazer:** os tempos livres permitem a interação entre as pessoas que estabelece e fortalece os vínculos sociais entre elas. Os períodos de lazer ou tempos livres são os intervalos de tempo nos quais o indivíduo não trabalha, mas durante os quais permanece ao redor de seu local de trabalho, em contato com outras pessoas.

Acesse conteúdo sobre **Como aplicar a teoria: redes sociais** na seção *Tendências em TGA 4.1*

4.9 DINÂMICA DE GRUPO

A dinâmica de grupo é um dos assuntos preferidos da Teoria das Relações Humanas. Kurt Lewin, o fundador da Escola da Dinâmica de Grupo, introduziu o conceito de equilíbrio "quase estacionário" nos processos grupais para explicar o campo de forças existente dentro dos grupos e que conduz a processos de autorregulação e manutenção de equilíbrio. Da mesma forma que o nível fisiológico do corpo se mantém em um nível relativamente constante, por meio de processos reguladores, um grupo pode compensar a ausência de um colega pela contribuição aumentada dos outros membros. Os processos grupais e os hábitos sociais não são estáticos; ao contrário, são processos vivos e dinâmicos.[32]

O grupo não é apenas um conjunto de pessoas, mas envolve a interação dinâmica entre pessoas que se percebem psicologicamente como membros de um grupo. Os membros de um grupo se comunicam entre si de maneira direta e face a face, razão pela qual cada membro influencia e é influenciado pelos outros membros do grupo.[33]

Acesse conteúdo sobre **Como aplicar a teoria: transformando grupos em equipes** na seção *Tendências em TGA 4.2*

Dinâmica de grupo é a soma de interesses dos componentes do grupo e que pode ser ativada por meio de estímulos e motivações, no sentido de facilitar a harmonia e melhor relacionamento humano. As relações entre os membros de um grupo recebem o nome de relações intrínsecas. Por outro lado, as relações extrínsecas são relações que o grupo ou membros do grupo mantêm com os outros grupos ou pessoas. Como seres sociais, as pessoas têm necessidade de estabelecer relações com outras pessoas.

As relações humanas representam "uma atitude, um estado de espírito que deve prevalecer no estabelecimento e/ou na manutenção dos contatos entre pessoas. Essa atitude deve basear-se no princípio do reconhecimento de que os seres humanos são entes possuidores de uma personalidade própria que merece ser respeitada. Isso implica uma compreensão sadia de que toda pessoa traz consigo, em todas as situações, necessidades materiais, sociais ou psicológicas, que procura satisfazer e que motivam e dirigem o seu comportamento. Como as pessoas são diferentes entre si, a composição e a estrutura de suas necessidades variam de indivíduo para indivíduo".[34] De acordo com esse conceito, "praticar relações humanas significa muito mais do que estabelecer e/ou manter contatos com outros indivíduos. Significa estar condicionado nessas relações por uma atitude, um estado de espírito, ou uma maneira de ver as coisas, que permita compreender as pessoas, respeitando sua personalidade, que, sem dúvida, é diferente da nossa".[35] Esse conceito se aplica a qualquer situação: no lar, na escola ou no trabalho.

A partir da cooperação, consegue-se não só uma maior satisfação das necessidades materiais e espirituais da pessoa, mas também um substancial aumento da produtividade.[36]

> Reflita sobre o processo de **Mudança da empresa Mandrágora** na seção *Para reflexão ITGAc 4.3*

Quadro 4.4 Evolução conceptual: Teoria Clássica e Teoria das Relações Humanas[37]

Características e premissas	Teoria Clássica	Teoria das Relações Humanas
1. Abordagem básica	**Engenharia humana:** – adaptação do homem à máquina e vice-versa	**Ciência social aplicada:** – adaptação do homem à organização e vice-versa
2. Modelo de homem	**Econômico-racional:** – maximizador de vantagens financeiras	**Racional-emocional:** – motivado por sentimentos e critérios "não racionais"
3. Comportamento do indivíduo	**Animal isolado:** – atomismo tayloriano – reage como indivíduo	**Animal social:** – carente de apoio e de participação grupal – reage como membro de grupo social
4. Comportamento funcional do indivíduo	**Padronizável:** – *the one best way* para todos	**Não padronizável:** – diferenças individuais justificaram métodos diferentes
5. Incentivação	**Financeira (material):** – maior remuneração por maior produção	**Psicológica:** – apoio, elogio, consideração
6. Fadiga	**Fisiológica:** – estudo de tempos e movimentos, pausas de descanso	**Psicológica:** – monotonia, rotinização – ausência de criatividade – subutilização de aptidões – programação excessiva
7. Unidade de análise	**Cargo:** – tarefa, tempos e movimentos – avaliação de cargos e salários	**Grupo:** – o grupo – relações humanas – relações intercargos – moral do grupo
8. Conceito de organização	**Estrutura formal:** – conjunto de órgãos, cargos e tarefas	**Sistema social:** – conjunto de papéis
9. Representação gráfica	**Organograma e fluxograma** – relações entre órgãos e funções	**Sociograma:** – relações percebidas, desejadas, rejeitadas e reais entre pessoas

4.10 APRECIAÇÃO CRÍTICA DA TEORIA DAS RELAÇÕES HUMANAS

Com a publicação do livro de Roethlisberger e Dickson,[38] relatando a experiência de Hawthorne, a Teoria das Relações Humanas passou a dominar a teoria administrativa. Logo, a Teoria das Relações Humanas entrou em declínio, passando a ser intensamente criticada, a tal ponto que suas concepções passaram a ser revistas e alteradas. Dentre as críticas à Teoria das Relações Humanas, podemos alinhar as seguintes:

1. **Oposição cerrada à Teoria Clássica:** em muitos aspectos, a Teoria das Relações Humanas foi diametralmente oposta: os fatores considerados como decisivos e cruciais por uma escola mal eram focalizados pela outra, e as variáveis que uma considerava centrais eram quase ignoradas pela outra.[39] Recentemente, a Teoria das Relações Humanas vem sendo encarada mais como uma compensação ou complemento do que como uma contradição da Teoria Clássica.[40]

2. **Inadequada visualização dos problemas de relações industriais:** com os desdobramentos da Teoria das Relações Humanas, muitas empresas criaram um departamento de relações industriais para cuidar das suas relações com empregados. Na época, a área de relações industriais passou a lidar, principalmente, com os chamados conflitos entre o capital e o trabalho. Elton Mayo, em particular, e a Escola das Relações Humanas, em geral, são criticados pela interpretação inadequada e distorcida dos problemas de relações industriais, seja da compreensão do problema do conflito e dos interesses conflitantes dos empregados e da organização, seja da própria localização das causas e das implicações desse conflito.[41]

Enquanto os autores clássicos não viam o conflito industrial, pois acreditavam na perfeita compatibilidade entre os interesses da empresa e os dos empregados (o que é bom para a organização – como os métodos racionalizados de trabalho – é igualmente bom para os empregados, pois trazem melhor remuneração), os autores humanistas consideram o conflito industrial entre os interesses da organização e os interesses dos empregados como basicamente indesejável. Assim, procuram promover a harmonia industrial, descurando-se das importantes e numerosas funções do conflito. A função do administrador passa a ser substancialmente a de solucionar conflitos, evitando que eles apareçam e interfiram negativamente na harmonia industrial. Essa inadequada visualização tem suas causas no fato de que a Teoria das Relações Humanas foi um produto da ética e do espírito democrático vigente nos Estados Unidos. Com ajuda dessa teoria, o administrador americano passou a encontrar um instrumento clínico para solucionar problemas de conflito e de insatisfação humana no trabalho. Daí o seu caráter pragmático e orientado para a ação: visava implantar medidas capazes de promover relações humanas harmoniosas. Assim, sete proposições representam promoção típica de práticas eficazes de relações humanas no trabalho:[42]

1. A necessidade de utilizar experiência, intuição e generalizações interdisciplinares, para o administrador orientar-se quanto às decisões a tomar.
2. A importância da participação do empregado.
3. Os vários papéis sociais que o empregado desempenha na organização.
4. As funções de comunicação, motivação e liderança.
5. O trabalho em equipe.

6. A organização como um sistema social.
7. A melhoria na capacidade do administrador em relações humanas.

Essa visualização inadequada e distorcida foi pressentida por Whyte, que salienta que "o que tínhamos aprendido de Mayo era o esclarecimento daquilo que não era verdadeiro sobre o comportamento na empresa, em vez de informações sobre o que era verdadeiro. Assim, enquanto às vezes chegávamos a conclusões úteis, mais e mais nos encontrávamos em becos sem saída. Compreendendo que não tínhamos todas as respostas, éramos forçados a pensar novamente no trabalho que estávamos fazendo. Isto nos levou a um novo padrão de teoria e pesquisa, ainda não bastante claro para proporcionar conclusões práticas".[43] Isso explica a insegura e hesitante sequência da experiência de Hawthorne.[44]

3. **Concepção ingênua e romântica do operário:** outro aspecto dessa inadequada visualização dos problemas das relações industriais é a concepção ingênua e romântica do operário. Os autores imaginavam um trabalhador feliz, produtivo e integrado no ambiente de trabalho. Contudo, essa imagem nem sempre foi confirmada por pesquisas posteriores, que descobriram trabalhadores felizes e improdutivos, bem como infelizes e produtivos, descaracterizando a correlação entre satisfação e produtividade. Verificou-se que o gerente liberal e concentrado no trabalhador nem sempre era o responsável pelos grupos mais produtivos, que a consulta participativa criava muitas vezes mais problemas do que aqueles que resolvia. Também os trabalhos de dinâmica de grupo, inicialmente otimistas, visionários e calcados em princípios éticos preconcebidos, foram paulatinamente seguindo uma linha analítica e experimental.[45]

4. **Limitação do campo experimental:** os autores humanistas limitaram-se ao mesmo ambiente restrito de pesquisa da Administração Científica: a fábrica. Deixaram de verificar outros tipos de organizações (como bancos, hospitais, universidades etc.), o que reduz a aplicabilidade das suas teorias e conclusões. A experiência de Hawthorne baseou-se em uma amostra de apenas seis moças, dentro de uma específica situação industrial. As generalizações da pesquisa tornaram-se muito frágeis. Assim, a limitação a uma situação industrial permanece.[46] A "Escola das Relações Humanas só examina as relações homem × grupo na área da fábrica, mas não as ultrapassa".[47]

5. **Parcialidade nas conclusões:** a Teoria Clássica foi criticada por se restringir apenas à organização formal revelando "escassez de variáveis", isto é, abrangendo um pequeno número de variáveis para explicar seus pontos de vista. Também a Teoria das Relações Humanas se mostra igualmente parcialista, restringindo-se apenas à organização informal, e também sofreu da mesma escassez de variáveis, apresentando um forte desequilíbrio de afirmações, enfatizando os aspectos informais da organização e relegando os aspectos formais a um plano inferior.[48]

6. **Ênfase nos grupos informais:** a Teoria das Relações Humanas se concentra no estudo dos grupos primários, como o seu principal campo de atuação. E vai mais além: supervaloriza a coesão grupal como condição de elevação da produtividade. Mayo salienta que, "na indústria e em outras situações humanas, o administrador lida com grupos humanos bem entrelaçados e não com uma horda de indivíduos [...] o desejo que tem o homem de ser constantemente associado, em seu trabalho, a seus companheiros, é uma forte, senão a mais forte das características humana".[49] As suas principais conclusões são:[50]

- O trabalho é uma atividade grupal.

- A necessidade de reconhecimento e segurança e o senso de pertencer são mais importantes no moral do operário e na produtividade do que as condições físicas de trabalho sob as quais ele trabalha.
- As atitudes e a eficiência do trabalhador são condicionadas pelas demandas sociais, tanto dentro como fora da fábrica.
- Os grupos informais na fábrica exercem controle social sobre os hábitos no trabalho e atitudes de cada operário.
- A colaboração grupal não ocorre por acidente; ela deve ser planejada e desenvolvida.

A Teoria das Relações Humanas trouxe uma nova visão da Administração, incluindo:

- Participação dos escalões inferiores na solução dos problemas da organização.
- Necessidade de relacionamento e franqueza entre indivíduos e grupos nas organizações.
- Necessidade de melhorar a competência dos administradores no relacionamento interpessoal para diminuir o abismo entre o mundo da Administração e o mundo dos operários.
- Introdução das ciências do comportamento nas práticas administrativas.
- Definição de uma filosofia humanística e democrática na organização.
- Atitude voltada para a pesquisa e o conhecimento profundo da natureza humana.

7. **Enfoque manipulativo das relações humanas:** pode até parecer que os autores da Escola das Relações Humanas tenham se preocupado com o bem-estar e com a felicidade dos trabalhadores, esquecendo-se de que esta preocupação não é a função principal da empresa, que é a de produzir bens e gerar lucros. No entanto, essa escola, Mayo e seus colaboradores favoreciam a empresa, talvez porque a experiência de Hawthorne tenha sido patrocinada pela Western Electric. Assim, essa teoria tem sido criticada pelo fato de desenvolver uma sutil estratégia manipulativa de enganar os operários e fazê-los trabalhar mais e exigir menos.[51] Manipulação é todo e qualquer processo por meio do qual se condiciona o indivíduo a fazer qualquer coisa sem a sua participação realmente livre.

    Para alguns autores, "a Escola de Relações Humanas define-se como uma ideologia manipulatória da empresa capitalista em determinado momento histórico de seu desenvolvimento. Vê os conflitos da empresa na forma de desajustes individuais, quando atrás disso se esconde a oposição de duas lógicas: a do empresário que procura maximizar lucros e a do trabalhador que procura maximizar seu salário".[52] Essa premissa equivocada de que apenas o empregado é que precisa mudar, quando, na maioria das vezes, é a própria Administração que precisa de mudanças, é um traço típico dessa teoria.[53]

8. **Abordagem parcialista da Teoria das Relações Humanas:** também se revela na colocação em um plano secundário das recompensas salariais e materiais, enfatizando apenas as recompensas sociais e simbólicas na indústria e utilizando-as com a finalidade manipulativa de apaziguar os operários, concedendo-lhes símbolos baratos de prestígio e afeição, em vez de aumento de salários.[54] O objetivo da Teoria das Relações Humanas não era o de eliminar a degradação do trabalho humano, mas antes superar os problemas decorrentes da resistência oposta pelos trabalhadores a essa degradação.[55] Mas, mesmo assim, as organizações continuavam a ser percebidas como sistemas fechados, imunes às influências externas do ambiente.

9. **Outras críticas:** Perrow salienta que "tanto a Escola da Administração Científica como a de Relações Humanas possuem ideias úteis, mas que se aplicam a situações diferentes. Os partidários intelectualizados de ambas as escolas entendem como 'exceções' os casos em que suas abordagens não podem ser aplicadas".[56]

Em suma, a ênfase deixou de ser colocada nas técnicas administrativas para ser colocada nas pessoas. O administrador deixou de ser o engenheiro para ser um *expert* na aplicação das ciências do comportamento à dinâmica de sua organização. O enfoque do engenheiro, que concebia a organização como um conjunto de peças e de relações entre homens, cargos e materiais ou equipamentos, cedeu de vez ao enfoque psicossociológico, segundo o qual os problemas críticos são as relações entre os membros dos grupos e entre os grupos, os estilos de liderança, a motivação, os incentivos e a autorrealização do trabalho".[57]

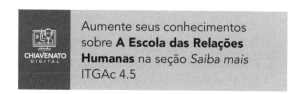

Figura 4.8 O enfoque manipulativo das Relações Humanas.

CONCLUSÃO

Apesar das críticas à Teoria das Relações Humanas, não resta dúvida de que ela abriu novos horizontes à teoria administrativa em duas orientações bem definidas.

1. **A chamada equação humana:** o sucesso das organizações depende diretamente das pessoas. Hoje, se reconhece que a maneira como a organização trata e gerencia as pessoas é o segredo do seu sucesso e competitividade.[58] Atualmente, esta orientação está sendo assumida pelas organizações bem-sucedidas do mundo todo. Esta é uma herança inestimável da abordagem humanística.

2. **O novo papel do administrador:** a Teoria das Relações Humanas mostrou uma forte evidência: o administrador deve saber comunicar, liderar, motivar e conduzir as pessoas. E como o sucesso de uma organização depende diretamente das pessoas, o trabalho

básico do administrador é lidar com as pessoas que fazem o trabalho da organização. Pfeffer aponta que a chave do sucesso organizacional são as pessoas e a liderança. O administrador deve ser um verdadeiro líder. Para ele, existem três princípios que os líderes utilizam para transformar as organizações e adotar um modelo de gestão altamente comprometido:[59]

- **Desenvolver confiança nas pessoas:** não se pode desenvolver confiança sem tratar as pessoas com respeito e dignidade. A confiança exige que os valores organizacionais adotados tenham um forte significado para as pessoas.

- **Os líderes devem estimular a mudança:** para isso, precisam respeitar as pessoas e aprender que a mudança envolve todas as suas atividades. Os líderes devem romper com os hábitos, mudando a forma como a empresa é organizada. Mudar o arranjo físico de um escritório é uma maneira de criar um clima de mudança.

- **Os líderes devem avaliar o que é importante e prioritário:** os líderes devem desenvolver sistemas que geram capacidade e competência distintiva para sua organização e encaminhar as pessoas nesse sentido.

Nos dias de hoje, o administrador precisa possuir competências básicas: relacionamento interpessoal, comunicação, liderança, motivação e resolução de conflitos. Além disso, deve saber construir e dinamizar equipes de trabalho. O trabalho em equipe está em alta no mundo dos negócios.

REFERÊNCIAS

1. A Teoria das Relações Humanas foi desenvolvida por cientistas sociais, como:

George Elton Mayo (1880-1949)	Kurt Lewin (1890-1947)
Fritz J. Roethlisberger	George C. Homans
Robert Tannenbaum	Ronald Lippitt
Ralph K. White	Norman R. F. Maier
T. N. Whitehead	Jack R. P. French
Dorwin Cartwright	Leon Festinger
Alex Bavelas	Musapher Sheriff
Irving Knickerbocker	Fred Massarik
Burleigh B. Gardner	Morris S. Viteles
Alvin Zander	Lester Coch

2. LEWIN, Kurt (1890-1947), o fundador da Psicologia Social. Foi professor das Universidades de Cornell e de Iowa. Em 1944, tornou-se o diretor do Centro de Pesquisas para Dinâmica de Grupo de Massachusetts Institute of Technology (MIT).

3. ETZIONI, Amitai. *Organizações modernas*. São Paulo: Pioneira, 1967. p. 54.

4. HENDERSON, Lawrence J. *Pareto's general sociology*. Cambridge: Harvard University, 1935.

5. MAYO, Elton. *The human problems of an industrial civilization*. New York: Macmillan, 1933.

6. MAYO, George Elton (1880-1949), cientista social australiano, professor e diretor do Centro de Pesquisas Sociais da Harvard School of Business Administration.

7. Podemos citar: MAYO, Elton. *The human problems of an industrial civilization, op. cit.*; WHITEHEAD, T. N. *The industrial worker*. Cambridge: Harvard University, 1938; ROETHLISBERGER, Fritz J.; DICKSON, William. *A organização e o trabalhador*. São Paulo: Atlas, 1971; HOMANS, George C. As pesquisas na

Western Electric. In: BALCÃO, Yolanda Ferreira; CORDEIRO, Laerte Leite. *O comportamento humano na empresa*: uma antologia. Rio de Janeiro: FGV, 1971. p. 5-43.

8. ETZIONI, Amitai. *Organizações modernas*, op. cit., p. 57-64.
9. WHYTE, William F. *Human relations in the restaurant industry*. New York: McGraw-Hill, 1948.
10. ROETHLISBERGER, Fritz J.; DICKSON, William. *A organização e o trabalhador*. São Paulo: Atlas, 1971.
11. WAHRLICH, Beatriz M. de Souza. *Uma análise das teorias da organização*. 4. ed. rev. aum. Rio de Janeiro: FGV, 1977, p. 102.
12. MAYO, Elton. *The human problems of an industrial civilization*. Boston: Harvard University, 1933; *The social problems of an industrial civilization*. Cambridge: Harvard University, 1945; *The political problems of an industrial civilization*. Cambridge: Harvard University, 1947.
13. MAYO, Elton. *The social problems of an industrial civilization*, op. cit., p. 30-31.
14. MAYO, Elton. *The social problems of an industrial civilization*, op. cit., p. 120.
15. LODI, João Bosco. *Administração por objetivos*. São Paulo: Pioneira, 1970. p. 70.
16. MAYO, Elton. *Democracy and freedom, an essay in social logic*. Melbourne: Macmillan, 1919. p. 48.
17. MAYO, Elton. *Democracy and freedom, an essay in social logic*, op. cit., p. 48.
18. ROETHLISBERGER, Fritz J.; DICKSON, William. *A organização e o trabalhador*, op. cit., Parte 5.
19. ETZIONI, Amitai. *Organizações modernas*. São Paulo: Pioneira, 1967.
20. AITKEN, H. G. J. *Taylorism at watertown arsenal*. Cambridge: Harvard University, 1960.
21. CHEDAUX, Irene. A motivação: Taylor morreu. *Les informations*, Paris, maio 1970.
22. LEWIN, Kurt. *A dynamic theory of personality*. New York: McGraw-Hill, 1935.
23. LEWIN, Kurt. *Principles of topological psychology*. New York: McGraw-Hill, 1936.
24. ROETHLISBERGER, Fritz J. *Management and morale*. Cambridge: Harvard University, 1941.
25. TANNENBAUM, R.; WESCHLER, I.; MASARIK, F. *Liderança e organização*. São Paulo: Atlas, 1970.
26. GIBB, Cecil A. Leadership. In: LINDZEY, G. (coord.). *Handbook of Social Psychology*. Reading, Massachusetts: Addison-Wesley, 1954. v. II.
27. BAVELAS, Alex. Liderança: o homem e a função. In: BALCÃO, Yolanda Ferreira; CORDEIRO, Laerte Leite (coord.). *O comportamento humano na empresa*: uma antologia. Rio de Janeiro: FGV, 1967. p. 123.
28. BAVELAS, Alex. Liderança: o homem e a função, op. cit., p. 130.
29. KNICKERBOCKER, Irving. Liderança: um conceito e algumas implicações. In: BALCÃO, Yolanda Ferreira; CORDEIRO, Laerte Leite (coord.). *O comportamento humano na empresa*: uma antologia, op. cit., p. 102-103.
30. ROETHLISBERGER, Fritz J.; DICKSON, William. *A organização e o trabalhador*, op. cit.
31. HERSEY, Paul; BLANCHARD, Kenneth. *Psicologia para administradores de empresas*: a utilização de recursos humanos. São Paulo: EPU, 1977. p. 86.
32. LEWIN, Kurt. *Principles of topological psychology*. New York: McGraw-Hill, 1936.
33. WHYTE, Willian F. Relações humanas: um relatório sobre o progresso. In: ETZIONI, Amitai (ed.). *Organizações complexas*. São Paulo: Atlas, 1967. p. 108.
34. MITCHELL, Terence R. *People in organizations*: an introduction to organizational behavior. New York: McGraw-Hill, 1982. p. 374.
35. KOHN, Mervin. *Dynamic managing*: principles, process, practice. Menlo Park, California: Cummings, 1977. p. 358-359.
36. DAVIS, Keith. *Human relations at work*: the dynamics of organizational behavior. New York: McGraw-Hill, 1967. p. 106.

37. WHYTE, William F. *Relações humanas*: um relatório sobre o progresso, *op. cit.*, p. 108.
38. ROETHLISBERGER, Fritz J.; DICKSON, William. *A organização e o trabalhador, op. cit.*
39. ETZIONI, Amitai. *Organizações modernas, op. cit.*, p. 65.
40. LAWRENCE, Paul R.; LORSCH, Jay W. *As empresas e o ambiente*: diferenciação e integração administrativas. Petrópolis: Vozes, 1973. p. 206.
41. ETZIONI, Amitai. *Organizações modernas, op. cit.*, p. 54.
42. SCOTT, William G. *Organization theory*: a behavioral analysis for management. R. D. Irwin, 1967. p. 54-58.
43. WHYTE, Willian F. Relações humanas: um relatório sobre o progresso. In: ETZIONI, Amitai (ed.). *Organizações complexas*. São Paulo: Atlas, 1967. p. 108.
44. LANDSBERGER, Henry A. *Hawthorne revisited*. Ithaca, New York: Cornell University, 1958. p. 30.
45. TRAGTENBERG, Maurício. *Ideologia e burocracia*. São Paulo: Ática, 1974. p. 85.
46. STROTHER, G. B. Problems in the development of a social science of organization. In: LEAVITT, H. J. (ed.). *The social science of organizations*. Englewood Cliffs, New Jersey: Prentice-Hall, 1963. p. 14.
47. WHYTE, William F. *Relações humanas*: um relatório sobre o progresso, *op. cit.*, p. 108.
48. TRAGTENBERG, Maurício. *Ideologia e burocracia, op. cit.*, p. 84.
49. MOTTA, Fernando C. Prestes. *Teoria geral da administração*: uma introdução. São Paulo: Pioneira, 1975. p. 23.
50. MAYO, Elton. *The social problems of an industrial civilization, op. cit.*, p. 99.
51. MILLER, Delbert C.; FORM, William H. *Industrial sociology*. New York: Harper & Row, 1951.
52. BROWN, J. A. C. *Psicologia social da indústria*. São Paulo: Atlas, 1967.
53. TRAGTENBERG, Maurício. *Ideologia e burocracia, op. cit.*, p. 97.
54. NASCIMENTO, Kleber T. A revolução conceptual da administração: implicações para a formulação dos papéis e funções essenciais de um executivo. *Revista de Administração de Empresas, op. cit.*, p. 25-26.
55. ETZIONI, Amitai. *Organizações modernas, op. cit.*, p. 71.
56. BRAVERMAN, Harry. *Trabalho e capital monopolista*: a degradação do trabalho no século XX. Rio de Janeiro: Guanabara-Koogan, 1987. p. 125-126.
57. PERROW, Charles. *Análise organizacional*: um enfoque sociológico. São Paulo: Atlas, 1972. p. 41.
58. NASCIMENTO, Kleber T. A revolução conceptual da administração: implicações para a formulação dos papéis e funções essenciais de um executivo. *Revista de Administração de Empresas, op. cit.*, p. 26.
59. PFEFFER, Jeffrey. *The human equation*. Boston: Harvard School, 1998.

PARTE IV — ABORDAGEM ESTRUTURALISTA DA ADMINISTRAÇÃO

Capítulo 5 – O modelo burocrático e a Teoria Estruturalista da Administração

No início do século 20, o sociólogo alemão Max Weber publicou uma bibliografia a respeito das grandes organizações de sua época. Deu-lhes o nome de burocracia e passou a considerar o século 20 como o século das burocracias, pois achava que estas eram as organizações características de uma nova época, plena de novos valores e de novas exigências. O aparecimento das burocracias coincidiu com o despontar do capitalismo, graças a inúmeros fatores, dentre os quais a economia do tipo monetário, o mercado de mão de obra, o aparecimento do estado-nação centralizado e a divulgação da ética protestante (que enfatizava o trabalho como um dom de Deus e a poupança como forma de evitar a vaidade e a ostentação).

As burocracias surgiram a partir da era vitoriana em decorrência da necessidade que as organizações sentiram de ordem e de exatidão e das reivindicações dos trabalhadores por um tratamento justo e imparcial. O modelo burocrático de organização surgiu como uma reação contra a crueldade, o nepotismo e contra os julgamentos tendenciosos e parcialistas, típicos das práticas administrativas desumanas e injustas do início da Revolução Industrial. Basicamente, a burocracia foi uma invenção social aperfeiçoada no decorrer da Revolução Industrial, embora tenha suas raízes na Antiguidade histórica, com a finalidade de organizar detalhadamente e de dirigir rigidamente as atividades das empresas com a maior eficiência possível. Rapidamente, a forma burocrática alastrou-se por todos os tipos de organizações humanas, como indústrias, empresas de prestação de serviços, repartições públicas e órgãos governamentais, organizações educacionais, militares, religiosas, filantrópicas etc., em uma crescente burocratização da sociedade. Para Weber, o século 20 representa o século da burocracia. A organização burocrática é monocrática e está sustentada no direito de propriedade privada. Os dirigentes das organizações burocráticas – proprietários delas ou não – possuem um enorme poder e elevado *status* social e econômico. Passaram a constituir uma poderosa classe social.

Max Weber estudou as organizações sob um ponto de vista estruturalista, preocupando-se com sua racionalidade, isto é, com a relação entre os meios e os recursos utilizados e os objetivos a serem alcançados por elas. Para Weber, a organização por excelência é a burocracia.

Com o aparecimento, crescimento e proliferação das burocracias, a teoria administrativa – até então introspectiva e voltada apenas para os fenômenos internos da organização – ganhou uma nova dimensão a partir da abordagem estruturalista: além do enfoque intraorganizacional, surgiu o enfoque interorganizacional. A visão estreita e limitada aos aspectos internos da organização passou a ser ampliada e substituída por uma visão mais ampla, envolvendo a organização e suas relações com outras organizações dentro de uma sociedade maior. A partir daqui, a abordagem estruturalista se impõe definitivamente sobre a abordagem clássica e a abordagem das relações humanas. Embora predomine a *ênfase na estrutura*, a visão teórica ganha novas dimensões e formas, bem como novas variáveis.

A abordagem estruturalista será estudada a partir da Teoria da Burocracia e da Teoria Estruturalista que lhe deu continuidade e amplitude.

IV.1 A ÉPOCA

Embora tivesse escrito sobre a burocracia décadas antes, foi somente com a tradução do alemão para o inglês, em 1947, que Max Weber – considerado o fundador do movimento estruturalista que se iniciou na Sociologia – passou a ser conhecido e discutido nos meios acadêmicos e empresariais. A abordagem estruturalista é um movimento que provocou o surgimento da Sociologia das Organizações e que iria criticar e reorientar os caminhos da teoria administrativa.

A década de 1940 foi particularmente tumultuada em razão da Segunda Guerra Mundial, que eclodiu na Europa e que galvanizou todos os esforços dos países nela envolvidos. E, também, das organizações que estavam exigindo novos postulados da Administração.

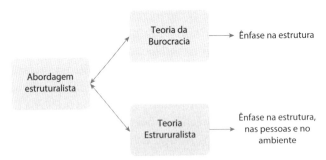

Figura IV.1 Desdobramentos da abordagem estruturalista.

5 O MODELO BUROCRÁTICO E A TEORIA ESTRUTURALISTA DA ADMINISTRAÇÃO

OBJETIVOS DE APRENDIZAGEM

- Identificar as origens da Teoria da Burocracia na teoria administrativa.
- Explicar as características do modelo burocrático proposto por Weber.
- Definir a racionalidade burocrática e as disfunções da burocracia.
- Descrever os diferentes graus de burocratização e as dimensões da burocracia.
- Proporcionar uma apreciação crítica acerca da Teoria da Burocracia.
- Explicar a sociedade de organizações e as tipologias de organizações.
- Proporcionar uma ideia dos objetivos e dos conflitos organizacionais.
- Oferecer uma apreciação crítica do estruturalismo na Administração.

O QUE VEREMOS ADIANTE

- Origens da Teoria da Burocracia e da Teoria Estruturalista.
- Características e vantagens da burocracia, segundo Weber.
- Disfunções da burocracia.
- Graus de burocratização e dimensões da burocracia.
- Apreciação crítica da Teoria da Burocracia e da Teoria Estruturalista.
- A sociedade de organizações.
- Análise, tipologia e objetivos das organizações.
- Ambiente organizacional.

> **CASO INTRODUTÓRIO**
> **Abrindo a Divisão de Pedro**
>
> Pedro Almeida é um funcionário público federal há 22 anos. Em sua longa experiência em repartições públicas, Pedro conseguiu quatro promoções sucessivas e hoje é chefe de gabinete em um ministério ligado ao poder executivo. Em seu cargo de confiança, Pedro chefia uma divisão composta de quatro departamentos hermeticamente fechados entre si. São quatro feudos inacessíveis a qualquer tentativa externa de acesso. Pedro tem três dificuldades a transpor:
>
> 1. Como integrar os quatro departamentos que funcionam com total ignorância a respeito dos demais.
> 2. Como melhorar gradativamente o desempenho dos funcionários.
> 3. Como mudar e inovar.
> 4. Quais sugestões você daria para Pedro?

A partir da década de 1940, as críticas feitas tanto à Teoria Clássica – pelo seu **mecanicismo** – como à Teoria das Relações Humanas – pelo seu romantismo ingênuo – revelaram a falta de uma teoria sólida e abrangente. As obras de um economista e sociólogo, Max Weber,[1] inspiraram uma nova teoria da organização. Surgiu, assim, a Teoria da **Burocracia** na Administração.

5.1 ORIGENS DA TEORIA DA BUROCRACIA

A burocracia é uma forma de organização que se baseia na **racionalidade**, isto é, na adequação dos meios aos objetivos (fins) pretendidos, a fim de garantir a máxima eficiência no alcance desses objetivos. As origens da burocracia remontam à época da Antiguidade.[2] A burocracia – tal como ela existe hoje, como base do sistema de produção – teve sua origem nas mudanças religiosas verificadas após o Renascimento. Weber salienta que o sistema de produção, racional e capitalista, não se originou das mudanças tecnológicas nem das relações de propriedade, mas de um novo conjunto de normas sociais morais, às quais denominou "ética protestante": o trabalho duro e árduo como dádiva de Deus, a poupança e o ascetismo levaram à reaplicação das rendas excedentes, em vez do seu dispêndio e consumo em símbolos materiais e improdutivos de vaidade e prestígio.[3] Verificou que o capitalismo, a burocracia (forma de organização) e a ciência moderna são três formas de racionalidade que surgiram a partir dessas mudanças religiosas nos países protestantes e não em países católicos. Semelhanças entre o protestante (principalmente o calvinista) e o comportamento capitalista são muito fortes. Essas três formas de racionalidade se apoiaram mutuamente nas mudanças religiosas.[4]

Para compreender a burocracia, Weber estudou os tipos de sociedade e os tipos de autoridade.

> Aumente seus conhecimentos sobre a **Teoria da Burocracia** na seção *Saiba mais* ITGAc 5.1

1. **Tipos de sociedade:** Max Weber distingue três tipos de sociedade:
    - **Sociedade tradicional:** onde predominam características patriarcais e patrimonialistas, como a família, o clã, a sociedade medieval etc.
    - **Sociedade carismática:** onde predominam características místicas, arbitrárias e personalísticas, como em grupos revolucionários, partidos políticos, nações em revolução.
    - **Sociedade legal, racional ou burocrática:** onde predominam normas impessoais e racionalidade na escolha dos meios e dos fins, como nas grandes empresas, nos estados modernos, nos exércitos etc.
2. **Tipos de autoridade:** para Weber, a cada tipo de sociedade corresponde um tipo de autoridade. "Autoridade é a probabilidade de que um comando ou ordem específica seja obedecido."[5] A autoridade é o poder institucionalizado e oficializado. Poder implica potencial para exercer influência sobre outras pessoas. Poder envolve a probabilidade de impor a própria vontade em uma relação social, mesmo contra qualquer forma de resistência e qualquer que seja o fundamento dessa probabilidade.[6] O poder, portanto, é a possibilidade de imposição de arbítrio por parte de uma pessoa sobre a conduta de outras. A autoridade proporciona o poder: ter autoridade é ter poder. A recíproca nem sempre é verdadeira, pois ter poder nem sempre significa ter autoridade. A autoridade – e o poder decorrente – depende da legitimidade, que é a capacidade de justificar seu exercício.

Legitimidade é o motivo que explica por que as pessoas obedecem às ordens de alguém, conferindo-lhe poder. Essa aceitação e justificação do poder é chamada legitimação. A autoridade é legítima quando é aceita. E se ela proporciona poder, o poder conduz à dominação.

Dominação significa que a vontade manifesta (ordem) do dominador influencia a conduta dos outros (dominados) de forma que a ordem se transforma em norma de conduta (obediência) para os subordinados. A dominação é uma relação de poder na qual o governante (ou dominador) – a pessoa que impõe seu arbítrio sobre as demais – acredita ter o direito de exercer o poder e os governados (dominados) se obrigam a obedecer às ordens. As crenças que legitimam o poder existem tanto na mente do líder como na dos subordinados e determinam a relativa estabilidade da dominação.

A tipologia de autoridade de Weber baseia-se não nos tipos de poder utilizados, mas nas fontes e tipos de legitimidade aplicados.[7] A dominação exige um aparato administrativo quando exercida sobre um grande número de pessoas e um vasto território, além de um pessoal administrativo para executar as ordens e servir como ponto de ligação entre governo e governados.[8]

Para Mouzelis,[9] a legitimação e o aparato administrativo constituem os dois critérios para a tipologia weberiana, que aponta três tipos de autoridade legítima:[10] a autoridade tradicional, a carismática e a racional, legal ou burocrática.

- **Autoridade tradicional:** quando os subordinados aceitam as ordens dos superiores como justificadas, porque essa sempre foi a maneira pela qual as coisas foram feitas. O domínio patriarcal do pai de família, do chefe do clã, o despotismo real é o tipo mais puro de autoridade tradicional. O poder tradicional não é racional, pode ser transmitido por herança e é extremamente conservador. Toda mudança social implica rompimento das tradições. E ocorre em tipos de empresas familiares mais fechadas.[11]

A legitimação do poder na dominação tradicional provém da crença no passado eterno, na justiça e na maneira tradicional de agir. O líder tradicional é o senhor que comanda em virtude de seu *status* de herdeiro ou sucessor. Suas ordens são pessoais e arbitrárias, seus limites são fixados pelos costumes e hábitos e seus súditos obedecem-no por respeito ao seu *status* tradicional.

A dominação tradicional – típica da sociedade patriarcal –, quando envolve grande número de pessoas e um vasto território, pode assumir duas formas de aparato administrativo para garantir sua sobrevivência:[12]

1. **Forma patrimonial:** na qual os funcionários que preservam a dominação tradicional são os servidores pessoais do senhor – parentes, favoritos, empregados etc. – e geralmente dependentes economicamente dele.

2. **Forma feudal:** na qual o aparato administrativo apresenta maior grau de autonomia com relação ao senhor. Os funcionários – vassalos ou suseranos – são aliados do senhor e lhe prestam um juramento de fidelidade. Em virtude deste contrato, os vassalos exercem uma jurisdição independente, dispõem de seus próprios domínios administrativos e não dependem do senhor no que tange a remuneração e subsistência.

- **Autoridade carismática:** quando os subordinados aceitam as ordens do superior por causa da influência da personalidade e da liderança do superior com o qual se identificam. *Carisma* é um termo usado anteriormente com sentido religioso, significando o dom gratuito de Deus, estado de graça etc. Weber usa o termo como uma qualidade extraordinária e indefinível de uma pessoa. É aplicável a líderes políticos como Hitler, Kennedy etc., capitães de indústria, como Matarazzo, Ford, Steve Jobs etc. O poder carismático é um poder sem base racional, é instável e pode adquirir características revolucionárias, como Fidel Castro. Não pode ser delegado nem recebido em herança, como o tradicional.

A legitimação da autoridade carismática provém das características carismáticas do líder e da devoção e arrebatamento que impõe aos seguidores. O aparato administrativo na dominação carismática envolve um grande número de seguidores, discípulos e subordinados leais e devotados, para desempenharem o papel de intermediários entre o líder carismático e a massa. O pessoal administrativo é escolhido e selecionado pela confiança que o líder deposita neles. A seleção não se baseia na qualificação pessoal nem na capacidade técnica, mas na devoção e confiabilidade no subordinado. Se ele deixa de merecer confiança, é substituído por outro mais confiável. Daí a inconstância e instabilidade do seu aparato administrativo.

Aumente seus conhecimentos sobre **Autoridade carismática e autoridade legal, racional ou burocrática** na seção *Saiba mais* ITGAc 5.2

- **Autoridade legal, racional ou burocrática:** quando os subordinados aceitam as ordens dos superiores como justificadas, porque concordam com preceitos ou normas que consideram legítimos e dos quais deriva o comando. É o tipo de autoridade técnica, meritocrática e administrada. Baseia-se em leis promulgadas e regulamentadas por procedimentos formais e corretos. O conjunto governante é eleito e exerce o comando de autoridade sobre os comandados, seguindo certas normas e leis. A obediência não é devida a alguma pessoa em si, mas a um conjunto de regras e regulamentos legais previamente estabelecidos.[13] A legitimidade do poder racional e legal se baseia em normas legais racionalmente definidas.

Weber identifica três fatores para o desenvolvimento da burocracia:

1. **Desenvolvimento da economia monetária:** a moeda não apenas facilita, mas racionaliza as transações econômicas. Na burocracia, a moeda assume o lugar da remuneração em espécie para os funcionários, permitindo a centralização da autoridade e o fortalecimento da administração burocrática.
2. **Crescimento quantitativo e qualitativo das tarefas administrativas do Estado moderno:** apenas um tipo burocrático de organização poderia arcar com a enorme complexidade e tamanho de tais atividades do Estado.
3. **A superioridade técnica do modelo burocrático em termos de eficiência:** serviu como a força autônoma interna para impor sua prevalência. "A razão decisiva da superioridade da organização burocrática foi sua superioridade técnica sobre qualquer outra forma de organização."[14]

O modelo concebido com antecipação por Max Weber foi utilizado por grandes organizações modernas, como General Motors, United States Steel, Philips, Ford, grandes bancos, durante boa parte do século XX. Todas elas já substituíram seu velho modelo estrutural há muito tempo. Ele é atualmente considerado obsoleto e ultrapassado.

Quadro 5.1 Tipologia de sociedade e tipologia de autoridade e suas características, segundo Weber

Tipos de sociedade	Características	Exemplos	Tipos de autoridade	Características	Legitimação	Aparato administrativo
Tradicional	Patriarcal e patrimonialista. Conservantismo	Clã, tribo, família, sociedade	Tradicional	Não é racional. Poder herdado ou delegado. Baseado no "senhor".	Tradição, hábitos, usos e costumes	Formas feudal e patrimonial
Carismática	Personalista, mística e arbitrária. Revolucionária	Grupos revolucionários, partidos políticos, nações em revolução	Carismática	Não é racional, nem herdada nem delegável. Baseada no carisma	Traços pessoais (heroísmo, magia, poder mental) do líder	Inconstante e instável. Escolhido pela lealdade e devoção ao líder e não por qualificações
Legal, Racional e Burocrática	Racionalidade dos objetivos e dos meios	Estados modernos, empresas e exércitos	Legal, Racional ou Burocrática	Legal, racional, formal e impessoal. Meritocrática	Justiça, lei. Promulgação. Regulamentação de normas legais	Burocracia

> **PARA REFLEXÃO**
>
> **A Proteus**
> Alexandre é o proprietário da Proteus, uma conhecida empresa do ramo imobiliário. Depois de décadas de atividade, a Proteus precisa deslanchar para abrir novos mercados. Durante todo esse tempo, Alexandre havia assumido uma autoridade tipicamente carismática e que agora precisa ser modificada para permitir o crescimento da empresa. Quais são as alternativas para ele?

5.2 CARACTERÍSTICAS DA BUROCRACIA

Segundo o conceito popular, a burocracia é entendida como uma organização onde o papelório se multiplica e se avoluma, impedindo soluções rápidas ou eficientes. O termo também é empregado com o sentido de apego dos funcionários aos regulamentos e rotinas, causando ineficiência à organização. O leigo passou a dar o nome de burocracia aos defeitos do sistema (**disfunções**), que são muitos, e não ao sistema em si mesmo. O conceito de burocracia para Max Weber é exatamente o contrário: a burocracia é a organização eficiente por excelência e define nos mínimos detalhes como as coisas deverão ser feitas.

Segundo Weber, a burocracia apresenta as seguintes características:[15]

1. **Caráter legal das normas e regulamentos:** a burocracia é uma organização ligada por normas e regulamentos estabelecidos previamente por escrito. Assim, é uma organização baseada em uma legislação própria (como a Constituição para o Estado ou os estatutos para a empresa privada) que define como a organização deverá funcionar. Essas normas e regulamentos são escritos e são exaustivos pois cobrem todas as áreas da organização, preveem todas as ocorrências e as enquadram em um esquema capaz de regular tudo o que ocorra dentro da organização.

2. **Caráter formal das comunicações:** a burocracia é uma organização ligada por comunicações escritas. As regras, decisões e ações administrativas são formuladas e registradas por escrito.

3. **Caráter racional e divisão do trabalho:** a burocracia é uma organização que se caracteriza por uma sistemática divisão do trabalho que atende a uma racionalidade, isto é, ela é adequada ao objetivo a ser atingido: a eficiência da organização. Daí o aspecto racional da burocracia.

4. **Impessoalidade nas relações pessoais:** a distribuição das atividades é feita impessoalmente, ou seja, em termos de cargos e funções e não de pessoas envolvidas. Daí o caráter impessoal da burocracia.

5. **Hierarquia da autoridade:** a burocracia é uma organização que estabelece os cargos segundo o princípio da hierarquia. Cada cargo inferior deve estar sob o controle e supervisão de um posto superior. Nenhum cargo fica sem controle ou supervisão. Daí a necessidade da hierarquia da autoridade para definir as chefias nos vários escalões de autoridade.

6. **Rotinas e procedimentos padronizados:** a burocracia é uma organização que fixa as regras e normas técnicas para o desempenho de cada cargo. O ocupante de um cargo – o funcionário – não faz o que quer, mas o que a burocracia impõe que ele faça. As regras e normas técnicas regulam a conduta do ocupante, cujas atividades são executadas de acordo com as rotinas e procedimentos.
7. **Competência técnica e meritocracia:** a burocracia é uma organização na qual a escolha das pessoas é baseada no mérito e na competência técnica, não em preferências pessoais.
8. **Especialização da administração:** a burocracia é uma organização que se baseia na separação entre a propriedade e a administração. Os membros do corpo administrativo estão separados da propriedade dos meios de produção. Os administradores da burocracia não são seus donos, acionistas ou proprietários.
9. **Profissionalização dos participantes:** a burocracia é uma organização que se caracteriza pela profissionalização dos participantes. Cada funcionário da burocracia é um profissional, pois:
    - **É um especialista:** cada funcionário é especializado nas atividades do seu cargo. Sua especialização varia conforme o nível hierárquico. Enquanto os que ocupam posições no topo da organização são generalistas, à medida que se desce nos escalões hierárquicos, os que ocupam posições mais baixas vão-se tornando gradativamente mais especialistas.
    - **É assalariado:** o funcionário da burocracia participa da organização e, para tanto, percebe salários correspondentes ao cargo que ocupa. Quanto mais elevado o cargo na escala hierárquica, maiores o salário e, obviamente, o poder. O funcionário é recompensado exclusivamente por salários e não deve receber pagamentos de clientes, a fim de preservar sua orientação para a organização. O trabalho na burocracia representa a principal ou única fonte de renda do funcionário.
    - **É ocupante de cargo:** o funcionário da burocracia é um ocupante de cargo e seu cargo é sua principal atividade na organização, tomando todo o seu tempo de permanência nela. O funcionário não ocupa um cargo por vaidade ou honraria, mas porque é o seu meio de vida, o seu ganha-pão.
    - **É nomeado pelo superior hierárquico:** o funcionário é um profissional selecionado e escolhido por sua competência e capacidade, nomeado (admitido), assalariado, promovido ou demitido da organização pelo seu superior hierárquico. O superior hierárquico tem plena autoridade (autoridade de linha) sobre seus subordinados. Em outros termos, é o superior quem toma decisões a respeito de seus subordinados.
    - **Seu mandato é por tempo indeterminado:** o funcionário ocupa um cargo dentro da burocracia e o tempo de permanência no cargo é indefinido e indeterminado. Não que o cargo seja vitalício, mas porque não existe norma ou regra que determine previamente o tempo de permanência dele, seja no cargo, seja na organização.
    - **Segue carreira dentro da organização:** à medida que o funcionário demonstre mérito, capacidade e competência, ele pode ser promovido para outros cargos superiores. O funcionário também é recompensado por uma sistemática promoção, por meio de carreira dentro da organização. Ele é um profissional que faz do trabalho a sua carreira, ao longo de sua vida.

- **Não possui a propriedade dos meios de produção e administração:** o administrador gere a organização em nome dos proprietários, enquanto o funcionário, para trabalhar, precisa das máquinas e equipamentos fornecidos pela organização. Como as máquinas e equipamentos vão-se tornando sofisticados pela tecnologia e, portanto, mais caros, somente as organizações têm condições financeiras de adquiri-los. Daí as organizações assumirem o monopólio dos meios de produção. O administrador administra a organização, mas não é o proprietário dos meios de produção. O funcionário utiliza as máquinas e equipamentos, mas não é dono delas.
- **É fiel ao cargo e identifica-se com os objetivos da empresa:** o funcionário passa a defender os interesses do cargo e da organização, em detrimento dos demais interesses envolvidos, inclusive do cliente.
- **O administrador profissional tende a controlar cada vez mais as burocracias:** as burocracias são dirigidas e controladas por administradores profissionais, pelas seguintes razões:
    - Aumento do número de acionistas das organizações, ocasionando dispersão e fragmentação da propriedade das suas ações.
    - Em função de sua riqueza, os proprietários passaram a dispersar o risco do seu investimento em várias organizações. Em decorrência, o controle acionário está subdividido e diminuído com o aumento do número de acionistas.
    - Ao longo de sua carreira na organização, os administradores profissionais chegam a posições de comando sem possuírem a propriedade da coisa comandada e controlada. O administrador pode ter mais poder sobre a organização do que um grande acionista.

10. **Completa previsibilidade do funcionamento:** a consequência desejada da burocracia é a previsibilidade do comportamento dos seus membros. O modelo burocrático de Weber pressupõe que o comportamento dos funcionários da organização é perfeitamente previsível: todos os funcionários deverão comportar-se de acordo com as normas e regulamentos da organização, a fim de que esta atinja a máxima eficiência possível. Tudo na burocracia é estabelecido no sentido de prever com antecipação todas as ocorrências e rotinizar a sua execução, para que a máxima eficiência do sistema seja alcançada.

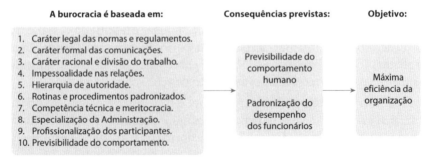

Figura 5.1 Características da burocracia e suas consequências, segundo Weber.

Aprofunde seus conhecimentos sobre **As caraterísticas da burocracia** na seção *Saiba mais* ITGA 5.3

5.2.1 Vantagens da burocracia

Weber viu inúmeras razões para explicar o avanço da burocracia sobre as outras formas de organização. Para ele, as principais vantagens da burocracia são:

- **Racionalidade** em relação ao alcance dos objetivos da organização.
- **Precisão** na definição do cargo e na operação e conhecimento exato dos deveres.
- **Rapidez nas decisões**, pois cada um conhece o que deve ser feito e por quem, e as ordens e papéis tramitam por canais preestabelecidos.
- **Univocidade de interpretação** garantida pela regulamentação específica e escrita. Por outro lado, a informação é discreta, pois é fornecida apenas a quem deve recebê-la.
- **Uniformidade de rotinas e procedimentos** que favorece a padronização, redução de custos e erros, pois as rotinas são definidas por escrito.
- **Continuidade da organização** a partir da substituição do pessoal que é afastado. Além disso, os critérios de seleção e escolha do pessoal baseiam-se na capacidade e na competência técnica.
- **Redução do atrito entre as pessoas**, pois cada funcionário conhece o que é exigido dele e quais os limites entre suas responsabilidades e dos outros.
- **Constância**, devendo os mesmos tipos de decisão ser tomados nas mesmas circunstâncias.
- **Confiabilidade**, pois o negócio é conduzido por regras conhecidas, e os casos similares são metodicamente tratados dentro da mesma maneira sistemática. As decisões são previsíveis e o processo decisório, por ser despersonalizado no sentido de excluir sentimentos irracionais, como amor, raiva, preferências pessoais, elimina a discriminação pessoal.
- **Benefícios para as pessoas na organização**, sendo que a hierarquia é formalizada, o trabalho é dividido entre as pessoas de maneira ordenada, as pessoas são treinadas para se tornarem especialistas, podendo encarreirar-se na organização em função de seu mérito pessoal e competência técnica.

5.2.2 Racionalidade burocrática

Um conceito ligado à burocracia é o de racionalidade. No sentido weberiano, a racionalidade implica adequação dos meios aos fins. No contexto burocrático, isto significa eficiência.[16]

Para ser eficiente, a organização exige um tipo especial de legitimidade, racionalidade, disciplina e obediência às regras. Os burocratas que formam o corpo administrativo da estrutura da organização devem seguir as regras impostas e servir aos objetivos da organização. Contudo, a capacidade para aceitar ordens e regras como legítimas exige um nível de renúncia que é difícil de manter.[17] Daí a fragilidade da estrutura burocrática: ela precisa ser protegida contra pressões externas de modo a poder ser dirigida para seus objetivos e não para outros.[18]

Aumente seus conhecimentos sobre **Racionalização** na seção *Saiba mais* ITGAc 5.4

Reflita sobre **Como imprimir racionalidade à @alert?** na seção *Para reflexão* ITGAc 5.1

5.3 DISFUNÇÕES DA BUROCRACIA

Para Weber, a burocracia é uma organização cujas consequências desejadas se resumem na previsibilidade do seu funcionamento no sentido de obter sua maior eficiência. Entretanto, ao estudar as consequências previstas (ou desejadas) da burocracia que a levam à máxima eficiência, Merton[19] notou consequências imprevistas (ou não desejadas) que levam à ineficiência e às imperfeições. A essas consequências imprevistas, Merton deu o nome de disfunções da burocracia para designar suas anomalias de funcionamento responsáveis pelo sentido pejorativo que o termo *burocracia* adquiriu junto aos leigos.

Aumente seus conhecimentos sobre **Disfunções da burocracia** na seção *Saiba mais* ITGA 5.5

Figura 5.2 O modelo burocrático de Weber.

Segundo Merton, as principais disfunções da burocracia são as seguintes:[20]

1. **Internalização das regras e apego aos regulamentos:** as diretrizes da burocracia, emanadas por normas e regulamentos para atingir os objetivos da organização, tendem a adquirir um valor positivo, próprio e importante, independentemente daqueles objetivos, passando a substituí-los gradativamente. As normas e os regulamentos passam a se transformar de meios em objetivos. Passam a ser absolutos e prioritários: o funcionário adquire "viseiras" e esquece que a flexibilidade constitui uma das principais características de qualquer atividade racional. Com isso, o funcionário burocrata torna-se um especialista, não por possuir conhecimento de suas tarefas, mas por conhecer perfeitamente as normas e os regulamentos que dizem respeito ao seu cargo ou função. Os regulamentos, de meios, passam a ser os principais objetivos do burocrata.

2. **Excesso de formalismo e de papelório:** a necessidade de documentar e de formalizar todas as comunicações dentro da burocracia a fim de que tudo possa ser testemunhado por escrito pode conduzir à tendência ao excesso de formalismo, documentação e papelório.

O papelório constitui uma das mais gritantes disfunções da burocracia, o que leva o leigo, muitas vezes, a imaginar que toda burocracia tem necessariamente um volume inusitado de papelório, de vias adicionais de formulários e de comunicações.

3. **Resistência às mudanças:** como tudo na burocracia é rotinizado, padronizado, previsto com antecipação, o funcionário se acostuma a uma completa estabilidade e repetição daquilo que faz, o que passa a lhe proporcionar uma completa segurança a respeito de seu futuro na burocracia. Atendendo às normas e regulamentos impostos pela burocracia, ele se torna simplesmente um executor das rotinas e procedimentos, que passa a dominar com plena segurança e tranquilidade. Quando surge alguma possível mudança dentro da organização, ela tende a ser interpretada pelo funcionário como algo que ele desconhece e, portanto, algo que pode trazer perigo à sua segurança e tranquilidade. Com isto, a mudança passa a ser indesejável para o funcionário. E, na medida do possível, ele passa a resistir a qualquer tipo de mudança que se queira implantar na burocracia. Essa resistência à mudança pode ser passiva e quieta, como pode ser ativa e agressiva por meio de comportamentos de reclamação, tumultos e greves.

4. **Despersonalização do relacionamento:** a burocracia tem a característica de impessoalidade no relacionamento entre os funcionários. Daí o seu caráter impessoal, pois ela enfatiza os cargos e não as pessoas que os ocupam. Isto leva a uma diminuição das relações personalizadas entre os membros da organização: diante dos demais funcionários, o burocrata não os toma como pessoas mais ou menos individualizadas, mas como ocupantes de cargos, com direitos e deveres previamente especificados. Daí a despersonalização gradativa do relacionamento entre os funcionários da burocracia. Os funcionários passam a conhecer os colegas não pelos seus nomes pessoais, mas pelos títulos dos cargos que ocupam. Algumas vezes, o conhecimento é feito pelo número do registro do colega ou por qualquer outra forma de identificação das pessoas imposta pela organização.

5. **Categorização como base do processo decisório:** a burocracia se assenta em uma rígida hierarquização da autoridade. Quem toma decisões em qualquer situação será aquele que possui a mais elevada categoria hierárquica, independentemente do seu conhecimento sobre o assunto. Quem decide é sempre aquele que ocupa o posto hierárquico mais alto, mesmo que nada saiba a respeito do problema a ser resolvido. Por outro lado, categorizar significa uma maneira de classificar as coisas, estereotipadamente, a fim de lidar com elas com mais facilidade. Quanto mais se lançar mão da categorização no processo decisório, tanto menor será a procura de alternativas diferentes de solução.

6. **Superconformidade às rotinas e aos procedimentos:** a burocracia baseia-se em rotinas e procedimentos, como meio de garantir que as pessoas façam exatamente aquilo que delas se espera. Como uma burocracia eficaz exige devoção estrita às normas e regulamentos, essa devoção conduz à sua transformação em coisas absolutas: as regras e rotinas não mais são consideradas relativas a um conjunto de objetivos, mas passam a ser absolutas. Com o tempo, as regras e as rotinas tornam-se sagradas para o funcionário. O impacto dessas exigências burocráticas sobre a pessoa provoca profunda limitação em sua liberdade e espontaneidade pessoal, além da crescente incapacidade de compreender o significado de suas próprias tarefas e atividades dentro da organização como um todo. O efeito da estrutura burocrática sobre a personalidade dos indivíduos é tão forte que leva à "incapacidade treinada" (no conceito de Veblen),[21] ou à "deformação profissional"

(no conceito de Warnotte), ou, ainda, à "psicose ocupacional" (segundo Dewey): o funcionário burocrata trabalha em função dos regulamentos e rotinas, e não em função dos objetivos organizacionais estabelecidos.[22] Essa superconformidade às regras, regulamentos, procedimentos e rotinas conduz a uma rigidez no comportamento do burocrata: ele passa a fazer o estritamente contido nas normas, regras, regulamentos, procedimentos e rotinas impostos pela organização. Esta perde toda a sua flexibilidade, pois o burocrata restringe-se ao desempenho mínimo. Perde iniciativa, criatividade e inovação.

7. **Exibição de sinais de autoridade:** como a burocracia enfatiza a hierarquia de autoridade, torna-se necessário um sistema capaz de indicar aos olhos de todos aqueles que detêm o poder. Daí surge a tendência à utilização intensiva de símbolos ou de sinais de *status* para demonstrar a posição hierárquica dos funcionários, como o uniforme, a localização da sala, do banheiro, do estacionamento, do refeitório, o tipo de mesa etc., como meios de identificar quais são os principais chefes da organização. Em algumas organizações – como o exército, a Igreja etc. –, o uniforme constitui um dos principais sinais de autoridade.

8. **Dificuldade no atendimento a clientes e conflitos com o público:** o funcionário está voltado para dentro da organização, para suas normas e regulamentos internos, para suas rotinas e procedimentos, para seu superior hierárquico que avalia o seu desempenho. Essa atuação interiorizada para a organização o leva a criar conflitos com os clientes da organização. Todos os clientes são atendidos de forma padronizada, de acordo com regulamentos e rotinas internos, fazendo com que o público se irrite com a pouca atenção e descaso para com os seus problemas particulares e pessoais. As pressões do público, que pretende soluções personalizadas que a burocracia padroniza, fazem com que o funcionário perceba essas pressões como ameaças à sua própria segurança. Daí a tendência à defesa contra pressões externas à burocracia.

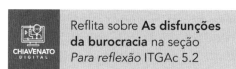

Reflita sobre **As disfunções da burocracia** na seção *Para reflexão* ITGAc 5.2

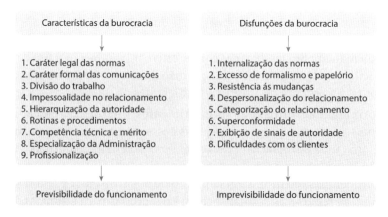

Figura 5.3 As características e as disfunções da burocracia.

5.4 AS DIMENSÕES DA BUROCRACIA

Alvin W. Gouldner[23] verificou que não há um único modelo de burocracia, mas uma variedade de graus de burocratização. É que Weber analisou a burocracia sob um ponto de vista mecânico e não político e não considerou os aspectos subjetivos e informais da aceitação das normas e da legitimação da autoridade, nem a reação formal da organização perante a falta de consentimento dos subordinados.

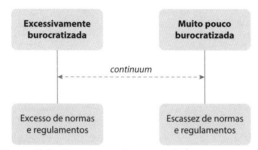

Figura 5.4 *Continuum* de graus de burocratização.

VOLTANDO AO CASO INTRODUTÓRIO
Abrindo a Divisão de Pedro

Pedro Almeida pretende avaliar o desempenho dos funcionários para criar meios de torná-los mais eficazes. Uma ideia seria avaliar periodicamente – a cada seis meses – o desempenho de cada funcionário, conversar com ele a respeito dos resultados, programar ações de melhoria e criar condições para mudar e inovar a divisão. Você acha que Pedro está no caminho certo? Como você poderia ajudá-lo?

Atualmente, a burocracia está sendo entendida não como uma maneira absoluta de presença ou ausência de características, mas como um *continuum*.[24] O grau variável de burocratização[25] depende das dimensões da burocracia, cada qual delas variando na forma de um *continuum*. Trata-se de uma abordagem empiricamente mais adequada do que se tratar a organização como totalmente burocrática ou não burocrática.[26] A partir do estudo de vários autores,[27] Hall selecionou seis dimensões básicas da burocracia, a saber:[28]

1. Divisão do trabalho baseada na especialização funcional.
2. Hierarquia de autoridade.
3. Sistema de regras e regulamentos.
4. Formalização das comunicações.
5. Impessoalidade no relacionamento entre as pessoas.
6. Seleção e promoção de pessoas baseadas na competência técnica.

Hall mediu cada dimensão da burocracia e verificou que essas dimensões existem em alto grau no tipo ideal de burocracia e em graus mais baixos em organizações menos burocráticas. O conjunto de dimensões constitui uma variável contínua e multidimensional. As organizações são portadoras de características do modelo burocrático em vários graus e que variam independentemente. Uma organização pode ser muito burocratizada quanto às regras e regulamentos ao mesmo tempo em que está escassamente burocratizada quanto à sua divisão do trabalho.[29]

Figura 5.5 Os graus de burocratização.

5.4.1 Apreciação crítica da Teoria da Burocracia

A burocracia proporciona uma maneira extremamente racional de organizar pessoas e atividades para alcançar objetivos específicos. Mas ela tem defensores e adversários. Perrow mostra-se advogado da burocracia ao dizer que: "após anos de estudos das organizações complexas, cheguei a duas conclusões que colidem com a literatura organizacional. A primeira é que os erros atribuídos à burocracia não são erros de conceito, mas consequências do fracasso em burocratizar de modo adequado. Defendo a burocracia como o princípio dominante de organização nas grandes e complexas organizações. A segunda conclusão é que a preocupação salutar com a reforma, humanização e descentralização das burocracias apenas obscurece a verdadeira natureza da burocracia e nos desviam do seu impacto positivo sobre a sociedade". Para Perrow, "o impacto sobre a sociedade é mais importante do que o impacto sobre os membros de uma organização".[30]

As principais críticas à burocracia são:

1. **Excessivo racionalismo:** Katz e Kahn[31] salientam que a organização burocrática é super-racionalizada e não considera a natureza organizacional nem as condições circunjacentes do ambiente. As vantagens da burocracia têm sido exageradas.

    Perrow[32] chama a teoria burocrática de visão "instrumental" das organizações: estas são vistas como arranjos conscientes e racionais dos meios para alcançar fins específicos.

Para Perrow, a burocratização envolve especialização, necessidade de controlar as influências dos fatores externos sobre os componentes internos da organização e um ambiente externo estável e imutável.

2. **Mecanicismo e as limitações da "teoria da máquina":** a Teoria Tradicional – cujos três modelos clássicos são os de Taylor (Administração Científica), Fayol (Teoria Clássica) e de Weber (Modelo Burocrático) – focalizou as estruturas internas, abordando os problemas organizacionais em termos de sistemas fechados. O termo *teoria da máquina* (proposto por Worthy, em 1950) é aplicável aos três modelos que abordam a organização, embora constituída por pessoas, como uma máquina construída para cumprir uma tarefa.

Aumente seus conhecimentos sobre **Como avaliar a burocracia** na seção *Saiba mais* ITGAc 5.6

3. **Abordagem de sistema fechado:** a lógica do sistema fechado – típica do modelo burocrático – busca a certeza e a previsibilidade, incorporando apenas as variáveis diretamente associadas ao empreendimento e sujeitando-as a uma rede de controle monolítica. De modo contrário, a lógica do sistema aberto mira para fora da organização e incorpora a incerteza decorrente da interdependência.

4. **Abordagem descritiva e explicativa:** em vez de estabelecer como o administrador deve lidar com as organizações, a teoria burocrática preocupa-se em descrever, analisar e explicar as organizações, a fim de que o administrador escolha livremente a maneira apropriada de lidar com elas, levando em conta aspectos que variam, como sua natureza, tarefas, participantes, problemas, situação, restrições etc.

5. **Críticas multivariadas à burocracia:** existem outras críticas ao modelo burocrático de Weber por não incluir a organização informal e suas interações sociais, pondo as pessoas como seguidoras de regras e procedimentos em um sentido mecanístico,[33] definindo tipos exagerados de autoridade[34] e considerando o conflito interno como indesejável, em uma estrutura racional, em que pessoas seguem prescrições, assumindo-se que o conflito não deve existir.

6. **Posição da teoria da burocracia dentro da teoria das organizações:** o modelo burocrático constitui um terceiro pilar da Teoria Tradicional da Organização, ao lado do "taylorismo" (Administração Científica) e da obra de Fayol (Teoria Clássica).[35] Foi o ponto de partida dos sociólogos e cientistas políticos no estudo das organizações.

Comparando a teoria de Weber com a de Taylor e Fayol, conclui-se:[36]

- Taylor procurava meios e métodos científicos para realizar o trabalho rotineiro dos operários. Sua maior contribuição foi para a gerência.
- Fayol estudava as funções da empresa. Sua contribuição foi para a direção.
- Weber preocupava-se com as características da burocracia. Sua contribuição foi para a organização, considerada como um todo.

Todos eles se preocuparam com os componentes estruturais da organização.

Apesar de todas as críticas, o entulho burocrático de muitas organizações – principalmente em países, estados e empresas – não conseguiu ainda ser eliminado. A burocracia deixou profundas raízes nas organizações e, ao longo dos tempos, muitos programas de

Aumente seus conhecimentos sobre **As demandas pelo modelo burocrático** na seção Saiba mais ITGAc 5.7

mudança organizacional e tentativas de renovação – enxugamentos, terceirização, reengenharia, qualidade total etc. – conseguiram reduzir gradativamente a sua rigidez, fechamento e inércia. Mas ainda falta muito.

Contudo, o estruturalismo decorrente começou a influenciar poderosamente as ciências sociais ao estudar as organizações como unidades sociais grandes e complexas, com novas ideias e pretensões que acabaram influenciando profundamente a teoria administrativa.

5.5 TEORIA ESTRUTURALISTA DA ADMINISTRAÇÃO

A oposição entre a Teoria Clássica e a Teoria das Relações Humanas trouxe um impasse na Administração que a Teoria da Burocracia não teve condições de ultrapassar. A Teoria Estruturalista significa um desdobramento da Teoria da Burocracia e uma leve aproximação à Teoria das Relações Humanas. Representa uma visão crítica da organização formal.

5.6 ORIGENS DA TEORIA ESTRUTURALISTA

As origens da Teoria Estruturalista na Administração foram as seguintes:

1. **A oposição surgida entre a Teoria Clássica e a Teoria das Relações Humanas** – incompatíveis entre si – tornou necessária uma posição mais ampla e compreensiva que integrasse os aspectos que eram considerados por uma e omitidos pela outra e vice-versa. A Teoria Estruturalista pretende ser uma síntese da Teoria Clássica (formal) e da Teoria das Relações Humanas (informal), inspirando-se na abordagem de Max Weber.

2. **A necessidade de visualizar "a organização como uma unidade social grande e complexa, onde interagem grupos sociais"** que compartilham alguns dos objetivos da organização (como a viabilidade econômica da organização), mas que podem incompatibilizar-se com outros (como a maneira de distribuir os lucros da organização).[37]

3. **A influência do estruturalismo nas ciências sociais e sua repercussão no estudo das organizações**. O estruturalismo teve forte influência na Filosofia, na Psicologia, na Antropologia, na Matemática, na Linguística, chegando até a teoria das organizações. Na teoria administrativa, os estruturalistas se concentram nas organizações sociais.[38]

4. **Novo conceito de estrutura**. O conceito de estrutura é bastante antigo. Heráclito, nos primórdios da história da Filosofia, concebia o "logos" como uma unidade estrutural que domina o fluxo ininterrupto do devir e o torna inteligível. É a estrutura que permite reconhecer o mesmo rio, embora suas águas jamais sejam as mesmas em face da contínua mudança das coisas. Estrutura é o conjunto formal de dois ou mais elementos que permanece inalterado seja na mudança, seja na diversidade de conteúdos. Sua estrutura se mantém mesmo com a alteração de seus elementos ou relações. A mesma estrutura pode ser apontada em diferentes áreas e a compreensão das estruturas fundamentais em alguns campos de atividade permite o reconhecimento das mesmas estruturas em outros campos.

Aumente seus conhecimentos sobre **Estrutura e estruturalismo** nas seções Saiba mais ITGAc 5.8 e 5.9

O estruturalismo está voltado para o todo e para o relacionamento das partes na constituição do todo. A totalidade, a interdependência das partes e o fato de o todo ser maior do que a simples soma das partes são suas características básicas.[39]

5.7 SOCIEDADE DE ORGANIZAÇÕES

Para os estruturalistas, a sociedade moderna e industrializada é uma sociedade de organizações das quais o homem passa a depender para nascer, viver e morrer.[40] Essas organizações são diferenciadas e requerem dos seus participantes determinadas características de personalidade. Essas características permitem a participação simultânea das pessoas em várias organizações, nas quais os papéis desempenhados variam. O estruturalismo ampliou o estudo das interações entre os grupos sociais – iniciado pela Teoria das Relações Humanas – para o das interações entre as organizações sociais. Da mesma forma como os grupos sociais interagem entre si, também as organizações interagem entre si.

Aumente seus conhecimentos sobre **O advento das organizações** na seção *Saiba mais* ITGAc 5.10

As organizações constituem a forma dominante de instituição da moderna sociedade: são a manifestação de uma sociedade altamente especializada e interdependente que se caracteriza por um crescente padrão de vida. As organizações permeiam todos os aspectos da vida moderna e envolvem a participação de inúmeras pessoas. Cada organização é limitada por recursos escassos e por isso não pode tirar vantagens de todas as oportunidades que surgem: daí o problema de determinar a melhor alocação de recursos. A eficiência é obtida quando a organização aplica seus recursos na alternativa que produz o melhor resultado.

Acesse conteúdo sobre **A organização moderna** na seção *Tendências em TGA* 5.11

Dentre as organizações formais, avultam as chamadas organizações complexas. Elas são caracterizadas pelo alto grau de complexidade na estrutura e processos em função do tamanho (proporções maiores) ou da natureza complicada das operações (como hospitais e universidades). Nas organizações complexas, a convergência de esforços entre as partes componentes (departamentos, seções) é mais difícil pela existência de inúmeras variáveis (como tamanho, estrutura organizacional, diferentes características pessoais dos participantes) que complicam o seu funcionamento. Os estruturalistas focalizam a proliferação das organizações complexas.

Reflita sobre conservadorismo com o texto **O dilema de Geraldo** na seção *Para reflexão* ITGAc 5.3

5.8 ANÁLISE DAS ORGANIZAÇÕES

A análise das organizações do ponto de vista estruturalista é feita a partir de uma abordagem múltipla que leva em conta simultaneamente os fundamentos das três teorias anteriores. Essa abordagem múltipla envolve:

- **Abordagem múltipla – a organização formal e a informal:** os estruturalistas tentam estudar o relacionamento entre ambas a formal e a informal dentro de uma abordagem múltipla, pois "encontrar equilíbrio entre os elementos racionais e não racionais do comportamento humano constitui o ponto principal da vida, da sociedade e do pensamento modernos.[41] Constitui o problema central da Teoria das Organizações".[42]
- **Abordagem múltipla – recompensas materiais e sociais:** combinam os estudos de ambas teorias quanto às recompensas utilizadas pela organização para motivar as pessoas.[43]
- **Abordagem múltipla – os diferentes enfoques da organização:** para os estruturalistas, as organizações podem ser concebidas segundo duas diferentes concepções: modelo racional e modelo do sistema natural.[44]

Aprofunde seus conhecimentos sobre **Modelo racional e Modelo do sistema natural** na seção *Saiba mais* ITGAc 5.11

Em toda organização existem elementos de ambos os sistemas, que são opostos entre si, conforme o Quadro 5.2.

Quadro 5.2 O modelo racional e o modelo natural

Modelo de organização	Lógica utilizada	Características	Abordagens típicas
Racional	Sistema fechado	■ Visão focalizada apenas na parte interna do sistema, com ênfase no planejamento e controle. ■ Expectativa de certeza e previsibilidade.	■ Administração Científica de Taylor ■ Teoria Clássica de Fayol ■ Teoria da Burocracia de Weber
Natural	Sistema aberto	■ Visão focalizada no sistema e sua interdependência com o ambiente externo. ■ Expectativa de incerteza e imprevisibilidade.	■ Teoria Estruturalista ■ Fundamentos da Teoria de Sistemas ■ Modernas teorias de Administração

- **Abordagem múltipla – os níveis da organização:** as organizações caracterizam-se por uma hierarquia de autoridade e diferenciação de poder, como no modelo burocrático de Weber. Para Parsons,[45] as organizações se defrontam com uma multiplicidade de assuntos que são classificados para que a responsabilidade por sua solução seja atribuída a diferentes níveis hierárquicos da organização. Assim, as organizações se desdobram em três níveis organizacionais, a saber:[46]

    a) **Nível institucional:** é o nível organizacional mais elevado, composto dos dirigentes ou de altos executivos. É também denominado nível estratégico, pois é o responsável pela definição dos principais objetivos e estratégias organizacionais, lida com os assuntos relacionados com o longo prazo e com a totalidade da organização. É o nível que se relaciona com o ambiente externo da organização.

b) **Nível gerencial:** é o nível intermediário situado entre o nível institucional e o nível técnico, cuidando do relacionamento e da integração desses dois níveis. O nível gerencial é o responsável pela transformação das decisões institucionais em planos e em programas para que o nível técnico os execute. Trata da captação dos recursos necessários para alocá-los nas diversas partes da organização e da distribuição e colocação dos produtos e serviços da organização no mercado.

c) **Nível técnico:** ou nível operacional, é o nível mais baixo da organização. É o nível que trata da execução das operações e tarefas. É voltado ao curto prazo e segue programas e rotinas desenvolvidos no nível gerencial.

- **Abordagem múltipla – a diversidade de organizações:** a abordagem estruturalista ampliou o campo da análise a fim de incluir outros tipos diferentes de organizações, como públicas e privadas, empresas dos mais diversos tipos (indústrias, prestadoras de serviços, comerciais, agrícolas etc.), organizações militares (exército, marinha, aeronáutica), organizações religiosas (Igreja), organizações filantrópicas, partidos políticos, prisões, sindicatos, hospitais, bancos, universidades etc.[47] As organizações complexas, por suas características de tamanho e complexidade, passaram a interessar os estruturalistas.[48]

- **Abordagem múltipla – análise interorganizacional:** todas as teorias administrativas anteriores preocuparam-se com fenômenos que ocorrem dentro da organização.

Além da análise interna das organizações, os estruturalistas inauguraram a preocupação com a análise interorganizacional a partir da crescente complexidade ambiental e da interdependência das organizações.[49] Até então, os autores não haviam se preocupado com o ambiente organizacional como uma área de observação e análise.[50] O relacionamento entre a organização e seu ambiente revela o grau de dependência da organização quanto aos eventos externos. A análise das relações interorganizacionais parte do pressuposto de que a organização funciona na base de interações e transações com outras organizações. E provoca uma forte interdependência entre elas. Cada organização interage com o seu ambiente externo e com as demais organizações nele contidas.

PARA REFLEXÃO

Como focalizar mais amplamente as empresas

Paulo Natan saiu da faculdade há 30 anos. Sempre trabalhou dentro dos padrões que aprendera das Teorias Clássica, Neoclássica, Relações Humanas e Burocracia. Agora, sua experiência profissional perante os problemas atuais lhe indica que se torna necessária uma nova abordagem da empresa que dirige. Como você poderia mostrar a Paulo as diferentes abordagens múltiplas dos estruturalistas?

5.9 TIPOLOGIA DAS ORGANIZAÇÕES

Não existem duas organizações iguais, pois elas são diferentes entre si e apresentam enorme variabilidade. Contudo, elas apresentam características que permitem classificá-las em taxonomias[51] – denominadas tipologias das organizações – que permitem uma análise comparativa das organizações a partir de uma característica comum ou de uma variável relevante.

Para fazer análises comparativas das organizações, os estruturalistas formulam tipologias de organizações para classificá-las em tipos com características distintivas em comum. As duas tipologias mais importantes são:

1. **Tipologia de Etzioni:** as organizações são unidades sociais artificiais com finalidade específica pois são planejadas e deliberadamente estruturadas, reveem seus resultados constantemente.[52] Neste sentido, diferem das unidades sociais naturais, como família, grupos étnicos ou a comunidade. Nelas, o controle informal não é adequado, pois elas controlam seus membros. Os meios de controle utilizados pela organização são classificados em três categorias:[53]

   - **Controle físico:** é o controle baseado na aplicação de meios físicos ou de sanções ou ameaças físicas, para fazer com que as pessoas obedeçam mediante ameaças de sanções físicas, da coação, da imposição, da força e do medo das consequências. A motivação é negativa e baseia-se em punições. Corresponde ao poder coercitivo.
   - **Controle material:** é o controle baseado na aplicação de meios materiais e de recompensas materiais. As recompensas materiais são constituídas de bens e de serviços oferecidos. É o controle baseado no interesse, na vantagem desejada e nos incentivos econômicos e materiais.
   - **Controle normativo:** é o controle baseado em símbolos puros ou em valores sociais. Existem símbolos normativos (como de prestígio e estima) e sociais (como de amor e aceitação). É o controle moral e ético, e baseia-se na convicção, fé, crença e na ideologia. Corresponde ao poder normativo-social ou poder normativo.

   Cada tipo de controle provoca um padrão de obediência em função do tipo de interesse em obedecer ao controle. Existem três tipos de interesse:

   - **Alienatório:** o indivíduo não está psicologicamente interessado em participar, mas é coagido e forçado a permanecer na organização.
   - **Calculista:** o indivíduo sente-se interessado na medida em que seus esforços tenham uma vantagem ou compensação econômica imediata.
   - **Moral:** o indivíduo atribui valor à missão da organização e ao trabalho dentro dela, cumprindo-o da melhor forma possível porque lhe atribui valor.

   A tipologia de Etzioni[54] classifica as organizações com base no uso e significado da obediência, a saber:

   - **Organizações coercitivas:** o poder é imposto pela força física ou controles baseados em prêmios ou punições. O envolvimento dos participantes tende a ser "alienativo" em relação aos objetivos da organização, como em prisões, institutos penais, campos de concentração etc.

- **Organizações utilitárias:** o poder baseia-se no controle dos incentivos econômicos. Utilizam a remuneração como base principal de controle. O envolvimento é "calculativo", baseado nos benefícios que esperam obter, como em empresas e no comércio.
- **Organizações normativas:** o poder baseia-se no consenso sobre os objetivos da organização. Utilizam o controle moral como a principal influência sobre os participantes, porque estes têm elevado envolvimento "moral" e motivacional, como ocorre na Igreja e em universidades, hospitais e organizações políticas e sociais.

Sua desvantagem é dar pouca consideração à estrutura, tecnologia utilizada e, principalmente, ao ambiente externo, como se elas existissem no vazio. Trata-se de uma tipologia simples, unidimensional e baseada apenas nos tipos de controle.

Quadro 5.3 Tipologia de organizações de Etzioni

Tipos de organizações	Tipos de poder	Controle utilizado	Ingresso e permanência dos membros	Envolvimento pessoal dos membros	Exemplos
Organizações coercitivas	Coercitivo	Prêmios e punições	Coação, imposição, força, ameaça, medo	Alienativo, com base no temor	Prisões e penitenciárias
Organizações normativas	Normativo	Moral e ético	Convicção, fé, crença, ideologia	Moral e motivacional, autoexpressão	Igrejas, hospitais, universidades
Organizações utilitárias	Remunerativo	Incentivos econômicos	Interesse, vantagem percebida	Calculativo, busca de vantagens	Empresas, em geral

2. **Tipologia de Blau e Scott:** as organizações existem para proporcionar benefícios ou resultados para a comunidade. Esta tipologia baseia-se no beneficiário principal (princípio do *cui bono*), ou seja, de quem se beneficia com a organização. Os beneficiários são:[55]
   - Os próprios membros da organização.
   - Os proprietários, dirigentes ou acionistas da organização.
   - Os clientes da organização.
   - O público em geral.

   Em função dessas categorias de beneficiário principal, existem quatro tipos de organização:
   - **Associações de benefícios mútuos:** os beneficiários principais são os próprios membros da organização, como as associações profissionais, cooperativas, sindicatos, fundos mútuos, consórcios etc.
   - **Organizações de interesses comerciais:** os proprietários ou acionistas são os principais beneficiários da organização, como a maior parte das empresas privadas, sociedades anônimas ou sociedades de responsabilidade limitada.
   - **Organizações de serviços:** um grupo de clientes é o beneficiário principal. Exemplos: hospitais, universidades, escolas, organizações religiosas e agências sociais.

- **Organizações de Estado:** o beneficiário é o público, em geral. Exemplos: a organização militar, instituições jurídicas e penais, segurança pública, saneamento básico etc.

Esta tipologia tem a vantagem de enfatizar a força de poder e influência do beneficiário sobre as organizações a ponto de condicionar a sua estrutura e seus objetivos, mas ignora as estruturas, tecnologias ou sistemas psicossociais e administrativos existentes nas organizações. Trata-se também de uma tipologia simples e unidimensional, conforme o Quadro 5.4.

Quadro 5.4 Tipologia de organizações de Blau e Scott

Beneficiário principal	Tipo de organização	Exemplos
Os próprios membros da organização	Associação de beneficiários mútuos	Associações profissionais, cooperativas, sindicatos, fundos mútuos, consórcios
Os proprietários ou acionistas da organização	Organizações de interesses comerciais	Sociedades anônimas ou empresas familiares
Os clientes	Organizações de serviços	Hospitais, universidades, organizações religiosas e filantrópicas, agências sociais
O público, em geral	Organizações de Estado	Organização militar, correios e telégrafos, segurança pública, saneamento básico, organização jurídica e penal

5.10 OBJETIVOS ORGANIZACIONAIS

Os objetivos organizacionais constituem um campo de estudos explorado pelos autores neoclássicos (Administração por Objetivos – APO) e estruturalistas. As organizações são unidades sociais que procuram atingir objetivos específicos: e a sua razão de ser é servir a esses objetivos.

As organizações podem ter, simultânea e legitimamente, dois ou mais objetivos. Algumas acrescentam novos objetivos aos originais.

Os objetivos organizacionais têm várias funções, a saber:[56]

- **Apresentação de uma situação futura:** linhas mestras para a sua atividade futura.
- **Fonte de legitimidade:** que justifica as atividades da organização e, na verdade, até a sua própria existência.
- **Padrões:** como indicadores para avaliar o êxito da organização.
- **Unidade de medida:** como métricas de avaliação.

Os objetivos são unidades simbólicas ou ideais que a organização pretende atingir e transformar em realidade.

A definição de objetivos é intencional, mas nem sempre racional. Trata-se de um processo de interação entre a organização e o ambiente.

Aumente seus conhecimentos sobre **Objetivos organizacionais** na seção *Saiba mais* ITGAc 5.12

5.11 AMBIENTE ORGANIZACIONAL

As organizações não vivem sozinhas ou isoladas, mas em um mundo humano, social, político, econômico. Em um contexto que denominamos ambiente, trata-se de tudo o que envolve externamente a organização. O ambiente é constituído pelas outras organizações que formam a sociedade.

Dois conceitos são fundamentais para a análise interorganizacional: o conceito de interdependência das organizações e o conceito de **conjunto organizacional**.

1. **Interdependência das organizações com a sociedade:** nenhuma organização é autônoma ou autossuficiente. Toda organização depende de outras organizações e da sociedade em geral para poder sobreviver. Existe uma interdependência das organizações com a sociedade em geral em razão das complexas interações entre elas. E as consequências dessa interdependência são: mudanças frequentes nos objetivos organizacionais à medida que ocorrem mudanças no ambiente externo e um certo controle ambiental sobre a organização, o que limita sua liberdade de agir.

2. **Conjunto organizacional:**[57] o ponto de partida para o estudo das relações interorganizacionais é o conceito de conjunto de papéis desenvolvido por Merton[58] para analisar as relações de papel. Um conjunto de papéis consiste no complexo de papéis e relações de papéis que o ocupante de um dado *status* tem em virtude de ocupar esse *status*. O conceito de conjunto organizacional decorre e é análogo ao de conjunto de papéis. Assim, cada organização tem interações e transações com uma cadeia de organizações em seu ambiente, formando um conjunto organizacional. A organização que serve como ponto de referência é chamada organização focal. As relações entre uma organização focal e seu conjunto organizacional são medidas pelos conjuntos de papéis de seu pessoal de fronteira, isto é, pelo seu pessoal que está voltado externamente para o contato ou ligação com outras organizações. Daí, o gradativo desprendimento daquilo que ocorre dentro das organizações para aquilo que ocorre fora delas. A ênfase sobre o ambiente começa por aqui.

Aprofunde seus conhecimentos sobre **Ambiente organizacional e conflitos** na seção *Saiba mais* ITGAc 5.13

5.12 CONFLITOS ORGANIZACIONAIS

Os estruturalistas discordam de que haja harmonia de interesses entre patrões e empregados (como afirmava a Teoria Clássica) ou de que essa harmonia deva ser preservada pela Administração por meio de uma atitude compreensiva e terapêutica (como afirmava a Teoria das Relações Humanas). Estas teorias não discutiam o **conflito** em função do seu caráter prescritivo. Os conflitos – tanto desejáveis como indesejáveis – são elementos geradores das mudanças e da inovação na organização.

As fontes de cooperação residem nas semelhanças de interesses – reais ou supostos – entre indivíduos e organizações. As fontes de conflitos localizam-se em alguma divergência real ou suposta de interesses. Há um *continuum* que vai desde uma colisão frontal de interesses e completa incompatibilidade, em um extremo, até interesses diferentes, mas não incompatíveis, em outro extremo (Figura 5.6).

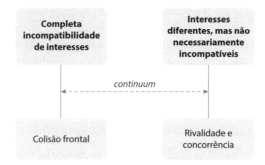

Figura 5.6 O *continuum* das fontes de conflito.

Em situações de conflito, as possíveis respostas de um grupo (ou de uma pessoa) podem ser colocadas em uma escala geral, variando desde métodos de supressão total e parcial até métodos de **negociação** e solução de problemas, dentro de um *continuum* expresso na forma esquematizada na Figura 5.7.

Os estruturalistas indicam importantes funções sociais do conflito e não concordam com sua repressão artificial. A partir do conflito, pode-se avaliar o poder e o ajustamento do sistema da organização à situação real e, assim, atingir a harmonia na organização. O conflito gera mudanças e provoca inovação na medida em que as soluções são alcançadas. Todavia, essas soluções constituirão a base de novos conflitos que gerarão novas mudanças, as quais provocarão outras inovações, e assim por diante. Se o conflito for disfarçado e sufocado, ele procurará outras formas de expressão, como abandono do emprego ou aumento de acidentes, que, no fim, apresentam desvantagens tanto para o indivíduo como para a organização.[59]

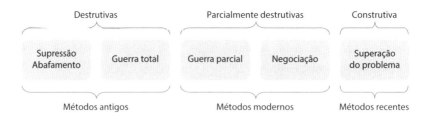

Figura 5.7 Situações de conflito e métodos de resolução.

 Reflita sobre conflitos de poder com o texto **A explicação de Albuquerque** na seção *Para reflexão* ITGAc 5.4

> **PARA REFLEXÃO**
>
> **O conflito de gerações**
>
> Durante décadas a fio, Ivan Meneses dirigiu a sua empresa com mãos de ferro. Agora, já idoso e com problemas de saúde, pretende preparar seus dois filhos como futuros sucessores na direção do negócio. Sabe que terá problemas pela frente. Seus filhos têm outra mentalidade sobre como tocar a empresa em sua maneira liberal de pensar e agir. Enquanto Ivan é autocrático e impositivo, os seus filhos são extremamente democráticos e liberais. Se você fosse o consultor da empresa, o que faria nesta situação?

5.13 APRECIAÇÃO CRÍTICA DA TEORIA ESTRUTURALISTA

Embora o estruturalismo não constitua uma teoria própria e distinta na Teoria Geral da Administração (TGA), ganhou nesta obra um lugar especial apenas para efeito didático. É que o estruturalismo trouxe para a teoria administrativa uma considerável contribuição. Em uma rápida apreciação, resumimos a crítica que se faz ao estruturalismo:

1. **Convergência de várias abordagens divergentes:** nota-se uma convergência de várias abordagens, a saber: a Teoria Clássica, a Teoria das Relações Humanas e a Teoria da Burocracia, em uma abordagem múltipla na análise das organizações.

2. **Ampliação da abordagem teórica:** o estruturalismo aborda a organização como um todo, como um sistema social cuja estrutura deve ser estudada em si mesma. A ênfase desloca-se totalmente para a organização. Esta se torna o foco de atenção do analista. A visão é mais ampla.

3. **Dupla tendência teórica:** no estruturalismo, coexistem duas tendências teóricas marcantes: a integrativa e a do conflito.

4. **Análise organizacional mais ampla:** a Teoria Estruturalista estimulou o estudo de organizações não industriais e de organizações não lucrativas, como escolas, universidades, hospitais, penitenciárias etc. O estruturalismo trata, sobretudo, das organizações complexas e do estudo e análise das organizações formais.

5. **Inadequação das tipologias organizacionais:** as tipologias das organizações oferecidas pelos estruturalistas são criticadas pelas suas limitações quanto à aplicação prática e pelo fato de se basearem em uma única variável ou aspecto básico. Sua aplicabilidade e validade são problemáticas.

6. **Teoria de crise:** tem mais a dizer sobre os problemas e patologias das organizações complexas do que com sua normalidade. Os estruturalistas são críticos e revisionistas, procurando localizar nas organizações o núcleo de suas problemáticas.

7. **Teoria de transição e de mudança:** seu campo todo parece estar em um estado de crescimento acelerado, faltando ainda uma exata definição dos componentes e relações que a Teoria de Sistemas definiu posteriormente.

Em resumo, a tentativa de conciliação e integração dos conceitos clássicos e humanísticos, a visão crítica do modelo burocrático, a ampliação da abordagem das organizações envolvendo o contexto ambiental e as relações interorganizacionais (variáveis externas), além de um redimensionamento das variáveis organizacionais internas (a múltipla abordagem estruturalista) e o avanço rumo à abordagem sistêmica, são aspectos que marcaram a teoria administrativa. Assim é que o estruturalismo representa uma trajetória à abordagem sistêmica.

Quadro 5.5 Confronto entre Teorias da Burocracia e Estruturalista

Aspectos	Teoria da Burocracia	Teoria Estruturalista
Ênfase	▪ Estrutura organizacional somente	▪ Estrutura organizacional, pessoas e ambiente
Abordagem da organização	▪ Organização formal	▪ Organização formal e informal
Enfoque	▪ Sistema fechado e mecânico ▪ Teoria da máquina	▪ Sistema natural e orgânico ▪ Sistema aberto
Conceito de organização	▪ Sistema social como um conjunto de funções	▪ Sistema social intencionalmente construído e reconstruído para atingir objetivos
Caráter da administração	▪ Sociologia da Burocracia ▪ Abordagem simplista	▪ Sociologia organizacional ▪ Sociedade de organizações ▪ Abordagem múltipla
Comportamento humano	▪ Ser isolado que reage como ocupante de cargo ou posição hierárquica	▪ Ser social que desempenha papéis dentro de várias organizações
Concepção do homem	▪ Homem organizacional	▪ Homem organizacional
Relação entre objetivos	▪ Prevalência de objetivos organizacionais ▪ Não há conflito entre objetivos organizacionais e objetivos individuais	▪ Balanço entre objetivos organizacionais e individuais ▪ Conflitos inevitáveis e até desejáveis, pois conduzem a mudança e inovação
Preocupação	▪ Eficiência máxima	▪ Eficiência e eficácia

Sem dúvida, a Teoria Estruturalista trouxe um enorme conjunto de contribuições ao modelo burocrático no sentido de flexibilizá-lo para uma adaptação mais fácil a uma época em que as mudanças ambientais começaram a deixar de ser lentas para se tornarem progressivamente mais rápidas e sucessivas.

REFERÊNCIAS

1. WEBER, Max (1864-1920), sociólogo alemão, foi o criador da Sociologia da Burocracia. Foi professor das Universidades de Friburgo e de Heidelberg e ficou famoso pela teoria das estruturas de autoridade. Com a tradução de alguns de seus livros para a língua inglesa, por Talcott Parsons, tomou corpo nos

Estados Unidos a Teoria da Burocracia em Administração. Sua obra é realmente muito vasta. Seus principais livros são: *The protestant ethic and the spirit of capitalism* (trad. de Talcott Parsons), New York: Scribner, 1958, trad. bras.: *A ética protestante e o espírito do capitalismo*. São Paulo: Pioneira, 1967; *The theory of social and economic organization* (trad. de A. M. Henderson e Talcott Parsons). New York: Oxford University, 1947.

2. MARX, Karl estuda o surgimento da burocracia como forma de dominação estatal na antiga Mesopotâmia, China, Índia, Império Inca, Antigo Egito e Rússia. A burocracia emerge como mediação entre os interesses particulares e gerais em função do modo de produção asiático para explorar as obras hidráulicas de irrigação do solo, coordenando os esforços da sociedade de então e, posteriormente, explorando as comunidades subordinadas a partir da apropriação da terra pelo Estado e da posse do excedente econômico. O modo de produção asiático caracterizou-se pela intervenção do Estado na economia, tendo como base a burocracia. Seja no nível estatal ou no de corporação privada, a burocracia mantinha sob sua tutela a classe comerciante, a campesina e a aristocracia territorial, que dependiam dela para manter as obras hidráulicas e a nomeação para a administração pública.

3. WEBER, Marx. *A ética protestante e o espírito do capitalismo, op. cit.*

4. ETZIONI, Amitai. *Organizações modernas*. São Paulo: Pioneira, 1967.

5. WEBER, Max. Os três aspectos da autoridade legítima. In: ETZIONI, Amitai. *Organizações complexas*. São Paulo: Atlas, 1967. p. 17.

6. BAYER, Gustavo F. Considerações sobre a conceituação de autoridade. *Revista de Administração Pública*, 1º sem. 1971.

7. BAYER, Gustavo F. Considerações sobre a conceituação de autoridade. *Revista de Administração Pública, op. cit.*

8. MOUZELIS, Nicos P. Weber's political sociology. In: *Organization and bureaucracy*, Chicago: Aldine, 1968. Cap. 1.

9. MOUZELIS, Nicos P. Weber's political sociology. In: *Organization and bureaucracy, op. cit.*

10. WEBER, Max. *Os três aspectos da autoridade legítima, op. cit.*

11. WEBER, Max. *Os três aspectos da autoridade legítima, op. cit.*, p. 20-23.

12. MOUZELIS, Nicos P. Weber's political sociology. In: *Organization and bureaucracy, op. cit.*, p. 23-26.

13. MOUZELIS, Nicos P. Weber's political sociology. In: *Organization and bureaucracy, op. cit.*, p. 18-20.

14. WEBER, Max. *Os três aspectos da autoridade legítima, op. cit.*

15. WEBER, Max. *The theory of social and economic organization*. PARSONS, Talcott (org.). New York: Oxford University, 1947. p. 320-329, apud ETZIONI, Amitai. *Organizações complexas, op. cit.*, p. 85-87.

16. GERTH, H. H.; MILLS, C. Wright (ed.). *From Max Weber*: essays in sociology, *op. cit.*, p. 214-216.

17. ETZIONI, Amitai. *Organizações modernas, op. cit.*, p. 85.

18. ETZIONI, Amitai. *Organizações modernas, op. cit.*, p. 85-87.

19. MERTON, Robert K. et al. *Readers in bureaucracy*. Glencoe, IL: Free Press, 1952; *Social theory and social structure*. Glencoe, IL: Free Press, 1957.

20. MERTON, Robert K. Estrutura burocrática e personalidade. In: *Organizações complexas, op. cit.*

21. VEBLEN, Thorstein. *The instinct of workmanship*. New York: Macmillan, 1914.

22. KATZ, Daniel; KAHN, Robert L. *Psicologia social das organizações*. São Paulo: Atlas, 1987. p. 227.

23. GOULDNER, Alvin W., sociólogo norte-americano, professor da Universidade de Illinois, um dos grandes expoentes da Teoria da Burocracia. *Patterns of industrial bureaucracy*. Glencoe, IL: Free Press, 1954.

24. AHRLICH, Beatriz Marques de S. *Uma análise das teorias de organização*. Rio de Janeiro: FGV, 1974. p. 56.

25. HALL, Richard H. The concept of bureaucracy: an empirical assessment. *American Journal of Sociology*, n. 60, p. 32-40, july 1962.

26. HALL, Richard H. The concept of bureaucracy: an empirical assessment. *American Journal of Sociology*, *op. cit.*, p. 32.

27. MERTON, R. K. et al. *Readers in bureaucracy*, *op. cit.*; UDY JR., Stanley H. Bureaucracy and rationality in Weber's organizations theory: an empirical study. *American Sociological Review*, v. XXIV, p. 792, dez. 1959; HEADY, Ferrel. Bureaucratic theory and comparative administration. *Administrative Science Quarterly*, III(4), p. 516, mar. 1959; PARSONS, Talcott. *The structure of social action*. New York: McGraw-Hill, 1937. p. 506; BERGER, Morroe. *Bureaucracy and society in modern egypt*. Princeton, New Jersey: Princeton University, 1957. p. 48; MICHELS, Robert. *Political parties*, Glencoe, IL: Free Press, 1949. p. 33-34; DIMOCK, Marshall E. *Administrative vitality*. New York: Harper & Brothers, 1959. p. 5.

28. HALL, Richard H. The concept of bureaucracy: an empirical assessment. *American Journal of Sociology*, *op. cit.*, p. 33.

29. HALL, Richard H. *Organizaciones*: estructura y proceso. Madrid: Prentice Hall International, 1973. p. 61-64.

30. PERROW, Charles. *Complex organizations*: a critical essay. Glenview, IL: Scott, Foresman & Co., 1972. p. 6.

31. KATZ, Daniel; KAHN, Robert L. *Psicologia social das organizações*, *op. cit.*, p. 247.

32. PERROW, Charles. *Complex organizations*: a critical essay, *op. cit.*, p. 73-74.

33. HAAS, J. Eugene; DRABEK, Thomas E. *Complex organizations*: a sociological perspective. New York: Macmillan, 1973. p. 29-31.

34. ETZIONI, Amitai. *Organizações modernas*, *op. cit.*, p. 91.

35. KAST, Fremont E.; ROSENZWEIG, James E. *Organization and management*: a systems approach, *op. cit.*

36. HENDERSON, Keith M. Introdução ao conceito americano de administração pública. *Revista do Serviço Público*, v. 97, p. 82-120, abr./maio/jun. 1965.

37. ETZIONI, Amitai. *Organizações modernas*, *op. cit.*, p. 13-35, 68, 72-73, 75-80, 94-98, 119, 167-168.

38. MOTTA, Fernando C. Prestes. O estruturalismo e a teoria das organizações. *Revista de Administração de Empresas*, Rio de Janeiro, 10(4), p. 25, dez. 1970.

39. Os principais expoentes da Teoria Estruturalista são: James D. Thompson, Victor A. Thompson, Amitai Etzioni, Peter M. Blau, David R. Sills, Burton R. Clarke, Jean Viet. No fundo, os autores da Teoria da Burocracia também podem ser considerados estruturalistas: Max Weber, Robert K. Merton, Philip Selznick, Alvin Gouldner. Alguns autores neoestruturalistas ou em sua fase neoestruturalista serão também abordados neste livro: Charles Perrow e Jay R. Galbraith.

40. ETZIONI, Amitai. *Organizações modernas*, *op. cit.*

41. ETZIONI, Amitai. *Organizações complexas*, *op. cit.*, p. 15.

42. ETZIONI, Amitai. *Organizações complexas*, *op. cit.*, p. 75-80.

43. ETZIONI, Amitai. *Organizações complexas*, *op. cit.*, p. 78-79.

44. GOULDNER, Alvin. Organizational analysis. In: *Sociology today*, *op. cit.*

45. PARSONS, Talcott. Suggestions for a sociologial approach to the theory of organizations. *Administrative Science Quarterly*, jun. 1956, p. 67.

46. PARSONS, Talcott. Some ingredients of a general theory of formal organization. In: *Structure and process in modern society*, *op. cit.*

47. ETZIONI, Amitai. *Organizações modernas*, *op. cit.*, p. 79.

48. ETZIONI, Amitai. *Organizações modernas*, *op. cit.*

49. GUETZKOW, Harold. Relations among organizations. In: BOWERS, Raymond V. (ed.). *Studies on behavior in organizations*: a research symposium. Athens, Georgia: University of Georgia, 1966. p. 1-12.

50. Uma das mais notáveis exceções que levam em conta certos aspectos do ambiente é: SELZNICK, Philip. *TVA and the grass roots*: a study in the sociology of formal organizations. Berkeley, Los Angeles: University of California, 1949.

51. A palavra *taxonomia* é usada aqui como sinônimo de classificação ou tipologia.

52. ETZIONI, Amitai. *Organizações modernas, op. cit.*

53. ETZIONI, Amitai. *Organizações modernas, op. cit.*, p. 94-98.

54. ETZIONI, Amitai. *A comparative analysis of complex organizations*. Glencoe, IL: Free Press, 1961. Cap. 3.

55. BLAU, Peter M.; SCOTT, W. Richard. *Organizações formais*. São Paulo: Atlas, 1970. p. 54-74.

56. ETZIONI, Etzioni. *Organizações modernas, op. cit.*, p. 13-35.

57. EVAN, William M. The organization-set: toward a theory of interorganizational relations. In: THOMPSON, James D. (org.). *Approaches to organizational design*. Pittsburgh: University of Pittsburgh, 1966. p. 177-180.

58. MERTON, Robert K. *Social theory and social structure*. Glencoe, IL: Free Press, 1957. p. 368-380.

59. ETZIONI, Amitai. *Organizações modernas, op. cit.*, p. 72-73.

Capítulo 6 – Teoria Neoclássica da Administração: definindo o papel do administrador

No início da década de 1950, a teoria administrativa passou por um período de intensa remodelação. A Segunda Guerra Mundial já havia acabado, e o mundo passou a experimentar um notável surto de desenvolvimento industrial e econômico. Em outras palavras, o mundo das organizações ingressou em uma etapa de mudanças e transformações. Com o surgimento da televisão, do motor a jato e o esboço das telecomunicações, o mundo organizacional já não seria mais o mesmo. As repercussões sobre a teoria administrativa não tardaram a acontecer.

Apesar da influência das ciências do comportamento sobre a teoria administrativa, os pontos de vista dos autores clássicos nunca deixaram de subsistir. A despeito de todas as críticas aos postulados clássicos e aos enfoques tradicionais da organização, os princípios de Administração, a racionalização do trabalho, a estrutura linear ou funcional, enfim, a abordagem clássica nunca foi totalmente substituída por outra abordagem. Todas as teorias administrativas posteriores se assentaram na Teoria Clássica, seja como ponto de partida, seja como crítica para tentar uma posição diferente e nova.

A abordagem neoclássica nada mais é do que a redenção da Teoria Clássica devidamente atualizada e redimensionada aos problemas administrativos atuais, ao mundo de negócios e ao tamanho das organizações da época. Em outros termos, a Teoria Neoclássica representa a Teoria Clássica colocada em um novo figurino e dentro de um ecletismo e pragmatismo que aproveita a contribuição de todas as demais teorias administrativas.

A abordagem neoclássica baseia-se nos seguintes fundamentos:[1]

1. **Administração:** é um processo operacional composto de funções, como: planejamento, organização, direção e controle.
2. **Administração:** como envolve uma variedade de situações organizacionais, ela precisa fundamentar-se em princípios básicos que tenham valor preditivo.
3. **Administração:** é uma arte que, como a Medicina ou a Engenharia, deve se apoiar em princípios universais válidos para todas as situações.

4. **Princípios de Administração:** a exemplo dos princípios ou leis das ciências lógicas e físicas, são verdadeiros e necessários.
5. **Teoria da Administração:** a cultura e o universo físico e biológico afetam o meio ambiente do administrador. Como ciência ou como arte, a Teoria da Administração não precisa abarcar todo o conhecimento para poder servir de fundamentação científica dos princípios de Administração. Ela precisa oferecer o básico.

"A abordagem neoclássica está representada pela Teoria Neoclássica da Administração, que será apresentada a seguir, e consiste em identificar as funções do administrador e destilar delas os princípios fundamentais da prática da Administração."[2] Ela se tornou uma das teorias mais populares e conhecidas, aplicada intensamente em quase toda a extensão da segunda metade do século passado. E, ainda hoje, em muitas organizações. Ela formou muitos CEO's do mundo todo.

REFERÊNCIAS

1. DRUCKER, Peter F. *Management*: tasks, responsibilities, practices. New York: Harper & Row, 1974. O trecho anterior está também publicado em *Expansão: Revista Brasileira de Negócios*, IV(76), p. 34-64, jan. 1975. Ver também a edição brasileira: *Administração*: tarefas, responsabilidades, práticas. São Paulo: Pioneira, 1975.
2. KOONTZ, Harold; O'DONNELL, Cyril. *Princípios de administração*: uma análise das funções administrativas. São Paulo: Pioneira, 1976. p. 34-36.

6 TEORIA NEOCLÁSSICA DA ADMINISTRAÇÃO: DEFININDO O PAPEL DO ADMINISTRADOR

OBJETIVOS DE APRENDIZAGEM

- Mostrar o ecletismo e a praticidade da Teoria Neoclássica e a ênfase nos objetivos.
- Conhecer as funções do administrador que formam o processo administrativo.
- Definir os princípios básicos da organização.
- Entender o dilema centralização *versus* descentralização e a departamentalização.
- Ingressar nos tipos de organização.

O QUE VEREMOS ADIANTE

- Características da Teoria Neoclássica.
- Aspectos administrativos comuns às organizações.
- Princípios básicos de organização.
- Centralização *versus* descentralização.
- Funções do administrador.
- Apreciação crítica da Teoria Neoclássica.
- Tipos de estrutura organizacional.
- Tipos de departamentalização.
- Apreciação crítica das estruturas organizacionais e da departamentalização.

> **CASO INTRODUTÓRIO**
> **Pégasus**
>
> Miguel Fontes recebeu a incumbência de propor soluções para o problema de morosidade no funcionamento da Pégasus. A empresa produz, distribui e instala equipamentos de tratamento de ar para todo o país, mas suas filiais não apresentam a agilidade necessária para o bom atendimento aos clientes. Em razão das reclamações sobre demoras na entrega e instalação, Miguel, como Diretor de Operações da empresa, precisa criar condições para agilizar as atividades e continuar na frente da concorrência. Que sugestões você daria a Miguel?

Na realidade, a expressão *Teoria Neoclássica* é um tanto quanto exagerada. Os autores aqui abordados não se preocupam em se adequar dentro de uma abordagem alinhada e comum. Nem formam propriamente uma escola bem definida, mas um movimento heterogêneo que recebe várias denominações, como Escola Operacional ou Escola do Processo Administrativo. Preferimos a denominação *teoria*, para melhor enquadramento didático e facilidade de apresentação.

6.1 CARACTERÍSTICAS DA TEORIA NEOCLÁSSICA

As principais características da Teoria Neoclássica são as seguintes:

1. **Ênfase na prática da administração:** caracteriza-se por uma forte ênfase nos aspectos práticos da Administração, pelo pragmatismo e pela busca de resultados concretos e palpáveis, embora não se tenha descurado dos conceitos teóricos.[1] Os neoclássicos desenvolvem conceitos de forma prática e instrumental, visando à ação administrativa. A teoria somente tem valor quando operacionalizada na prática.[2]

2. **Reafirmação relativa dos postulados clássicos:** os neoclássicos retomam parte dos conceitos clássicos, redimensionando-os e reestruturando-os de acordo com o momento, dando-lhes uma configuração mais ampla e flexível.[3]

3. **Ênfase nos princípios gerais da Administração:** os princípios clássicos são agora aplicados como critérios elásticos na busca de soluções administrativas práticas.[4] O estudo da Administração baseia-se nos princípios gerais sobre como planejar, organizar, dirigir e controlar as atividades organizacionais.[5]

4. **Ênfase nos objetivos e nos resultados:** toda organização existe não para si mesma, mas para alcançar objetivos e produzir resultados para a sociedade. Toda organização é dimensionada, estruturada, focada e avaliada em função dos seus objetivos. Daí a ênfase nos objetivos organizacionais e nos resultados pretendidos, como meio de avaliar o seu desempenho. Objetivos são resultados desejados que a organização procura alcançar por meio de uma operação eficiente.

A troca dos meios pelos fins

Enquanto a Administração Científica enfatizava os métodos e a racionalização do trabalho e a Teoria Clássica punha ênfase nos princípios gerais da Administração, a Teoria Neoclássica considera os meios na busca da eficiência, mas enfatiza os fins e resultados na busca de eficácia. Há um forte deslocamento para os objetivos e resultados.

5. **Ecletismo da Teoria Neoclássica:** embora se fundamentem na Teoria Clássica, os neoclássicos são ecléticos e absorvem o conteúdo de outras teorias administrativas mais recentes, além da Psicologia, Sociologia, Matemática, Física etc.
6. **Administração como técnica social:** a "Administração consiste em orientar, dirigir e controlar os esforços de toda a organização para o alcance do objetivo comum. É o administrador quem possibilita a ela alcançar seus objetivos com o mínimo de recursos e esforços".[6] A Administração é indispensável a toda organização. Vivemos em uma sociedade de organizações, onde as atividades sociais importantes são confiadas a organizações, como governo, empresas, comércio, universidades, hospitais etc., que têm de cooperar e de competir entre si. Cada organização utiliza outras organizações como agentes para a execução de suas próprias tarefas, envolvendo fornecedores de um lado e clientes e consumidores de outro.[7] E os concorrentes ao redor.
7. **Aspectos administrativos comuns às organizações:** Drucker, o mais famoso neoclássico, salienta três aspectos comuns a todas as organizações:[8]
   - **Objetivos:** as organizações são órgãos sociais que visam à realização de uma tarefa social. O seu objetivo está fora dela e é uma contribuição para a sociedade. Objetivos são julgamentos de valor no atendimento de necessidades e desejos da sociedade.
   - **Administração:** todas as organizações são diferentes em seus objetivos e propósitos, mas são essencialmente semelhantes na *área administrativa*. Todas elas exigem a reunião de recursos e pessoas que devem atuar em conjunto e uma determinada estrutura e de princípios de Administração adequados à "lógica da situação".[9]
   - **Desempenho organizacional:** toda organização deve ser analisada sob o ponto de vista da eficiência e da eficácia simultaneamente. A eficiência é a medida do uso dos recursos enquanto eficácia é a medida do alcance de resultados. A eficiência é uma relação técnica entre entradas e saídas, enquanto a eficácia se refere à capacidade da empresa de satisfazer uma necessidade da sociedade por meio da oferta de produtos. A eficiência é uma relação entre custos e benefícios, entre os recursos aplicados e o produto final: é a razão entre esforço e resultado, entre despesa e receita, entre o custo e o benefício.[10]

Contudo, nem sempre a eficácia e a eficiência andam de mãos dadas. Uma empresa pode ser eficiente em suas operações e pode não ser eficaz ou vice-versa. Pode ser ineficiente em suas operações e, apesar disso, ser eficaz, muito embora a eficácia fosse bem melhor quando acompanhada da eficiência. E o pior, ela pode também não ser nem eficiente nem eficaz. O ideal seria uma empresa igualmente eficiente e eficaz, ao qual se poderia dar o nome de excelência.

Quadro 6.1 Diferenças entre eficiência e eficácia

Eficiência	Eficácia
■ Ênfase nos meios.	■ Ênfase nos resultados.
■ Fazer corretamente as coisas.	■ Fazer as coisas certas.
■ Resolver problemas.	■ Atingir objetivos.
■ Salvaguardar os recursos.	■ Otimizar a utilização dos recursos.
■ Cumprir tarefas e obrigações.	■ Obter resultados.
■ Treinar os subordinados.	■ Dar eficácia aos subordinados.
■ Manter as máquinas.	■ Máquinas em bom funcionamento.
■ Presença nos templos.	■ Prática dos valores religiosos.
■ Rezar.	■ Ganhar o céu.
■ Jogar futebol com arte.	■ Ganhar a partida.

6.2 PRINCÍPIOS BÁSICOS DE ORGANIZAÇÃO

A organização – como função administrativa – consiste em um conjunto de posições funcionais e hierárquicas orientado para o objetivo econômico de produzir bens ou serviços. Os princípios fundamentais da organização formal são:

1. **Divisão do trabalho:** para ser eficiente, toda organização deve basear-se na divisão do trabalho, que nada mais é do que a maneira pela qual um processo complexo é decomposto em uma série de pequenas tarefas que o constituem. O princípio da divisão do trabalho começou com Taylor no nível dos operários e se ampliou com os neoclássicos. O método cartesiano de análise/decomposição e de síntese/composição constituiu a base dessa lógica de organização empresarial.

2. **Especialização:** surge como consequência do princípio da divisão do trabalho, surge a especialização: cada órgão ou cargo passa a ter funções e tarefas específicas e especializadas. No sentido horizontal, a especialização dos órgãos que compõem a estrutura organizacional levou à departamentalização.

3. **Hierarquia:** com a divisão do trabalho no sentido vertical, a organização empresarial passa a desdobrar-se em três níveis hierárquicos:

    a) **Nível institucional:** ou estratégico, composto pelos dirigentes e diretores da organização. Envolve a administração da organização.

    b) **Nível intermediário:** ou tático, é o nível do meio do campo composto de gerentes. Envolve os departamentos subordinados a cada diretoria.

    c) **Nível operacional:** composto dos supervisores que administram a execução das tarefas e operações da empresa. Envolve as seções subordinadas a cada departamento.

Daí o princípio da hierarquia ou princípio escalar: Em toda organização formal existe uma hierarquia que divide a organização em camadas ou níveis de autoridade. Fayol já dizia: na medida em que se sobe na escala hierárquica, aumenta o volume de autoridade do administrador. A hierarquia representa a distribuição da autoridade e responsabilidade entre os diversos níveis da estrutura. O âmbito hierárquico que está em nível mais elevado tem maior peso nas decisões. O direito de comandar diminui à medida que se desce na estrutura hierárquica.

Quanto maior a organização, maior tende a ser o número de níveis hierárquicos de sua estrutura formal e a cadeia escalar – formando uma pirâmide, com a direção (nível institucional) no topo, os executores na base (nível operacional) e as camadas médias no nível intermediário.

4. **Autoridade:** a autoridade apresenta três características:[11]

- **Autoridade é alocada em posições da organização e não em pessoas:** o administrador tem autoridade em função da posição que ocupa.
- **Autoridade é aceita pelos subordinados:** os subordinados aceitam a autoridade dos superiores porque acreditam que eles têm o direito legítimo, transmitido pela organização.
- **A autoridade flui para baixo por meio da hierarquia verticalizada:** a autoridade flui desde o topo até a base da organização. As posições do topo têm mais autoridade do que as posições da base.

Figura 6.1 Os diferentes níveis da organização.

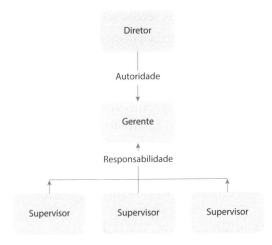

Figura 6.2 Os dois terminais de comunicação de cada cargo.

5. **Responsabilidade:** é o outro lado da moeda. Significa o dever de desempenhar a tarefa ou atividade para a qual a pessoa foi designada. O grau de autoridade deve ser proporcional ao grau de responsabilidade assumida pela pessoa. É a relação contratual pela qual o subordinado concorda em executar serviço em troca de compensação monetária. A autoridade emana do superior para o subordinado, enquanto a responsabilidade é a obrigação exigida do subordinado para realizar algo.

6. **Delegação:** é o processo de transferir autoridade e responsabilidade para posições inferiores na hierarquia.

7. **Amplitude administrativa:** significa o número de subordinados que o administrador pode supervisionar. Se ele tem muitos subordinados, sua amplitude de comando é grande e ampla. A amplitude média adotada por uma organização determina a configuração geral de sua estrutura organizacional: amplitude média estreita e com maior número de níveis hierárquicos produz uma estrutura organizacional alta e alongada. Contudo, quando a amplitude média é larga e com poucos níveis hierárquicos, produz uma estrutura organizacional achatada e dispersada horizontalmente, como mostra a Figura 6.3.

A tendência atual nas organizações é achatar e comprimir a estrutura formal no sentido de aproximar a base da cúpula para agilizar as comunicações.

8. **Centralização *versus* descentralização:** centralizar *versus* descentralizar se refere ao nível hierárquico no qual as decisões devem ser tomadas. A centralização significa que a autoridade de tomar decisões está alocada no topo da organização. Com a descentralização, essa autoridade é deslocada para os níveis mais baixos da organização de maneira a oferecer autonomia e independência para tomar decisões.[12] Em si, não ela é boa nem má. Depende das circunstâncias.

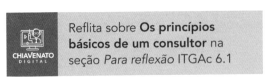

Reflita sobre **Os princípios básicos de um consultor** na seção *Para reflexão ITGAc 6.1*

Capítulo 6 – Teoria Neoclássica da Administração: definindo o papel do administrador

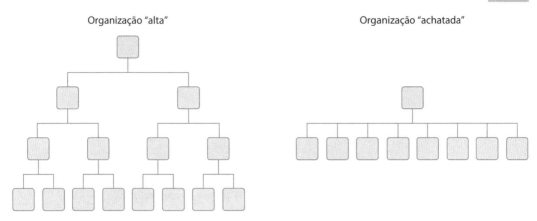

Figura 6.3 Exemplos de organização alongada e de organização achatada.

Quadro 6.2 Vantagens e desvantagens da descentralização

Vantagens da descentralização	Desvantagens da descentralização
1. As decisões são tomadas mais rapidamente pelos próprios executores da ação.	1. Pode ocorrer falta de informação e coordenação entre os departamentos envolvidos.
2. Tomadores de decisão são os que têm mais informação sobre a situação.	2. Maior custo pela exigência de melhor seleção e treinamento dos administradores médios.
3. Maior participação no processo decisório promove motivação e moral elevado entre os administradores médios.	3. Risco da subobjetivação: os administradores podem defender mais os objetivos departamentais do que os empresariais.
4. Proporciona excelente treinamento para os administradores médios.	4. As políticas e procedimentos podem variar enormemente nos diversos departamentos.

 VOLTANDO AO CASO INTRODUTÓRIO
Pégasus

A primeira ideia de Miguel Fontes foi propor uma descentralização das operações em direção às filiais. Miguel achava que a empresa era muito centralizadora na matriz, o que fazia com que as filiais dependessem do escritório central para todas as suas atividades. Miguel pensava em delegar maiores atividades para as filiais. Mas como fazê-lo?

A etapa seguinte de Miguel Fontes foi atribuir a cada filial da Pégasus toda a responsabilidade por vendas, pós-vendas, estoque, instalação e manutenção dos aparelhos de ar-condicionado. Cada filial deveria ter seu planejamento próprio para ter seu próprio estoque de produtos e definir com os clientes os projetos de instalação. Como você poderia ajudar Miguel nessa empreitada?

 Reflita sobre centralização com o texto **As opções da J. J. Urbano** na seção *Para reflexão* ITGAc 6.2

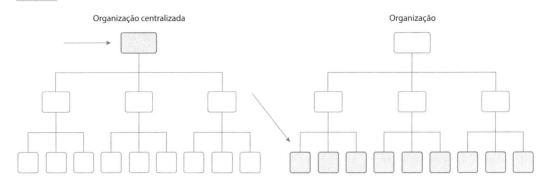

Figura 6.4 Organização centralizada *versus* descentralizada.

6.3 FUNÇÕES DO ADMINISTRADOR

O processo administrativo define as funções do administrador que correspondem aos elementos da Administração que Fayol definira no seu tempo (prever, organizar, comandar, coordenar e controlar), mas com uma roupagem atualizada. O processo administrativo é o núcleo da Teoria Neoclássica eclética e utilitarista. Cada autor adota funções administrativas diferentes.

Quadro 6.3 O processo administrativo, segundo clássicos e neoclássicos

Fayol	Urwick	Gulick	Koontz e O'Donnel	Newman	Dale
Prever	Investigação Previsão Planejamento	Planejamento	Planejamento	Planejamento	Planejamento
Organizar	Organização	Organização	Organização	Organização	Organização
Comandar Coordenar	Comando Coordenação	Administração de pessoal Direção Coordenação Informação	Designação de pessoal Direção	Liderança	Pessoal
Controlar	Controle	Orçamento	Controle	Controle	Controle

Hoje, o processo administrativo é constituído por planejamento, organização, direção (ou liderança) e controle, como as quatro funções básicas do administrador: planejar, organizar, dirigir (ou liderar) e controlar, conforme a Figura 6.5.

Quando consideradas em um todo integrado, as funções administrativas formam o processo administrativo. Quando considerados isoladamente, o planejamento, a organização, a direção (ou liderança) e o controle constituem funções administrativas.

Toda a literatura neoclássica se assenta no processo administrativo para explicar como as várias funções administrativas são desenvolvidas nas organizações.

A seguir, abordaremos cada uma das quatro funções administrativas: planejar, organizar, dirigir (ou liderar) e controlar.

Capítulo 6 – Teoria Neoclássica da Administração: definindo o papel do administrador

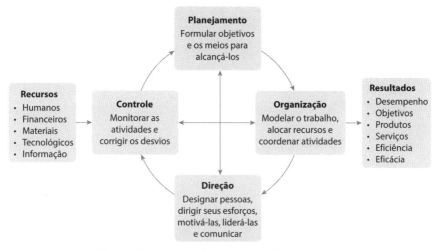

Figura 6.5 O ciclo do processo administrativo.

Quadro 6.4 As quatro funções administrativas

Planejamento	Organização	Direção	Controle
▪ Definir a missão ▪ Formular objetivos ▪ Definir os planos para alcançar os objetivos ▪ Programar as atividades	▪ Dividir o trabalho ▪ Designar as atividades ▪ Agrupar as atividades em órgãos e cargos ▪ Alocar recursos ▪ Definir autoridade e responsabilidade	▪ Designar as pessoas ▪ Coordenar os esforços ▪ Comunicar ▪ Motivar ▪ Liderar ▪ Orientar	▪ Definir os padrões ▪ Monitor o desempenho ▪ Avaliar o desempenho ▪ Ação corretiva

6.3.1 Planejamento

As organizações não trabalham na base da improvisação. Quase tudo nelas é planejado antecipadamente. O planejamento figura como a primeira função administrativa, por ser aquela que serve de base para as demais funções, pois define antecipadamente quais são os objetivos a serem atingidos e como se deve fazer para alcançá-los.

Trata-se, pois, de um modelo teórico para a ação futura. Começa com a definição dos objetivos e detalha os planos necessários para atingi-los da melhor maneira possível. Planejar é definir os objetivos e escolher antecipadamente o melhor curso de ação para alcançá-los, ou seja, definir onde se pretende chegar, o que deve ser feito, quando, como e em que sequência.

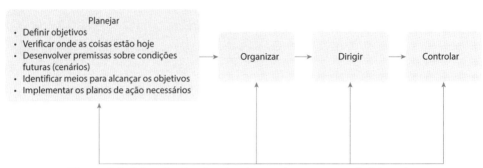

Figura 6.6 A função de planejar dentro do processo administrativo.

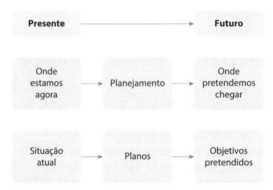

Figura 6.7 As premissas do planejamento.

1. **Estabelecimento de objetivos:** o planejamento é um processo que se inicia com a definição dos objetivos e dos planos para alcançá-los. Os objetivos a serem alcançados são o ponto de partida do planejamento. A fixação dos objetivos é o início de tudo: saber onde se pretende chegar para se saber como chegar até lá. Objetivos são resultados futuros que se pretende atingir. São alvos escolhidos que se pretende alcançar em um dado espaço de tempo. Assim, os objetivos são pretensões futuras que, uma vez alcançadas, deixam de ser objetivos e se tornam realidade. Como as organizações perseguem vários objetivos ao mesmo tempo, surge o problema de quais são os objetivos mais importantes e prioritários. Os objetivos precisam ser escalonados em uma ordem gradativa de importância, relevância ou prioridade conforme uma hierarquia de objetivos, em função de sua contribuição à organização como um todo. Cada organização tem sua hierarquia de objetivos. Os objetivos organizacionais estão acima dos objetivos departamentais e estes acima dos objetivos operacionais. Assim, existem três níveis de objetivos, a saber:
   - **Objetivos estratégicos:** são os chamados objetivos organizacionais, ou seja, objetivos amplos e que abrangem a organização como uma totalidade. Suas características básicas são: globalidade e longo prazo.
   - **Objetivos táticos:** são os chamados objetivos departamentais, ou seja, objetivos referentes a cada departamento da organização. Suas características básicas são: ligação com cada departamento e médio prazo.
   - **Objetivos operacionais:** são objetivos relacionados com cada atividade ou tarefa. Suas características básicas são: detalhamento e curto prazo.

Capítulo 6 – Teoria Neoclássica da Administração: definindo o papel do administrador

2. **Hierarquia de objetivos:** como as organizações buscam alcançar vários objetivos simultaneamente, há uma hierarquia de objetivos na qual alguns deles são mais importantes e prioritários e predominam sobre os demais. Assim, existem objetivos globais da organização (no topo da hierarquia) até os objetivos operacionais relacionados com cada atividade ou tarefa, e no meio deles os objetivos departamentais. A hierarquia de objetivos sofre mudanças pela inclusão de novos objetivos ou pela substituição de objetivos por outros. Os objetivos podem facilitar o alcance de outros (sinergia), como também podem dificultar e impedir o alcance de outros.

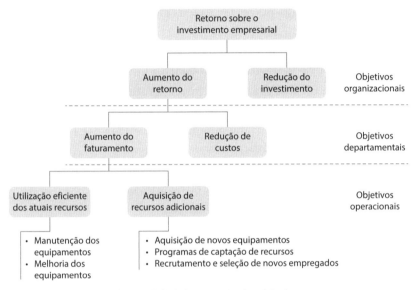

Figura 6.8 A hierarquia de objetivos.

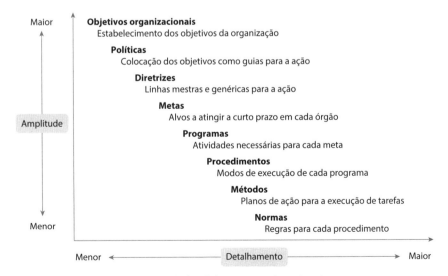

Figura 6.9 O desdobramento dos objetivos.

Aumente seus conhecimentos sobre **Os objetivos organizacionais** na seção *Saiba mais* ITGAc 6.1

3. **Abrangência do planejamento:** além da hierarquia de objetivos, existe também uma hierarquia do planejamento. Neste sentido, existem três níveis de planejamento: o planejamento estratégico, o tático e o operacional.

- **Planejamento estratégico:** é o planejamento mais amplo e abrange toda a organização. Suas características são:
  - É projetado para o longo prazo, tendo seus efeitos e consequências estendidos por vários anos pela frente.
  - Envolve a empresa como uma totalidade, compreende todos os recursos e áreas de atividade e preocupa-se em atingir os objetivos organizacionais.
  - É definido na cúpula da organização (nível institucional) e corresponde ao plano maior ao qual todos os demais planos estão subordinados.
- **Planejamento tático:** é o planejamento que envolve cada departamento ou unidade da organização. Suas características são:
  - É projetado para o médio prazo, geralmente para o exercício anual.
  - Envolve cada departamento ou unidade, inclui seus recursos específicos e preocupa-se em atingir os objetivos departamentais.
  - É definido no nível intermediário em cada departamento da empresa.
- **Planejamento operacional:** é o planejamento que abrange cada tarefa ou atividade específica. Suas características são:
  - É projetado para o curto prazo, para o imediato: dias ou semanas.
  - Envolve cada tarefa ou atividade isoladamente e preocupa-se com o alcance de metas específicas.
  - É definido no nível operacional para cada tarefa ou atividade.

Quadro 6.5 Os três níveis de planejamento

Planejamento	Conteúdo	Tempo	Amplitude
Estratégico	■ Genérico ■ Sintético ■ Abrangente	Longo prazo	■ Macro-orientado ■ Aborda a empresa como uma totalidade
Tático	■ Menos genérico ■ Mais detalhado	Médio prazo	■ Aborda cada unidade da empresa separadamente
Operacional	■ Detalhado ■ Específico ■ Analítico	Curto prazo	■ Micro-orientado ■ Aborda cada tarefa ou operação apenas

4. **Tipos de planos:** o planejamento produz um resultado imediato: o plano. O plano é o produto do planejamento. Todos os planos têm um propósito comum: a previsão, programação e a coordenação de uma sequência lógica de eventos, os quais devem levar ao alcance dos objetivos que os comandam. O plano descreve um curso de ação para alcançar um objetivo e proporciona respostas às questões: o que, quando, como, onde e por quem. Existem quatro tipos de planos, que podem ser estratégicos, táticos ou operacionais, conforme o seu nível de abrangência.

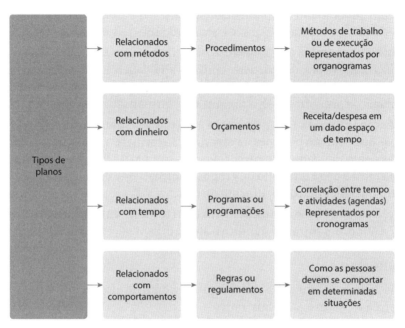

Figura 6.10 Os quatro tipos de planos.

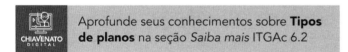

Aprofunde seus conhecimentos sobre **Tipos de planos** na seção *Saiba mais* ITGAc 6.2

Planejamento

O planejamento consiste na tomada antecipada de decisões sobre o que fazer, antes de a ação ser executada. Planejar consiste em simular o futuro desejado e estabelecer previamente os cursos de ação necessários e os meios para atingir os objetivos.

6.3.2 Organização

A palavra *organização* pode assumir vários significados:

1. **Organização como uma entidade social:** é a organização social deliberadamente estruturada para alcançar objetivos específicos. A organização é uma entidade social porque é constituída por pessoas. É dirigida para objetivos porque é desenhada para alcançar resultados – como gerar lucros (empresas em geral) ou proporcionar satisfação social (clubes) etc. É deliberadamente estruturada pelo fato de que o trabalho é dividido e seu desempenho é atribuído aos membros da organização. A organização significa um empreendimento humano moldado intencionalmente para atingir determinados objetivos.

    O conceito de organização pode ser visualizado sob dois aspectos:

    - **Organização formal:** é a organização baseada na divisão de trabalho racional que especializa órgãos e pessoas em determinadas atividades. É a organização planejada ou definida no organograma, sacramentada pela direção e comunicada a todos por meio dos manuais de organização. É a organização formalizada oficialmente.
    - **Organização informal:** é a organização que emerge espontânea e naturalmente entre as pessoas que ocupam posições na organização formal e a partir dos relacionamentos humanos como ocupantes de cargos. Forma-se a partir das relações de amizade (ou antagonismos) e do surgimento de grupos informais que não aparecem no organograma ou em qualquer outro documento formal.

2. **Organização como função administrativa e parte integrante do processo administrativo:** neste sentido, organização significa o ato de organizar, estruturar, alinhar e integrar os recursos e órgãos incumbidos de sua administração e estabelecer suas atribuições e relações entre eles.

Trataremos aqui da organização sob o segundo ponto de vista, como a função administrativa que forma o processo administrativo.

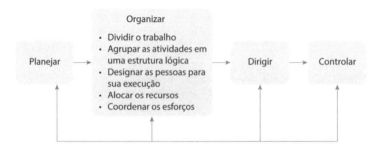

Figura 6.11 A função de organizar dentro do processo administrativo.

Assim, organizar consiste em:

- Determinar as atividades específicas necessárias para o alcance dos objetivos planejados (especialização).
- Agrupar as atividades em uma estrutura lógica, alinhada e integrada (departamentalização).
- Designar as atividades às específicas posições e pessoas (cargos e tarefas).

Quadro 6.6 Os três níveis de organização

Níveis de organização	Tipo de desenho	Conteúdo	Resultante
Estratégico	Desenho organizacional	A empresa como totalidade	Tipos de organização
Tático	Desenho departamental	Cada departamento isolado	Tipos de departamentalização
Operacional	Desenho de cargos e tarefas	Cada tarefa ou operação	Análise e descrição de cargos

Quanto à abrangência, a organização pode ser estruturada em três níveis diferentes:

1. **Organização ao nível organizacional:** abrange a empresa como uma totalidade. Consiste no desenho ou estrutura organizacional da empresa. Os tipos de organização serão estudados mais adiante.

2. **Organização ao nível departamental:** é a organização que abrange cada área ou departamento. Consiste no desenho departamental ou departamentalização. Os tipos de departamentalização serão estudados mais adiante.

3. **Organização ao nível das tarefas e operações:** é a organização do trabalho que focaliza cada tarefa, atividade ou operação. Consiste no desenho de cargos ou tarefas que é feito por meio de descrição e análise de cargos.

6.3.3 Direção (ou liderança)

A direção (ou liderança) constitui a terceira função administrativa e vem logo depois do planejamento e da organização. Após a definição do planejamento e da organização, resta fazer as coisas andarem e acontecerem. Este é o papel da direção: acionar e dinamizar a empresa. A direção está relacionada com a ação, com a posta em marcha e tem muito a ver com o papel das pessoas e das lideranças. A função de direção se relaciona diretamente com a maneira pela qual o objetivo ou objetivos devem ser alcançados por meio da atividade das pessoas que compõem a organização. Assim, a direção é a função administrativa que trata das relações interpessoais dos administradores em todos os níveis da organização e os seus respectivos subordinados.

1. **Abrangência da direção:** dirigir significa interpretar os planos e dar todas as instruções sobre como executá-los para o alcance dos objetivos. Os diretores dirigem os gerentes, os gerentes dirigem os supervisores e os supervisores dirigem os funcionários ou operários. A direção pode ocorrer em três níveis:

    a) **Direção no nível organizacional:** abrange a organização como uma totalidade. É a direção propriamente dita. Cabe ao presidente da empresa e a cada diretor em sua respectiva área. Corresponde ao nível estratégico da organização.

    b) **Direção no nível departamental:** abrange cada departamento ou unidade da organização. É a gerência que envolve o pessoal do meio do campo, isto é, do meio do organograma. Corresponde ao nível tático da organização.

c) **Direção no nível operacional:** abrange cada grupo de pessoas ou tarefas. É a supervisão que envolve o pessoal da base do organograma. Corresponde ao nível operacional da organização.

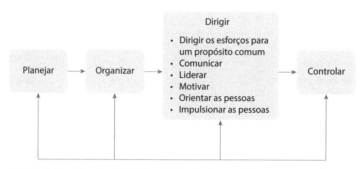

Figura 6.12 A função de dirigir (ou liderar) dentro do processo administrativo.

Quadro 6.7 Os três níveis de direção (ou liderança)

Níveis de organização	Níveis de direção	Cargos envolvidos	Abrangência
Estratégico	Direção	Diretores e altos executivos	A empresa ou áreas da empresa
Tático	Gerência	Gerentes e pessoal do meio do campo	Cada unidade ou departamento
Operacional	Supervisão	Supervisores e encarregados	Cada equipe ou grupo de tarefas

6.3.4 Controle

É a quarta função administrativa. A palavra *controle* tem vários significados:

- **Controle como função restritiva e coercitiva:** no sentido de coibir ou limitar desvios indesejáveis ou comportamentos não aceitos. Aqui, o controle tem um caráter negativo e limitativo e pode ser interpretado como cerceamento, coerção, inibição ou manipulação. É o controle social das organizações e da sociedade para inibir o individualismo das pessoas.
- **Controle como um sistema automático de regulação:** no sentido de manter automaticamente um grau constante de funcionamento de um sistema. Como o processo de controle automático das refinarias de petróleo, indústrias químicas de processamento contínuo e automático. O mecanismo de controle detecta desvios ou irregularidades e faz automaticamente a regulação necessária para voltar à normalidade. Quando algo está sob controle, significa que está dentro do normal.
- **Controle como função administrativa:** é o controle como parte do processo administrativo, assim como o planejamento, a organização e a direção.

Capítulo 6 – Teoria Neoclássica da Administração: definindo o papel do administrador

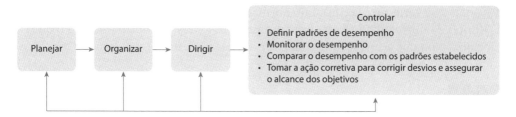

Figura 6.13 A função de controlar dentro do processo administrativo.

Trataremos aqui do controle sob o terceiro ponto de vista, ou seja, o controle como a quarta função administrativa e que depende do planejamento, organização e da direção para formar o processo administrativo. A finalidade do controle é assegurar que os resultados do que foi planejado, organizado e dirigido se ajustem tanto quanto possível aos objetivos previamente estabelecidos. A essência do controle reside em verificar se a atividade controlada está ou não alcançando os objetivos ou resultados desejados. O controle consiste em um processo que guia a atividade para um fim previamente determinado. Como processo, o controle apresenta fases que merecem uma explicação.[13]

O controle é um processo cíclico e repetitivo composto de quatro fases, que podemos ver na Figura 6.14.

Figura 6.14 As quatro fases do controle.

1. **Estabelecimento de padrões ou métricas:** padrões representam o desempenho desejado e os critérios representam as normas que guiam as decisões. São balizas que oferecem meios para estabelecer o que se deve fazer e qual o desempenho ou resultado normal ou desejável. Constituem os objetivos que o controle deve assegurar ou manter. As métricas podem ser expressas em tempo, dinheiro, qualidade, unidades físicas, custos ou por meio de índices.
2. **Observação do desempenho:** para controlar um desempenho, deve-se conhecer algo a respeito dele. O processo de controle atua no sentido de ajustar as operações aos padrões previamente estabelecidos e funciona de acordo com a informação que recebe. A avaliação do desempenho ou resultado busca obter informação sobre o que está sendo controlado.
3. **Comparação do desempenho com o padrão estabelecido:** pode ser feita por meio de gráficos, relatórios, índices, porcentagens, métricas estatísticas etc. Esses meios de apresentação supõem técnicas que mensuram o que deve ser controlado. Toda atividade proporciona algum tipo de variação, erro ou desvio. É preciso determinar os limites dentro

dos quais essa variação é aceita como normal ou desejável. As variações que ultrapassam os limites da normalidade é que precisam ser corrigidas. O controle separa o que é excepcional para que a correção se concentre apenas nas exceções ou desvios.

Melhoria contínua

A comparação do que está sendo ou do que foi executado com o que foi planejado não busca apenas localizar variações, erros ou desvios, mas também permitir a predição de resultados futuros e criar condições para que as próximas operações alcancem melhores resultados.

4. **Ação corretiva:** o objetivo do controle é manter as operações dentro dos padrões estabelecidos para que os objetivos sejam alcançados da melhor maneira. Assim, variações, erros ou desvios devem ser apontados e corrigidos para que as operações sejam normalizadas. A ação corretiva visa fazer com que tudo seja feito exatamente de acordo com o planejado.

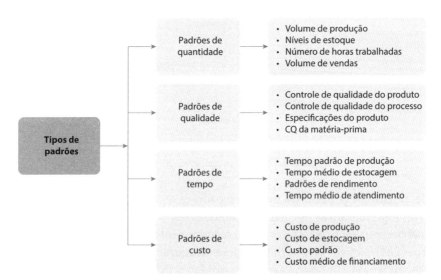

Figura 6.15 Os quatro tipos de padrões.

6.3.5 Abrangência do controle

Enquanto o planejamento abre o processo administrativo, o controle serve de fechamento. Tal como ocorre com o planejamento, a **abrangência do controle** também pode ser feita no nível global, departamental e no nível operacional, dentro dos planos estratégico, tático e operacional, respectivamente.

Quadro 6.8 A abrangência do controle

Controle	Conteúdo	Tempo	Amplitude
Estratégico	■ Genérico ■ Sintético ■ Abrangente	Longo prazo	■ Macro-orientado ■ Aborda a empresa como uma totalidade
Tático	■ Menos genérico ■ Mais detalhado	Médio prazo	■ Aborda cada unidade da empresa separadamente
Operacional	■ Detalhado ■ Específico ■ Analítico	Curto prazo	■ Micro-orientado ■ Aborda cada tarefa ou operação apenas

Quadro 6.9 Abordagens prescritivas e normativas da Teoria Administrativa

Aspectos principais	Teoria Clássica	Teoria Relações Humanas	Teoria Neoclássica
Abordagem da organização	Organização formal	Organização informal	Organização formal e informal
Conceito de organização	Estrutura formal como um conjunto de órgãos, cargos e tarefas	Sistema social como um conjunto de papéis sociais	Sistema social com objetivos a serem atingidos racionalmente
Característica básica da organização	Engenharia humana / Engenharia da produção	Ciência social aplicada	Técnica social básica
Concepção do homem	*Homo economicus*	Homem social	Homem administrativo
Comportamento do indivíduo	Ser isolado que reage como indivíduo (atomismo tayloriano)	Ser social que reage como membro de grupo	Ser racional e social voltado para o alcance de objetivos individuais e organizacionais
Ciência mais relacionada	Engenharia	Psicologia social	Ecletismo
Tipos de incentivos	Incentivos materiais e salariais	Incentivos sociais e simbólicos	Incentivos mistos
Relação entre objetivos individuais e organizacionais	Identidade de interesses Não há conflito perceptível	Identidade de interesses Todo conflito é indesejável e deve ser evitado	Integração entre objetivos organizacionais e individuais
Resultados almejados	Máxima eficiência	Máxima eficiência	Ótima eficiência e eficácia

Com uma definição mais precisa e detalhada do processo administrativo, a Teoria Neoclássica eleva a Teoria Administrativa a um novo patamar, demarcando definitivamente novos horizontes para o administrador.

VOLTANDO AO CASO INTRODUTÓRIO
Pégasus

Miguel Fontes não queria somente agilizar as operações das filiais da Pégasus. Ele estava tentando principalmente reduzir custos operacionais. Para tanto, enxugar a organização e os estoques intermediários mediante o conceito de empresa enxuta. Como?

Reflita sobre as funções do administrador com o texto **A planilha das funções do administrador** na seção *Para reflexão* ITGAc 6.3

Todavia, os neoclássicos foram mais além e estenderam sua abordagem para outros aspectos organizacionais, os quais veremos adiante.

6.4 TIPOS DE ORGANIZAÇÃO

A Teoria Neoclássica coloca ênfase na estrutura organizacional e nas camadas hierárquicas ou níveis funcionais estabelecidos pelo organograma. Esses níveis definem o grau de autoridade e o fluxo das comunicações, ordens e instruções. A organização formal envolve a estrutura organizacional, diretrizes, normas e regulamentos da organização, rotinas e procedimentos, enfim, todos os aspectos que exprimem como ela pretende que sejam as relações entre órgãos, cargos e ocupantes a fim de que seus objetivos sejam atingidos e seu equilíbrio interno seja mantido.

Os neoclássicos definem três tipos de organização para dar forma às empresas: a estrutura linear, funcional e a linha-*staff*.

1. **Organização linear:** constitui a forma estrutural mais simples e antiga e se baseia no princípio da autoridade linear ou princípio escalar que estabelece a hierarquia da autoridade.[14] Nela, existem linhas diretas e únicas de autoridade e responsabilidade entre superior e subordinados. Daí seu formato piramidal. É uma forma simples de organização típica de empresas pequenas ou em seus estágios iniciais.[14]

   As principais características da estrutura linear são:
   - Autoridade linear ou única.
   - Linhas formais de comunicação.
   - Centralização das decisões.
   - Aspecto piramidal.

   Dentre as vantagens desse tipo de organização, podemos citar:
   - Estrutura simples e de fácil compreensão.
   - Clara delimitação das responsabilidades.

- Facilidade de implantação.
- Estabilidade.
- Indicada para pequenas empresas.

E quanto às desvantagens:

- Estabilidade e constância das relações formais.
- Autoridade linear baseada no comando único e direto.
- Exagero da função de chefia.
- Chefes generalistas que não se especializam.
- Provoca o congestionamento das comunicações.
- Comunicações indiretas e demoradas.

Reflita sobre **A estrutura linear da empresa M&C** na seção *Para reflexão* ITGAc 6.4

2. **Organização funcional:** aplica o princípio funcional ou princípio da especialização das funções, que separa, distingue e especializa.

As características mais relevantes da estrutura funcional são:

- Autoridade funcional ou dividida.
- Linhas diretas de comunicação.
- Descentralização das decisões.
- Ênfase na especialização.

Como vantagens, temos:

- Proporciona o máximo de especialização.
- Permite a melhor supervisão técnica possível.
- Desenvolve comunicações diretas e sem intermediação.
- Separa as funções de planejamento e controle das funções de execução.

E como desvantagens:

- Diluição e consequente perda de autoridade de comando.
- Subordinação múltipla.
- Tendência à concorrência entre especialistas.
- Tendência à tensão e conflito dentro da organização.

A estrutura funcional – o *multiple management* – tem trazido problemas de coordenação e controle em face da confusão trazida pelas linhas divididas de autoridade. Tanto que a sua aplicação tem sido restrita e aplicável somente a empresas de pequeno porte ou em determinadas circunstâncias especiais.

Reflita sobre **A organização funcional da empresa BioQuímica** na seção *Para reflexão* ITGAc 6.5

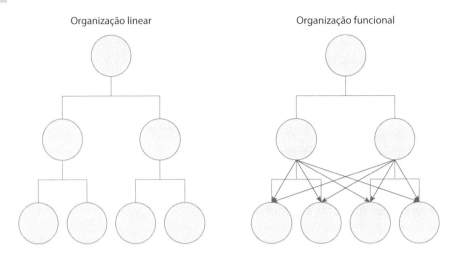

Figura 6.16 Diferenças entre estrutura linear e estrutura funcional.

3. **Organização linha-*staff***: é o resultado da combinação das organizações linear e funcional no sentido de incrementar as vantagens desses dois tipos de organização e reduzir as suas desvantagens. É uma organização do tipo hierárquico-consultivo.[15] Nela, há características do tipo linear e do tipo funcional, reunidas para proporcionar um tipo organizacional mais completo e complexo.

Na organização linha-*staff*, coexistem órgãos de linha (órgãos de execução) e de assessoria (órgãos de *staff*, apoio e consultoria interna) relacionados entre si. Os *órgãos de linha* caracterizam-se pela autoridade linear e pelo princípio escalar, enquanto os *órgãos de staff* prestam assessoria e serviços especializados.

Existem **dois critérios para distinguir** os *órgãos de linha* e os de *staff*, quais sejam:

a) **Relacionamento com os objetivos da organização:** as atividades de linha estão direta e intimamente ligadas aos objetivos básicos da organização ou do órgão do qual fazem parte, enquanto as atividades de *staff* estão ligadas a eles indiretamente. Se o objetivo da organização é produzir, somente a área de produção é considerada de linha e todas as demais são de *staff*. Mas se o objetivo passa a ser também vender, então a área de vendas passa a ser considerada de linha, juntamente com a de produção. As demais áreas serão de *staff*. Neste caso, os órgãos de produção e vendas representam as atividades básicas e fundamentais da organização: suas atividades-fim. Os demais órgãos serão complementares e subsidiários: representam as atividades-meio. Se houver mudança nos objetivos da organização, a estrutura linha-*staff* sofrerá alterações.

b) **Tipo de autoridade:** os órgãos de linha têm autoridade para decidir e executar as atividades principais ou vinculadas diretamente aos objetivos da organização (autoridade linear). Os órgãos de *staff*, por seu lado, têm autoridade de assessoria, de planejamento e controle, de consultoria e recomendação (autoridade funcional).

As principais **funções** do *staff* são, basicamente, as seguintes:[16]

- **Serviços:** são atividades especializadas, como contabilidade, compras, pessoal, pesquisa e desenvolvimento, processamento de dados, propaganda, realizadas e executadas pelo *staff*.
- **Consultoria e assessoria:** são atividades especializadas, como assistência jurídica, métodos e processos, consultoria trabalhista etc., fornecidas pelo *staff* como orientação e recomendação.
- **Monitoração:** monitorizar significa acompanhar e avaliar determinada atividade ou processo sem nele intervir ou influenciar. Em geral, o *staff* se incumbe de avaliar desempenho, controlar atividades, como auditoria e acompanhamento de processos.
- **Planejamento e controle:** quase sempre as atividades de planejamento e controle são delegadas ao *staff*, como planejamento e controle financeiro ou orçamentário, planejamento e controle de produção, planejamento e controle de manutenção de máquinas e equipamentos, controle de qualidade.

Nos órgãos de *staff*, na medida em que se sobe na escala hierárquica, aumenta a proporção das funções de consultoria, assessoramento, aconselhamento e recomendação e diminui a proporção das funções de prestação de serviços.

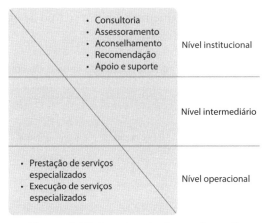

Figura 6.17 Funções do órgão de *staff*.

Como características da organização linha-*staff*, podem-se citar:

- **Fusão da estrutura linear com a estrutura funcional:** existem, simultaneamente, características lineares e características funcionais. Cada órgão se reporta a um e apenas um órgão superior: é o princípio da autoridade única ou unidade de comando típica da organização linear. Porém, cada órgão recebe assessoria e serviços especializados de diversos órgãos de *staff*. Predomina a autoridade linear de um órgão (seja de linha ou de *staff*) sobre seus subordinados. Existe também autoridade funcional de um órgão de *staff* em relação aos demais órgãos da organização sobre assuntos de sua especialidade.
- **Coexistência entre linhas formais de comunicação com linhas diretas de comunicação:** existem linhas formais de comunicação entre superiores e subordinados e que representam a hierarquia. Mas existem também linhas diretas de comunicação que ligam os

órgãos e o *staff* e que representam a oferta de assessoria e serviços especializados. A rede de comunicações da organização linha-*staff* é formada de linhas formais de autoridade e responsabilidade lineares e de linhas diretas de assessoria e prestação de serviços de *staff*.

- **Separação entre órgãos operacionais (executivos) e órgãos de apoio e suporte (assessores):** os órgãos operacionais (linha) são os órgãos executivos das operações básicas da organização e os órgãos de apoio (*staff*) são os órgãos assessores e consultores que prestam serviços internos. O *staff* dedica-se a atividades que requerem estudo e pesquisa e concentram sua atenção sobre assuntos de planejamento e solução de problemas da organização. Com isso, os chefes de linha ficam livres para se concentrar na execução do trabalho e nos regulamentos formulados pelo *staff*. A autoridade e a responsabilidade dos membros de *staff* são de natureza aconselhadora e não diminuem a autoridade e responsabilidade dos chefes de linha.[8] Mas são os chefes de linha que retêm completa autoridade e responsabilidade pela execução dos planos.

- **Hierarquia *versus* especialização:** apesar do convívio entre características lineares e funcionais, há forte predominância dos aspectos lineares na organização linha-*staff*. A organização linha-*staff* mantém o princípio da hierarquia (cadeia escalar), ou seja, a nivelação dos graus de autoridade linear, sem abrir mão da especialização. A hierarquia (linha) assegura o comando e disciplina, enquanto a especialização (*staff*) fornece os serviços de consultoria e assessoria. Reúnem-se em um só tipo de organização a autoridade hierárquica e a autoridade do conhecimento.

Quadro 6.10 As características da linha e do *staff*

Aspectos	Linha	Staff
Papel principal	É quem decide	É quem assessora
Atuação	É quem cuida da execução	É quem dá consultoria e assistência
Tipo de atividade	Comando Ação Trabalho de campo	Recomendação Alternativas Trabalho de gabinete
Responsabilidade	Pela operação e pelos resultados	Pelo planejamento e pelas sugestões
Exemplo	Gerente de departamento	Gerente de *staff*

As vantagens da organização linha-*staff* são:

- **Assegura assessoria especializada e inovadora mantendo o princípio de autoridade única:** o *staff* proporciona serviços especializados, fator importante em uma era de especialização e competição, mas não interfere na autoridade dos órgãos aos quais presta serviços. A estrutura linha-*staff* tem a vantagem de oferecer uma área de assessoria e prestação de serviços com predomínio da estrutura linear e conservando o princípio da autoridade única. Os especialistas prestam serviços, mas os serviços que oferecem são apenas recomendados e não precisam ser aceitos. A linha pode adotá-los à sua maneira. Assim, o *staff* alivia a linha das tarefas acessórias e especializadas, permitindo-lhe concentrar-se sobre suas principais atividades e responsabilidades.

- **Atividade conjunta e coordenada dos órgãos de linha e órgãos de *staff***: os órgãos de linha responsabilizam-se pela execução das atividades básicas da organização (como produzir e vender), enquanto os órgãos de *staff* responsabilizam-se pela execução de serviços especializados (como financiar, comprar, gerir recursos humanos, planejar e controlar etc.).

As desvantagens da organização linha-*staff* são as seguintes:

- **Existência de conflitos entre órgãos de linha e de *staff***: como o assessor de *staff* não tem autoridade linear sobre os executores e o gerente de linha não tem tempo nem preparo profissional para se especializar, surgem os conflitos entre linha e *staff*.[17]
- **Dificuldade na obtenção e manutenção do equilíbrio entre linha e *staff***: podem ocorrer inevitáveis desequilíbrios e distorções. O *staff* tende a forçar suas sugestões e impor suas ideias e pode provocar enfraquecimento da linha. É difícil alcançar um equilíbrio dinâmico e sincronização entre linha e *staff* de maneira que alcancem um comportamento cooperativo, recíproco e integrativo.[18]

Ressalte-se que a estrutura linha-*staff* é a forma mais utilizada de organização. Permite incorporar especialistas à organização para dar apoio e suporte aos órgãos de linha.

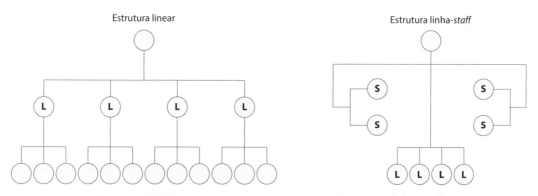

Figura 6.18 Comparativo entre a organização linear e a linha-*staff*.

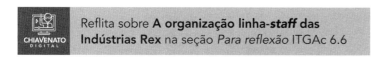

Reflita sobre **A organização linha-*staff* das Indústrias Rex** na seção *Para reflexão* ITGAc 6.6

6.4.2 Apreciação crítica dos tipos de organização

Os tipos de organização contidos na literatura neoclássica são desdobramentos dos formatos organizacionais clássicos. Carecem de flexibilidade. Sua rigidez fez com que, ao longo da década de 1970, fossem rapidamente remodelados em face da mudança e instabilidade nos mercados mundiais. Quando tudo lá fora muda, a necessidade de mudança interna se torna irremediável. Essa mudança estrutural foi até tentada, mas foi um fracasso. Percebeu-se que os tipos neoclássicos de organização – por não poderem sofrer mudanças e adaptações – precisam ser rapidamente substituídos por outros modelos flexíveis. E foi o que aconteceu.

6.4.3 Conclusões sobre a Teoria Neoclássica

O apogeu da Teoria Neoclássica ocorreu entre as décadas de 1960 e 1970. Neste período, se o mundo dos negócios não era mais estável, previsível e conservador como no início do século 20, também não apresentava as características de mudança e transformação de hoje. As soluções apresentadas pelos neoclássicos em tipos de organização foram adequadas para a época quando ainda predominava a formalização. A organização do tipo linha-*staff* tornou-se o formato estrutural típico das empresas no mundo todo e ainda hoje prevalece na maioria das organizações.

Com o advento da Era Digital, das novas tecnologias, das empresas virtuais e das *startups*, muitas inovações surgiram no campo das arquiteturas organizacionais, as quais veremos mais adiante.

Quadro 6.11 Mapa mental dos tipos de organização

- Racionalismo da organização formal
  - **Organização linear:**
    - Autoridade linear ou única
    - Linhas formais de comunicação
    - Centralização das decisões
    - Aspecto piramidal
  - **Organização funcional:**
    - Autoridade funcional ou dividida
    - Linhas diretas de comunicação
    - Descentralização das decisões
    - Ênfase na especialização
  - **Organização linha-*staff*:**
    - Fusão da estrutura linear com funcional
    - Comunicações formais e diretas
    - Separação entre operação e suporte
    - Hierarquia × especialização
  - **Funções do *staff*:**
    - Prestação de serviços
    - Consultoria e assessoria
    - Monitoração
    - Planejamento e controle
  - **Apreciação crítica dos tipos de organização**
    - Falta de flexibilidade
    - Conservantismo
    - Introspecção
    - Nenhuma preocupação com o mundo exterior

6.5 DEPARTAMENTALIZAÇÃO

Para os neoclássicos, a especialização na organização pode dar-se em dois sentidos: vertical e horizontal (Figura 6.19). A **especialização vertical** ocorre com a necessidade de aumentar a qualidade da supervisão ou chefia, acrescentando mais níveis hierárquicos na estrutura. Ela se faz à custa do aumento de níveis hierárquicos. É um desdobramento da autoridade e por isso denominada processo escalar, pois se refere ao crescimento da cadeia de comando. A especialização vertical provoca o crescimento vertical do organograma, isto é, o aumento dos níveis hierárquicos.

Por outro lado, a **especialização horizontal** ocorre com a necessidade de aumentar a perícia, eficiência e melhor qualidade do trabalho em si. Corresponde a uma especialização de atividades e de conhecimentos. Ela se faz com o maior número de órgãos especializados no mesmo nível hierárquico, cada qual em sua tarefa ou atividade. A especialização horizontal é denominada processo funcional e se caracteriza pelo crescimento horizontal do organograma. Recebe o nome de departamentalização pela sua tendência de criar departamentos.[19]

Departamento designa uma área, divisão ou segmento distinto de uma empresa sobre a qual um administrador (seja diretor, gerente, supervisor etc.) tem autoridade para o desempenho de atividades específicas. Assim, *departamento* é um termo utilizado com significado genérico: pode ser um departamento, divisão, seção, unidade organizacional ou setor. A terminologia *departamental* é casual e pouco ordenada. Daí a dificuldade de uma terminologia universal.

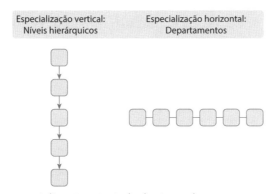

Figura 6.19 As especializações vertical e horizontal: processo escalar e funcional.

Na medida em que ocorre a especialização do trabalho, a organização passa a requerer coordenação dessas diferentes atividades agrupando-as em unidades maiores. Daí o princípio da homogeneidade: as funções são homogêneas quando seus conteúdos apresentam semelhanças entre si. Assim, o princípio que deve reger a departamentalização é o princípio da homogeneidade.

Departamentalização como característica organizacional

A departamentalização é uma característica típica das grandes organizações. Ela está diretamente relacionada com o tamanho da organização e com a complexidade de suas operações.[19] Quando a organização cresce, todas as suas atividades não podem ser supervisionadas diretamente pelo administrador, mas por meio de vários executivos responsáveis pelas diferentes atividades ou pelos diferentes aspectos dessas atividades.

6.5.1 Tipos de departamentalização

A departamentalização é um meio para obter homogeneidade de tarefas em cada órgão. Para Gulick, autor clássico, essa homogeneidade é possível quando se reúne, na mesma unidade, todos aqueles que estão executando "o mesmo trabalho, pelo mesmo processo, para a mesma clientela e no mesmo lugar".[20] Os principais tipos de departamentalização são:

- **Departamentalização por funções:** é o agrupamento das atividades e tarefas de acordo com as funções principais desenvolvidas dentro da empresa.[21] Elas consistem em produção (criação de utilidade ou acréscimo de utilidade de um produto ou serviço), venda (procura de fregueses, pacientes, clientes ou membros que concordem em aceitar o produto ou serviço a um determinado preço) e financiamento (levantamento, obtenção, aplicação de recursos financeiros da empresa). Nada mais lógico do que agrupar tais atividades básicas em departamentos: de produção, vendas e finanças.

    As vantagens da departamentalização por funções são:

- Agrupa especialistas comuns em uma única chefia.
- Garante plena utilização das habilidades técnicas das pessoas.
- Permite economia de escala pela utilização integrada de pessoas e produção.
- Orienta as pessoas para uma única e específica atividade.
- Indicada para condições de estabilidade.
- Reflete auto-orientação e introversão administrativa.

    E as desvantagens podem ser assim resumidas:

- Reduz a cooperação interdepartamental.
- Inadequada, quando a tecnologia e o ambiente são mutáveis.
- Dificulta adaptação e flexibilidade a mudanças externas.
- Faz com que pessoas focalizem subojetivos de suas especialidades.

Figura 6.20 Características da departamentalização funcional.

Todavia, não há uma terminologia única ou padrão para as funções empresariais, como mostra a Figura 6.21.

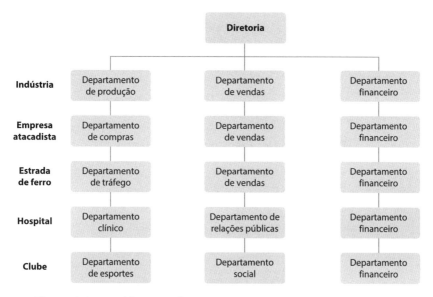

Figura 6.21 As diferentes denominações dos mesmos departamentos.

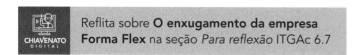

- **Departamentalização por produtos ou serviços:** envolve agrupamento de atividades de acordo com o resultado da organização, isto é, de acordo com o produto ou serviço realizado. As atividades requeridas para suprir um produto ou serviço – mesmo que dissimilares – são agrupadas no mesmo departamento.[22] Se a organização produz quatro produtos, as atividades A, B, C e D, requeridas para cada produto, deverão ser agrupadas em cada departamento por produto. Isso traz vantagens econômicas e facilita o emprego da tecnologia, das máquinas e equipamentos, do conhecimento e do pessoal, permitindo uma intensificação de esforços e concentração que aumentam a eficiência da organização.[23] As vantagens desse tipo de departamentalização são:

- Fixa a responsabilidade dos departamentos para um produto ou serviço.
- Facilita a coordenação interdepartamental.
- Facilita a inovação, que requer cooperação e comunicação de vários grupos.
- Indicada para circunstâncias externas mutáveis.
- Permite flexibilidade.

Enquanto as desvantagens se referem ao seguinte:

- Dispersa os especialistas em subgrupos orientados para diferentes produtos.
- Contraindicada para circunstâncias externas estáveis.
- Provoca problemas humanos de temores e ansiedades com a instabilidade.
- Enfatiza a coordenação em detrimento da especialização.

Figura 6.22 Departamentalização por produtos.

Aumente seus conhecimentos sobre **Tipos de departamentalização** na seção *Saiba mais* ITGAc 6.3

Reflita sobre departamentalização com o texto **A virada na PetroPaulus** na seção *Para reflexão* ITGA 6.8

- **Departamentalização geográfica:** é denominada departamentalização territorial ou regional ou por localização geográfica. Requer diferenciação e agrupamento das atividades de acordo com a localização onde o trabalho será desempenhado ou a área de mercado servida pela empresa. A presunção implícita nessa estrutura é que, onde os mercados estão dispersos, a eficiência pode ser melhorada quando todas as atividades relacionadas com um produto são agrupadas em uma área geográfica específica. Assim, as funções e os produtos/serviços – sejam similares ou dissimilares – são agrupados na base dos interesses geográficos. É utilizada por empresas que cobrem grandes áreas geográficas e cujos mercados são extensos. É especialmente atrativa para empresas de larga escala e cujas atividades estão geograficamente dispersas. As empresas multinacionais utilizam esta **estratégia** para as suas operações fora do país onde estão sediadas. É mais indicada para a área de produção (operações) e de vendas, sendo pouco utilizada pela área financeira, que nem sempre permite descentralização.

A departamentalização geográfica tem as seguintes vantagens:
- Assegura o sucesso da organização pelo ajustamento às condições locais.
- Fixa a responsabilidade de desempenho e lucro em cada local ou região.
- Encoraja os executivos a pensar em termos de sucesso no território.
- Indicada para empresas de varejo.
- Indicada para condições de estabilidade.
- Permite acompanhar variações locais e regionais.

Como desvantagens:
- Reduz a cooperação interdepartamental.
- Ocorre principalmente nas áreas de marketing e produção.
- Inadequada para a área financeira.

Capítulo 6 – Teoria Neoclássica da Administração: definindo o papel do administrador

Figura 6.23 Departamentalização por localização geográfica.

 Reflita sobre **A nova organização das Lojas Maravilha** na seção *Para reflexão* ITGAc 6.9

- **Departamentalização por cliente:** envolve o agrupamento das atividades de acordo com o tipo de cliente para quem o trabalho é executado. As características dos clientes – como idade, sexo, nível socioeconômico, tipo de consumidor etc. – constituem a base para esse tipo de departamentalização. A departamentalização por clientes ou por fregueses reflete o interesse pelo consumidor do produto ou serviço oferecido pela organização. É um critério importante quando a organização lida com diferentes classes de clientes com diferentes características e necessidades.

As vantagens da departamentalização por cliente são:

- Ideal quando a satisfação do cliente é o aspecto mais crítico da organização.
- Útil quando o negócio depende de diferentes tipos de clientes.
- Predispõe os executivos a pensar em satisfazer as necessidades dos clientes.
- Permite concentrar competências sobre distintas necessidades dos clientes.

As desvantagens desse tipo de departamentalização são:

- As demais atividades da organização – produção, finanças – tornam-se secundárias ou acessórias em face da preocupação exclusiva com o cliente.
- Os demais objetivos da organização – como lucratividade, produtividade, eficiência – podem ser sacrificados em função da satisfação do cliente.

Figura 6.24 Departamentalização por clientela em uma loja.

- **Departamentalização por processos:** ou departamentalização por processamento, é utilizada em empresas industriais nas áreas de produção ou operação e nos níveis mais baixos da estrutura organizacional. Baseia-se na sequência do processo produtivo ou operacional ou no arranjo e disposição racional do equipamento utilizado. É o processo de produção dos bens ou serviços que determina a estrutura de diferenciação e agrupamento.

Como vantagens, podem-se mencionar:
- Muito utilizada no nível operacional de áreas de produção ou de operações.
- Garante plena utilização e vantagens econômicos do equipamento ou tecnologia.
- A tecnologia passa a ser o foco e o ponto de referência para o agrupamento.
- Enfatiza o processo.
- Permite ações de reengenharia dos processos e de enxugamento.

E suas desvantagens:
- Inadequada, quando a tecnologia e ambiente são mutáveis.
- Pouca flexibilidade a mudanças internas ou externas.
- Centraliza demasiadamente a atenção no processo produtivo.

Figura 6.25 Departamentalização por processos.

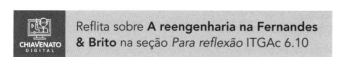

Reflita sobre **A reengenharia na Fernandes & Brito** na seção *Para reflexão* ITGAc 6.10

- **Departamentalização por projetos:** o agrupamento na base de projetos envolve diferenciação e agrupamento das atividades de acordo com as saídas e resultados (*outputs*) relativos a um ou a vários projetos da empresa. É uma estratégia utilizada em empresas de grande porte que produzem produtos envolvendo grande concentração de recursos e prolongado tempo para sua produção. É o caso de estaleiros navais (que produzem navios), obras de construção civil (edifícios) ou industrial (fábricas e usinas hidrelétricas) que exigem tecnologia sofisticada, pessoal especializado e reunião de recursos diferentes ao longo do produto. Ocorre também nas novelas de televisão e em filmes, em que cada projeto é constituído por uma equipe que, após terminado o trabalho, se dispersa. Como o produto é de grande porte e exige planejamento individual e detalhado e um extenso período para sua execução, cada produto é tratado como um projeto especial e sob encomenda. Essa estratégia de organização adapta a estrutura da empresa aos projetos que ela se propõe a construir. Por meio deste critério, unidades e grupos de empregados são destacados e concentrados durante longo lapso de tempo em projetos específicos e os recursos necessários são alocados em cada projeto.

O agrupamento das atividades de acordo com os projetos planejados pela empresa apresenta as seguintes vantagens:

Capítulo 6 – Teoria Neoclássica da Administração: definindo o papel do administrador

- Agrupa equipes multifuncionais em projetos específicos de grande porte.
- Ideal para empresas cujos produtos envolvam concentração de recursos e tempo.
- Ideal para estaleiros, obras de construção civil ou industrial, hidrelétricas.
- Facilita o planejamento detalhado para a execução de produtos de grande porte.
- Adapta a empresa aos projetos que ela pretende construir.
- Unidades e grupos são destacados e concentrados durante longo tempo.
- É uma departamentalização temporária por produto.

Já as desvantagens são as seguintes:

- O projeto tem vida planejada. É descontínuo.
- Quando ele termina, a empresa pode desligar pessoas ou paralisar equipamentos.
- Produz ansiedade e angústia nas pessoas pela sua descontinuidade.

Figura 6.26 Departamentalização por projetos.

 Aumente seus conhecimentos sobre **A força-tarefa** na seção *Saiba mais* ITGAc 6.4

Quadro 6.12 Características das departamentalizações funcional e de projetos[24]

Estrutura funcional	Estrutura por projetos
Orientação: Especialização	**Orientação: Resultados**
Eficiência no uso de recursos	Sensibilidade ao ambiente externo
■ Menor duplicação de esforços na execução de projetos ■ Menor ociosidade de recursos no nível da instituição como um todo	■ Maior orientação dos gerentes de projeto a programas externos ■ Maior rapidez no empreendimento de ação operacional integrada
Capacidade técnica especializada	Coordenação sobre o produto
■ Maior desenvolvimento de potencialidades tecnológicas especializadas no longo prazo ■ Maior absorção e retenção do *know-how* de projetos	■ Maior capacidade de planejamento e controle administrativo de projetos ■ Maior descentralização para a decisão no nível do projeto como um todo
Desenvolvimento técnico de especialistas	Desenvolvimento de gerentes de projeto
■ Facilidade de desenvolvimento na carreira técnica ■ Maior identificação profissional	■ Maiores habilidades de liderança orientadas a projetos ■ Maior estímulo à formação de gerentes de projeto

Quadro 6.13 Os diferentes tipos de departamentalização

		Características	Vantagens	Desvantagens
Tipos de departamentalização	**FUNCIONAL**	Agrupamento por atividades ou funções principais. Divisão do trabalho interna por especialidade. Auto-orientação, introversão.	Maior utilização de pessoas especializadas e recursos. Adequada para atividade continuada, rotineira e estabelecida no longo prazo.	Pequena cooperação interdepartamental. Contraindicada para circunstâncias ambientais imprevisíveis e mutáveis.
	PRODUTOS OU SERVIÇOS	Agrupamento por resultados quanto a produtos ou serviços. Divisão de trabalho por linhas de produtos/serviços. Ênfase nos produtos e serviços. Orientação para resultados.	Define responsabilidade por produtos ou serviços, facilitando a avaliação dos resultados. Melhor coordenação interdepartamental. Maior flexibilidade. Facilita inovação. Ideal para circunstâncias mutáveis.	Enfraquecimento da especialização. Alto custo operacional pela duplicação de especialidades. Contraindicada para circunstâncias estáveis e rotineiras. Enfatiza coordenação em detrimento da especialização.
	GEOGRÁFICA OU TERRITORIAL	Agrupamento conforme localização geográfica ou territorial. Ênfase na cobertura geográfica. Orientação para o mercado. Extroversão.	Maior ajustamento às condições locais ou regionais. Fixa responsabilidade por local ou região, facilitando a avaliação. Ideal para firmas de varejo.	Enfraquece a coordenação (seja o planejamento, execução e o controle) da organização como um todo. Enfraquecimento da especialização.
	CLIENTELA	Agrupamento conforme o tipo ou tamanho do cliente ou comprador. Ênfase no cliente. Orientação extrovertida mais voltada para o cliente do que para si mesma.	Predispõe a organização para satisfazer as demandas dos clientes. Ideal quando o negócio depende do tipo ou tamanho do cliente. Fixa responsabilidade por clientes.	Torna secundárias as demais atividades da organização (como produção ou finanças). Sacrifica os demais objetivos da organização (como produtividade, lucratividade, eficiência etc.)
	PROCESSO	Agrupamento por fases do processo, do produto ou da operação. Ênfase na tecnologia utilizada. Enfoque introversivo.	Melhor arranjo físico e disposição racional dos recursos. Utilização econômica da tecnologia. Vantagens econômicas do processo. Ideal quando a tecnologia e os produtos são estáveis e permanentes.	Contraindicada quando a tecnologia sofre mudanças e desenvolvimento tecnológico. Falta de flexibilidade e adaptação a mudanças.
	PROJETOS	Agrupamento em função de saídas ou resultados quanto a um ou mais projetos. Requer estrutura organizacional flexível e adaptável às circunstâncias do projeto. Requer alto grau de coordenação entre órgãos para cada projeto.	Ideal quando a concentração de recursos é grande e provisória e quando o produto é de grande porte. Orientada para resultados concretos. Alta concentração de recursos e investimentos, com datas e prazos de execução. Adaptação ao desenvolvimento técnico. Ideal para produtos altamente complexos.	Concentra pessoas e recursos em cada projeto provisoriamente. Quando termina um projeto, há indefinição quanto a outros. Descontinuidade e paralisação. Imprevisibilidade quanto a novos projetos. Angústia dos especialistas quanto ao seu próprio futuro.

6.5.2 Escolhas de alternativas de departamentalização

Dificilmente se encontra, na prática, a aplicação pura de um único tipo de departamentalização em toda a organização. É comum encontrar-se uma conjugação de diversos tipos de departamentalização no mesmo nível ou nos diferentes níveis hierárquicos, porque os tipos de departamentalização não são suficientes para estruturar uma organização por inteiro. E nem indicam inter-relações entre os vários departamentos. A departamentalização não é um fim em si, mas um meio de organizar as atividades da empresa, de forma a facilitar o alcance de seus objetivos. Não é tampouco a solução ideal, pois a separação de atividades sempre acarreta problemas de coordenação de difícil solução.

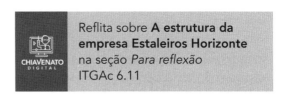

Reflita sobre **A estrutura da empresa Estaleiros Horizonte** na seção *Para reflexão* ITGAc 6.11

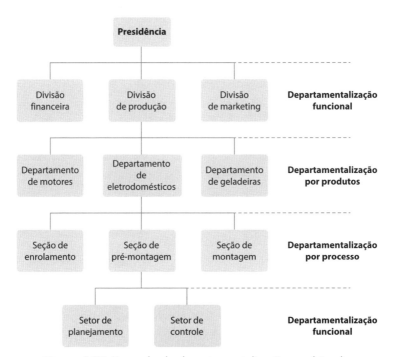

Figura 6.27 Exemplo de departamentalização combinada.

6.5.3 Apreciação crítica da departamentalização

A departamentalização constitui, ainda hoje, o elemento fundamental na estruturação de muitas organizações. Modernamente, surgiram critérios – como as unidades estratégicas de negócios, alianças estratégicas, redes integradas e modalidades de plataformas – que serão focalizados mais adiante. Mesmo a organização por equipes e o modelo adhocrático não conseguiram substituir inteiramente os critérios de departamentalização. O próprio nome – departamento ou divisão ou unidade organizacional – ainda prevalece, apesar de todo o progresso da teoria administrativa. A inovação e a flexibilidade ainda não penetraram em todos os seus poros.

Por volta da década de 1980, surgiram ferramentas de mudança organizacional tendo por base o enxugamento (*downsizing*), a terceirização (*outsourcing*) e a **reengenharia**. O enxugamento se faz por meio da redução de níveis hierárquicos ao limite essencial, eliminando posições do nível intermediário a fim de aproximar a base do nível institucional e simplificar, flexibilizar e compactar as organizações. A terceirização se faz por meio da transferência de atividades não essenciais para fornecedores ou terceiros que possam fazê-las mais bem e mais barato, transformando-se em custos variáveis e não fixos.

A **reengenharia** se faz mediante uma nova concepção de organização baseada não mais na estrutura vertical e hierárquica, mas no foco nos processos organizacionais, fazendo com que a antiga visão verticalizada seja substituída por uma visão horizontalizada. O organograma foi deitado de lado ou jogado no lixo. A base fundamental da reengenharia é a substituição de departamentos separados e isolados por equipes multifuncionais de processos interligados, como veremos adiante.

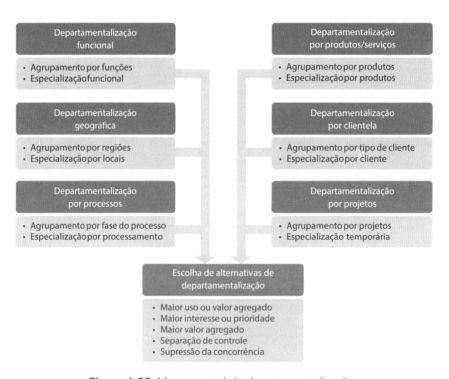

Figura 6.28 Mapa mental da departamentalização.

6.5.4 Administração por Objetivos (APO)

A partir da década de 1950, os neoclássicos deslocaram o facho de atenção antes fixado nas chamadas atividades-meio para os objetivos, atividades-fim ou finalidades da organização. O enfoque baseado nos processos e a preocupação com as atividades (meios) passaram a ser substituídos por um enfoque nos resultados e objetivos a serem alcançados (fins). O foco no "como" administrar passou para o "por que" ou "para que" administrar. A ênfase em fazer corretamente o trabalho (*the best way*) para alcançar eficiência deu lugar à ênfase em fazer a atividade mais relevante aos objetivos da organização para alcançar eficácia. O trabalho passou de um fim em si mesmo para constituir um meio de obter resultados. Essa reformulação significa uma revolução na Administração: não mais administrar por meios, mas por fins a serem alcançados. Isso porque as pessoas estavam mais preocupadas em fazer o seu trabalho do que em produzir resultados para o negócio. Suas origens se identificam com o espírito pragmático e democrático dos neoclássicos. E seu aparecimento ocorreu em 1954, quando Peter Drucker (1909-2005) publicou um livro[25] sobre a Administração por Objetivos, sendo considerado o pai da APO.

A APO é um processo pelo qual gerentes e subordinados identificam objetivos comuns, definem as áreas de responsabilidade de cada um em termos de resultados esperados e utilizam esses objetivos como guias para sua atividade. A APO é um método no qual as metas são definidas em conjunto pelo gerente e pelo subordinado, as responsabilidades são especificadas para cada um em função dos resultados esperados, que passam a constituir os indicadores ou métricas de desempenho sob os quais ambos serão avaliados. Analisando o resultado final, os desempenhos do gerente e do subordinado podem ser objetivamente avaliados e os resultados alcançados são comparados com os esperados.

Embora tenha um passado autocrático, a APO funciona, hoje, com uma abordagem amigável, democrática e participativa. Ela serve de base para novos esquemas de gestão do desempenho humano, remuneração flexível e compatibilização entre objetivos organizacionais e **objetivos individuais** das pessoas.

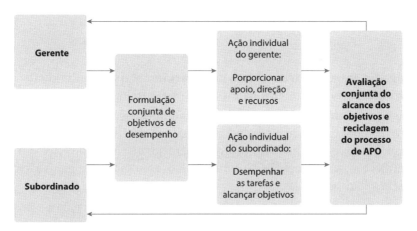

Figura 6.29 O processo participativo e democrático da APO.

Dentro dessa concepção, a APO trabalha dentro do seguinte esquema:

1. Gerente e subordinado se reúnem, discutem, negociam e formulam os objetivos de desempenho para o subordinado. A formulação de objetivos é consensual e participativa. Objetivos, metas e resultados são negociados entre eles.
2. A partir daí, o gerente se compromete a proporcionar apoio, direção e recursos para o subordinado trabalhar eficazmente orientado para o alcance de objetivos. O gerente cobra

resultados e garante os meios e recursos (liderança, supervisão, treinamento, equipamentos etc.) para que o subordinado possa alcançá-los.

3. O subordinado passa a trabalhar para desempenhar metas e cobra do gerente os meios e recursos necessários para alcançar os objetivos.
4. Periodicamente, gerente e subordinado se reúnem para avaliação conjunta do progresso, dos resultados e do alcance dos objetivos.
5. A partir da avaliação conjunta, há uma re-reciclagem do processo: em função dos resultados alcançados, os objetivos são reavaliados ou redimensionados, bem como o apoio, meios e recursos necessários.

A APO apresenta as seguintes características:

- **Estabelecimento conjunto de objetivos entre o gerente e seu superior:** tanto o gerente quanto o subordinado participam ativamente do processo de definir e fixar objetivos.
- **Estabelecimento de objetivos para cada departamento ou posição:** Os objetivos podem ser denominados metas, alvos ou finalidades, porém a ideia básica é determinar os resultados que o gerente e o subordinado deverão alcançar. Os objetivos devem ser quantificados e com prazos definidos. A maioria dos casos admite de quatro a oito objetivos para cada posição específica.

Figura 6.30 O objetivo como um hiato de desempenho.

- **Interligação entre os vários objetivos departamentais ou individuais:** os objetivos dos vários departamentos envolvidos devem ser estreitamente correlacionados.
- **Ênfase na mensuração e no controle de resultados:** gerente e subordinado passam a traçar os planos táticos adequados para alcançar os objetivos traçados. Os planos táticos são desdobrados e detalhados em planos operacionais. Em todos eles, a APO enfatiza a quantificação, a mensuração e o controle. E os resultados atingidos são comparados com os resultados planejados.
- **Contínua avaliação, revisão e reciclagem dos planos:** a avaliação e a revisão regular do processo e dos objetivos alcançados permitem correções e que novos objetivos sejam fixados para o período seguinte.

 Reflita: **Afinal, o que é APO na empresa Metrópolis?** na seção *Para reflexão ITGAc 6.12*

Convergência

Daí a necessidade de um sistema de resultados globais previamente definido pelos departamentos – convergindo os objetivos em uma direção única. É o que salienta Lodi: "Quando os resultados colidem entre si (porque o lucro colide com a produtividade, a inovação colide com o aspecto operacional atual e assim por diante) nenhum objetivo trabalha junto com outro. O trabalho da administração é o de compatibilizar objetivos conflitantes. Toda empresa, no fundo, é um conjunto de conflitos que vão existindo em um equilíbrio instável. Focalizando-se uma coisa, tira-se de outra."[26] Cuidado!

6.5.5 Apreciação crítica da APO

A APO não é uma fórmula mágica. Como ela envolve um processo político (decisão política dos propósitos que animam a organização), um processo de planejamento (fixando metas e objetivos), um processo de direção (envolvendo supervisão e execução) e um processo de colaboração (entre gestor e colaborador), é comum que um ou mais desses quatro processos implícitos não funcione bem. Aí começam a ocorrer problemas com a APO. Embora seja excelente ferramenta administrativa, ela tem seus pontos frágeis. E é preciso conhecê-los bem.

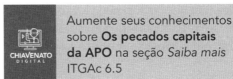

Aumente seus conhecimentos sobre **Os pecados capitais da APO** na seção *Saiba mais* ITGAc 6.5

Quadro 6.14 Benefícios e problemas com a APO

Alguns benefícios da APO	Alguns problemas com a APO
■ Definição e aclaramento dos objetivos ■ Melhoria do planejamento ■ Padrões claros para controle ■ Aumento da motivação do pessoal ■ Avaliação mais objetiva ■ Melhoria do moral	■ Coerção sobre subordinados ■ Aprovação de objetivos incompatíveis ■ Papelório em excesso ■ Focalização maior sobre resultados mensuráveis do que sobre resultados mais importantes ■ Perseguição rígida de objetivos que poderiam ser abandonados

Os programas de APO devem incluir os seguintes aspectos:[27]

- Ênfase na formulação de objetivos consensuais.
- **Frequente interação e retroação** (*feedback*) entre subordinados e superiores quanto ao progresso diante dos objetivos, remoção de obstáculos ou revisão dos objetivos.
- **Oportunidades de participação**, mesmo quando as decisões finais devam ser tomadas na cúpula da empresa.

Quadro 6.15 A transição do estilo administrativo a partir da APO

Pré-APO	Pós-APO
■ Administração do cotidiano	■ Focalização no futuro
■ Visualização para dentro da empresa	■ Visualização para fora da empresa
■ Orientação para os produtos	■ Orientação para as pessoas
■ Orientação para a organização	■ Orientação para os clientes
■ Orientação para as atividades	■ Orientação para os resultados
■ Administração da rotina	■ Criação de inovações
■ Ênfase no "como"	■ Ênfase no "para que"
■ Foco no dinheiro, máquinas e materiais	■ Foco em pessoas, mentalidade e tempo
■ Controle centralizado, funcional	■ Iniciativa descentralizada nos subordinados
■ Estilo autoritário	■ Estilo participativo
■ Individualismo	■ Trabalho em equipe

Todas as críticas são decorrentes da pressão, dos abusos e da má interpretação da APO. Sua aplicação apressada sem a devida preparação das pessoas pode conduzir a maus resultados. Em boas mãos, pode levar a organização a uma eficácia sem precedentes. E fazendo as pessoas acontecerem com suas próprias iniciativas, competências e garra. É apenas uma questão de saber como utilizá-la e executá-la. A bola está com você.

REFERÊNCIAS

1. KOONTZ, Harold; O'DONNELL, Cyrill. *Princípios de administração*: uma análise das funções administrativas. São Paulo: Pioneira, 1976.
2. HAIMAN, Theo. *Dirección y gerencia*. Barcelona: Hispano Europea, 1965.
3. NEWMAN, William H. *Ação administrativa*: as técnicas de organização e gerência. São Paulo: Atlas, 1972.
4. JUCIUS, Michael J.; SCHLENDER, William F. *Introdução à administração*: elementos de ação administrativa. São Paulo: Atlas, 1972.
5. DALE, Ernest; MICHELON, L. C. *Gerência empresarial*: métodos modernos. Rio de Janeiro: Bloch, 1969.
6. BROWN, Alvin. *Organization in industry*. New York: Prentice-Hall, 1947.
7. MEGGUISON, Leon C. The pressure of principles: a challenge to management profession. In: KOONTZ, Harold; O'DONNELL, Cyrill. *Princípios de administração, op. cit.*, p. 13.
8. DRUCKER, Peter F. *Uma era de descontinuidade*. São Paulo: Círculo do Livro, p. 215-229.
9. DRUCKER, Peter F. *Tecnologia, gerência e sociedade*. Petrópolis: Vozes, 1973, p. 104.
10. KREIKEN, J. Formulating and implementing a more systematic approach to strategic management. *Management Review*, v. 69, n. 7, p. 24, July. 1980.
11. HAIMAN, Theo. *Dirección y gerencia, op. cit.*, p. 62.
12. DALE, Ernest. Planning and developing the company organization structure. *Research Report* 20, *op. cit.*, p. 107.
13. KOONTZ, Harold; O'DONNELL, Cyril. *Princípios de administração, op. cit.*, p. 234-240.
14. MOONEY, James D. *The principles of organization*. New York: Harper & Brothers, 1947. p. 102.

15. JUCIUS, Michael J.; SCHLENDER, William E. *Introdução à administração*: elementos de ação administrativa. São Paulo: Atlas, 1972. p. 223.
16. DALE, Ernest; URWICK, Lyndall F. *Organização e assessoria*. São Paulo: Atlas, 1971. p. 77.
17. HAMPTON, David R. *Administração contemporânea*. São Paulo: McGraw-Hill, 1976. p. 238-239.
18. HURLEY, Morris. *Elements of business administration*. New York: Prentice Hall, 1953. p. 346-347.
19. STOGDILL, Ralph M. Dimensions of Organization Theory. In: THOMPSON, James D. (ed.). *Organizational design and research*: approaches to organizational design. Pittsburgh: University of Pittsburgh, 1971. p. 8.
20. GULICK, Luther. Notes on the theory of organization. In: GULICK, Luther; URWICK, Lyndall F.(org.) *Papers on the science of administration*. New York: Columbia University, Institute of Public Administration, 1937. p. 15.
21. GULICK, Luther. Notes on the theory of organization, *op. cit.*, p. 23.
22. GULICK, Luther. Notes on the theory of organization, *op. cit.*, p. 24.
23. HAMPTON, David R. *Contemporary management*. New York: McGraw-Hill, 1977. p. 210.
24. SBRAGIA, Roberto. Algumas características da estrutura matricial. *Revista de Administração*, FEA/USP, v. 13, n. 1, p. 53, jan./maio 1978.
25. DRUCKER, Peter F. *The practice of management*. New York: Harper & Brothers, 1954. Publicado em português como *Prática de administração de empresas*. Rio de Janeiro: Fundo de Cultura, 1962.
26. LODI, João Bosco. *Administração por objetivos*: uma crítica, *op. cit.*, p. 32-33.
27. HELLRIEGEL, Don; SLOCUM JR., John W. *Management*: a contingency approach. Reading, Massachusetts: Addison-Wesley, 1974. p. 231-233.

Capítulo 7 – Teoria Comportamental da Administração

A partir dos trabalhos de dinâmica de grupo desenvolvidos por Kurt Lewin – ainda na sua fase inicial de impulsionador da Teoria das Relações Humanas – com a divulgação do livro de Chester Barnard[1] e dos estudos de George Homans sobre sociologia funcional de grupo,[2] culminando com a publicação do livro de Herbert Simon[3] sobre o comportamento administrativo, a teoria administrativa passa a apresentar novas e diferentes colocações. As raízes profundas dessas novas contribuições podem ser localizadas nos desdobramentos da Teoria das Relações Humanas. Contudo, é somente a partir da década de 1950 que se desenvolve nos Estados Unidos uma nova concepção de Administração, trazendo diferentes conceitos, variáveis e, sobretudo, uma nova visão da teoria administrativa baseada no comportamento humano nas organizações.

A abordagem comportamental – também chamada behaviorista (em razão do behaviorismo na Psicologia) – marca a mais forte influência das ciências do comportamento na teoria administrativa e a busca de novas soluções democráticas, humanas e flexíveis para os problemas organizacionais. Enquanto o Estruturalismo foi influenciado pela Sociologia – e, mais especificamente, pela Sociologia Organizacional –, a abordagem comportamental recebe forte influência das ciências comportamentais – e, mais especificamente, da Psicologia Organizacional.

Comportamento é a maneira pela qual um indivíduo ou uma organização age ou reage em suas interações com o seu meio ambiente e em resposta aos estímulos e desafios que dele recebe. As ciências comportamentais trouxeram à teoria administrativa uma variedade de conclusões a respeito da natureza e das características do ser humano, a saber:

1. **O homem é um animal social dotado de necessidades:** dentre as necessidades humanas, sobressaem as necessidades gregárias, isto é, o homem desenvolve relacionamentos cooperativos e interdependentes que o levam a viver em grupos ou em organizações sociais e conviver com outras pessoas.

2. **O homem é um animal dotado de um sistema psíquico:** o ser humano tem capacidade de organizar suas percepções em um todo cognitivo integrado. O seu sistema psíquico

permite uma organização perceptiva e cognitiva particular no seu conteúdo, mas comum a todas as pessoas quanto à sua estrutura.

3. **O homem tem capacidade de articular a linguagem com o raciocínio abstrato:** ou seja, o homem tem capacidade de abstração da realidade e de comunicação com as outras pessoas.
4. **O homem é um animal dotado de aptidão para aprender:** isto é, de mudar seu comportamento e atitudes em direção a padrões cada vez mais elevados, complexos e eficazes.
5. **O comportamento humano é orientado para objetivos:** os objetivos individuais são complexos e mutáveis. Daí a importância dos objetivos humanos básicos a fim de compreender claramente o comportamento das pessoas.
6. **O homem caracteriza-se por um padrão dual de comportamento:** isto é, ele pode tanto cooperar como competir com os outros. Coopera quando seus objetivos individuais precisam ser alcançados a partir do esforço comum coletivo. Compete quando seus objetivos são disputados e pretendidos por outros. A cooperação e o conflito tornam-se parte virtual de todos os aspectos da vida humana.

Com a abordagem comportamental, a preocupação com a estrutura organizacional dos clássicos, neoclássicos e estruturalistas se desloca para a ênfase nos processos dinâmicos organizacionais e no deslocamento do comportamento das pessoas para o comportamento organizacional como um todo. Começa com a *ênfase nas pessoas* – inaugurada com a Teoria das Relações Humanas – mas dentro de um contexto organizacional que lhe serve de meio ambiente mais próximo. Em outras palavras, o comportamento humano como o principal componente do comportamento dinâmico da organização. E com a visão da organização como um fenômeno humano e social. Esta parte envolve o Capítulo 7, sobre a Teoria Comportamental da Administração.

REFERÊNCIAS

1. BARNARD, Chester I. *The functions of the executive*. Cambridge, Massachusetts: Harvard University, 1938.
2. HOMANS, George. *The human group*. New York: Harcourt, Brace & Company, 1950.
3. SIMON, Herbert A. *Administrative behavior*. New York: Macmillan, 1945.

7 TEORIA COMPORTAMENTAL DA ADMINISTRAÇÃO

OBJETIVOS DE APRENDIZAGEM

- Definir as características da mais democrática e humanista das teorias administrativas e sua fundamentação sobre a natureza humana.
- Definir os estilos de administração e sistemas administrativos e suas características.
- Caracterizar as organizações como sistemas sociais cooperativos e como sistemas de decisões.
- Definir o comportamento organizacional e a interação entre participantes e organizações.
- Fazer um balanço crítico da contribuição behaviorista à Administração.

O QUE VEREMOS ADIANTE

- Origens da Teoria Comportamental.
- Novas proposições sobre a motivação humana.
- Estilos de Administração.
- Organização como um sistema social cooperativo.
- Processo decisório.
- Comportamento organizacional.
- Conflito entre objetivos organizacionais e objetivos individuais.
- Novas proposições sobre liderança.
- Apreciação crítica da Teoria Comportamental.

> **CASO INTRODUTÓRIO**
> **Seleção de Futebol**
>
> Zico pulou da posição de jogador para técnico de futebol. Um verdadeiro *coach*. Recentemente, Zico recebeu a incumbência de formar uma equipe de futebol capaz de representar o país em uma competição mundial. Trata-se de disputar uma série de partidas com vários times e levar a taça no final da competição. Uma tarefa complexa que exige a composição de uma equipe integrada, cooperativa, coesa e excelente. Zico tem pela frente vários desafios.

A Teoria Comportamental (ou Teoria Behaviorista) trouxe uma nova concepção e um novo enfoque na teoria administrativa: ênfase nas ciências do comportamento (*behavioral sciences approach*), abandono de posições normativas e prescritivas das teorias anteriores (Teorias Clássica, das Relações Humanas e da Burocracia) e adoção de posições explicativas e descritivas. A ênfase permanece nas pessoas, mas dentro de um contexto organizacional mais amplo: o comportamento organizacional. Ou seja, o comportamento da organização sob o aspecto humano.

Aumente seus conhecimentos sobre **O behaviorismo** na seção *Saiba mais* ITGAc 7.1

7.1 ORIGENS DA TEORIA COMPORTAMENTAL

As origens da **Teoria Comportamental** da Administração são as seguintes:

- A oposição ferrenha da Teoria das Relações Humanas (com sua ênfase nas pessoas) em relação à Teoria Clássica (com sua ênfase nas tarefas e na estrutura organizacional) caminhou para um segundo estágio, a Teoria Neoclássica, e um terceiro estágio: a Teoria Comportamental. Esta representa uma nova tentativa de síntese da teoria da organização formal com um profundo enfoque humanístico.
- A Teoria Comportamental representa um desdobramento e ampliação da Teoria das Relações Humanas, com a qual se mostra também crítica e severa rejeitando as suas concepções ingênuas e românticas.
- A Teoria Comportamental critica a Teoria Clássica e a sua teoria da organização formal, os princípios gerais de Administração, o conceito de autoridade formal e as suas posições rígidas, inflexíveis e mecanicistas.
- A Teoria Comportamental mostra-se crítica à Teoria da Burocracia[1] no que se refere ao seu "modelo de máquina" como modelo organizacional.[2]
- Em 1947, o prêmio Nobel Herbert A. Simon lança seu livro *O comportamento administrativo*,[3] que marca o início da Teoria Comportamental na Administração. Este livro constitui o início da Teoria das Decisões.

A Teoria Comportamental traz consigo uma redefinição de conceitos, amplia o conteúdo e diversifica a natureza da teoria administrativa.

7.2 NOVAS PROPOSIÇÕES SOBRE A MOTIVAÇÃO HUMANA

A Teoria Comportamental fundamenta-se no **comportamento** individual das pessoas para explicar o **comportamento organizacional**. E, para poder explicar como as pessoas se comportam, amplia o estudo da motivação humana como um dos seus temas fundamentais, no qual a teoria administrativa recebeu volumosa contribuição. Os autores behavioristas verificaram que o administrador precisa conhecer as **necessidades humanas** para melhor compreender o comportamento humano e utilizar a motivação humana como poderoso meio para melhorar a qualidade de vida dentro das organizações.

7.2.1 Hierarquia das necessidades de Maslow

Maslow apresentou uma teoria da **motivação** segundo a qual as necessidades humanas estão organizadas e dispostas em uma hierarquia de importância e de influenciação visualizada como uma pirâmide, a saber:[4]

1. **Necessidades fisiológicas:** constituem o nível mais baixo de todas as necessidades humanas, mas de vital importância. Neste nível, estão as necessidades de alimentação (fome e sede), sono e repouso (cansaço), abrigo (frio ou calor), desejo sexual etc. As necessidades fisiológicas estão relacionadas com a sobrevivência do indivíduo e com a preservação da espécie. São necessidades instintivas e que nascem com ele e as mais prementes de todas as necessidades humanas. Quando não estão satisfeitas, dominam a direção do comportamento. O homem com o estômago vazio não tem outra preocupação maior do que matar a fome. Porém, quando come regularmente, a fome deixa de ser uma motivação importante. Quando todas as necessidades humanas estão insatisfeitas, a maior motivação será a das necessidades fisiológicas, e o comportamento do indivíduo terá a finalidade de encontrar alívio da pressão que elas produzem no seu organismo.

2. **Necessidades de segurança:** constituem o segundo nível de necessidades. São necessidades de segurança, estabilidade, busca de proteção contra a ameaça ou privação e fuga do perigo. Surgem no comportamento quando as necessidades fisiológicas estão relativamente satisfeitas. Quando o indivíduo é dominado por necessidades de segurança, seu organismo age como um mecanismo de procura de segurança e essas necessidades funcionam como elementos organizadores exclusivos do comportamento.

3. **Necessidades sociais:** surgem no comportamento, quando as necessidades mais baixas (fisiológicas e de segurança) encontram-se relativamente satisfeitas. Entre elas estão as necessidades de associação, participação, aceitação por parte dos companheiros, troca de amizade, afeto e amor. Quando não estão suficientemente satisfeitas, o indivíduo torna-se resistente, antagônico e hostil com relação às pessoas que o cercam. A frustração dessas necessidades conduz à falta de adaptação social, ao isolacionismo e à solidão. Dar e receber afeto são importantes forças motivadoras do comportamento humano.

4. **Necessidades de estima:** são necessidades relacionadas com a maneira pela qual o indivíduo se vê e se autoavalia. Envolvem autoapreciação, autoconfiança, necessidade de aprovação social e de

Aumente seus conhecimentos sobre **A teoria de Maslow** na seção *Saiba mais* ITGAc 7.2

respeito, *status*, prestígio e consideração. Incluem, ainda, desejo de força e de adequação, confiança perante o mundo, independência e autonomia. A satisfação delas conduz a sentimentos de autoconfiança, de valor, força, prestígio, poder, capacidade e utilidade. A sua frustração pode produzir sentimentos de inferioridade, fraqueza, dependência e desamparo que podem levar ao desânimo ou a atividades compensatórias.

5. **Necessidades de autorrealização:** são as necessidades humanas mais elevadas e que estão no topo da hierarquia. Estão relacionadas com a realização do próprio potencial e autodesenvolvimento contínuo, cuja tendência se expressa por meio do impulso de tornar-se sempre mais do que é e de vir a ser tudo o que pode ser.

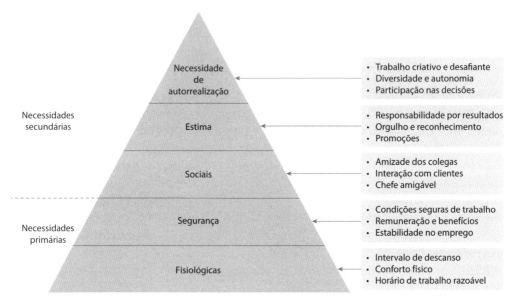

Figura 7.1 Hierarquia das necessidades, segundo Maslow.

Figura 7.2 Hierarquia das necessidades humanas e os meios de satisfação.

As pesquisas não chegaram a confirmar cientificamente a teoria de Maslow e algumas delas até mesmo a invalidaram. Contudo, sua teoria é bem aceita e oferece um esquema orientador e útil para a atuação do administrador.

Figura 7.3 Satisfação e não satisfação (frustração) das necessidades básicas.

> **VOLTANDO AO CASO INTRODUTÓRIO**
> **Seleção de Futebol**
>
> A partir da escolha e convocação dos jogadores que passam a compor a equipe, Zico precisa cuidar de dois aspectos fundamentais: o treinamento técnico e o preparo psicológico dos novos integrantes. Ele sabe que para vencer uma competição é necessário ultrapassar uma variedade de obstáculos e vencer os vários times adversários. Isso requer muito preparo e treinamento. E muita garra da equipe. Se você estivesse no lugar de Zico, como trataria da motivação da equipe?

7.2.2 Teoria dos dois fatores de Herzberg

Frederick **Herzberg**[5] formulou a teoria dos dois fatores para explicar o comportamento das pessoas em situação de trabalho. Para ele, existem dois fatores que orientam o comportamento das pessoas:[6]

1. **Fatores higiênicos, ou fatores extrínsecos:** estão localizados no ambiente que rodeia as pessoas e abrangem as condições dentro das quais elas desempenham seu trabalho, como salário, benefícios sociais, tipo de chefia ou supervisão, condições físicas e ambientais de trabalho, políticas e diretrizes da empresa, regulamentos internos etc. São fatores de contexto e se situam no ambiente externo que circunda o indivíduo. Como essas condições são administradas e decididas pela empresa, estão fora do controle das pessoas. Quase sempre, apenas os fatores higiênicos eram utilizados na motivação dos empregados: o trabalho

era considerado uma atividade desagradável e, para fazer com que as pessoas trabalhassem mais, tornava-se necessário o apelo para prêmios e incentivos salariais, supervisão, políticas empresariais abertas e estimuladoras, isto é, incentivos situados externamente ao indivíduo em troca do seu trabalho. As pesquisas de Herzberg revelaram que, quando os fatores higiênicos são ótimos, eles apenas evitam a insatisfação e, se elevam a satisfação, não conseguem sustentá-la por muito tempo. E quando são precários, provocam a insatisfação. Em razão dessa influência mais voltada para a insatisfação, são chamados de fatores higiênicos: são profiláticos e preventivos, apenas evitam a insatisfação, mas não provocam a satisfação. Seu efeito é similar ao de certos remédios que evitam a infecção ou combatem a dor de cabeça, mas não melhoram a saúde. Por estarem mais relacionados com a insatisfação, são fatores insatisfacientes.

2. **Fatores motivacionais, ou fatores intrínsecos:** estão relacionados com o conteúdo do cargo e com a natureza das tarefas que a pessoa executa. Estão sob o controle do indivíduo, pois estão relacionados com o que ele faz e desempenha. Envolvem sentimentos de crescimento individual, reconhecimento profissional e autorrealização e dependem das atividades que o indivíduo realiza no trabalho. Tradicionalmente, as tarefas e os cargos eram arranjados e definidos com a preocupação de atender aos princípios de eficiência, eliminando o desafio e a criatividade individual. Com isto, perdiam o significado psicológico para o indivíduo que os executa e criavam o efeito de "desmotivação", provocando apatia, desinteresse e falta de sentido psicológico. O seu efeito sobre as pessoas é profundo e estável. Quando são ótimos, provocam a satisfação nas pessoas. Porém, quando são precários, eles evitam a satisfação. Por estarem relacionados com a satisfação dos indivíduos, são chamados de fatores satisfacientes.

Os fatores higiênicos e os motivacionais são independentes e não se vinculam entre si. Os fatores responsáveis pela satisfação profissional das pessoas são totalmente desligados e distintos dos fatores responsáveis pela insatisfação profissional. O oposto da satisfação profissional não é a insatisfação, mas ausência de satisfação profissional. Também o oposto da insatisfação profissional é ausência dela e não a satisfação.[7]

Quadro 7.1 Fatores motivacionais e fatores higiênicos

Fatores motivacionais (satisfacientes)	Fatores higiênicos (insatisfacientes)
Conteúdo do cargo (como a pessoa se sente em relação ao seu cargo):	Contexto do cargo (como a pessoa se sente em relação à sua empresa):
■ Trabalho em si ■ Realização ■ Reconhecimento ■ Progresso profissional ■ Responsabilidade	■ Condições de trabalho ■ Administração da empresa ■ Salário ■ Relações com o supervisor ■ Benefícios e serviços sociais

Figura 7.4 Fatores satisfacientes e insatisfacientes como entidades separadas.

A teoria dos dois fatores de Herzberg pressupõe os seguintes aspectos:

- A satisfação no cargo depende dos fatores motivacionais ou satisfacientes: o conteúdo ou atividades desafiantes e estimulantes do cargo desempenhado pela pessoa.
- A insatisfação no cargo depende dos fatores higiênicos ou insatisfacientes: o ambiente de trabalho, salário, benefícios recebidos, supervisão, colegas e contexto geral que envolve o cargo ocupado.

Para proporcionar continuamente motivação no trabalho, Herzberg propõe o "enriquecimento de tarefas" ou "enriquecimento do cargo" (*job enrichment*). Consiste em substituir tarefas simples e elementares do cargo por tarefas mais complexas para acompanhar o crescimento individual de cada pessoa e oferecer-lhe condições de desafio e satisfação profissional no cargo. O enriquecimento de tarefas depende do desenvolvimento de cada pessoa e deve adequar-se às suas características individuais em **desenvolvimento**. Pode ser vertical (eliminação de tarefas mais simples e acréscimo de tarefas mais complexas) ou horizontal (eliminação de tarefas relacionadas com certas atividades e acréscimo de outras tarefas diferentes, mas no mesmo nível de dificuldade), como na Figura 7.5.

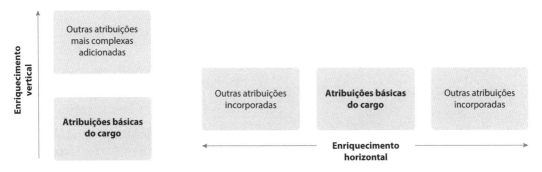

Figura 7.5 Enriquecimento vertical e horizontal de cargos.

O **enriquecimento de cargos** adiciona ou desloca para cima ou para os lados, envolvendo atribuições mais elevadas ou laterais e complementares.

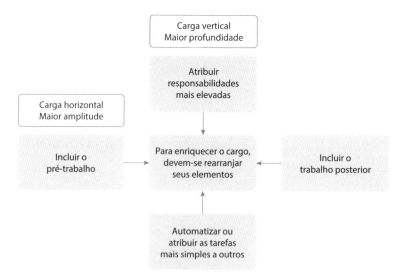

Figura 7.6 Enriquecimento do cargo vertical e horizontal.

O enriquecimento de tarefas provoca efeitos desejáveis, como aumento da motivação, aumento da produtividade, redução do absenteísmo (faltas e atrasos ao serviço) e redução da rotatividade do pessoal (demissões de empregados). Contudo, pode gerar efeitos indesejáveis, como o aumento de ansiedade em face de tarefas novas e diferentes quando não são bem-sucedidas, aumento do conflito entre as expectativas pessoais e os resultados do trabalho nas novas tarefas enriquecidas, sentimentos de exploração quando a empresa não acompanha o enriquecimento de tarefas com o enriquecimento da remuneração, redução das relações interpessoais em razão da maior concentração nas tarefas enriquecidas.

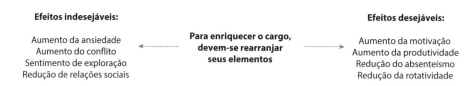

Figura 7.7 Efeitos possíveis do enriquecimento do cargo.

VOLTANDO AO CASO INTRODUTÓRIO
Seleção de Futebol

Zico precisa ensinar os jogadores a terem uma visão mais ampla de suas funções. O trabalho em equipe exige que cada um faça a sua parte e ajude os outros a fazer cada qual sua parte para que, no conjunto, a equipe se torne coesa e excelente. Isso significa uma ampliação da função de cada jogador: ele precisa jogar por si e para os outros. O trabalho em equipe não é individual, mas coletivo. Não é introorientado, mas orientado para o trabalho de toda a equipe. Como você poderia ajudar Zico?

As teorias de motivação de Maslow e Herzberg apresentam pontos de concordância: os fatores higiênicos de Herzberg relacionam-se com as necessidades primárias de Maslow (necessidades fisiológicas e de segurança), enquanto os fatores motivacionais relacionam-se com as necessidades secundárias (necessidades de estima e autorrealização):

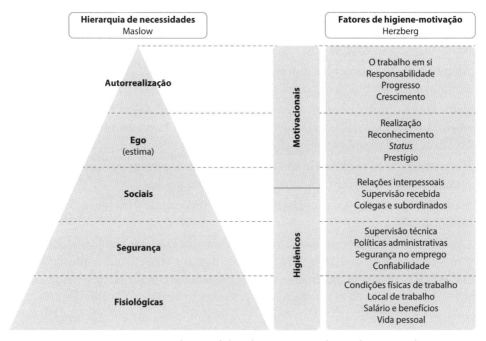

Figura 7.8 Comparação dos modelos de motivação de Maslow e Herzberg.

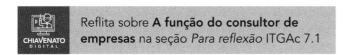

Reflita sobre **A função do consultor de empresas** na seção *Para reflexão* ITGAc 7.1

7.3 ESTILOS DE ADMINISTRAÇÃO

A Teoria Comportamental oferece uma variedade de estilos de administração à disposição do administrador. A administração das organizações em geral (e das empresas em particular) é condicionada por estilos com que os administradores dirigem ou lideram, dentro delas, o comportamento das pessoas. Os estilos de administração dependem das convicções dos administradores a respeito do comportamento humano na organização. Tais convicções moldam a maneira de conduzir as pessoas, dividir o trabalho, planejar, organizar e controlar as atividades. As **organizações** são projetadas e administradas de acordo com certas teorias administrativas. Cada teoria administrativa baseia-se em convicções sobre a maneira pela qual as pessoas se comportam dentro das organizações.

7.3.1 Teoria X e Teoria Y

McGregor compara dois estilos opostos e antagônicos de administrar: de um lado, um estilo baseado na teoria tradicional, mecanicista e pragmática (a que deu o nome de Teoria X), e, de outro, um estilo baseado nas concepções modernas a respeito do comportamento humano (a que denominou Teoria Y).[8]

1. **Teoria X:** é a concepção tradicional de administração e baseia-se em convicções errôneas e incorretas sobre o comportamento humano, a saber:
   - **As pessoas são indolentes e preguiçosas por natureza:** elas evitam o trabalho ou trabalham o mínimo possível em troca de recompensas salariais ou materiais.
   - **Falta-lhes ambição:** não gostam de assumir responsabilidades e preferem ser dirigidas e sentir-se seguras nessa dependência. O homem é, basicamente, egocêntrico e seus objetivos pessoais opõem-se, em geral, aos objetivos da organização.
   - **Resistem às mudanças:** pela sua própria natureza, pois procuram sua segurança e pretendem não assumir riscos que as ponham em perigo.
   - **Não têm autocontrole e autodisciplina:** elas precisam ser dirigidas e controladas pela administração.

   Essas concepções e premissas a respeito da natureza humana formam a Teoria X, que reflete um estilo de administração duro, rígido e autocrático e que faz as pessoas trabalharem dentro de esquemas e padrões planejados e organizados, tendo em vista o alcance dos objetivos da organização. As pessoas são visualizadas como meros recursos ou meios de produção.

2. **Teoria Y:** é a moderna concepção de administração de acordo com a Teoria Comportamental. Baseia-se em concepções e premissas atuais e sem preconceitos a respeito da natureza humana, a saber:
   - **O trabalho pode ser fonte de satisfação:** as pessoas não têm desprazer inerente em trabalhar. A aplicação do esforço físico ou mental em um trabalho é tão natural quanto jogar ou descansar.
   - **As pessoas não são passivas ou resistentes:** por sua natureza intrínseca. Elas podem tornar-se assim em resultado de sua experiência negativa no trabalho.
   - **As pessoas têm motivação e potencial de desenvolvimento:** podem assumir responsabilidades, exercitar autodireção e autocontrole para alcançar objetivos confiados pela empresa. O controle externo e ameaça de punição não são os meios adequados de obter a dedicação e esforço delas.
   - **A capacidade de alto grau de imaginação e de criatividade:** na solução de problemas empresariais, é amplamente – e não escassamente – distribuída entre as pessoas. Na vida moderna, as potencialidades intelectuais das pessoas são apenas parcialmente utilizadas.

   Em oposição à Teoria X, McGregor aponta a Teoria Y, segundo a qual administrar é um processo de criar oportunidades e liberar potenciais rumo ao autodesenvolvimento das pessoas. Com o predomínio da Teoria X, as pessoas se acostumaram a ser dirigidas, controladas e manipuladas pelas empresas e a encontrar fora do trabalho as satisfações

Capítulo 7 – Teoria Comportamental da Administração

para suas necessidades de autorrealização. A Teoria Y é aplicada em um estilo de direção baseado em medidas inovadoras e humanistas, a saber:

Aumente seus conhecimentos sobre **As Teorias X e Y como dimensões bipolares e oponentes** na seção *Saiba mais* ITGAc 7.3

- **Descentralização das decisões e delegação de responsabilidades:** a fim de permitir liberdade para que as pessoas dirijam elas próprias as suas tarefas, assumam os desafios delas decorrentes e satisfaçam suas necessidades de autorrealização.

- **Ampliação do cargo para maior significado do trabalho:** a Teoria Y substitui a superespecialização e o confinamento de tarefas pela ampliação do cargo mediante sua reorganização e extensão de atividades, para que as pessoas possam conhecer o significado do que fazem e ter uma ideia de sua contribuição pessoal para as operações da empresa como um todo.

- **Participação nas decisões e administração consultiva:** para permitir que as pessoas tenham participação nas decisões que as afetam direta ou indiretamente e para que se comprometam com o alcance dos objetivos empresariais. A administração consultiva cria oportunidades para que as pessoas sejam consultadas sobre suas opiniões e pontos de vista a respeito de decisões a serem tomadas pela empresa.

- **Autoavaliação do desempenho:** os tradicionais programas de avaliação do desempenho, nos quais os chefes medem o desempenho dos subordinados como se fosse um produto que está sendo inspecionado ao longo da linha de montagem, são substituídos por programas de autoavaliação do desempenho, onde a participação dos empregados envolvidos é de importância capital. As pessoas são encorajadas a planejar e avaliar sua contribuição para os objetivos empresariais e assumir responsabilidades.

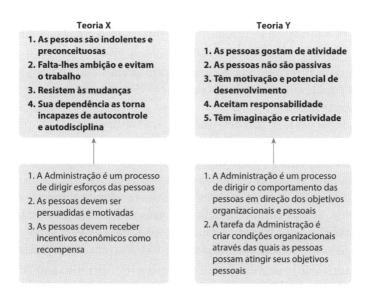

Figura 7.9 As Teorias X e Y como diferentes concepções sobre a natureza humana.

> **VOLTANDO AO CASO INTRODUTÓRIO**
> **Seleção de Futebol**
>
> Zico sabe muito bem que sua atuação não pode ser autocrática e impositiva. A equipe deve aprender a decidir por si própria no campo de batalha. Seu estilo de direção deve ser participativo, democrático e aberto. Quais seriam suas sugestões para melhorar o trabalho de Zico?

7.3.2 Sistemas de Administração

Likert considera a Administração um processo relativo, no qual não existem normas e princípios universais válidos para todas as circunstâncias e situações. A Administração nunca é igual em todas as organizações e pode assumir feições diferentes, dependendo das condições internas e externas existentes. Likert propõe uma classificação de sistemas de Administração, caracterizados em relação a quatro variáveis: processo decisório, sistema de comunicação, relacionamento interpessoal e sistema de recompensas e punições. Em cada **sistema administrativo**, há alterações nessas quatro variáveis:[9]

a) **Sistema 1 – Autoritário coercitivo:** é um sistema administrativo autocrático e forte, coercitivo e arbitrário, que controla rigidamente tudo o que ocorre na organização. É o sistema mais duro e fechado. Suas características são:

- **Processo decisório**: totalmente centralizado na cúpula da organização. Todas as ocorrências imprevistas e não rotineiras são levadas à cúpula para resolução e todos os eventos são decididos somente pela cúpula. O nível institucional fica sobrecarregado com a tarefa decisória.

- **Sistema de comunicações:** é precário e as comunicações são sempre verticais, no sentido descendente, carregando ordens de cima para baixo. Não existem comunicações laterais. As pessoas não são solicitadas a gerar informação, o que faz com que as decisões tomadas na cúpula se alicercem em informações limitadas, incompletas ou errôneas.

- **Relacionamento interpessoal:** é considerado prejudicial ao bom andamento dos trabalhos. A cúpula empresarial vê com extrema desconfiança as conversas informais entre as pessoas e procura coibi-las ao máximo. A organização informal é vedada. Para evitá-la, os cargos e tarefas são desenhados para confinar e isolar as pessoas umas das outras e evitar o seu relacionamento.

- **Sistema de recompensas e punições:** há ênfase nas punições e nas medidas disciplinares, gerando um ambiente de temor e desconfiança. As pessoas precisam obedecer à risca as regras e regulamentos e executar suas tarefas de acordo com os métodos e procedimentos. Se elas cumprem fielmente suas obrigações, não estão fazendo nada mais que sua obrigação. Daí a ênfase nas punições, para assegurar o cumprimento das obrigações. As recompensas são raras e, quando ocorrem, são materiais e salariais.

b) **Sistema 2 – Autoritário benevolente:** é um sistema administrativo autoritário que constitui uma variação atenuada do Sistema 1. No fundo, é um Sistema 1 mais condescendente e menos rígido. Suas principais características são:

- **Processo decisório:** é centralizado na cúpula administrativa, permitindo pequeníssima delegação quando as decisões são de pequeno porte e de caráter rotineiro e repetitivo, baseadas em rotinas e prescrições e sujeitas à aprovação posterior, ainda prevalecendo o aspecto centralizador.
- **Sistema de comunicações:** é relativamente precário, prevalecendo as comunicações verticais e descendentes, embora a cúpula se oriente em comunicações ascendentes vindas dos escalões mais baixos, como retroação de suas decisões.
- **Relacionamento interpessoal:** a organização tolera que as pessoas se relacionem entre si, em um clima de condescendência. A interação humana é pequena e a organização informal é incipiente. Embora possa desenvolver-se, a organização informal é considerada ameaça aos interesses e objetivos da empresa.
- **Sistema de recompensas e punições:** ainda há ênfase nas punições e nas medidas disciplinares, mas o sistema é menos arbitrário e oferece algumas recompensas materiais e salariais e raras recompensas simbólicas ou sociais.

c) **Sistema 3 – Consultivo:** trata-se de um sistema que pende mais para o lado participativo do que para o autocrático e impositivo, como nos sistemas anteriores. Representa um abrandamento da arbitrariedade organizacional. Suas características são:

- **Processo decisório:** tipo participativo e consultivo. Participativo porque as decisões são delegadas aos níveis hierárquicos e devem orientar-se pelas políticas e diretrizes previamente definidas para balizar todas as decisões e ações dos demais níveis. Consultivo porque a opinião e pontos de vista dos níveis inferiores são considerados na definição das políticas e diretrizes que os afetam. Todas as decisões são posteriormente submetidas à aprovação da cúpula.
- **Sistema de comunicações:** prevê comunicações verticais nos sentidos descendente e ascendente, bem como comunicações laterais entre os pares. A empresa desenvolve sistemas internos de comunicação para facilitar o seu fluxo.
- **Relacionamento interpessoal:** a confiança depositada nas pessoas já é bem mais elevada, embora ainda não completa e definitiva. A empresa cria condições relativamente favoráveis a uma organização informal sadia e positiva.
- **Sistema de recompensas e punições:** há ênfase nas recompensas materiais (como incentivos salariais, promoções e oportunidades profissionais) e simbólicas (como prestígio e *status*), embora ocorram punições e castigos.

d) **Sistema 4 – Participativo:** é o sistema administrativo democrático por excelência. É o mais aberto de todos os sistemas. Suas características são:

- **Processo decisório:** decisões são totalmente delegadas aos níveis organizacionais. O nível institucional define as políticas e diretrizes, e apenas controla os resultados, deixando as decisões totalmente a cargo dos diversos níveis hierárquicos. Apenas em ocasiões de emergência o alto escalão assume decisivamente, porém, sujeitando-se à ratificação explícita dos grupos envolvidos.
- **Sistema de comunicações:** comunicações fluem em todos os sentidos e a empresa investe em sistemas de informação, pois eles são básicos para sua flexibilidade e eficiência.

- **Relacionamento interpessoal:** o trabalho é feito em equipes. A formação de grupos espontâneos permite maior relacionamento entre as pessoas. As relações interpessoais baseiam-se na confiança mútua e não em esquemas formais (como descrições de cargos ou relações formais previstas no organograma). O sistema incentiva a participação e o envolvimento grupal, de modo que as pessoas se sentem responsáveis pelo que decidem e fazem em todos os níveis organizacionais.
- **Sistema de recompensas e punições:** ênfase nas recompensas simbólicas e sociais, embora não sejam omitidas as recompensas materiais e salariais. Raramente ocorrem punições, as quais sempre são decididas e definidas pelos grupos envolvidos.

Aumente seus conhecimentos sobre **Quatro maneiras de administrar as organizações** na seção *Saiba mais* ITGAc 7.4

Quadro 7.2 Os quatro sistemas administrativos, segundo Likert

Variáveis principais	Autoritário coercitivo	Autoritário benevolente	Consultivo	Participativo
Processo decisório	Centralizado na cúpula	Centralizado com pequena delegação rotineira	Consulta permitindo delegação e participação	Descentralizado. A cúpula define políticas e controla resultados
Sistema de comunicação	Muito precário. Só verticais e descendentes carregando ordens	Precário. As descendentes prevalecem sobre ascendentes	Fluxo vertical (descendente e ascendente) e horizontal	Eficiente e básico para o sucesso da empresa
Relações interpessoais	São vedadas e prejudiciais à empresa	São toleradas, mas a organização informal é uma ameaça	Certa confiança nas pessoas e nas relações entre elas	Trabalho em equipe com formação de grupos. Participação e envolvimento
Sistemas de recompensas e punições	Punições e ações disciplinares. Obediência cega	Menor arbitrariedade. Recompensas salariais e raras sociais	Recompensas materiais e sociais. Raras punições	Recompensas sociais e materiais

O Sistema 4 repousa em três aspectos principais:

1. Utilização de princípios e técnicas de motivação em vez da tradicional dialética de recompensas e punições.
2. Grupos de trabalho altamente motivados, estreitamente entrelaçados e capazes de se empenharem totalmente para alcançar os objetivos empresariais. A competência técnica não deve ser esquecida. O papel dos "elos de vinculação superposta" é fundamental.
3. Adoção de "princípios de relações de apoio": a administração adota metas de elevado desempenho para si própria e para os colaboradores e estabelece os meios adequados para atingi-las. As metas de eficiência e produtividade são alcançadas mediante um sistema de administração que permite condições de satisfazer aos objetivos individuais dos colaboradores.

Além disso, o comportamento humano na organização pode ser explicado por algumas variáveis. Existem variáveis administrativas que são causais e básicas do comportamento humano. Elas provocam estímulos que atuam nos indivíduos (variáveis intervenientes) e produzem respostas ou resultados, que são as variáveis decorrentes de resultado, como na Figura 7.10.[7]

Figura 7.10 Modelo de organização de Likert.

As variáveis intervenientes dependem das variáveis causais e influenciam as variáveis de resultado. Likert critica a ênfase na eficiência da empresa baseada apenas em termos de produtividade ou produção física (variáveis de resultado), negligenciando as variáveis intervenientes.

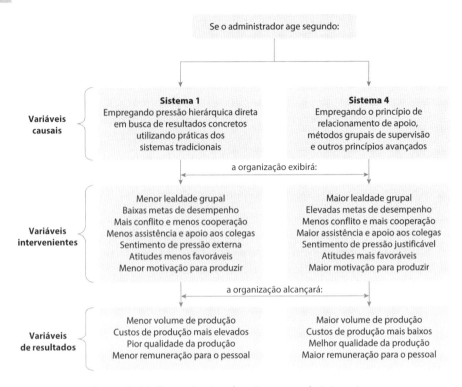

Figura 7.11 Decorrências dos sistemas administrativos.

O foco nos resultados de produção produz apenas resultados imediatos, deixando sem solução fragmentos intervenientes, cuja ordenação e correção exigirão longo trabalho pela frente. A ênfase no imediatismo e no curto prazo gera riscos para o futuro (Figura 7.11).

7.4 ORGANIZAÇÃO COMO UM SISTEMA SOCIAL COOPERATIVO

Bem antes da Teoria Comportamental, Chester Barnard publicou um livro propondo uma teoria da cooperação para explicar as organizações.[10] Para ele, as pessoas não atuam isoladamente, mas por meio de interações com outras pessoas para poderem alcançar seus objetivos. Nessas interações humanas, as pessoas influenciam-se mutuamente: são as relações sociais. As diferenças individuais fazem com que cada uma tenha suas próprias características pessoais, suas capacidades e limitações. E para poderem sobrepujar suas limitações e ampliar suas capacidades, as pessoas precisam cooperar entre si para alcançar seus objetivos. É a partir da participação pessoal e da cooperação entre pessoas que surgem as organizações. As organizações são sistemas cooperativos que têm por base a racionalidade. Trocando em miúdos: as organizações são sistemas sociais baseados na cooperação e na racionalidade entre as pessoas. Uma organização somente existe quando ocorrem conjuntamente três condições:

- Interação entre duas ou mais pessoas.
- Desejo e disposição para a cooperação.
- Finalidade de alcançar um objetivo comum.

A organização é um sistema de forças ou atividades, conscientemente coordenadas, de dois ou mais indivíduos. O desejo de cooperar depende dos incentivos oferecidos pela organização e esta precisa influir no comportamento das pessoas por meio de incentivos materiais (como salário e benefícios sociais), oportunidades de crescimento, consideração, prestígio ou poder pessoal, condições físicas adequadas de trabalho etc. Assim, a organização oferece incentivos para obter a cooperação das pessoas em todos os níveis hierárquicos. Nesse esquema, cada pessoa precisa alcançar os objetivos organizacionais (para se manter ou crescer na organização) e os seus objetivos pessoais (para obter satisfações). Para Barnard, a pessoa precisa ser eficaz (alcançar objetivos organizacionais) e precisa ser eficiente (alcançar objetivos pessoais) para sobreviver no sistema, como na Figura 7.12.

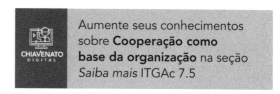

Aumente seus conhecimentos sobre **Cooperação como base da organização** na seção *Saiba mais* ITGAc 7.5

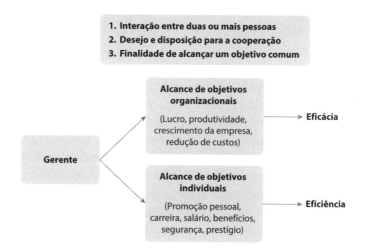

Figura 7.12 Eficácia e eficiência para as pessoas segundo Barnard.

A função do executivo, isto é, de cada administrador dentro da organização, é constituir e manter um sistema de esforços cooperativos. Como a cooperação é essencial para a sobrevivência da organização, a função básica do executivo consiste em proporcionar condições capazes de incentivar a coordenação da atividade organizada.

7.5 PROCESSO DECISÓRIO

A **Teoria das Decisões** nasceu com Herbert Simon, que a utilizou como base para explicar o comportamento humano nas organizações.[11] A organização é um sistema de decisões em que cada pessoa participa, racional e conscientemente, escolhendo e tomando decisões individuais a respeito de alternativas racionais de comportamento. Assim, a organização está permeada de decisões e de ações. As teorias administrativas anteriores deram importância às ações e nenhuma às decisões que as provocaram. Não é somente o gestor quem toma decisões; todas as pessoas em todas as áreas de atividades e níveis hierárquicos e em todas as situações estão tomando decisões relacionadas ou não com o seu trabalho. A organização é um complexo sistema de decisões.

1. **A organização como um sistema de decisões:** o comportamento humano nas organizações é visualizado de diferentes maneiras pelas várias teorias de Administração.

   Os indivíduos participantes da organização percebem, raciocinam, agem racionalmente e decidem sua participação ou não participação na organização como tomadores de opinião e decisão e solucionadores de problemas.

2. **Teoria das Decisões:** decisão é o processo de análise e escolha entre as alternativas disponíveis de cursos de ação que a pessoa deve seguir. Toda decisão envolve:[12]

   - **Tomador de decisão:** é a pessoa que faz uma escolha ou opção entre várias alternativas futuras de ação.
   - **Objetivos:** são os objetivos que o tomador de decisão pretende alcançar com suas ações.
   - **Preferências:** são os critérios que o tomador de decisão usa para fazer sua escolha.
   - **Estratégia:** é o curso de ação que o tomador de decisão escolhe para atingir seus objetivos. O curso de ação é o caminho escolhido e depende dos recursos de que pode dispor.
   - **Situação:** são os aspectos do ambiente que envolvem o tomador de decisão, alguns deles fora do seu controle, conhecimento ou compreensão e que afetam sua escolha.
   - **Resultado:** é a consequência ou resultante de uma dada estratégia.

   O tomador de decisão está envolvido em uma situação, pretende alcançar objetivos, tem preferências pessoais e segue estratégias (cursos de ação) para alcançar resultados. Há sempre um processo de seleção ou escolha e a decisão envolve uma opção, uma escolha. Para seguir um curso de ação, a pessoa deve abandonar outros cursos alternativos. Todo curso de ação é orientado para um objetivo a ser alcançado e segue uma racionalidade. O tomador de decisão escolhe uma alternativa entre outras: se ele escolhe os meios apropriados para alcançar determinado objetivo, a sua decisão é racional. Tem racionalidade, não importa qual.

3. **Etapas do processo decisório:** o processo decisório é complexo e depende das características pessoais do tomador de decisões, da situação em que está envolvido e da maneira como ele percebe a situação. O processo decisório exige sete etapas, como mostra o Quadro 7.3.

Quadro 7.3 Processo decisório sob a ótica da organização

Elementos do processo decisório	Etapas do processo decisório
■ Tomador de decisão ■ Objetivos a alcançar ■ Preferências pessoais ■ Estratégia ■ Situação ■ Resultado	1. Percepção da situação 2. Análise e definição do problema 3. Definição dos objetivos 4. Procura de alternativas de solução 5. Avaliação e comparação das alternativas 6. Escolha da alternativa mais adequada 7. Implementação da alternativa escolhida

Cada etapa do processo influencia as outras e todo o processo. Nem sempre as etapas são seguidas à risca. Se a pressão for muito forte para uma solução imediata, as etapas 3, 5 e 7 podem ser abreviadas ou suprimidas. Quando não há pressão, algumas delas podem ser ampliadas ou estendidas no tempo.

4. **Decorrências da Teoria das Decisões:** o processo decisório permite solucionar problemas ou enfrentar situações, mas a subjetividade nas decisões individuais é enorme. Simon dá alguns recados:

- **Racionalidade limitada:** ao tomar decisões, a pessoa precisaria de um grande número de informações a respeito da situação, para que pudesse analisá-las e avaliá-las. Como isto demora e está além da capacidade individual de coleta e análise, a pessoa toma decisões a partir de pressuposições, isto é, de premissas que ela assume subjetivamente e nas quais baseia sua escolha. Em geral, as decisões relacionam-se com uma parte da situação ou com apenas alguns aspectos dela, não de tudo a respeito dela.

- **Imperfeição das decisões:** não existem decisões perfeitas: apenas umas são melhores do que outras quanto aos resultados reais que produzem. A pessoa precisa escolher, dentre as diferentes alternativas, as que se diferenciam pelos seus resultados; estes, por sua vez, devem estar ligados aos objetivos que se pretende atingir. O processo decisório racional implica a comparação de caminhos (cursos de ação) por meio da avaliação prévia dos resultados decorrentes de cada um e do confronto entre tais resultados e os objetivos que se deseja atingir. O critério norteador na decisão é a eficiência, isto é, a obtenção de resultados máximos com recursos mínimos. Claro: toda decisão tem consequências futuras. Tudo o que você faz, um dia, volta para você.

- **Relatividade das decisões:** no processo decisório, a escolha de uma alternativa implica a renúncia das demais alternativas e o estabelecimento de uma sequência de novas alternativas ao longo do tempo. A esses leques de alternativas em cada decisão dá-se o nome de árvore de decisão. Toda decisão é, até certo ponto, uma acomodação, pois a alternativa escolhida jamais permite a realização completa ou perfeita dos objetivos visados, representando apenas a melhor solução encontrada naquelas circunstâncias. A situação do meio ambiente limita as alternativas disponíveis, estabelecendo o nível que se pode atingir na consecução de um objetivo. Este nível nunca é ótimo, mas apenas satisfatório.

- **Hierarquização das decisões:** o comportamento é planejado quando guiado por objetivos e é racional quando escolhe as alternativas adequadas ao alcance dos objetivos. É preciso distinguir o que é um meio e o que é um fim. Os objetivos visados pelas pessoas obedecem a uma hierarquia, na qual um nível é considerado fim em relação ao nível mais baixo e é considerado meio em relação ao de ordem maior. Tudo depende disso.

- **Racionalidade administrativa:** há uma racionalidade no comportamento administrativo, pois é planejado e orientado no sentido de alcançar objetivos da maneira mais adequada. Os processos administrativos são, basicamente, processos decisórios, pois consistem na definição de métodos rotineiros para selecionar e determinar os cursos de ação adequados e na sua comunicação às pessoas por eles afetados.

- **Influência organizacional:** a organização retira dos seus participantes a faculdade de decidir sobre certos assuntos e a substitui por um processo decisório próprio, previamente estabelecido e rotinizado. As decisões que a organização toma pelo indivíduo são:
    - **Divisão de tarefas:** a organização limita o trabalho de cada pessoa para certas atividades e funções específicas dos seus cargos.
    - **Padrões de desempenho:** a organização define padrões que servem de guia e orientação para o comportamento racional das pessoas e para a atividade de controle

pela organização.
- **Sistemas de autoridade:** a organização influencia e condiciona o comportamento das pessoas por meio da hierarquia formal e do seu sistema de influenciação.
- **Canais de comunicação:** a organização proporciona todas as informações vitais no processo decisório das pessoas.
- **Treinamento e doutrinação:** a organização treina e condiciona nas pessoas os critérios de decisão que ela pretende manter.

VOLTANDO AO CASO INTRODUTÓRIO
Seleção de Futebol

Zico tem plena consciência de que um jogo de futebol é constituído por processos de decisão que os jogadores tomam a cada instante no decorrer do jogo enquanto visualizam o desdobrar da partida. Essas decisões dão a continuidade do jogo e podem levar à vitória ou à derrota do time. O jogador é um tomador de decisões. Quando essas decisões são antecipatórias, o jogador se torna um estrategista e constrói o futuro de cada jogada. Como melhorar o processo decisório dos jogadores?

5. **Homem administrativo:** para abastecer o processo decisório, a organização precisa coletar e processar uma enorme variedade de dados e informações para permitir a escolha de alternativas em situações que nunca revelam todas as opções disponíveis, nem os possíveis resultados ou consequências dessas alternativas. A capacidade da empresa de coletar e processar tais informações para proporcionar no tempo hábil às pessoas que decidem as bases para que possam fazer escolhas é limitada. Assim, o tomador de decisão não tem condição de analisar todas as situações nem de procurar todas as alternativas possíveis, e de buscar a melhor alternativa ou a mais adequada entre todas. Assim, o comportamento administrativo não é otimizante nem procura a melhor maneira, mas a satisficiente, isto é, a maneira satisfatória entre aquelas que conseguiu comparar. Cada pessoa é um indivíduo que apenas se contenta (um *satisficer*): para sua satisfação, ele não precisa do máximo absoluto, mas sim do suficiente para se contentar dentro das possibilidades da situação. O termo *satisficer* foi introduzido por Simon[13] para significar que o homem considera suas satisfações contentando-se com o que está ao seu alcance, mesmo que seja um mínimo, mas que, na situação ou no momento, representa para ele o máximo ou o melhor.

Aumente seus conhecimentos sobre **A busca do satisfatório e não do ótimo ou do máximo** e sobre **A busca incessante da inovação** na seção *Saiba mais* ITGAc 7.6

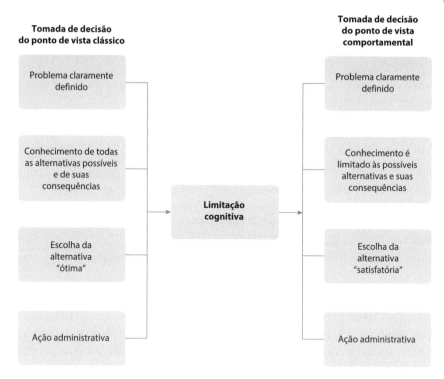

Figura 7.13 Comparação entre o processo decisório clássico e o comportamental.

7.6 COMPORTAMENTO ORGANIZACIONAL

Comportamento organizacional é o estudo da dinâmica das organizações e como os grupos e indivíduos se comportam dentro delas. É uma ciência interdisciplinar. Por ser um sistema cooperativo racional, a organização somente poderá alcançar seus objetivos se as pessoas que a compõem coordenarem seus esforços a fim de alcançar algo que individualmente jamais conseguiriam. Por essa razão, a organização caracteriza-se por uma racional divisão do trabalho e hierarquia. Assim como cada organização tem expectativas acerca de seus participantes, quanto às suas atividades, talentos e potencial de desenvolvimento, também os participantes têm as suas expectativas em relação à organização. As pessoas ingressam e fazem parte da organização para obter satisfação de suas necessidades pessoais por meio de sua participação nela. Para obter essas satisfações, as pessoas estão dispostas a fazer investimentos pessoais na organização ou a incorrer em certos custos. Por outro lado, a organização recruta pessoas na expectativa de que elas trabalhem e desempenhem suas tarefas. Assim, surge uma interação entre pessoas e organização, a que se dá o nome de processo de reciprocidade: a organização espera que as pessoas realizem suas tarefas e lhes oferece incentivos e recompensas, enquanto as pessoas oferecem suas atividades e trabalho esperando obter certas satisfações pessoais. As pessoas estão dispostas a cooperar desde que suas atividades na organização contribuam diretamente para o alcance de seus objetivos pessoais.[14]

Quadro 7.4 Comportamento organizacional

Conceitos básicos	Teoria do Equilíbrio Organizacional
■ Incentivos ou alicientes ■ Utilidade dos incentivos ■ Contribuições ■ Utilidade das contribuições	1. A organização é um sistema de comportamentos sociais inter-relacionados dos participantes. 2. Cada participante recebe incentivos em troca dos quais faz contribuições à organização. 3. O participante mantém sua participação enquanto os incentivos que recebe forem iguais ou maiores do que as contribuições. 4. As contribuições dos participantes são a fonte na qual a organização se alimenta para dar novos incentivos. 5. A organização será solvente enquanto as contribuições forem suficientes para proporcionar incentivos em quantidade suficiente para induzir os participantes à prestação de novas contribuições.

7.6.1 Teoria do Equilíbrio Organizacional

Ao estudar os **motivos** pelos quais as pessoas cooperam, os behavioristas visualizam a organização como um sistema que recebe contribuições dos participantes sob a forma de dedicação ou trabalho e em troca oferece a eles alicientes e incentivos. Os conceitos básicos dessa teoria são os seguintes:[15]

- **Incentivos ou alicientes:** são "pagamentos" feitos pela organização aos seus participantes (como salários, benefícios, prêmios de produção, gratificações, elogios, oportunidades de crescimento e promoção, reconhecimento etc.).
- **Utilidade dos incentivos:** cada incentivo possui um valor de utilidade que varia de indivíduo para indivíduo: é a função utilidade, subjetiva para cada indivíduo em função de suas necessidades pessoais.
- **Contribuições:** são os "pagamentos" que cada participante efetua à sua organização (como trabalho, dedicação, esforço e desempenho, assiduidade, pontualidade, lealdade, reconhecimento etc.).
- **Utilidade das contribuições:** é o valor que o esforço de um indivíduo tem para a organização, a fim de que esta alcance seus objetivos.

Os postulados básicos da Teoria do Equilíbrio Organizacional são:

- "A organização é um sistema de comportamentos sociais inter-relacionados de várias pessoas, que são os participantes da organização.
- Cada participante e cada grupo de participantes recebe incentivos (recompensas) em troca dos quais faz contribuições à organização.
- O participante somente manterá sua participação na organização enquanto os incentivos (recompensas) que lhe são oferecidos forem iguais ou maiores (em termos dos valores que representam para o participante) do que as contribuições que lhe são exigidas.
- As contribuições trazidas pelos vários participantes constituem a fonte na qual a organização se alimenta dos incentivos que oferece aos participantes.

- Donde: a organização será solvente – e continuará existindo somente enquanto as contribuições forem suficientes para proporcionar incentivos em quantidade suficiente para induzir os participantes à prestação de contribuições."[16]

Sob a ótica da organização

Organização → Investimentos (Incentivos e alicientes) → Participante
Participante → Retornos (Contribuições) → Organização

Sob a ótica do participante

Participante → Investimentos (Contribuições) → Organização
Organização → Retornos (Incentivos e alicientes) → Participante

Figura 7.14 Dois lados da reciprocidade.

A decisão de participar é essencial na Teoria do Equilíbrio Organizacional. Ele reflete o êxito da organização em remunerar seus participantes (com dinheiro ou satisfações não materiais) e motivá-los a fazerem parte da organização, garantindo com isso a sua sobrevivência e sustentabilidade.

7.6.2 Tipos de participantes

A Teoria do Equilíbrio Organizacional identifica os principais participantes da organização e os fatores que afetam suas decisões quanto à participação. A organização é um sistema social composto de diferentes participantes que interagem por meio de uma diferenciação de tarefas provocada pela divisão do trabalho. Os participantes da organização são todos os elementos que dela recebem incentivos e que trazem contribuições para sua existência. Há quatro classes de participantes: empregados, investidores, fornecedores e clientes. Alguns deles assumem papel dominante para o equilíbrio da organização em certas circunstâncias. Nem todos eles atuam dentro da organização. O importante é que todos eles mantêm relações de reciprocidade com a organização: proporcionam suas contribuições em troca de incentivos úteis, enquanto a organização lhes proporciona incentivos em troca de contribuições úteis.

Modernamente, os participantes da organização são denominados públicos estratégicos ou *stakeholders*, que serão visitados mais adiante.

Quadro 7.5 Parceiros do negócio – *stakeholders*[17]

Participantes (parceiros)	Contribuições (investimentos pessoais)	Incentivos (retorno do investimento)
Colaboradores	Contribuem com trabalho, dedicação, esforço pessoal, desempenho, lealdade, assiduidade.	Motivados por salário, benefícios, prêmios, elogios, oportunidades, reconhecimento, segurança no trabalho.
Investidores	Contribuem com dinheiro ou capital na forma de ações, empréstimos, financiamentos.	Motivados por rentabilidade, lucratividade, dividendos, liquidez, retorno do investimento.
Fornecedores	Contribuem com matérias-primas, materiais, tecnologias, serviços especializados.	Motivados por preço, condições de pagamento, faturamento, garantia de novos negócios.
Clientes	Contribuem com dinheiro pela aquisição dos produtos/serviços e seu consumo ou utilização.	Motivados pelo preço, qualidade, condições de pagamento, satisfação de necessidades.

7.7 CONFLITO ENTRE OBJETIVOS ORGANIZACIONAIS E INDIVIDUAIS

Um dos temas dos behavioristas é o conflito entre os objetivos organizacionais e os objetivos que, individualmente, cada participante pretende alcançar. Eles nem sempre se deram muito bem. A colocação de Barnard,[18] de que o indivíduo deve ser eficaz (na medida em que o seu trabalho consegue atingir objetivos da organização) e ser eficiente (na medida em que seu trabalho consegue atingir seus objetivos pessoais) é bem ilustrativa. Daí a dificuldade de ser eficaz e eficiente ao mesmo tempo, segundo ele.

Para Chris Argyris,[19] existe um inevitável conflito entre o indivíduo e a organização em razão da incompatibilidade entre a realização de ambos. A organização formal faz exigências aos indivíduos que são incongruentes com as necessidades deles, daí surgindo frustração e conflito. Nesse abismo entre o empregado e aqueles que controlam, a situação leva Argyris a concluir que:

- É possível a integração das necessidades individuais de autoexpressão com os requisitos de produção de uma organização.
- As organizações que apresentam alto grau de integração entre objetivos individuais e organizacionais são mais produtivas do que as demais.
- Em vez de reprimir o desenvolvimento e o potencial do indivíduo, as organizações podem contribuir para a sua melhoria e aplicação.

Para Argyris, a responsabilidade pela integração entre os objetivos da organização e dos indivíduos recai sobre a Administração. Enquanto os indivíduos buscam suas satisfações pessoais (salário, lazer, conforto, oportunidades de crescimento, horário favorável etc.), as organizações têm necessidades (capital, recursos, lucratividade e meios para se ajustar a um ambiente mutável). A interdependência entre as necessidades do indivíduo e da organização é imensa: os objetivos de ambos estão inseparavelmente entrelaçados e o alcance do objetivo de uma parte nunca deve prejudicar ou tolher o alcance do objetivo da outra. Ambas devem contribuir mutuamente para o alcance dos seus respectivos objetivos.

7.7.1 Negociação

Para os behavioristas, o administrador trabalha geralmente em situações de negociação. A negociação ou barganha é o processo de tomar decisões conjuntas quando as partes envolvidas têm preferências ou interesses diferentes. A negociação apresenta as seguintes características:

- Envolve pelo menos duas partes.
- As partes envolvidas apresentam conflito de interesses a respeito de um ou mais tópicos.
- As partes estão, temporariamente, unidas em um tipo de relacionamento voluntário.
- Esse relacionamento está voltado para a divisão ou troca ou intercâmbio de recursos específicos ou resolução de assuntos entre as partes.
- A negociação envolve a apresentação de demandas ou propostas por uma parte, a sua avaliação pela outra e, em seguida as concessões e as contrapropostas. A negociação é um processo, uma atividade sequencial e não única ou simultânea.

A negociação envolve lados opostos com interesses conflitantes. São os oponentes, litigantes, antagonistas, adversários ou contendores que tentam chegar a uma solução mutuamente aceitável. A negociação é um jogo intrincado que envolve três realidades, a saber: pessoas, problemas e propostas.

Toda negociação requer habilidades de barganhar. Isto significa saber apresentar propostas com clareza e objetividade, entender o que o outro lado está oferecendo e argumentar adequadamente e saber ouvir. Quanto melhores as habilidades do negociador, tanto maiores serão suas chances de sucesso na negociação.

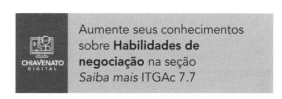

Aumente seus conhecimentos sobre **Habilidades de negociação** na seção *Saiba mais ITGAc 7.7*

7.8 APRECIAÇÃO CRÍTICA DA TEORIA COMPORTAMENTAL

A contribuição da Teoria Comportamental é importante, definitiva e inarredável. Uma visão crítica da Teoria Comportamental mostra os seguintes aspectos:

1. **Ênfase nas pessoas:** a Teoria Comportamental marca a transferência da ênfase na estrutura organizacional (influência das Teorias Clássica, Neoclássica e da Burocracia) para a ênfase nas pessoas (influência da Teoria das Relações Humanas). Ao transferir o foco dos aspectos estruturais e estáticos da organização para os aspectos comportamentais e dinâmicos, a Teoria Comportamental realinha e redefine os conceitos de tarefa e de estrutura sob uma roupagem democrática e humana. Contudo, alguns behavioristas pecam pela "psicologização" de certos aspectos organizacionais, como é o caso da Teoria das Decisões, ao considerar os participantes em termos de "racionais e não racionais", "eficientes e não eficientes", "satisfeitos e insatisfeitos".[20] Esse exagero é passível de críticas. Contudo, ela avançou na análise das organizações a partir de conceitos ligados à estrutura informal, como comportamento, cultura, valores, relações interpessoais, atitudes, expectativas de indivíduos e grupos. Para ela, as pessoas constituem o ativo mais importante da organização.

2. **Abordagem mais descritiva e menos prescritiva:** a análise prescritiva (que mostra o que deve ser) e a análise descritiva (que mostra o que é) são aspectos importantes no estudo do comportamento organizacional. Enquanto a abordagem das Teorias Clássica, Neoclássica e das Relações Humanas era prescritiva e normativa (preocupação em prescrever como lidar com os problemas administrativos, ditando princípios ou normas de atuação, o que deve e o que não deve ser feito), a abordagem da Teoria Comportamental é descritiva e explicativa (preocupação em explicar apenas, sem ditar princípios ou normas de atuação). Os behavioristas preocupam-se mais em explicar e descrever as características do comportamento organizacional do que em construir modelos e princípios de aplicação prática. Nisto reside a dificuldade de aplicação dessa teoria, que pouco tem de normativa, mas cuja riqueza conceitual é impressionante.

3. **Profunda reformulação na filosofia administrativa:** o velho conceito de organização baseado no esquema autocrático, coercitivo e de diferenciação de poder (autoridade × obediência) é criticado. Em contraposição a ele, os behavioristas mostram um novo conceito democrático e humano de "colaboração-consenso" e de "equalização de poder".[21] A Teoria Comportamental privilegia as organizações democráticas, hierarquicamente menos estruturadas e menos autocráticas, baseadas na equalização do poder.[22] Os meios para desenvolver condições satisfacientes nas organizações são:

- Delegação de responsabilidade para as pessoas alcançarem objetivos conjuntos.
- Utilização de grupos e equipes de trabalho semiautônomos.
- Enriquecimento do cargo (amplitude de variedade e de significado).
- Retroação (*feedback*), como elogios e críticas construtivas sobre o desempenho.
- Treinamento e desenvolvimento das pessoas.

Aumente seus conhecimentos sobre **Administração como ciência e como humanidade** na seção *Saiba mais* ITGAc 7.8

4. **Dimensões bipolares da Teoria Comportamental:** os principais temas da Teoria Comportamental são abordados em dimensões bipolares, como:[23]
    - **Análise teórica × empírica:** o estudo do comportamento organizacional volta-se tanto para aspectos empíricos (como pesquisas, experiências, investigações etc.) como para aspectos teóricos (proposições ou conceitos a respeito das variáveis envolvidas). A teoria especifica o que se espera que ocorra, enquanto os dados empíricos mostram o grau em que as predições ocorrem na realidade. Há uma relação simbiótica entre estas duas abordagens: dados empíricos não têm sentido sem um alinhamento teórico, enquanto a teoria não avança apenas com a abstração. Dados empíricos e teoria completam-se. Prática e teoria juntos.
    - **Análise macro × micro:** a análise do comportamento organizacional é feita na base da perspectiva global da organização (macroabordagem) e na visão de detalhes da organização, que são as pessoas (microabordagem). Ambas as perspectivas – macro (a unidade de análise é a organização) e micro (a unidade de análise é o indivíduo) – são necessárias para a compreensão dos complexos processos humanos e comportamentais que ocorrem nas organizações.

- **Organização formal × informal:** as organizações complexas são sistemas sociais previamente construídos. Envolvem a organização formal, porque compreendem atividades e relações especificadas e antecipadamente definidas; como também envolvem a organização informal, porque compreendem atividades e relações não especificadas nem previamente definidas que ocorrem dentro e fora da organização formal. Na realidade, ambas não estão separadas. Pelo contrário, interpenetram-se e influenciam-se reciprocamente.

- **Análise cognitiva × afetiva:** podem-se distinguir dois modos de comportamento: o cognitivo (dirigido pelos processos de raciocínio das pessoas e que se baseia na racionalidade, na lógica e no uso da mente e da inteligência) e o afetivo (dirigido pelos sentimentos das pessoas e que se baseia nas emoções e na afetividade). A preponderância de um modo de comportamento sobre outro depende da natureza da situação que envolve a pessoa. Em situações tranquilas e sem pressões, o comportamento é cognitivo e racional. Porém, quando sob tensão ou ansiedade, o comportamento tende a ser afetivo e emocional. Os fenômenos humanos dentro da organização são mais bem compreendidos quando os comportamentos cognitivo-racionais são estudados em conjunto com os comportamentos afetivo-emocionais. As pessoas – seja no trabalho ou fora dele – são criaturas que pensam e sentem. Razão e emoção. Se o Quociente Intelectual (QI) é importante, não menos importante é o Quociente Emocional (QE).

5. **A relatividade das teorias de motivação:** os behavioristas produziram as principais teorias da motivação – de Maslow e Herzberg – que influenciaram a teoria administrativa e que são relativas e não absolutas. Entretanto, pesquisas recentes põem dúvidas à sua validade. Contudo, há um conflito implícito entre os objetivos individuais e os objetivos organizacionais, e tal conflito pode ser resolvido por mudanças comportamentais e nas práticas organizacionais. A organização pode incrementar a satisfação das necessidades individuais com a formação de grupos de trabalho estáveis e da participação das pessoas na tomada de decisões, boas comunicações e supervisão expressiva, estruturas flexíveis e não burocráticas e pela definição de objetivos do que pela hierarquia formal de autoridade.[24]

6. **Influência das ciências do comportamento sobre a Administração:** a Teoria Comportamental mostra a mais profunda influência das ciências do comportamento na Administração, seja por intermédio de novos conceitos sobre o homem e suas motivações ou sobre a organização e seus objetivos. As pessoas são, elas mesmas, organizações complexas. Mas são profundamente influenciadas pelo contexto organizacional e pelo conteúdo do trabalho que executam. A Teoria das Organizações precisa de um modelo de ser humano para explicar e justificar seus conceitos.[25]

   Os behavioristas preferem fazer alterações organizacionais (seja na estrutura, nas tarefas ou nos processos) para obter melhorias no comportamento humano e organizacional. Para eles, o desenho e a estrutura organizacional são a chave de tudo, pois quando o comportamento é controlado por instrumentos como regulamentos, descrições de funções, recompensas e linhas de comunicação, ele é continuamente reforçado e se torna parte das expectativas dos colaboradores. É melhor planejar tarefas e determinar papéis para o indivíduo e investir em seu treinamento do que esperar que as pessoas tenham qualidades sobre-humanas para desempenhar papéis que não são totalmente claros e definidos.[16]

7. **A organização como um sistema de decisões:** a Teoria das Decisões refere-se mais aos efeitos dos processos formais sobre a tomada de decisões, deixando de lado os processos interpessoais que não estão incluídos na organização formal. Até parece que a organização

tem um único e exclusivo objetivo: enfrentar e resolver problemas que surgem e na medida em que surgem. Isso significa manter as coisas como estão. Contudo, o importante, hoje, é criar e inovar. E isto exige mirar o futuro e não os problemas que estão acontecendo no cotidiano. Ou seja, criar condições criativas e inovadoras para um futuro melhor e não apenas corrigir o presente a partir da solução de seus problemas atuais.[26]

8. **Análise organizacional a partir do comportamento:** a Teoria Comportamental analisa a organização sob o ponto de vista dinâmico do seu comportamento e está preocupada com o indivíduo como indivíduo. Porém, a análise organizacional varia conforme o autor behaviorista, a saber:[27]

  - Alguns se centram no indivíduo, suas predisposições, reações e personalidade dentro do panorama organizacional. É uma abordagem psicanalítica que vê as organizações dotadas de pessoas com diferentes características, em contínuo estado de desenvolvimento e que se comportam nelas conforme suas predisposições. É o caso de Argyris e de Barnard.
  - Outros autores consideram a organização como um meio de proporcionar à pessoa uma série de recompensas e que as organizações devem oferecer aos seus membros o mais alto nível de motivação (autocrescimento e autodesenvolvimento) e de recompensa. É o caso de Maslow e de Herzberg.
  - Outros ainda consideram a organização como um conjunto de pessoas comprometidas em um contínuo processo de tomada de decisões. Como as pressões organizacionais são importantes nesse processo, eles se voltam para as motivações individuais em uma perspectiva individual. É o caso de Simon e March.

9. **Visão tendenciosa:** a escola comportamentalista equivocou-se ao padronizar suas proposições não considerando as diferenças individuais de personalidade das pessoas, desprezando tanto aspectos subjetivos como diferentes interpretações pessoais da realidade. Ela procura explicar o comportamento humano tal como os cientistas poderiam explicar ou prever os fenômenos da natureza ou o comportamento dos ratos no labirinto do laboratório. Embora mais descritiva do que prescritiva, ela derrapa ao mostrar forte tendência para uma posição prescritiva, enfatizando o que "é melhor" para as organizações e para as pessoas que nelas trabalham (*one best way*), como é o caso de organizar (Sistema 4) ou de administrar e motivar as pessoas (Teoria Y).

Quadro 7.6 Apreciação crítica da Teoria Comportamental

> 1. Ênfase nas pessoas.
> 2. Abordagem mais descritiva e menos prescritiva.
> 3. Profunda reformulação na filosofia administrativa.
> 4. Dimensões bipolares da Teoria Comportamental.
> 5. A relatividade das Teorias de Motivação.
> 6. Influência das ciências do comportamento sobre a Administração.
> 7. A organização como um sistema de decisões.
> 8. Análise organizacional a partir do comportamento.
> 9. Visão tendenciosa.

Sejam quais forem as críticas, a Teoria Comportamental deu novos rumos e dimensões à Teoria Geral da Administração (TGA), enriquecendo profundamente o seu conteúdo e a sua abordagem. Por esta razão, seus conceitos são os mais conhecidos e populares de toda a teoria administrativa.

7.9 TEORIA DO DESENVOLVIMENTO ORGANIZACIONAL (DO)

A partir da Teoria Comportamental, um grupo de cientistas sociais e consultores de empresas desenvolveu uma abordagem moderna e democrática à mudança planejada das organizações que recebeu o nome de Desenvolvimento Organizacional (DO). Vale a pena conhecer esse movimento.

O DO se baseia em quatro variáveis básicas: ambiente, organização, grupo e indivíduo. Os autores exploram a interdependência dessas variáveis para diagnosticar a situação e intervir em aspectos estruturais e comportamentais para provocar mudanças que permitam o alcance simultâneo dos objetivos organizacionais e individuais.

Aumente seus conhecimentos sobre **Processo (procedimento) e estrutura** na seção *Saiba mais* ITGAc 7.9

7.9.1 As mudanças e a organização

O conceito de DO está relacionado com os conceitos de mudança externa e de capacidade adaptativa da organização à mudança que ocorre no ambiente. Isso levou a um novo conceito de organização e de **cultura organizacional**.

1. **Um novo conceito de organização: o conceito de organização é behaviorista:** "a organização é a coordenação de diferentes atividades de contribuintes individuais com a finalidade de efetuar transações planejadas com o ambiente".[28] Esse conceito utiliza a noção tradicional de divisão do trabalho ao se referir às diferentes atividades e à coordenação na organização e refere-se às pessoas como contribuintes das organizações, em vez de estarem elas próprias incluídas totalmente nelas. As contribuições de cada participante à organização dependem das suas diferenças individuais e do sistema de recompensas e contribuições de cada organização. Esta atua em um meio ambiente mutável e sua existência e sobrevivência dependem da maneira como ela se relaciona com esse meio. Para tanto, ela deve ser estruturada e dinamizada em função das condições e circunstâncias do meio em que opera.
2. **Cultura organizacional:** é o conjunto de hábitos, crenças, valores e tradições, interações e relacionamentos sociais típicos de cada organização. Representa a maneira tradicional e costumeira de pensar e fazer as coisas, que é compartilhada por todos os membros da organização. A cultura representa as normas informais e não escritas que orientam o comportamento dos membros da organização no cotidiano e que direcionam suas ações para a realização dos objetivos organizacionais. Cada organização tem a sua própria cultura.

Existem culturas conservadoras que se caracterizam por sua rigidez e conservantismo e culturas adaptativas que são flexíveis e maleáveis. As organizações devem adotar culturas adaptativas e flexíveis para obter maior eficiência e

Aumente seus conhecimentos sobre **As características da cultura organizacional** na seção *Saiba mais* ITGAc 7.10

eficácia de seus membros participantes e alcançar a inovação necessária para navegar pelas mudanças e transformações do mundo atual.

Quadro 7.7 Diferenças entre sistemas mecânicos e sistemas orgânicos

Sistemas mecânicos	Sistemas orgânicos
■ Ênfase nos cargos e nos indivíduos que os ocupam. ■ Relacionamento do tipo autoridade-dependência. ■ Rígida adesão à autoridade e responsabilidade dividida. ■ Divisão do trabalho e supervisão rígida. ■ Processo decisório centralizado. ■ Controle rigidamente centralizado. ■ Solução de conflitos por meio de repressão e/ou hostilidade.	■ Ênfase nos relacionamentos entre e dentro dos grupos. ■ Confiança e crença recíprocas. ■ Interdependência e responsabilidade compartilhadas. ■ Participação e responsabilidade grupal. ■ Processo decisório descentralizado. ■ Compartilhamento de responsabilidade e de controle. ■ Solução de conflitos por meio de negociação ou solução de problemas.

3. **Clima organizacional:** o clima organizacional constitui o meio interno ou a atmosfera psicológica característica de cada organização. O clima organizacional está ligado ao moral e à satisfação das necessidades dos participantes e pode ser saudável ou doentio, pode ser quente ou frio, negativo ou positivo, satisfatório ou insatisfatório, dependendo de como os participantes se sentem em relação à organização.[29] O conceito de clima organizacional envolve fatores estruturais, como o tipo de organização, tecnologia utilizada, políticas da companhia, metas operacionais, regulamentos internos, além de atitudes e comportamento social que são encorajados ou sancionados por fatores sociais.[30]

Figura 7.15 *Iceberg* da cultura organizacional.

4. **Mudança da cultura e do clima organizacional:** a organização é um sistema humano e complexo, com características próprias da sua cultura e clima. Esse conjunto de variáveis deve ser continuamente observado, analisado e aperfeiçoado para que resultem motivação e produtividade. Para mudar a cultura e o clima organizacionais, a organização precisa ter capacidade inovadora, ou seja:

   - **Adaptabilidade:** ou seja, capacidade de resolver problemas e de reagir de maneira flexível às exigências mutáveis e inconstantes do meio ambiente. Para ser adaptável, a organização deve: ser flexível, para poder adaptar e integrar novas atividades; e ser receptiva e transparente a novas ideias, venham elas de dentro ou de fora da organização.
   - **Senso de identidade:** ou seja, conhecimento e compreensão do passado e do presente da organização e a compreensão e compartilhamento dos seus objetivos por todos os participantes. No DO, não há lugar para alienação do empregado, mas para o comprometimento do participante.
   - **Perspectiva exata do meio ambiente:** ou seja, a percepção realista e a capacidade de investigar, diagnosticar e compreender o meio ambiente.
   - **Integração entre os participantes:** para que a organização possa se comportar como um todo orgânico e integrado.

   A tarefa básica do DO é mudar a cultura e melhorar o clima da organização.

5. **Conceito de mudança:** mudança é a transição de uma situação para outra diferente ou a passagem de um estado para outro diferente. Mudança implica ruptura, transformação, perturbação, interrupção. O mundo atual se caracteriza por um ambiente dinâmico em constante mudança e que exige das organizações uma elevada capacidade de adaptação, como condição básica de sobrevivência. Adaptação, renovação e revitalização significam mudança.

   O processo de mudança adotado pelo DO se baseia no modelo de Kurt Lewin,[31] mais tarde desenvolvido por Schein e outros,[32] e que é aplicável a pessoas, grupos e organizações. O modelo envolve três fases ou etapas distintas: descongelamento, mudança e recongelamento.

   a) **Descongelamento do padrão atual de comportamento:** surge quando a necessidade de mudança se torna tão óbvia que a pessoa, grupo ou organização pode rapidamente entendê-la e aceitá-la, para que a mudança possa ocorrer. Se não houver descongelamento, a tendência será o retorno puro e simples ao padrão habitual e rotineiro de comportamento. O descongelamento ou descristalização significa que as velhas ideias e práticas são derretidas e desaprendidas para serem substituídas por novas ideias e práticas aprendidas.

   b) **Mudança:** surge quando ocorre a descoberta e adoção de novas atitudes, valores e comportamentos. O **agente de mudança** conduz pessoas, grupos ou toda a organização no sentido de promover novos valores, atitudes e comportamentos por meio de processos de identificação e internalização. Os membros da organização se identificam com os valores, atitudes e comportamentos do agente de mudança para, então, internalizá-los, desde que percebam sua eficácia no seu desempenho. A mudança ou deslocamento é a fase em que novas ideias e práticas são aprendidas de modo que as pessoas passam a pensar e a executar de uma nova maneira.

   c) **Recongelamento:** significa a incorporação de um novo padrão de comportamento mediante mecanismos de suporte e de reforço, de modo que ele se torna a nova norma.

Recongelamento ou recristalização significa que o que foi aprendido foi integrado à prática atual. Passa a ser a nova maneira pela qual a pessoa conhece e faz o seu trabalho. Conhecer apenas a nova prática não é suficiente. É preciso incorporá-la e fixá-la ao comportamento.

Figura 7.16 Processo de mudança.

6. **Processo de mudança, segundo Lewin:** ocorre em um campo dinâmico de forças que atua em vários sentidos. De um lado, existem forças positivas que atuam como apoio e suporte à mudança e, de outro lado, forças negativas que atuam como oposição e resistência à mudança. Na organização, há uma balança dinâmica de forças positivas que apoiam e suportam a mudança e de forças negativas que restringem e impedem a mudança. O sistema funciona dentro de um estado de relativo equilíbrio que se denomina equilíbrio quase-estacionário. Esse equilíbrio é rompido toda vez que se introduz alguma tentativa

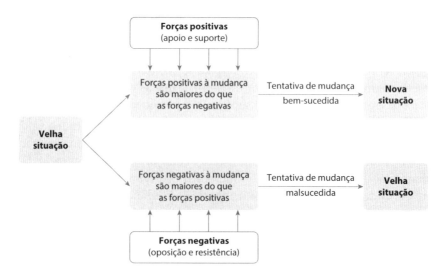

Figura 7.17 Campo de forças que atuam no processo de mudança.

de mudança, a qual sofre pressões positivas (forças de apoio e suporte) e negativas (forças de oposição e resistência) criando um momento de forças.[33]

O DO é vital para a organização que concorre e luta pela sobrevivência em condições de mudança. As mudanças que ocorrem no mundo moderno exigem revitalização e reconstrução das organizações. Estas têm de se adaptar às mudanças do ambiente. As mudanças organizacionais não podem ser feitas ao acaso, ao sabor da inércia ou da improvisação, mas devem ser planejadas.

> Aumente seus conhecimentos sobre **Forças positivas e forças negativas à mudança** na seção Saiba mais ITGAc 7.11

A gestão da mudança começa com a análise das forças exógenas (exigências da economia globalizada, da tecnologia, consumidores, concorrentes etc.) e das forças endógenas (como decisões e atividades internas, demandas de novos processos e tecnologias, novos produtos ou serviços, exigências dos empregados e sindicatos etc.) que criam a necessidade de mudanças na organização. As forças externas e internas são transferidas para necessidades percebidas na organização. Daí decorre a lacuna de desempenho (*performance gap*), ou seja, a disparidade entre os níveis existente e desejado de desempenho. A lacuna de desempenho ocorre em razão dos procedimentos atuais que não estão adequados às novas exigências. A organização deve estar atenta aos problemas e oportunidades, porque a necessidade percebida de mudança é que permite o estágio seguinte, que é o diagnóstico da mudança. Trata-se de verificar o que deve ser mudado na empresa: estrutura organizacional, cultura organizacional, tecnologia, produtos ou serviços. Por fim, a última etapa é a **implementação** da mudança de maneira planejada e organizada.

Figura 7.18 Diferentes tipos de mudança organizacional.

Figura 7.19 Etapas da mudança organizacional.

Figura 7.20 Forças positivas e negativas à mudança.

7. **Conceito de desenvolvimento:** a tendência natural da organização é crescer e desenvolver-se em função de fatores endógenos (internos e relacionados com a própria organização, estruturais ou comportamentais) e exógenos (externos e relacionados com as demandas e influências do ambiente). O desenvolvimento é um processo lento e gradativo que conduz à realização das potencialidades da organização.

Para tanto, as organizações devem possuir estruturas orgânicas adaptáveis e capazes de resolver problemas.[34] Para tanto, o desenvolvimento da organização pode ser feito através de estratégias de mudança, a saber:[35]

a) **Mudança evolucionária:** quando a mudança de uma ação para outra que a substitui é pequena e dentro dos limites das expectativas e do *status quo*. A mudança evolucionária é lenta, suave e não transgride as expectativas daqueles que nela estão envolvidos ou são por ela afetados.

b) **Mudança revolucionária:** quando a mudança contradiz, rompe ou destrói os arranjos do *status quo*. A mudança revolucionária é rápida, intensa, brutal, transgride e rejeita as antigas expectativas e introduz expectativas novas. As mudanças revolucionárias são súbitas e causadoras de impacto.

c) **Desenvolvimento sistemático:** os responsáveis pela mudança delineiam modelos do que a organização deveria ser em comparação com o que é. As mudanças resultantes traduzem-se por apoio e compromisso e não por resistências ou ressentimentos. Os autores do DO adotam o desenvolvimento sistemático.

Quadro 7.8 Tópicos da administração tradicional e do DO[36]

Tópicos da administração tradicional	Tópicos do desenvolvimento organizacional
■ Avaliação negativa das pessoas ■ Visão do homem como um ser definitivo ■ Não aceitação das diferenças individuais ■ Ênfase nos cargos e não nas pessoas ■ Supressão da expressão de sentimentos ■ Uso de máscara e representação ■ Uso do *status* para manter poder e prestígio ■ Desconfiança em relação às pessoas ■ Fuga à aceitação de riscos ■ Ênfase na competição entre as pessoas	■ Visão das pessoas como seres humanos ■ Visão do homem como um ser em crescimento ■ Aceitação e utilização das diferenças individuais ■ Visão do indivíduo como uma personalidade ■ Possibilidade de expressão dos sentimentos ■ Adoção do comportamento autêntico ■ Uso do *status* para atingir objetivos organizacionais ■ Confiança nas pessoas ■ Desejo e aceitação de riscos ■ Ênfase na colaboração entre as pessoas

7.9.2 Que é desenvolvimento organizacional?

O foco principal do DO está em mudar as pessoas e a natureza e qualidade de suas relações de trabalho. Sua ênfase está na mudança da cultura da organização. Em princípio, o DO é uma mudança organizacional planejada.

French e Bell definem o DO como "esforço de longo prazo, apoiado pela alta direção, no sentido de melhorar os processos de resolução de problemas de renovação organizacional, particularmente através de um eficaz e colaborativo diagnóstico e administração da cultura organizacional – com ênfase especial nas equipes formais de trabalho, equipes temporárias e cultura intergrupal – com a assistência de um consultor-facilitador e a utilização da teoria e tecnologia das ciências comportamentais, incluindo ação e pesquisa".[37,38]

Aplicações do DO

A metodologia pesquisa-ação do DO foi escolhida pelos especialistas em treinamento das Nações Unidas como a estratégia de mudança utilizada em organizações do setor público e privado de países da África e América Latina, com o nome de Programa de Melhoria do Desempenho.[39]

Esta definição inclui:

1. **Pressupostos básicos do DO:** existem pontos de concordância no que se refere aos pressupostos básicos que fundamentam o DO, a saber:
   - **Constante e rápida mutação do ambiente:** o mundo moderno caracteriza-se por mudanças rápidas, constantes e em uma progressão explosiva. Há mudanças científicas, tecnológicas, econômicas, sociais, políticas etc., que influenciam o desenvolvimento e o êxito das organizações.
   - **Necessidade de contínua adaptação:** o indivíduo, o grupo, a organização e a comunidade são sistemas dinâmicos e vivos de adaptação, ajustamento e reorganização, como condição básica de sobrevivência em um ambiente em contínua mudança. São sistemas vivos, abertos, que dependem de intercâmbios com o ambiente para sua sobrevivência e desenvolvimento.
   - **Interação entre indivíduo e organização:** a organização é um sistema social. O DO parte de uma filosofia acerca do ser humano dotado de aptidões para a produtividade que podem permanecer inativas se o contexto em que vive e trabalha lhe é restritivo e hostil, impedindo o crescimento e a expansão de suas potencialidades. Se fazemos da organização um ambiente capaz de satisfazer as exigências dos indivíduos, estes poderão crescer, expandir-se e encontrar satisfação e autorrealização ao promover os objetivos da organização. É possível conseguir que as metas dos indivíduos se integrem com os objetivos da organização, em um plano em que o significado do trabalho seja estimulante e gratificante e comporte possibilidades de desenvolvimento pessoal.
   - **A mudança organizacional deve ser planejada:** a mudança planejada é um processo contínuo e complexo. Para mudar uma empresa, é necessário mudar a empresa toda envolvendo todos os seus membros em um compromisso conjunto. É necessário que aqueles que a dirigem liderem a mudança para que a atitude positiva à mudança seja comunicada de cima para baixo. A mudança deve ser responsabilidade pessoal de todas as pessoas da empresa.
   - **A necessidade de participação e de comprometimento:** a mudança planejada é uma conquista coletiva e não o resultado de poucas pessoas. As resistências são normais quando se trata de explorar atitudes, crenças, valores e comportamentos já sedimentados e sólidos nas relações entre os participantes. O aprendizado de novos comportamentos melhora a competência interpessoal (relacionamento humano sem bloqueios e preconceitos) e a adaptabilidade às mudanças.
   - **A melhoria da eficácia organizacional e do bem-estar da organização:** depende da compreensão e aplicação dos conhecimentos sobre a natureza humana. As ciências do comportamento permitem localizar e instituir um ambiente de trabalho ótimo, em que cada pessoa possa dar sua melhor contribuição e ter consciência do seu potencial. As ciências do comportamento permitem fazer alterações e mudanças de maneira a gerar o mínimo de perturbação e interferências negativas.
   - **O DO é uma resposta às mudanças:** é um esforço educacional complexo, destinado a mudar atitudes, valores, comportamentos e estrutura da organização, para que esta se adapte às demandas ambientais, novas tecnologias, novos mercados, novos problemas e desafios. O DO é uma metodologia que orienta a maneira pela qual a organização se

ajusta ao imperativo da rápida mudança. A qualidade mais importante da organização é a sua sensibilidade: a capacidade para mudar frente às mudanças de estímulos ou situações. A organização sensível e flexível tem a capacidade de realocar e redistribuir seus recursos, pois ela é um subsistema em um ambiente que consiste de muitos outros sistemas, todos dinamicamente interdependentes.[40]

2. **As características do DO:** existe uma variedade de modelos de DO e estratégias para situações ou problemas em função do diagnóstico feito. A definição do DO se fundamenta em certas características como:[41]

- **Focalização na organização como um todo:** o DO envolve a organização como um todo para que a mudança possa ocorrer efetivamente. A organização necessita de todas as suas partes trabalhando em conjunto para resolver os problemas e as oportunidades que surgem.
- **Orientação sistêmica:** o DO está voltado para as interações entre as partes da organização que se influenciaram reciprocamente, para as relações de trabalho entre as pessoas, bem como para a estrutura e os processos organizacionais. O objetivo do DO é fazer todas essas partes trabalharem juntas com eficácia.
- **Agente de mudança:** o DO utiliza agentes de mudança, que são pessoas que exercem o papel de estimular, orientar e coordenar a mudança dentro de um grupo ou organização. O agente principal de mudança pode ser um consultor externo que opere independentemente e sem vinculações com a hierarquia ou políticas da empresa. Existem ainda organizações que têm um departamento de DO para detectar e conduzir as mudanças necessárias para aumentar a competitividade organizacional. O administrador está se tornando um poderoso agente de mudança dentro das organizações. O seu novo papel está exigindo a aprendizagem de habilidades de diagnóstico da situação e de implementação da mudança.
- **Solução de problemas:** o DO enfatiza a solução de problemas e não apenas os discute teoricamente. Focaliza os problemas reais e não os artificiais. Para isso, utiliza a pesquisa-ação, ou seja, a melhoria organizacional a partir de pesquisa e diagnóstico dos problemas e da ação necessária para resolvê-los.
- **Aprendizagem experiencial:** os participantes aprendem pela experiência, no ambiente de treinamento, os tipos de problemas com que se defrontam no trabalho. Os participantes discutem e analisam sua própria experiência imediata e aprendem com ela. Essa abordagem produz mais mudança de comportamento do que a tradicional leitura e discussão de casos, na qual as pessoas falam sobre ideias e conceitos abstratos. A teoria é necessária e desejável, mas o teste final está na situação real. O DO ajuda a aprender com a própria experiência, a solidificar ou recongelar novas aprendizagens e a responder perguntas que rondam a cabeça das pessoas.
- **Processos de grupo e desenvolvimento de equipes:** o DO repousa sobre processos grupais, como discussões em grupo, confrontações, conflitos intergrupais e procedimentos para cooperação. Há esforço para desenvolver equipes, melhorar relações interpessoais, abrir os canais de comunicação, construir confiança e encorajar responsabilidades entre as pessoas. O DO é fundamentalmente antiautoritário. Seu objetivo é construir equipes de trabalho, propor cooperação e integração e ensinar como ultrapassar as diferenças individuais ou grupais para obter a cooperação e o compromisso.

- **Retroação:** o DO oferece informação de retorno e retroação às pessoas para que tenham bases concretas que fundamentem suas decisões. A retroação fornece informação de retorno sobre seu comportamento e encoraja as pessoas a compreenderem as situações em que estão envolvidas e a tomarem ação autocorretiva para serem mais eficazes nessas situações.
- **Orientação contingencial:** o DO não segue um procedimento rígido e imutável. Pelo contrário, é situacional e orientado para as contingências. É flexível e pragmático, adaptando as ações para adequá-las a necessidades específicas e particulares que foram diagnosticadas.
- **Desenvolvimento de equipes:** o DO é feito por meio de equipes. Sua proposta é a mudança planejada. Parte do princípio de que não há um modelo ideal de organização aplicável a todas as circunstâncias. As organizações devem se adaptar às suas circunstâncias específicas de maneira planejada focando sua cultura organizacional. Ela tornou-se o objeto por excelência da mudança planejada. E nada melhor do que fazê-lo por meio de equipes. Daí a necessidade de atuar sobre o comportamento individual e grupal para chegar à mudança do comportamento organizacional.
- **Enfoque interativo:** comunicações e interações constituem os aspectos fundamentais do DO para obter multiplicação de esforços rumo à mudança. Nelas, a sinergia é fundamental.

As características

1. Focalização na organização como um todo
2. Orientação sistêmica
3. Agente de mudança
4. Solução de problemas
5. Aprendizagem experiencial
6. Processos de grupo e desenvolvimento de equipes
7. Retroação
8. Orientação contingencial
9. Desenvolvimento de equipes
10. Enfoque interativo

e objetivos do DO

1. Criação de um senso de identidade
2. Desenvolvimento do espírito de equipe
3. Aprimoramento da percepção comum

Figura 7.21 Características e objetivos do DO.

3. Objetivos do DO:[42]
- **Criação de um senso de identidade das pessoas com relação à organização:** busca-se a motivação com o comprometimento, compartilhamento de objetivos comuns e o aumento de lealdade.
- **Desenvolvimento do espírito de equipe:** por meio de integração e interação das pessoas.
- **Aprimoramento da percepção sobre o ambiente externo:** a fim de facilitar a adaptação de cada pessoa e de toda a organização.

7.9.3 Processo de DO

O DO constitui um processo que leva tempo para mudar uma organização e que pode continuar indefinidamente. Para um programa dessa magnitude, o apoio decidido da alta administração é essencial. Para Kotter, o DO é um processo que segue oito etapas, a saber:[43]

1. **Decisão da direção da empresa de utilizar o DO:** o primeiro passo é a decisão da direção da empresa em utilizar o DO como instrumento de mudança organizacional e a escolha de um consultor interno ou externo para coordenar o processo.

2. **Diagnóstico inicial:** a direção da empresa reúne-se com o consultor para definir o programa ou modelo de DO adequado. O consultor busca dados e insumos a partir de entrevistas com pessoas da empresa e o diagnóstico é o passo inicial para a correção de algum problema da organização.

3. **Colheita de dados:** por meio de pesquisa para conhecer o ambiente interno, avaliar o clima organizacional e obter dados sobre problemas comportamentais. O consultor reúne-se com grupos para obter informações sobre as condições para sua eficácia no trabalho e o que deve mudar na maneira como a empresa opera.

4. **Retroação de dados e confrontação:** são formados grupos de trabalho para avaliar e rever os dados obtidos, mediar áreas de desentendimentos, localizar problemas e estabelecer prioridades de mudança.

5. **Planejamento de ação e solução de problemas:** os grupos usam os dados para recomendar as mudanças necessárias para resolver os problemas da empresa, como planos específicos, responsáveis pela condução das ações e quando e como elas devem ser implementadas.

6. **Desenvolvimento de equipes:** durante as reuniões, o consultor encoraja a formação de grupos e equipes para que examinem como os participantes trabalham juntos e como os grupos interagem entre si. Ele incentiva a comunicação aberta e a confiança como pré-requisitos para melhorar a eficiência e eficácia dos grupos. Os gerentes e seus subordinados passam a trabalhar em equipes.

7. **Desenvolvimento intergrupal:** os grupos fazem reuniões de confrontação para alcançar melhor relacionamento intergrupal entre as diversas equipes.

8. **Avaliação e acompanhamento:** o consultor ajuda a empresa a avaliar resultados de seus esforços de mudança e desenvolve programas nas áreas onde resultados adicionais se tornam necessários, mediante técnicas de retroação de dados.

> **As oito etapas segundo Kotter:**
> 1. Decisão da direção da empresa de utilizar o DO.
> 2. Diagnóstico inicial.
> 3. Colheita de dados.
> 4. Retroação de dados e confrontação.
> 5. Planejamento de ação e solução de problemas.
> 6. Desenvolvimento de equipes.
> 7. Desenvolvimento intergrupal.
> 8. Avaliação e acompanhamento.
>
> **Em resumo:**
> 1. **Colheita de dados.**
>   1. Decisão de utilizar o DO.
>   2. Diagnóstico inicial.
>   3. Colheita de dados.
>   4. Retroação de dados e confrontação.
> 2. **Diagnóstico.**
>   1. Identificação dos problemas e conflitos.
>   2. Planejamento da ação e solução de problemas.
> 3. **Ação de intervenção.**
>   1. Desenvolvimento de equipes.
>   2. Desenvolvimento intergrupal.
>   3. Avaliação e acompanhamento.

Figura 7.22 Etapas do processo de DO.

9. **Desenvolvimento de equipes** é uma técnica de alteração comportamental na qual equipes de vários níveis e áreas ser reúnem sob coordenação de um consultor e se criticam mutuamente, buscando um ponto em que a colaboração seja mais frutífera, eliminando-se as barreiras interpessoais de comunicação a partir da compreensão de suas causas. Cada equipe autoavalia seu desempenho a partir de determinadas variáveis (Figura 7.23). O trabalho em equipe elimina diferenças hierárquicas e interesses específicos de cada departamento predispondo à criatividade e à inovação. O objetivo é criar e desenvolver equipes sem diferenças hierárquicas e sem os interesses específicos de cada departamento de onde se originam os participantes. Cada equipe é coordenada por um consultor, cuja atuação varia enormemente, para tornar a equipe mais sensível aos seus processos internos de metas, participação, confiança mútua, comunicação etc. McGregor[44] recomenda a escala mostrada na Figura 7.23 para avaliar a eficiência da equipe. Outro objetivo é diagnosticar as barreiras para o desempenho eficaz da equipe, fortalecer o senso de unidade entre seus membros, incrementar relações entre os membros, melhorar o cumprimento das tarefas e o processo de trabalho do grupo. Muitas organizações não satisfeitas com o desenvolvimento de equipes estão realizando uma etapa mais avançada: o *empowerment* ou fortalecimento de equipes. Trata-se de dar mais ênfase, força, liberdade e valor às equipes.

 Reflita sobre o texto **A equipe é mais do que um simples grupo** na seção *Para reflexão ITGAc 7.2*

Capítulo 7 – Teoria Comportamental da Administração

Fraco		Excelente
Confusos, divergentes, conflitantes e indiferentes	Metas e objetivos 1 2 3 4 5 6 7 8 9 10	Claros, compartilhados por todos, interesse e envolvimento
Poucos dominam, alguns são passivos e não prestam atenção	Participação 1 2 3 4 5 6 7 8 9 10	Todos prestam atenção, todos participam
Sentimentos inesperados, ignorados ou criticados	Sentimentos 1 2 3 4 5 6 7 8 9 10	Expressados livremente, respostas categóricas
Tratam os sintomas em vez de atacar as causas, passam direto para as propostas	Diagnóstico dos problemas grupais 1 2 3 4 5 6 7 8 9 10	Cada problema é diagnosticado antes de se propor uma ação. As soluções atacam as causas
As necessidades de liderança do grupo não coincidem. O grupo depende demais de uma só pessoa	Liderança 1 2 3 4 5 6 7 8 9 10	As necessidades de liderança, quando surgem, são supridas por diversos membros. Qualquer membro participa como líder
Decisões tomadas por uma parte do grupo. Os demais não participam	Tomada de decisões 1 2 3 4 5 6 7 8 9 10	Divergências são apreciadas e o consenso é buscado e testado. Apoio amplo
Não há confiança recíproca. Os membros são fechados, reservados, receiam criticar ou serem criticados	Confiança recíproca 1 2 3 4 5 6 7 8 9 10	Confiança mútua e respeito recíproco. Expressão livre e sem receio de represálias
Rotina, estereotipação e rigidez. Não há progresso	Criatividade e crescimento 1 2 3 4 5 6 7 8 9 10	Grupo flexível busca novos caminhos, modifica-se e cresce com criatividade

Figura 7.23 Avaliação da eficiência de uma equipe.

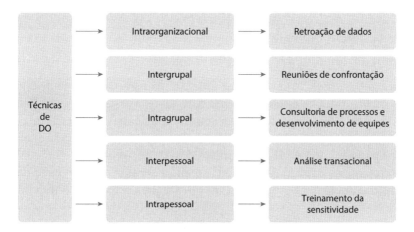

Figura 7.24 Tipos de atividades do DO.

7.10 MODELOS DE DO

Existem vários modelos de DO que adotam uma variedade de abordagens, conceitos e estratégias. Os principais modelos que abordaremos são: *Managerial Grid* (ou DO do tipo *Grid*) proposto por Blake e Mouton, modelo de Lawrence e Lorsch e a Teoria 3-D de eficácia gerencial, de Reddin.

7.10.1 *Managerial Grid* (ou DO do tipo *Grid*)

Blake e Mouton foram os pioneiros na introdução de uma tecnologia integrada de DO. Para eles, a mudança organizacional começa com a mudança individual para gerar mudanças nos níveis interpessoais, grupais e intergrupais, que devem ser solucionados antes que se façam mudanças na estratégia e no ambiente interno da organização. Pode-se induzir a mudança e alcançar os resultados desejados de uma maneira ordenada e controlada em toda a organização. Esta tecnologia de DO adotada por Blake e Mouton repousa sobre três premissas a respeito das organizações:[45]

1. Indivíduos e organizações podem reduzir dissonâncias entre sua autoimagem e a realidade, o que aumenta a autoconsciência da organização. Esse processo inicia a mudança no ambiente interno da organização (políticas, estrutura, sistemas etc.).

2. As organizações alcançam "satisfações" abaixo de seu potencial, tanto seu funcionamento quanto seu desempenho precisam ser melhorados para que elas sejam competitivas e coerentes com o mundo atual caracterizado por transformações aceleradas e incessantes.

3. Grande quantidade da energia organizacional é perdida em comportamentos disfuncionais, como vimos nas burocracias, provocando o que se denomina *cultural drag*, que torna a organização inábil em adaptar-se e mudar em resposta aos problemas internos e externos. Torna-se necessária uma nova forma de obter mudanças – a mudança sistemática – que permita aprender com base na experiência.

Dois conceitos são importantes para Blake e Mouton:

1. **O *excellence gap*:** como a organização é um sistema complexo, deve-se analisá-la globalmente e verificar qual é o seu *excellence gap*, isto é, a discrepância em relação ao seu padrão de excelência. Os dirigentes devem definir modelos de organização mediante critérios de excelência que permitam analisar como a empresa é administrada e comparar com a maneira pela qual ela deveria ser administrada. Assim, os dirigentes podem identificar os *gaps* (discrepâncias e contradições) entre o que a organização é e o que deveria ser, e, assim, delinear e implementar providências que façam a organização movimentar-se na direção da excelência.

2. **Rubrica da excelência empresarial:** para analisar se a empresa é ou não excelente. A rubrica permite a avaliação das seis funções da empresa – recursos humanos, finanças, operações (produção), marketing, pesquisa e desenvolvimento (P&D) e a empresa como um todo – para se avaliar cada aspecto de seu comportamento ou desempenho. Cada uma das funções contribui com algo para a empresa e para a excelência como um todo ou contém barreiras que impedem que a empresa atinja um desempenho mais elevado.

O *Managerial Grid* (grade gerencial) pressupõe que o administrador sempre está voltado para dois assuntos: produção, ou seja, os resultados dos esforços, e pessoas, ou seja, os colegas ou pessoas cujo trabalho ele dirige. Assim, o *Managerial Grid* é uma grade composta de dois eixos:

1. **Eixo horizontal do *Grid*:** representa o foco na produção. É uma série contínua de nove pontos onde nove significa elevada preocupação com a produção e um, baixa preocupação com a produção.
2. **Eixo vertical do *Grid*:** representa o foco nas pessoas. Também é uma série contínua de nove pontos, onde nove significa grau elevado e um, baixo grau de preocupação com pessoas.

O *Grid* representa esses dois focos e sua interação em uma grade, onde estão os cinco principais estilos que os administradores utilizam.

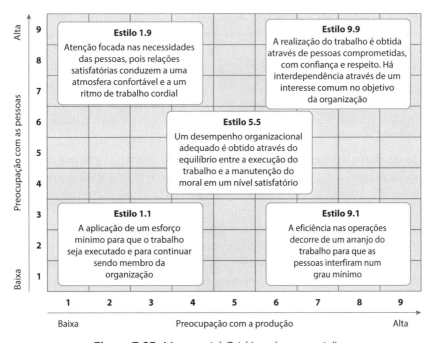

Figura 7.25 *Managerial Grid* (grade gerencial).

Quadro 7.9 Principais estilos do *Managerial Grid*

Estilos de Administração	Significado
9.1	No canto inferior do *Grid*. Representa forte preocupação com a produção e pouca preocupação com as pessoas que produzem.
1.9	No canto superior esquerdo. É o estilo que enfatiza as pessoas, com pouca preocupação com os resultados da produção.
1.1	No canto inferior esquerdo. Nenhuma preocupação com a produção nem com as pessoas. Não são executores, mas encostadores.
5.5	No centro. É o estilo de meio-termo. Atitude de conseguir alguns resultados, mas sem muito esforço. É a mediocridade.
9.9	No canto superior direito. Demonstra elevada preocupação com a produção e igualmente com as pessoas. Os problemas são discutidos em profundidade, de maneira aberta, para alcançar compreensão mútua e comprometimento em relação às conclusões obtidas. A equipe desenvolve um interesse comum no resultado do seu esforço. A teoria 9.9 é uma teoria sinérgica.

7.10.2 Modelo de Lawrence e Lorsch

Lawrence e Lorsch propõem um modelo de diagnóstico e ação para o DO[46] cujos conceitos principais são:

1. **Conceito de diferenciação e integração:** os autores propõem o modelo de diferenciação e integração. A organização representa a coordenação de diferentes atividades de contribuintes individuais com a finalidade de efetuar transações planejadas com o ambiente.[31] A divisão do trabalho na organização provoca a diferenciação dos órgãos e esta conduz à necessidade de integração.

   Aumente seus conhecimentos sobre o **Modelo de Lawrence e Lorsch** na seção *Saiba mais* ITGAc 7.12

2. **Conceito de defrontamentos:** todo sistema social constitui grupos de pessoas ocupadas em intercambiar e permutar constantemente seus recursos com base em certas expectativas de retornos. Esses recursos incluem recursos materiais, ideias, conhecimentos, habilidades, sentimentos e valores. No intercâmbio de recursos nos sistemas sociais, desenvolvem-se contratos psicológicos (defrontamentos) entre pessoas e sistemas, pessoas e grupos e entre sistemas e subsistemas, onde prevalece o sentimento de reciprocidade: cada um avalia o que está oferecendo e o que está recebendo em troca. Se desaparecer ou diminuir o sentimento de reciprocidade, ocorrerá uma modificação dentro do sistema.

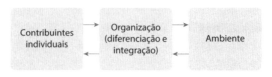

Figura 7.26 Defrontamentos em uma organização.

7.10.3 Teoria 3-D da eficácia gerencial, de Reddin

O modelo conceptual de Reddin baseia-se no fato de que o administrador precisa ser eficaz em uma variedade de situações e sua eficácia é medida na proporção em que ele é capaz de transformar o seu estilo de maneira apropriada em situações de mudança. A única tarefa do administrador é a de ser eficaz.[47] Os principais conceitos da Teoria 3-D são:

1. **Eficácia gerencial:** a eficácia gerencial deve ser avaliada em termos de produto (resultado) em vez de insumo, ou seja, mais por aquilo que o administrador alcança em resultados do que por aquilo que ele faz. É resultado, não insumo. Todas as posições são criadas para uma finalidade que pode ser avaliada em termos de resultado. A eficácia gerencial é função da correta manipulação da situação. É desempenho, ou seja, não é o que ele faz, mas o que ele obtém. Há diferenças entre o gerente eficiente e o gerente eficaz, como no Quadro 7.10.

Quadro 7.10 Gerente eficiente e gerente eficaz para Reddin

Gerente eficiente	Gerente eficaz
Faz as coisas de maneira correta	Faz as coisas que devem ser feitas
Resolve os problemas que surgem	Produz alternativas criativas
Cuida dos recursos	Otimiza a utilização dos recursos
Cumpre o seu dever	Obtém resultados excepcionais
Reduz custos	Aumenta lucros

2. **Estilos gerenciais:** o comportamento gerencial é composto de dois elementos básicos: a tarefa de realizar e as relações com as pessoas. Os gerentes podem enfatizar a tarefa ou as relações com as pessoas. Há o gerente "orientado para a tarefa" (OT) e o gerente "orientado para as relações" (OR) envolvendo quatro estilos básicos:

Figura 7.27 Quatro estilos básicos da Teoria 3-D.

O modelo de estilo 3-D consiste em quatro estilos gerenciais básicos, que podem variar desde menos eficazes a mais eficazes. Cada situação requer uma estratégia própria. A eficácia é o resultado de se aplicar a estratégia ou estilo gerencial mais apropriado para cada situação.

3. **Habilidades gerenciais básicas:** a Teoria 3-D se baseia em três áreas de eficácia gerencial para desenvolver três habilidades gerenciais básicas:
   - **Sensitividade situacional:** é a habilidade de diagnóstico das situações que o gerente encara e as forças que jogam em cada situação.
   - **Flexibilidade de estilo:** é a habilidade de se adequar e ajustar às forças em jogo, devidamente analisadas e diagnosticadas.
   - **Destreza de gestão situacional:** é a habilidade de lidar com cada situação, ou seja, a capacidade de modificar a situação naquilo que deve ser modificada.
4. **Conceitos básicos:** os cinco conceitos básicos da Teoria 3-D são:
   - **Mudança organizacional:** é o processo de reunir gerentes em diferentes combinações para que intercambiem ideias sobre temas discutidos em um clima de confiança e interesse, visando ao alcance da eficácia. Os executivos – e não os consultores externos – conhecem melhor qual é a direção para a organização.
   - **O programa 3-D não dá uma direção:** propõe que se considere a eficácia como valor central e reconhece que os meios de a obter variam para buscar uma resposta à pergunta: o que fazer para ser eficaz em cada situação?
   - **Os executivos não aplicam tudo o que sabem:** cursos e conferências que fornecem mais informação não resolvem o problema. A solução está em dar aos executivos a oportunidade de aplicar o que sabem. O objetivo é liberar e canalizar a reserva de eficácia potencial que os executivos possuem.
   - **A mudança deve envolver todas as unidades:** todos devem participar do processo.
   - **Flexibilidade:** é condição necessária e deve ser estimulada para se obter a mudança desejada.
5. **Relação entre eficácia e situação:** as situações administrativas podem ser visualizadas como campos de forças exercidas pelos subordinados, colaboradores, organização e tecnologia. Em toda situação, estes são os aspectos que o gerente deve reconhecer, agir ou mudar. A eficácia é o grau em que o executivo alcança resultados desejados de sua função. E, para alcançá-la, é necessário conhecer as "áreas de eficácia" (resultados desejados) e possuir as três habilidades gerenciais (diagnóstico, flexibilidade e gestão situacional). O executivo deve analisar o rol de sua função (não o insumo, mas o produto ou resultado) e verificar o que faltaria na empresa se sua função fosse suprimida para poder identificar os resultados que somente a sua função consegue para a empresa. Este é o seu papel.

 Reflita sobre **A continuação do DO na Sernambetiba** na seção *Para reflexão ITGAc 7.3*

Quadro 7.11 Diferenças entre insumo e produto

Insumo
■ Manutenção de máquinas
■ Atendimento de pacientes
■ Concessão de créditos
■ Educação rural
■ Frequência à igreja
■ Mudança de atitude
■ Jogar futebol com arte

Produto
■ Máquinas disponíveis para o trabalho
■ Pacientes curados
■ Cobranças pontuais
■ Aumento de colheita
■ Vida cristã
■ Mudança de comportamento
■ Ganhar a partida de futebol

7.11 APRECIAÇÃO CRÍTICA DO DO

O DO proporcionou à TGA uma literatura ampla e rica de abordagens variadas e de aplicações práticas. No fundo, porém, existe uma convicção de que o DO é um rótulo utilizado para embalagem de princípios da Teoria Comportamental dentro de novas formulações como uma saída para o aumento da eficácia organizacional.[48]

Em síntese, a Teoria Comportamental e seu desdobramento de aplicações práticas – o DO – deram uma nova face e dimensão à teoria administrativa e a um passo avante em direção ao futuro.

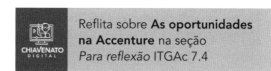

Reflita sobre **As oportunidades na Accenture** na seção *Para reflexão ITGAc 7.4*

REFERÊNCIAS

1. MOTTA, Fernando C. Prestes. *Teoria geral da administração*: uma introdução. São Paulo: Pioneira, 1971. p. 29.
2. SIMON, Herbert A. *O comportamento administrativo*. Rio de Janeiro: FGV, 1965.
3. MARCH, James G.; SIMON, Herbert A. *Teoria das organizações*. Rio de Janeiro: FGV, 1967. Cap. 3.
4. MASLOW, Abraham H. *Motivation and personality*. New York: Harper & Row, 1954. Ver também MASLOW, Abraham H. Uma teoria da motivação humana. In: BALCÃO, Yolanda Ferreira; CORDEIRO, Laerte Leite (org.). *O comportamento humano na empresa*: uma antologia. Rio de Janeiro: FGV, 1971. p. 340-355.
5. HERZBERG, Frederick. *Work and nature of man*. Cleveland, Ohio: The World, 1966.
6. HERZBERG, Frederick. O conceito de higiene como motivação e os problemas do potencial humano de trabalho. In: HAMPTON, David R. (org.). *Conceitos de comportamento na administração*. São Paulo: EPU, 1973. p. 54.
7. BUTTERFIELD, D. Anthony; FARRIS, George F. O perfil organizacional de Likert: análise metodológica e teste da teoria do Sistema 4 no Brasil. *Revista de Administração Pública*, 7(3), p. 19-31, jul./set. 1973.
8. McGREGOR, Douglas M. O lado humano da empresa. In: BALCÃO, Yolanda Ferreira; CORDEIRO, Laerte Leite (org.). *O comportamento humano na empresa*: uma antologia. Rio de Janeiro: FGV, 1971. p. 45-60.
9. LIKERT, Rensis. *Novos padrões de administração*. São Paulo: Pioneira, 1971; LIKERT, Rensis. *A organização humana*. São Paulo: Atlas, 1975; LIKERT Rensis. *Administração de conflitos*: novas abordagens. São Paulo: McGraw-Hill, 1980.
10. BARNARD, Chester I. *As funções do executivo*. São Paulo: Atlas, 1971.

11. SIMON, Herbert A. *O comportamento administrativo*. Rio de Janeiro: FGV, 1965. Ver também SIMON, Herbert A.; SMITHSBURG, D.W.; THOMPSON, V.A. *Public administration*. New York: Knopf, 1950.
12. TERSINE, Richard J. Organization decision theory: a synthesis. In: TERRY, George R. (ed.). *Management*: selected readings. Homewood, IL: Richard D. Irwin, 1973. p. 139.
13. MARCH, J. G.; SIMON, H. A. *Teoria das organizações*, op. cit., p. 104, cf. SIMON, H. A.; SMITHSBURG, D. W.; THOMPSON, V. A. *Public administration*, op. cit., p. 381-382.
14. CHIAVENATO, Idalberto. *Comportamento organizacional*: a dinâmica do sucesso das organizações. Barueri: Manole, 2015.
15. MARCH, J. G.; SIMON, H. A. *Teoria das organizações*, op. cit.
16. ARGYRIS, Chris. *Personalidade e organização*: o conflito entre o indivíduo e o sistema, op. cit.
17. CHIAVENATO, Idalberto. *Gerenciando com as pessoas*: o passo decisivo para a administração participativa. Barueri: Manole, 2015.
18. BARNARD, Chester I. *As funções do executivo*, op. cit.
19. ARGYRIS, Chris. *Personalidade e organização*: o conflito entre o indivíduo e o sistema. Rio de Janeiro: Renes, 1968.
20. MILLS, C. Wright. *A imaginação sociológica*. Rio de Janeiro: Zahar, 1975.
21. LEAVITT, Harold J. Applied organizational change in industry: structural, technological and humanistic approaches. In: VROOM, Victor H.; DECI, Edward L. (ed.). *Management and motivation, selected readings*. Middlesex: Penguin Books, 1973. p. 363-375.
22. BENNIS, Warren G. *Desenvolvimento organizacional*: sua natureza, origens e perspectivas. São Paulo: Edgard Blücher, 1972. p. 25-26.
23. PORTER, Lyman W.; LAWLER III, Edward E.; HACKMAN, J. Richard. *Behavior in organizations*. New York: McGraw-Hill, 1975. p. 15-25.
24. SILVERMAN, David. *The theory of organization*. New York: Basic Books, 1996. p. 78.
25. SILVERMAN, David. *The theory of organization*, op. cit., p. 78.
26. PERROW, Charles. *Análise organizacional*: um enfoque sociológico. São Paulo: Atlas, 1976. p. 214.
27. PUGH, Derek S. Modern organization theory: a psychological study. *Psychological Bulletin*, 66(21), p. 241, out. 1966.
28. BECKHARD, Richard. *Desenvolvimento organizacional*: estratégia e modelos. São Paulo: Edgard Blücher, 1972. p. 19.
29. GILMES, B. V. H. *Industrial and organizational psychology*. New York: McGraw-Hill, 1971. p. 81.
30. CHIAVENATO, Idalberto. *Gerenciando com as pessoas*, op. cit., p. 56.
31. LEWIN, Kurt. Frontiers in group dynamics: concept, method, and reality in social science. *Human Relations* 1(1), p. 5-41, 1947.
32. SCHEIN, Edgar H. *Organizational psychology*. Englewood Cliffs, NJ: Prentice Hall, 1980. p. 243-247.
33. LEWIN, Kurt. Frontiers in group dynamics: concept, method, and reality in social science, op. cit., p. 10.
34. BENNIS, Warren G. *Changing organizations*, op. cit.
35. BLAKE, Robert R.; MOUTON, Jane S. *A estruturação de uma empresa dinâmica por meio do desenvolvimento organizacional*. São Paulo: Edgard Blücher, 1972.
36. Adaptado de TANNENBAUM, Robert; DAVIS, A., apud MARGULIES, Newton; RAIA, Anthony P. *Values, man, and organization*. New York: McGraw-Hill, 1972, p. 9-30.
37. FRENCH, Wendell L.; BELL JR., Cecil H. *Organizational development*: behavioral science interventions for organizational improvement. Englewood Cliff, NJ: Prentice-Hall, 1981. p. 17.

38. STONER, James A. F.; FREEMAN, R. Edward; GILBERT JR., Daniel R. *Management*. Englewood Cliffs, NJ: Prentice Hall, 1995. p. 421-422.

39. UNITED NATIONS. *A practical guide to performance improvement programming in public organizations*. New York: UN, 1977.

40. ROEBER, Richard J. C. *The organization in a changing environment*. Reading, Massachusetts: Addison-Wesley, 1973. p. IX e X.

41. DAVIS, Keith. *Human behavior at work organizational behavior*. New York: McGraw-Hill, 1981. p. 221-224.

42. BAUER, Ruben. *Gestão da mudança*: caos e complexidade nas organizações. São Paulo: Atlas, 1999. p. 34.

43. KOTTER, John P. *Organizational dynamics*: diagnosis and intervention. Reading, Massachusetts: Addison-Wesley, 1978.

44. McGREGOR, Douglas M. *The professional manager*. New York: McGraw-Hill, 1967.

45. BLAKE, Robert R.; MOUTON, Jane S. *A estruturação de uma empresa dinâmica através do desenvolvimento organizacional do tipo grid*. São Paulo: Edgard Blücher, 1972. Consultamos também BLAKE, Robert R.; MOUTON, Jane S. *The managerial grid*. Houston: Gulf, 1964, e a tradução brasileira: *O grid gerencial*. São Paulo: Pioneira, 1976.

46. LAWRENCE, Paul R.; LORSCH, Jay W. *O desenvolvimento de organizações*: diagnóstico e ação. São Paulo: Edgard Blücher, 1972.

47. REDDIN, William J. *Managerial effectiveness*. New York: McGraw-Hill, 1971. Ver também REDDIN, William J. *Eficácia gerencial*. São Paulo: Atlas, 1975.

48. GOULDNER, Alvin W. *The coming crisis of western sociology*. New York: Basic Books, 1970. Ver também MILLS, C. Wright. *A imaginação sociológica, op. cit.*, p. 106-107.

PARTE VII — ABORDAGEM SISTÊMICA DA ADMINISTRAÇÃO

Capítulo 8 – Teoria de Sistemas
Capítulo 9 – Teoria Matemática e a tecnologia na Administração

Por volta da década de 1950, o biólogo alemão Ludwig von Bertalanffy elaborou uma teoria interdisciplinar para proporcionar princípios gerais (físicos, biológicos, sociológicos, químicos etc.) e modelos gerais para todas as ciências envolvidas, de modo que as descobertas efetuadas em cada uma pudessem ser utilizadas pelas demais. Essa teoria interdisciplinar – Teoria Geral dos Sistemas (TGS) – demonstra o isomorfismo das ciências, permitindo a eliminação de suas fronteiras e o preenchimento dos espaços vazios (espaços brancos) entre elas. A TGS se baseia na compreensão da dependência recíproca de todas as disciplinas e da necessidade de sua integração.

A Teoria Geral da Administração (TGA) passou por uma forte e crescente ampliação do seu enfoque, desde a abordagem clássica – que foi influenciada por três princípios intelectuais dominantes em quase todas as ciências no início do século passado: o reducionismo, o pensamento analítico e o mecanicismo.

- **Reducionismo:** é o princípio que se baseia na crença de que todas as coisas podem ser decompostas e reduzidas em seus elementos fundamentais, que constituem as suas unidades indivisíveis. O reducionismo desenvolveu-se na Física (estudo dos átomos), na Química (estudo das substâncias simples), na Biologia (estudo das células), na Psicologia (estudo dos instintos e necessidades básicas), na Sociologia (indivíduos). É graças ao reducionismo que existem essas ciências. Teria sido a natureza ou o homem quem fez essa separação entre as ciências? O taylorismo é um exemplo clássico do reducionismo. O reducionismo faz as pessoas raciocinarem dentro de jaulas mentais separadas como silos, como se cada raciocínio estivesse dentro de um escaninho ou compartimento intelectual para cada tipo de assunto.

- **Pensamento analítico:** é utilizado pelo reducionismo para explicar as coisas ou compreendê-las melhor. A análise consiste em decompor o todo, tanto quanto possível, nas suas partes mais simples, que são mais facilmente solucionadas ou explicadas para agregar estas soluções ou explicações parciais em uma explicação do todo. A explicação do todo constitui a soma das partes. Os conceitos de divisão do trabalho e de especialização são típicos do pensamento analítico. E este provém do método cartesiano: vem de Descartes (1596-1650) a tradição intelectual ocidental quanto à metodologia de análise e solução de problemas.

- **Mecanicismo:** é o princípio que se baseia na relação de causa e efeito entre dois fenômenos. Um fenômeno constitui a causa de outro fenômeno (seu efeito), quando ele é necessário e suficiente para provocá-lo. Como a causa é suficiente para o efeito, nada além dela era cogitado para explicá-lo. Essa relação utiliza o que hoje chamamos sistema fechado: o meio ambiente é subtraído na explicação das causas. As leis excluem os efeitos do meio onde o sistema existe. Além disso, as leis de causa e efeito não preveem as exceções. Os efeitos são determinados pelas causas em uma visão determinística das coisas.

Com o advento da TGS, os princípios do reducionismo, do pensamento analítico e do mecanicismo passam a ser substituídos pelos princípios opostos do expansionismo, do pensamento sintético e da teleologia.

Figura VII.1 A revolução da abordagem sistêmica.

- **Expansionismo:** é o princípio que sustenta que todo fenômeno é parte de um fenômeno maior. O desempenho de um sistema depende de como ele se relaciona com o sistema maior que o envolve e do qual faz parte. Isso não nega que cada fenômeno seja constituído de partes, mas a sua ênfase reside na focalização do todo do qual aquele fenômeno faz parte. Essa transferência da visão focada nos elementos constitutivos para uma visão focada no todo denomina-se abordagem sistêmica.
- **Pensamento sintético:** todo fenômeno é visto como parte de um sistema maior e explicado em termos do papel que ele desempenha nesse sistema maior. Os órgãos do corpo humano são explicados pelo papel que desempenham no organismo e não pelo comportamento de seus tecidos ou estruturas de organização. A abordagem sistêmica está mais interessada em juntar as coisas do que em separá-las.
- **Teleologia:** é o princípio pelo qual a causa é uma condição necessária, mas nem sempre suficiente para que surja o efeito. O vínculo entre causa e efeito não é uma relação determinística ou mecanicista, mas simplesmente probabilística. A teleologia é o estudo do comportamento com a finalidade de alcançar objetivos e passou a influenciar as ciências. Enquanto na concepção mecanicista o comportamento é explicado pelas causas e nunca pelo seu efeito, na concepção teleológica o comportamento é explicado por aquilo que ele produz ou por aquilo que é o seu propósito ou objetivo produzir. A relação simples de causa e efeito é produto de um raciocínio linear que tenta resolver problemas mediante uma análise variável por variável. Isso está superado. A lógica sistêmica procura entender as inter-relações entre as diversas variáveis a partir da visão de um campo dinâmico de forças que atuam entre si. Esse campo dinâmico de forças produz um emergente sistêmico:

o todo é diferente de cada uma de suas partes. A água é diferente do hidrogênio e do oxigênio que a formam. O sistema apresenta características próprias que não existem em cada uma de suas partes integrantes. Os sistemas são visualizados como entidades globais e funcionais em busca de objetivos.

Com esses três princípios – expansionismo, pensamento sintético e teleologia –, a TGS permitiu o surgimento da Cibernética – que abriu as portas para as modernas tecnologias e desaguou na Teoria Geral da Administração, redimensionando totalmente as suas concepções. Foi uma revolução no pensamento administrativo. A teoria administrativa passou a pensar sistemicamente, aumentando poderosamente a sua área de influência.

Foi a partir do conceito de sistemas e da abordagem sistêmica que o pensamento estratégico ganhou toda a sua magnitude. E a teoria administrativa passou a considerar fortemente o ambiente externo que envolve as organizações e as relações interorganizacionais entre elas. Descobriu-se que existe vida fora das organizações. E que lá fora é que provavelmente estão os maiores desafios da Administração.

Esta parte incluirá dois capítulos:

8. Teoria de Sistemas.

9. Teoria Matemática e a tecnologia na Administração.

8
TEORIA DE SISTEMAS

OBJETIVOS DE APRENDIZAGEM

- Proporcionar uma visão sistêmica das organizações.
- Introduzir os conceitos de sistemas e suas aplicações à Administração.
- Definir o conceito de sistema aberto e seu intercâmbio com o ambiente.
- Discutir a abordagem sistêmica de Katz e Kahn.
- Discutir a abordagem sociotécnica de Tavistock.
- Apresentar uma apreciação crítica da Teoria de Sistemas.

O QUE VEREMOS ADIANTE

- Origens da Teoria de Sistemas.
- Conceito de sistemas.
- O sistema aberto.
- A organização como um sistema aberto.
- Características da organização como um sistema aberto.
- Modelos de organização.
- Apreciação crítica da Teoria de Sistemas.

>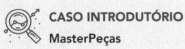
> **CASO INTRODUTÓRIO**
> **MasterPeças**
>
> Maria Amália está muito ligada à revolução que está varrendo o mundo empresarial em busca da competitividade. Ela é a Diretora Executiva da MasterPeças, empresa dedicada à produção e comercialização de peças e componentes para carros. Nos últimos cinco anos, Maria Amália comandou um processo de reorganização da empresa no sentido de tirar as gorduras (muita gente e muitos recursos) que se acumularam em seus processos de negócios e aumentar a eficácia e a competitividade da empresa. Para tanto, precisa enfatizar a visão sistêmica do negócio e buscar maior integração entre os departamentos e aumentar a agilidade na criação e oferta de novos produtos. Como você poderia ajudá-la?

A **Teoria de Sistemas** (TS) é um ramo específico da **Teoria Geral de Sistemas** (TGS). Com ela, a abordagem sistêmica chegou à Administração a partir da década de 1960 e tornou-se parte integrante da teoria administrativa, trazendo uma profunda modificação em suas bases e em sua dinâmica.

8.1 ORIGENS DA TEORIA DE SISTEMAS

A TGS surgiu com os trabalhos do biólogo alemão Ludwig von Bertalanffy.[1] Ela não busca solucionar problemas ou tentar soluções práticas, mas produzir teorias e formulações conceituais para aplicações na realidade empírica. E permite uma visão diferente da realidade organizacional.

Bertallanfy critica a visão que se tem do mundo dividida em diferentes áreas, como Física, Química, Biologia, Psicologia, Sociologia etc. São divisões arbitrárias e com fronteiras solidamente definidas. E espaços vazios (áreas brancas) entre elas. A natureza não está dividida em nenhuma dessas partes. A TGS afirma que se deve estudar os **sistemas** globalmente, envolvendo todas as interdependências das suas partes. Lembra que o bosque é diferente das suas árvores.

A TGS fundamenta-se em três premissas básicas, a saber:[2]

1. **Os sistemas existem dentro de sistemas:** cada sistema é constituído de subsistemas e, ao mesmo tempo, faz parte de um sistema maior, o suprassistema. Também o suprassistema faz parte de um suprassistema maior. Esse encadeamento parece ser infinito. As moléculas existem dentro de células, que existem dentro de tecidos, que compõem os órgãos, que compõem os organismos, e assim por diante.

2. **Os sistemas são abertos:** é uma decorrência da premissa anterior. Cada sistema existe dentro de um meio ambiente constituído por outros sistemas maiores. Os sistemas abertos são caracterizados por um processo infinito de intercâmbio com o seu ambiente para trocar energia e informação continuamente.

3. **As funções de um sistema dependem de sua estrutura:** cada sistema tem um objetivo ou finalidade que constitui o seu papel no intercâmbio com outros sistemas dentro do

meio ambiente. Os sistemas estão intimamente relacionados entre si e com outros sistemas, influenciando-se reciprocamente. É a sua estrutura que define suas funções.

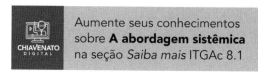

A Teoria de Sistemas introduziu-se na teoria administrativa por várias razões:

- A necessidade de uma síntese e integração das teorias que a precederam, esforço tentado sem muito sucesso pelas teorias estruturalista e comportamental. Todas elas tinham um ponto fraco: a microabordagem. Lidavam com pouquíssimas variáveis da situação total e reduziram-se a algumas variáveis impróprias que não tinham tanta importância.
- A Cibernética permitiu o desenvolvimento e a operacionalização das ideias que convergiam para uma teoria de sistemas aplicada à Administração.
- Os resultados bem-sucedidos da aplicação da Teoria de Sistemas nas demais ciências.

Um pouco antes, em 1912, surgiu a Psicologia da Forma ou da *Gestalt* (do alemão, *Gestalt* = forma, configuração, estrutura), tendo como princípio a ideia de que as leis estruturais do todo é que determinam as partes componentes, não o inverso. A tese principal da *Gestalt* é a de que "o todo é maior do que a soma das partes". O todo não deve ser comparado com agregações aditivas. Por essa razão, não vemos apenas linhas e pontos em uma figura, mas configurações – isto é, um todo –, e não ouvimos sons isolados em uma canção, mas a canção em si mesma.

O conceito de sistemas proporciona uma visão compreensiva, abrangente, holística e gestáltica de um conjunto de coisas complexas dando-lhes uma configuração e identidade total. A análise sistêmica – ou análise de sistemas – das organizações permite revelar o "geral no particular", indicando, de maneira global e totalizante, as propriedades gerais das organizações que não são pelos métodos ordinários de análise científica. Em suma, a Teoria de Sistemas permite reconceituar os fenômenos dentro de uma abordagem global, permitindo inter-relação e integração de assuntos que são, na maioria das vezes, de naturezas completamente diferentes.[3]

8.2 CONCEITO DE SISTEMAS

A palavra *sistema* denota um conjunto de elementos interdependentes e interagentes ou um grupo de unidades combinadas que formam um todo organizado. Sistema é um conjunto ou combinações de coisas ou partes formando um todo unitário.[4]

8.2.1 Características dos sistemas

Os sistemas apresentam características próprias. O conceito de sistema é a ideia de um conjunto de elementos interligados para formar um todo. O todo apresenta propriedades e características próprias que não são encontradas em nenhum de seus elementos isolados. É o que chamamos emergente sistêmico: uma propriedade ou característica que existe no sistema como um todo e não existe em seus elementos em particular. As características da água, por exemplo, são totalmente diferentes do hidrogênio e do oxigênio que a formam.

Da definição de Bertalanffy,[5] segundo a qual o sistema é um conjunto de unidades reciprocamente relacionadas, decorrem dois conceitos: o de **propósito** (ou objetivo) e o de **globalismo** (ou totalidade), que retratam duas características básicas do sistema.

- **Propósito ou objetivo:** todo sistema tem um ou alguns propósitos ou objetivos. As unidades ou elementos (ou objetos), bem como os relacionamentos, definem um arranjo que visa sempre um objetivo ou finalidade a alcançar.
- **Globalismo ou totalidade:** todo sistema tem uma natureza orgânica, pela qual uma ação que produza mudança em uma das unidades do sistema produzirá mudanças em todas as suas outras unidades. Em outros termos, qualquer estimulação em qualquer unidade do sistema afetará todas as unidades em razão do relacionamento existente entre elas. O efeito total dessas mudanças ou alterações proporcionará um ajustamento de todo o sistema. O sistema sempre reagirá globalmente a qualquer estímulo produzido em qualquer parte ou unidade. Na medida em que o sistema sofre mudanças, o ajustamento sistemático é contínuo. Das mudanças e dos ajustamentos contínuos do sistema decorrem dois fenômenos: o da **entropia** e o da **homeostasia**.[6]

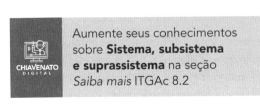

Aumente seus conhecimentos sobre **Sistema, subsistema e suprassistema** na seção *Saiba mais* ITGAc 8.2

8.2.2 Tipos de sistemas

Há uma variedade de sistemas e várias tipologias para classificá-los. Os tipos de sistemas são:

a) **Quanto à sua constituição**, os sistemas podem ser:

- **Sistemas físicos ou concretos:** são compostos de equipamentos, maquinaria, objetos e coisas reais. São denominados *hardware*.[7] Podem ser descritos em termos quantitativos de desempenho.
- **Sistemas abstratos ou conceituais:** são compostos de conceitos, filosofias, planos, hipóteses e ideias. Aqui, os símbolos representam atributos e objetos, que, muitas vezes, só existem no pensamento das pessoas. São denominados *software*.[8]

 DICAS

Hardware e software

Na realidade, há uma complementaridade entre sistemas físicos e sistemas abstratos: os sistemas físicos (como as máquinas, por exemplo) precisam de um **sistema abstrato** (programação) para poderem funcionar e desempenhar suas funções. A recíproca também é verdadeira: os sistemas abstratos somente se realizam quando aplicados a algum **sistema físico**. *Hardware* e *software* se complementam. É exemplo uma escola com suas salas de aulas, carteiras, lousas, iluminação etc. (sistema físico) para desenvolver um programa de educação (sistema abstrato); ou um centro de **processamento** de dados, onde o equipamento e circuitos processam programas de instruções ao **computador**.

b) **Quanto à sua natureza**, os sistemas podem ser:
 - **Sistemas fechados:** não apresentam intercâmbio com o meio ambiente que os circunda, pois são herméticos a qualquer influência ambiental. Sendo assim, não recebem influência do ambiente nem influenciam o ambiente. Não recebem nenhum recurso externo e nada produzem que seja enviado para fora. Em rigor, não existem sistemas fechados na acepção exata do termo. A denominação *sistemas fechados* é dada aos sistemas cujo comportamento é determinístico e programado e que operam com pequeno e conhecido intercâmbio de matéria e energia com o meio ambiente. Também o termo é utilizado para os sistemas estruturados, cujos elementos e relações combinam-se de maneira peculiar e rígida, produzindo uma saída invariável. São os chamados sistemas mecânicos, como as máquinas e equipamentos.
 - **Sistemas abertos:** apresentam relações de intercâmbio com o ambiente por meio de inúmeras entradas e de saídas. Os sistemas abertos trocam matéria e energia regularmente com o meio ambiente. São adaptativos, isto é, para sobreviver devem reajustar-se constantemente às condições do meio. Mantêm um jogo recíproco com o ambiente e sua estrutura é otimizada quando o conjunto de elementos do sistema se organiza a partir de uma operação adaptativa. A adaptabilidade é um contínuo processo de aprendizagem e de auto-organização.

8.2.3 Parâmetros dos sistemas

O sistema é caracterizado por parâmetros que são constantes arbitrárias e caracterizam, por suas propriedades, o valor e a descrição dimensional de um sistema ou componente do sistema. Os parâmetros dos sistemas são: entrada, saída, processamento, retroação e ambiente.

1. **Entrada ou insumo (*input*):** é a força ou impulso de arranque ou de partida do sistema que fornece o material ou energia ou informação para a operação do sistema. Recebe também o nome de importação.
2. **Saída ou produto ou resultado (*output*):** é a consequência para a qual se reuniram elementos e relações do sistema. Os resultados de um sistema são as saídas. Estas devem ser congruentes (coerentes) com o objetivo do sistema. Os resultados dos sistemas são finais (conclusivos), enquanto os resultados dos subsistemas são intermediários. Recebe o nome de exportação.
3. **Processamento ou processador ou transformador (*throughput*):** é o mecanismo de conversão das entradas em saídas. O processador está empenhado na produção de um resultado. O processador pode ser representado pela caixa negra: nela entram os insumos e dela saem os produtos.
4. **Retroação, retroalimentação, retroinformação (*feedback*) ou alimentação de retorno:** é a função de sistema que compara a saída com um critério ou padrão previamente estabelecido. A retroação tem por objetivo o **controle**, ou seja, o estado de um sistema sujeito a um monitor. Monitor é uma função de guia, direção e acompanhamento. Assim, a retroação é um subsistema planejado para "sentir" a saída (registrando sua intensidade ou qualidade) e compará-la com um padrão ou critério preestabelecido para mantê-la controlada dentro daquele padrão ou critério evitando desvios. A retroação visa manter

o desempenho de acordo com o padrão ou critério escolhido. No fundo, tudo o que vai volta ou retorna pela retroação.

5. **Ambiente:** é o meio que envolve externamente o sistema. O sistema aberto recebe suas entradas do ambiente, processa-as e efetua saídas ao ambiente, de tal forma que existe entre ambos – sistema e ambiente – uma constante interação. O sistema e o ambiente encontram-se inter-relacionados e interdependentes. Para que o sistema seja viável e sobreviva, ele deve adaptar-se ao ambiente a partir de uma constante interação. Assim, a viabilidade ou sobrevivência de um sistema depende de sua capacidade de adaptar-se, mudar e responder às exigências e demandas do ambiente externo. O ambiente serve como fonte de energia, materiais e informação ao sistema. Como o ambiente muda continuamente, o processo de adaptação do sistema deve ser sensitivo e dinâmico. Essa abordagem "ecológica" indica que o ambiente pode ser um recurso para o sistema, como pode também ser uma ameaça à sua sobrevivência.

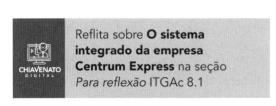

Reflita sobre **O sistema integrado da empresa Centrum Express** na seção *Para reflexão* ITGAc 8.1

8.3 SISTEMA ABERTO

O sistema aberto se caracteriza por um intercâmbio de transações com o seu ambiente externo e conserva-se constantemente no mesmo estado (**autorregulação**) embora a matéria e a energia que o integram se renovem reiteradamente (**equilíbrio dinâmico** ou **homeostasia**). O organismo humano, por exemplo, não pode ser considerado mera aglomeração de elementos separados, mas um sistema definido que possui integridade e organização. Assim, o sistema aberto – como o organismo – é influenciado pelo meio ambiente e influi sobre ele, alcançando um estado de equilíbrio dinâmico nesse meio. O modelo de sistema aberto é um complexo de elementos em interação e intercâmbio contínuo com o seu ambiente. Por essa razão, a abordagem sistêmica provocou profundas repercussões na teoria administrativa. O ambiente que envolve as organizações – social, econômico, político, cultural, tecnológico – fora negligenciado durante todo o período anterior pela teoria administrativa.

Quadro 8.1 Diferenças entre sistemas vivos e sistemas organizados[9]

Sistemas vivos (organismos)	Sistemas organizados (organizações)
■ Nascem, herdam seus traços estruturais. ■ Morrem, seu tempo de vida é limitado. ■ Têm um ciclo de vida predeterminado. ■ São concretos – o sistema é descrito em termos físicos e químicos. ■ São completos. O parasitismo e a simbiose são excepcionais. ■ A doença é definida como um distúrbio no processo vital.	■ São organizados, adquirem sua estrutura em estágios. ■ Podem ser reorganizados, têm uma vida ilimitada e podem ser reconstruídos. ■ Não têm ciclo definido. ■ São abstratos – o sistema é descrito em termos psicológicos e sociológicos. ■ São incompletos: dependem de cooperação com outras organizações. Suas partes são intercambiáveis. ■ O problema é definido como um desvio nas normas sociais.

Existem diferenças fundamentais entre os sistemas abertos – os sistemas biológicos e sociais, como a célula, planta, homem, organização, sociedade, nações – e os sistemas fechados – sistemas físicos, como as máquinas, equipamentos, relógio, termostato, *smartphones* –, a saber:[10]

- O sistema aberto está em constante interação dual com o ambiente. Dual no sentido de que o influencia e é por ele influenciado. Age, ao mesmo tempo, como variável independente e como variável dependente do ambiente. O **sistema fechado** não interage com o ambiente.
- O sistema aberto tem capacidade de crescimento, mudança, adaptação ao ambiente e até autorreprodução sob certas condições ambientais. O sistema fechado não tem essa capacidade. Portanto, o estado atual, final ou futuro do sistema aberto não é, necessária nem rigidamente, condicionado por seu estado original ou inicial, porque o sistema aberto tem reversibilidade. Enquanto isso, o estado atual e futuro ou final do sistema fechado será sempre o seu estado original ou inicial.
- É contingência do sistema aberto competir com outros sistemas, o que não ocorre com o sistema fechado.

Os sistemas vivos

Os seres vivos constituem a categoria mais importante de sistemas abertos. Existem certas analogias entre empresas e organismos vivos. A empresa cresce em tamanho pelo acréscimo de partes, ingere recursos e os transforma em produtos ou serviços. Nesse processo, há entradas e saídas e um processo de transformação necessário à vida. A empresa reage ao seu ambiente (ajustando-se e adaptando-se a ele para sobreviver) e muda seus mercados, produtos, processos, estratégias e estrutura organizacional, podendo até reproduzir-se em empresas subsidiárias.

8.4 ORGANIZAÇÃO COMO UM SISTEMA ABERTO

O conceito de sistema aberto é perfeitamente aplicável à organização empresarial. A organização é um sistema criado pelo homem e mantém uma interação dinâmica com seu meio ambiente, sejam clientes, fornecedores, concorrentes, entidades sindicais, órgãos governamentais e outros agentes externos. Influi sobre o meio ambiente e recebe influência dele. Além disso, é um sistema integrado por diversas partes ou unidades relacionadas entre si, que trabalham em harmonia umas com as outras, com a finalidade de alcançar uma série de objetivos, tanto da organização como de seus participantes.

Em suma, o sistema aberto "pode ser compreendido como um conjunto de partes em constante interação e interdependência, constituindo um todo sinérgico (o todo é maior do que a soma das partes), orientado para determinados propósitos (comportamento teleológico orientado para fins) e em permanente relação de interdependência com o ambiente (entendida como a dupla capacidade de influenciar o meio externo e ser por ele influenciado)".[11]

8.4.1 Características das organizações como sistemas abertos

As organizações possuem as características próprias de sistemas abertos, tais como:

1. **Comportamento probabilístico e não determinístico:** como todos os sistemas sociais, as organizações são sistemas abertos afetados por mudanças em seus ambientes, denominadas variáveis externas. O ambiente inclui variáveis desconhecidas e incontroláveis. Por essa razão, as consequências dos sistemas sociais são probabilísticas e não determinísticas e seu comportamento não é totalmente previsível. As organizações são complexas e respondem a muitas variáveis ambientais que não são totalmente compreensíveis.[12]
2. **As organizações são partes de uma sociedade maior e constituídas de partes menores:** as organizações são vistas como sistemas dentro de sistemas. Os sistemas são "complexos de elementos colocados em interação".[13] Essa focalização incide mais sobre as relações entre os elementos interagentes cuja interação produz uma totalidade que não pode ser compreendida pela simples análise das várias partes tomadas isoladamente.

Enfrentando mudanças externas

Como um sistema, a organização está continuamente submetida a mudanças dinâmicas que requerem balanço e **equilíbrio**. Cada organização é imbuída dos valores dominantes de seu ambiente. Os membros de uma organização são, simultaneamente, membros de muitos outros grupos competindo entre si ou mantendo lealdade complementar. Sua posição de poder nas organizações depende de suas relações com tais grupos.[14]

3. **Interdependência das partes:** a organização é um sistema social cujas partes são independentes, mas inter-relacionadas. "O sistema organizacional compartilha com os sistemas biológicos a propriedade de interdependência de suas partes, de modo que a mudança em uma das partes provoca impacto sobre as outras."[15] A organização não é um sistema mecânico no qual uma das partes pode ser mudada sem um efeito concomitante sobre as outras partes. Em face da diferenciação provocada pela divisão do trabalho, as partes precisam ser coordenadas por meios de integração e de controle.
4. **Homeostase ou "estado sólido":** a organização alcança um estado firme – ou seja, um estado de equilíbrio – por meio da retroação quando satisfaz dois requisitos: a unidirecionalidade e o progresso:[16]
   - **Unidirecionalidade ou constância de direção**: apesar das mudanças do ambiente ou da organização, os mesmos resultados são atingidos. O sistema continua orientado para o mesmo fim, usando outros meios.
   - **Progresso com relação ao objetivo**: o sistema mantém, em relação ao fim desejado, um grau de progresso dentro dos limites definidos como toleráveis. O grau de progresso pode ser melhorado quando a empresa alcança o resultado com menor esforço, com maior precisão e sob condições de variabilidade.

Além do mais, toda organização – como um sistema aberto – precisa conciliar dois processos opostos, ambos imprescindíveis para a sua sobrevivência, a saber:[17]

- **Homeostasia:** é a tendência do sistema em permanecer estático ou em equilíbrio, mantendo inalterado o seu *status quo* interno apesar das mudanças no ambiente.
- **Adaptabilidade:** é a mudança do sistema no sentido de ajustar-se aos padrões requeridos em sua interação com o ambiente externo, alterando o seu *status quo* interno para alcançar um equilíbrio diante de novas situações.

5. **Fronteiras ou limites:** fronteira é a linha que demarca e define o que está dentro e o que está fora do sistema ou subsistema. Nem sempre a fronteira existe fisicamente. Os sistemas sociais têm fronteiras que se superpõem. Um indivíduo pode ser membro de duas ou mais organizações, simultaneamente. As organizações têm fronteiras que as diferenciam dos ambientes. As fronteiras variam quanto ao grau de permeabilidade: são linhas de demarcação que podem deixar passar maior ou menor intercâmbio com o ambiente. As transações entre organização e ambiente são feitas pelos elementos situados nas fronteiras organizacionais, isto é, na periferia da organização. A permeabilidade das fronteiras define o grau de abertura do sistema em relação ao ambiente. É por meio da fronteira que existe a interface. Interface é a área ou canal entre os diferentes componentes de um sistema pelo qual a informação é transferida ou o intercâmbio de energia, matéria ou informação é realizado.

Aumente seus conhecimentos com o texto **O sistema aberto tem muitas portas e janelas abertas** na seção *Saiba mais* ITGAc 8.3

6. **Morfogênese:** diferentemente dos sistemas mecânicos e mesmo dos sistemas biológicos, o sistema organizacional tem a capacidade de modificar a si próprio e sua estrutura básica: é a propriedade morfogênica das organizações, considerada por Buckley[18] a característica identificadora das organizações. Uma máquina não pode mudar suas engrenagens e um animal não pode criar uma cabeça a mais. Porém, a organização pode modificar sua constituição e estrutura por um processo cibernético, por meio do qual os seus membros comparam os resultados desejados com os resultados obtidos e detectam os erros que devem ser corrigidos para modificar a situação.

7. **Resiliência:** em linguagem científica, a resiliência é a capacidade de superar o distúrbio imposto por um fenômeno externo. Como sistemas abertos, as organizações têm capacidade de enfrentar e superar perturbações externas provocadas pelo seu ambiente sem que percam o seu potencial de auto-organização. A resiliência determina o grau de defesa ou de vulnerabilidade do sistema a pressões ambientais externas. O termo *resiliência* vem da Física para explicar o comportamento de molas ou elásticos que, após pressão, retornam ao seu estado anterior. Isso explica o fracasso nas tentativas de mudança nos modelos tradicionais e burocráticos ao sofrerem forte resistência ao avanço da inovação e mudança.

Reflita sobre a empresa **Global Face** na seção *Para reflexão* ITGAc 8.2

8.5 MODELOS DE ORGANIZAÇÃO

Existem vários modelos que explicam a organização como um sistema aberto. Abordaremos três deles: o modelo de Schein, o de Katz e Kahn e o sociotécnico de Tavistock.

8.5.1 Modelo de Schein

Schein[19] propõe alguns aspectos considerados pela teoria de sistemas na definição de organização:

- **A organização é um sistema aberto, em constante interação com o meio**, recebendo matéria-prima, pessoas, energia e informações e transformando-as ou convertendo-as em produtos e serviços que são exportados para o meio ambiente.
- **A organização é um sistema com objetivos ou funções múltiplas**, que envolvem interações múltiplas com o meio ambiente.
- **A organização é um conjunto de subsistemas em interação dinâmica** uns com os outros. Deve-se analisar o comportamento dos subsistemas em vez de focalizar os comportamentos individuais.
- **Os subsistemas são mutuamente dependentes** e as mudanças ocorridas em um deles afetam o comportamento dos outros.
- **A organização existe em um ambiente dinâmico** que compreende outros sistemas e outras organizações. O funcionamento da organização não pode ser compreendido sem considerar as demandas impostas pelo meio ambiente.
- **Os múltiplos elos entre a organização e seu meio ambiente** tornam difícil a clara definição das fronteiras organizacionais.

VOLTANDO AO CASO INTRODUTÓRIO
MasterPeças

Maria Amália acredita que uma empresa como a MasterPeças requer uma forte integração em toda a extensão de sua cadeia de valor. Para isso, ela precisa envolver clientes, fornecedores e parceiros que fazem parte direta ou indiretamente do negócio da empresa. Para ela, qualquer melhoria interna somente daria resultados se fosse acompanhada de melhoria externa. Quais sugestões você daria a Maria Amália?

8.5.2 Modelo de Katz e Kahn

Katz e Kahn desenvolveram um modelo de organização[20] a partir da aplicação da Teoria de Sistemas à teoria administrativa. No modelo proposto, a organização apresenta as características típicas de um sistema aberto.

a) A organização como um sistema aberto

A organização é um sistema aberto que apresenta as seguintes características:

1. **Importação (entradas):** a organização recebe insumos do ambiente e depende de suprimentos renovados de energia de outras instituições ou de pessoas. Nenhuma estrutura social é autossuficiente ou autocontida.

2. **Transformação (processamento):** os sistemas abertos transformam a energia recebida. A organização processa e transforma seus insumos em produtos acabados, mão de obra treinada, serviços etc. Essas atividades acarretam alguma reorganização das entradas.

3. **Exportação (saídas):** os sistemas abertos exportam seus produtos, serviços ou resultados para o meio ambiente.

4. **Os sistemas são ciclos de eventos que se repetem:** "o funcionamento do sistema aberto consiste em ciclos recorrentes de importação-transformação-exportação. A importação e a exportação são transações que envolvem o sistema e setores do seu ambiente imediato, enquanto a transformação é um processo contido dentro do próprio sistema".[21] As organizações reciclam, constantemente, suas operações ao longo do tempo.

5. **Entropia negativa:** a entropia é um processo pelo qual todas as formas organizadas tendem à exaustão, desorganização, desintegração e, no fim, à morte. Para sobreviver, os sistemas abertos precisam mover-se para deterem o processo entrópico e se reabastecerem de energia, mantendo, indefinidamente, sua estrutura organizacional. É um processo reativo de obtenção de reservas de energia que recebe o nome de entropia negativa ou negentropia.

6. **Informação como insumo, retroação negativa e processo de codificação:** os sistemas abertos recebem insumos, como materiais ou energia, que são transformados ou processados. Recebem, também, entradas de caráter informativo, que proporcionam sinais à estrutura sobre o ambiente e sobre seu próprio funcionamento em relação a ele.

 Aumente seus conhecimentos sobre **A retroação negativa** na seção *Saiba mais* ITGAc 8.4

7. **Estado firme e homeostase dinâmica:** o sistema aberto mantém uma certa constância no intercâmbio de energia importada e exportada do ambiente, assegurando o seu caráter organizacional e evitando o processo entrópico. Assim, os sistemas abertos caracterizam-se por um estado firme: existe um influxo contínuo de energia do ambiente exterior e uma exportação contínua dos produtos do sistema, porém, o quociente de intercâmbios de energia e as relações entre as partes continuam os mesmos. O estado firme é observado no processo homeostático que regula a temperatura do corpo: as condições externas de temperatura e umidade podem variar, mas a temperatura do corpo permanece a mesma.

 Aumente seus conhecimentos sobre **Homeostase e negentropia** na seção *Saiba mais* ITGAc 8.5

8. **Diferenciação:** a organização, como sistema aberto, tende à diferenciação, isto é, à multiplicação e elaboração de funções, o que lhe traz também multiplicação de papéis e diferenciação interna. Os padrões difusos e globais são substituídos por funções especializadas, hierarquizadas e diferenciadas. A diferenciação é uma tendência para a elaboração de estrutura.

9. **Equifinalidade:** os sistemas abertos são caracterizados pelo princípio de equifinalidade: um sistema pode alcançar, por uma variedade de caminhos, o mesmo resultado final, partindo de diferentes condições iniciais. Na medida em que os sistemas abertos desenvolvem mecanismos regulatórios (homeostase) para regular suas operações, a quantidade de equifinalidade é reduzida. Porém, a equifinalidade permanece: existe mais de um modo de o sistema produzir determinado resultado, ou seja, existe mais de um caminho para o alcance de um objetivo. O estado estável do sistema pode ser atingido a partir de condições iniciais diferentes e de meios diferentes.

10. **Limites ou fronteiras:** como um sistema aberto, a organização apresenta limites ou fronteiras, isto é, barreiras entre o sistema e o ambiente. Os limites ou fronteiras definem a esfera de ação do sistema, bem como o seu grau de abertura (receptividade de insumos) em relação ao ambiente.

As organizações constituem uma classe de sistemas sociais, os quais constituem uma classe de sistemas abertos. Como tal, as organizações têm propriedades peculiares e compartilham das propriedades dos sistemas abertos, como entropia negativa, retroinformação, homeostase, diferenciação e equifinalidade. Os sistemas abertos não estão em repouso nem são estáticos, pois tendem à elaboração e à diferenciação.

b) Características de primeira ordem

As características das organizações como sistemas sociais são as seguintes:[22]

1. **Os sistemas sociais não têm limitação de amplitude:** as organizações sociais estão vinculadas a um mundo concreto de seres humanos, de recursos materiais, de fábricas e de outros artefatos, porém, esses elementos não se encontram em interação natural entre si. O sistema social é independente de qualquer parte física, podendo alijá-la ou substituí-la, pois representa a estruturação de eventos ou acontecimentos e não a estruturação de partes físicas. Enquanto os sistemas físicos ou biológicos têm estruturas anatômicas que podem ser identificadas (como automóveis ou organismos), os sistemas sociais não podem ser representados por modelos físicos. Há uma enorme diferença entre a estrutura socialmente planejada do sistema social e a estrutura física da máquina ou do organismo humano e do sistema físico ou biológico.

2. **Os sistemas sociais necessitam de entradas de manutenção e de produção:** as entradas de manutenção são importações da energia que sustenta o funcionamento do sistema, enquanto as entradas de produção são as importações da energia que é processada para proporcionar um resultado produtivo. As entradas de produção incluem as motivações que atraem as pessoas e as mantêm trabalhando dentro do sistema social.

3. **Os sistemas sociais têm sua natureza planejada:** são sistemas inventados pelo homem e, portanto, imperfeitos. Eles se baseiam em atitudes, crenças, percepções, motivações, hábitos e expectativas das pessoas. Apesar da rotatividade do pessoal, apresentam constância nos padrões de relações.

4. **Os sistemas sociais apresentam maior variabilidade que os sistemas biológicos:** por isso, os sistemas sociais precisam utilizar forças de controle para reduzir a variabilidade e instabilidade das ações humanas, situando-as em padrões uniformes e dignos de confiança por parte do sistema social.

5. **As funções, normas e valores são os principais componentes do sistema social:** as funções descrevem as formas de comportamento associado a determinadas tarefas a partir dos requisitos da tarefa e constituem formas padronizadas de comportamento, requeridas das pessoas que desempenham as tarefas. As normas são expectativas gerais com caráter de exigência, atingindo todos os incumbidos de desempenho de função. Valores são as justificações e aspirações ideológicas mais generalizadas. Assim, os comportamentos de função dos membros, as normas que prescrevem e sancionam esses comportamentos e os valores em que as normas se acham implantadas constituem as bases sociopsicológicas dos sistemas sociais para garantir sua integração.

6. **As organizações sociais constituem um sistema formalizado de funções:** representam um padrão de funções interligadas que definem formas de atividades prescritas ou padronizadas. As regras definem o comportamento esperado das pessoas no sistema e são explicitamente formuladas. Para a imposição das regras, existem as sanções.

7. **O conceito de inclusão parcial:** a organização utiliza apenas os conhecimentos e habilidades das pessoas que lhe são importantes. Os demais aspectos das pessoas são simplesmente ignorados. Assim, a organização não requer nem solicita a pessoa inteira. As pessoas pertencem a muitas organizações e nenhuma destas é capaz de obter o pleno empenho de suas personalidades. As pessoas incluem-se apenas parcialmente nas organizações.

8. **A organização em relação a seu meio ambiente:** o funcionamento organizacional deve ser estudado em relação às transações com o meio ambiente. Essa relação envolve os conceitos de sistemas, subsistemas e suprassistemas: os sistemas sociais – como sistemas abertos – dependem de outros sistemas sociais. Sua caracterização como subsistemas, sistemas ou suprassistemas depende do grau de autonomia na execução de suas funções.

c) **Cultura e clima organizacionais**

Katz e Kahn salientam que "cada organização cria sua própria cultura com seus próprios tabus, usos e costumes. A cultura do sistema reflete as normas e valores do sistema formal e sua reinterpretação pelo sistema informal, bem como decorre das disputas internas e externas das pessoas que a organização atrai, seus processos de trabalho e distribuição física, as modalidades de **comunicação** e o exercício da autoridade dentro do sistema. Assim como a sociedade tem uma herança cultural, as organizações sociais possuem padrões distintivos de sentimentos e crenças coletivos, que são transmitidos aos novos membros".[23]

d) **Dinâmica do sistema**

Para poderem se manter, as organizações sociais recorrem à multiplicação de mecanismos, pois lhes falta a estabilidade intrínseca dos sistemas biológicos. Assim, as organizações sociais criam mecanismos de recompensas a fim de vincular seus membros ao sistema, estabelecem normas e valores para justificar e estimular as atividades requeridas e as estruturas de autoridade para controlar e dirigir o comportamento organizacional.

e) **Conceito de eficácia organizacional**[24]

"Como sistemas abertos, as organizações sobrevivem somente enquanto forem capazes de manter negentropia, isto é, importação sob todas as formas de quantidades maiores de energia do que elas devolvem ao ambiente como produto. A razão é óbvia. Uma parte da entrada de energia em uma organização é investida diretamente e objetivada como saída organizacional. Porém, uma parte da entrada absorvida é consumida pela organização. Para fazer o trabalho de transformação, a própria organização precisa ser criada, receber energia a ser mantida e tais requisitos estão refletidos na inevitável perda de energia entre a entrada e a saída."[25]

f) **Organização como um sistema de papéis**

Papel é o conjunto de atividades solicitadas de um indivíduo que ocupa determinada posição em uma organização. Os requisitos podem ser óbvios ao indivíduo, em razão de seu conhecimento da tarefa ou do processo técnico, ou lhe podem ser comunicados pelos membros da organização, que solicitam ou dependem de seu comportamento em papel para que possam atender às expectativas de seus próprios cargos. Assim, a organização consiste de papéis ou aglomerados de atividades esperadas dos indivíduos e que se superpõem. A organização é uma estrutura de papéis. Melhor dizendo, um sistema de papéis.

8.5.3 Modelo sociotécnico de Tavistock

O modelo sociotécnico de Tavistock foi proposto por sociólogos e psicólogos do Instituto de Relações Humanas de Tavistock.[26] Para eles, a organização é um sistema aberto em interação constante com seu ambiente. Mais do que isso, a organização é um **sistema sociotécnico** estruturado sobre dois subsistemas:

a) **Subsistema técnico:** compreende as tarefas a serem desempenhadas, instalações físicas, equipamento e instrumentos utilizados, exigências da tarefa, utilidades e técnicas operacionais, ambiente físico e a maneira como está arranjado, bem como a operação das tarefas. Em resumo, o subsistema técnico envolve a tecnologia, o território e o tempo.[27] É o responsável pela eficiência potencial da organização.

b) **Subsistema social:** compreende as pessoas, suas características físicas e psicológicas, relações sociais entre os indivíduos encarregados de execução da tarefa, bem como as exigências de sua organização tanto formal como informal na situação de trabalho. O subsistema social transforma a eficiência potencial em eficiência real. Ambos os subsistemas são geridos por um subsistema gerencial.

A abordagem sociotécnica concebe a organização como a combinação da tecnologia (exigências de tarefa, ambiente físico, equipamento disponível) com um subsistema social (sistema de relações entre aqueles que realizam a tarefa). O subsistema tecnológico e o social acham-se em uma interação mútua e recíproca e cada um determina o outro, até certo ponto. A natureza da tarefa influencia (e não determina) a natureza da organização das pessoas, bem como as características psicossociais das pessoas influenciam (e não determinam) a forma em que determinado cargo será executado.

O modelo de sistema aberto proposto pela abordagem sociotécnica[28] parte do pressuposto de que toda organização "importa" várias coisas do meio ambiente e utiliza essas importações em processos de "conversão", para então "exportar" produtos e serviços que resultam do processo de conversão. As importações são constituídas de informações sobre o meio ambiente, matérias-primas, dinheiro, equipamento e pessoas envolvidas na conversão em algo que deve ser exportado e que cumpre exigências do meio ambiente. A tarefa primária da organização reside em sobreviver dentro desse processo cíclico de:

- **Importação:** aquisição de matérias-primas.
- **Conversão:** transformação das importações em exportações, ou seja, dos insumos em produtos ou serviços;
- **Exportação:** colocação dos resultados da importação e da conversão.

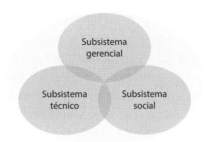

Figura 8.1 Modelo de organização de Tavistock.

 Aumente seus conhecimentos sobre **O modelo de importação – conversão – exportação** na seção *Saiba mais* ITGAc 8.6

8.6 APRECIAÇÃO CRÍTICA DA TEORIA DE SISTEMAS

De todas as teorias administrativas, a Teoria de Sistemas é a menos criticada, pelo fato de que a perspectiva sistêmica parece concordar com a preocupação estrutural-funcionalista típica das ciências sociais de hoje.[29] A Teoria de Sistemas desenvolveu os conceitos dos estruturalistas e behavioristas, pondo-se a salvo das suas críticas.

Uma apreciação crítica da Teoria de Sistemas revela os seguintes aspectos:

1. **Confronto entre teorias de sistema aberto e de sistema fechado:** o conceito de sistemas tem sua origem nas disciplinas científicas (como Biologia, Sociologia etc.). Estas têm um denominador comum: o chamado sistema aberto, que descreve as ações e interações de um organismo em um ambiente. Os sistemas abertos trocam energia e informação com seus ambientes e são por eles influenciados. A abordagem de sistema aberto trouxe uma nova e moderna concepção para a Administração, a partir dos seguintes aspectos:[30]

    - **A natureza essencialmente dinâmica do ambiente conflita com a tendência essencialmente estática da organização**, e esta tende a se autoperpetuar ou a autoperpetuar sua estrutura, critérios, métodos e metas, enquanto o ambiente se caracteriza por uma intensa e interminável mudança.
    - **Um sistema organizacional rígido não pode sobreviver** se não consegue responder, eficazmente, às mudanças contínuas e rápidas do ambiente.

- **Para garantir sua viabilidade**, a organização como sistema aberto – seja ela um clube, hospital ou governo – oferece ao ambiente produtos e serviços que ele necessita e, se for o caso, cria nele a necessidade de tais produtos e serviços, pois somente assim garante a entrada de insumos necessários às suas operações.

- **O sistema precisa de constante e apurada informação do ambiente** sobre a qualidade e quantidade dos insumos disponíveis e sobre a eficácia ou adequação dos produtos ou respostas da organização ao ambiente. O sistema requer constante e rápida retroação, pois a continuidade da oferta de produtos desnecessários resultará na redução dos insumos ou recursos, reduzindo a capacidade da organização de se autossustentar e alcançar seus propósitos.

Reflita sobre **O sistema social aberto** da empresa **A W. Monteiro** na seção *Para reflexão ITGAc 8.3*

Ao contrário da abordagem de sistema aberto, a velha perspectiva de sistema fechado levou a TGA às seguintes distorções:[31]

- **A teoria administrativa ficou limitada às regras de funcionamento interno**, à apologia da eficiência como critério básico da viabilidade organizacional e à ênfase em procedimentos e não em programas adequados à sociedade.

- **A perspectiva de organização como sistema fechado ignorou a** interdependência entre a organização e seu ambiente e trouxe soluções, instrumentos e técnicas limitadas.

- E, como o ambiente não faz diferença, **a perspectiva da organização como sistema fechado leva à insensibilidade** quanto à necessidade de mudanças e adaptação contínua e urgente da organização ao ambiente. Em um ambiente em que a velocidade e o ritmo de mudança são grandes, certas organizações tendem a desaparecer por se tornarem desnecessárias ao ambiente: os seus produtos não mais atendem às necessidades, anseios e solicitações do contexto.

2. **Características básicas da análise sistêmica:** as características da teoria administrativa baseada na análise sistêmica são:[32]

    a) **Ponto de vista sistêmico:** a moderna teoria visualiza a organização como um sistema constituído de cinco parâmetros básicos: entrada, processo, saída, retroação e ambiente. A TGS inclui todos os tipos de sistemas – biológicos, físicos e comportamentais. Ideias de controle, estrutura, propósito e processos operacionais provindos da TGS, Cibernética e áreas relacionadas são importantes na moderna teoria administrativa.

    b) **Abordagem dinâmica:** a ênfase da teoria moderna é sobre o dinâmico processo de interação que ocorre dentro da estrutura de uma organização. Essa abordagem contrasta com a visão clássica que enfatiza a estrutura estática. A moderna teoria não desloca a ênfase na estrutura, mas adiciona a ênfase sobre o processo de interação entre as partes que ocorre dinamicamente dentro da estrutura.

    c) **Multidimensional e multinivelada:** a moderna teoria considera a organização dos pontos de vista micro e macroscópico. A organização é micro quando considerada dentro do seu ambiente (nível da sociedade, comunidade ou país) e é macro quando se analisam as suas unidades internas em todos os níveis, bem como a *Gestalt* ou totalidade e interação existente entre elas. Daí o efeito sinérgico nas organizações.

d) **Multimotivacional:** a Teoria de Sistemas reconhece que as organizações existem porque seus participantes esperam satisfazer vários objetivos individuais por meio delas. Esses objetivos não podem ser reduzidos a um objetivo único, como o lucro.

e) **Probabilística:** a teoria moderna tende a ser probabilística. Suas frases estão saturadas de expressões como *em geral*, *pode ser* etc., demonstrando que muitas variáveis podem ser explicadas em termos preditivos e não com absoluta certeza.

f) **Multidisciplinar:** a Teoria de Sistemas é uma teoria multidisciplinar com conceitos e técnicas de muitos campos de estudo, como Sociologia, Psicologia, Economia, Ecologia, pesquisa operacional etc. A teoria moderna representa uma síntese integrativa de partes relevantes de todos os campos no desenvolvimento de uma teoria geral das organizações e da Administração.

g) **Descritiva:** a teoria moderna é descritiva. Ela descreve as características das organizações e da Administração. Enquanto as teorias mais antigas eram normativas e prescritivas – preocupadas em sugerir o que fazer e como fazer –, a teoria moderna contenta-se em procurar compreender os fenômenos organizacionais e deixar a escolha de objetivos e métodos ao administrador.

h) **Multivariável:** a teoria moderna assume que um evento pode ser causado por vários e inúmeros fatores que são inter-relacionados e interdependentes. Esta abordagem contrasta com as teorias antigas que pressupõem causação simples (causa e efeito) e de fator único. A teoria moderna reconhece a possibilidade de que fatores causais sejam afetados por influências que eles próprios causaram a partir da retroação.

i) **Adaptativa:** a moderna teoria administrativa assume que a organização é um sistema adaptativo. Para se manter viável (continuar a existir) em seu ambiente, a organização deve continuamente adaptar-se aos requisitos cambiantes do ambiente. Organização e ambiente são vistos como interdependentes e em um contínuo equilíbrio dinâmico, rearranjando suas partes quando necessário em face da mudança. A moderna teoria visualiza a organização em um sentido ecológico, como um sistema aberto que se adapta mediante um processo de retroação negativa para permanecer viável. Esta abordagem adaptativa e ecológica das organizações traz como consequência a focalização nos resultados (*output*) da organização em vez da ênfase sobre o processo ou atividades da organização, como o faziam as antigas teorias. Ênfase sobre a eficácia e não, exclusivamente, ênfase sobre a eficiência.

3. **Caráter integrativo e abstrato da Teoria de Sistemas:** ela é demasiado abstrata e conceptual e, portanto, de difícil aplicação a situações gerenciais práticas.[33] Apesar de predominar na teoria administrativa e ter "uma aplicabilidade geral ao comportamento de diferentes tipos de organizações em diferentes meios culturais",[34] a abordagem sistêmica é uma teoria geral que cobre amplamente todos os fenômenos organizacionais. Ela é uma teoria geral das organizações e da Administração,[35] uma síntese integrativa dos conceitos clássicos, neoclássicos, estruturalistas e behavioristas. Muitas variáveis novas passaram a ser estudadas nesse contexto. Embora o esquema geral dessa abordagem pareça completo no seu todo, muitos detalhes da teoria ainda permanecem por estudar e pesquisar.[36]

4. **O efeito sinérgico das organizações como sistemas abertos:** sinergia é o esforço simultâneo de vários órgãos que provoca um resultado ampliado e potenciado. Uma das razões para a existência das organizações é o seu efeito sinérgico ou sinergístico. A sinergia faz com que o resultado de uma organização seja diferente, em quantidade ou qualidade, da soma de suas partes.

Aumente seus conhecimentos sobre **O efeito sinérgico das organizações como sistemas abertos** na seção *Saiba mais* ITGAc 8.7

Circularidade

Daí, o paradoxo: para conhecer as partes de modo a conhecer o todo e, ao mesmo tempo, conhecer o todo para poder conhecer as partes, torna-se necessário reconhecer a circularidade nas explicações simultâneas do todo pelas partes e das partes pelo todo. Ambas essas colocações são complementares, sem que nenhuma possa anular os aspectos antagônicos e concorrentes da outra.

5. **O "homem funcional":** a Teoria de Sistemas utiliza o conceito do "homem funcional", em contraste com o conceito do *homo economicus* da Teoria Clássica, do "homem social" da Teoria das Relações Humanas, do "homem organizacional" a Teoria Estruturalista e do "homem administrativo" da Teoria Behaviorista. O indivíduo comporta-se em um papel dentro das organizações, inter-relacionando-se com os demais indivíduos como um sistema aberto. Nas suas ações em um conjunto de papéis, o "homem funcional" mantém expectativas quanto ao papel dos demais participantes e procura enviar aos outros as suas expectativas de papel. Essa interação altera ou reforça o papel. As organizações são sistemas de papéis, nas quais as pessoas desempenham papéis.

6. **Uma nova abordagem organizacional:** a perspectiva sistêmica trouxe uma nova maneira de ver as coisas. Não somente em termos de abrangência, mas, principalmente, quanto ao enfoque. O enfoque do todo e das partes, do dentro e do fora, do total e da especialização, da integração interna e da adaptação externa, da eficiência e da eficácia. A visão gestáltica e global das coisas, privilegiando a totalidade e as suas partes componentes, sem desprezar o que chamamos de emergente sistêmico: as propriedades do todo que não aparecem em nenhuma de suas partes. A visão do bosque e não de cada árvore apenas. A visão da cidade e não de cada prédio. A visão da organização e não apenas de cada uma de suas partes. Nessa nova abordagem organizacional, o importante é ver o todo e não cada parte, isoladamente, para enxergar o emergente sistêmico. É esse emergente sistêmico que faz com que a água seja totalmente diferente dos elementos que a constituem, o hidrogênio e o oxigênio.

VOLTANDO AO CASO INTRODUTÓRIO
MasterPeças

Maria Amália pretende construir um modelo de organização integrado, convergente e sólido que possa funcionar de maneira harmônica e sinérgica, com o máximo de rendimento e o mínimo de perdas. Para construir esse modelo, a MasterPeças precisa de um íntimo inter-relacionamento entre seu sistema social e tecnológico graças a um sistema gerencial adequado. Como você poderia ajudar Maria Amália?

7. **Ordem e desordem:** a principal deficiência que se constata na noção de sistemas abertos é o conceito de equilíbrio. O mesmo conceito perseguido pelos autores estruturalistas e comportamentais. O ciclo contínuo e ininterrupto de funcionamento de um sistema cibernético (em que a entrada leva ao processamento, que leva à saída, que leva à retroação e que leva à homeostasia) tem como produto final o equilíbrio. Ou melhor, a busca e manutenção do estado de equilíbrio. Modernamente – e ao contrário do que se costumava acreditar –, percebe-se que na natureza as situações de equilíbrio constituem exceção e não regra geral. Nos novos tempos, os atributos como estabilidade, permanência e equilíbrio são aqueles que menos existem nos aspectos sociais, econômicos, culturais, políticos etc. Essa parece ser a falha maior de um modelo de descrição da realidade que procura compreendê-la como estando sempre em equilíbrio ou retornando sempre ao equilíbrio após ter sido afetada por alguma perturbação, ruído ou mudança.[37] Modernamente, predomina o conceito de que toda organização é caracterizada, simultaneamente, por ordem e desordem. Ordem, na medida em que congrega repetição, regularidade e **redundância** e é capaz de autorregulação para a preservação da estabilidade. E desordem, pois é também produtora de eventos, perturbações, desvios e ruídos que conduzem à instabilidade e à mudança. Essa desordem pode ser de natureza objetiva (relacionada com os próprios eventos, desvios e ruídos efetivamente produzidos) ou subjetiva (relacionada com a incerteza quanto ao futuro).

Aumente seus conhecimentos sobre **O modelo de importação – conversão – exportação** na seção *Saiba mais* ITGAc 8.8

Sem dúvida, a Teoria de Sistemas provocou forte influência na teoria administrativa e permitiu e facilitou o ingresso de outras abordagens mais recentes, como veremos adiante.

REFERÊNCIAS

1. BERTALANFFY, Ludwig von. The theory of open systems in physics and biology. *Science*, v. III, p. 23-29, 1950; General systems theory: a new approach to unity of science. *Human Biology*, dez. 1951; General systems theory. In: *Yearbook of the Society for General Systems Research*, 1956; *General systems theory*. New York: George Braziller, 1968.
2. BERRIEN, F. K. *General and social systems*. New Brunswick, NJ: Rutgers University, 1968.
3. EMERY, F. E. *Systems thinking*. Middlesex, England: Penguin Books, 1972. p. 8.

4. JOHNSON, Richard A.; KAST, Fremont E.; ROSENZWEIG, James E. Designing management systems. In: SCHODERBECK, Peter P. *Management systems*. New York: Wiley, 1968. p. 113.
5. BERTALANFFY, Ludwig von. *Teoria geral dos sistemas*. Petrópolis: Vozes, 1975.
6. MILLER, James G. Living systems: basic concepts. *Behavioral Science*, p. 196, 10 jul. 1965.
7. *Hardware*: termo da linguagem dos computadores e da literatura científica. Não é traduzível. Significa a totalidade dos componentes físicos de um sistema. Pode ser utilizado mais restritivamente para significar o equipamento em oposição a *software*.
8. *Software*: o termo também não é traduzível; significa um conjunto de programas e instruções. Pode ser utilizado de maneira restritiva para significar manejo, funcionamento, programação.
9. PATERSON, T. T. *Management theory*. London: Business Publications, 1969.
10. NASCIMENTO, Kleber T. A revolução conceptual da administração: implicações para a formulação dos papéis e funções essenciais de um executivo. *Revista de Administração Pública*, 6(2), p. 33, abr./jun. 1972.
11. NASCIMENTO, Kleber T. A revolução conceptual da administração: implicações para a formulação dos papéis e funções essenciais de um executivo. *Revista de Administração Pública, op. cit.*, p. 34.
12. WIELAND, George F.; ULRICH, Robert A. *Organizations behavior, design and change*. Homewood, IL: Richard D. Irwin, 1976. p. 7.
13. BERTALANFFY, Ludwig von. *General systems theory, op. cit.*, p. 33.
14. GROSS, Bertram M. *As empresas e sua administração*: um enfoque sistêmico. Petrópolis: Vozes, 1973, 766, p. 135.
15. LAWRENCE Paul R.; LORSCH, Jay W. *O desenvolvimento organizacional*: diagnóstico e ação. São Paulo: Edgard Blücher, 1972, p. 9-10.
16. MILLER, James G. Living systems: basic concepts. *Behavioral Science*, v. 10, p. 193-237 e 229, jul. 1965; EMERY, F. E. *Systems thinking, op. cit.*, p. 9.
17. LEVY, Alberto R. *Competitividade organizacional*. São Paulo: Makron Books, 1992.
18. BUCKLEY, Walter. *A sociologia e a moderna teoria dos sistemas*. São Paulo: Cultrix, 1974, p. 92-102.
19. SCHEIN, Edgar H. *Organizational psychology*. Englewood Cliffs, NJ: Prentice-Hall, 1980, p. 95.
20. KATZ, Daniel; KAHN, Robert L. *Psicologia social das organizações*. São Paulo: Atlas, 1972, p. 34-45.
21. KATZ, Daniel; KAHN, Robert L. *Psicologia social das organizações, op. cit.*, p. 508.
22. KATZ, Daniel; KAHN, Robert L. *Psicologia social das organizações, op. cit.*, p. 46-89.
23. KATZ, Daniel; KAHN, Robert L. *Psicologia social das organizações, op. cit.*, p. 85.
24. KATZ, Daniel; KAHN, Robert L. *Psicologia social das organizações, op. cit.*, p. 175-198.
25. KATZ, Daniel; KAHN, Robert L. *Psicologia social das organizações, op. cit.*, p. 176-177.
26. É o chamado Modelo de Tavistock. Entre eles: RICE, A. K. *The enterprise and its environment*. London: Tavistock Publications, 1963; EMERY, F. E.; TRIST, E. L. Sociotechnical systems. In: CHURCHMAN, C. West; VERHULST, Michel (ed.). *Management sciences*: models and techniques. New York: Pergamon, 1960.
27. MILLER, Eric J. Technology, territory and time: the internal differentiation of complex production systems. In: FRANK, Eric H. (ed.). *Organization structuring*. London: McGraw-Hill, 1971. p. 81-115.
28. RICE, A. K. *Productivity and social organization*: the Ahmedabad experiment. London: Tavistock Publications, 1958.
29. MOTTA, Fernando C. Prestes. *Teoria geral da administração*: uma introdução. São Paulo: Pioneira, 1997, p. 78.
30. NASCIMENTO, Kleber T. A Revolução conceptual: implicações para a formulação dos papéis e funções essenciais de um executivo. *Revista de Administração Pública, op. cit.*

31. NASCIMENTO, Kleber T. A Revolução conceptual: implicações para a formulação dos papéis e funções essenciais de um executivo. *Revista de Administração Pública*, op. cit.
32. HICKS, Herbert G.; GULLETT, C. Ray. *Organizations*: theory and behavior. Tokyo: McGraw-Hill, 1975. p. 213-219.
33. SCOTT, William G.; MITCHELL, Terence R. *Organization theory*: a structural and behavioral analysis. Homewood, IL: Richard D. Irwin, 1976. p. 67.
34. ISARD, Walter. *General theory*. Cambridge, Massachusetts: MIT, 1969. p. 494.
35. BECKETT, John A. *Management dynamics*: the new synthesis. New York: McGraw-Hill, 1971. p. 72, 159 e 208.
36. HICKS, Herbert G.; GULLETT C. Ray. *Organizations*: theory and behavior, *op. cit.*, p. 219-220.
37. BAUER, Ruben. *Gestão da mudança*: caos e complexidade nas organizações. São Paulo: Atlas, 1999. p. 48.

9 TEORIA MATEMÁTICA E A TECNOLOGIA NA ADMINISTRAÇÃO

OBJETIVOS DE APRENDIZAGEM

- Oferecer uma visão da influência das técnicas matemáticas sobre a Administração.
- Mostrar a aplicação de modelos matemáticos em Administração.
- Introduzir os conceitos de pesquisa operacional e suas técnicas.
- Apresentar o movimento pela mensuração e qualidade.

O QUE VEREMOS ADIANTE

- Origens da Teoria Matemática da Administração.
- Processo decisório e a necessidade de indicadores de desempenho.
- Pesquisa operacional e modelos matemáticos em Administração.
- Apreciação crítica da Teoria Matemática.
- A poderosa influência das tecnologias na Administração.

CASO INTRODUTÓRIO

Supermercados High Tech

Ricardo Montes dirige como um timoneiro uma famosa cadeia de supermercados. O negócio é altamente competitivo e sujeito a chuvas e trovoadas. Ricardo é muito exigente e precisa ter uma empresa enxuta, ágil e elástica para enfrentar intensas flutuações de mercado em razão da conjuntura econômica. Para tanto, deve privilegiar a eficácia e o baixo custo operacional. Isso o levou a tentar promover uma verdadeira revolução empresarial. Como Ricardo poderia levar adiante o seu projeto?

A Teoria Matemática e a tecnologia influenciaram e estão influenciando profundamente a TGA com novas abordagens e soluções.

Comecemos pela Teoria Matemática: a TGA recebeu muitas contribuições da Matemática sob a forma de modelos matemáticos para proporcionar soluções de problemas organizacionais. Muitas decisões administrativas são tomadas com base em soluções fundamentadas em equações matemáticas que simulam situações reais, as quais obedecem a certas leis, padrões, causalidades, regularidades ou estatísticas. A Teoria Matemática – denominação exagerada para uma variedade de temas relacionados com a Administração – é aplicada à solução dos problemas administrativos e recebe o nome genérico e vago de Pesquisa Operacional (PO). Ela não é propriamente uma escola – tal como as teorias que estudamos – mas uma corrente que percebemos em vários autores que enfatizam o processo decisório e o tratam de modo lógico e racional a partir de uma abordagem quantitativa e lógica. Os autores dessa escola provieram da Matemática, Estatística, Engenharia e Economia e possuem uma orientação técnico-econômica, racional e lógica.

A aplicação da Teoria Matemática na gestão das operações – denominação dada a vários assuntos típicos em organizações de manufatura e de serviços – envolve os seguintes temas:[1]

1. **Operações:** focalizando processos produtivos, produtos e componentes.

2. **Serviços:** como sistemas de operações de serviços.

3. **Qualidade:** envolvendo o tratamento estatístico da qualidade, melhoria contínua, programas de qualidade total e certificação da ISO.

4. **Estratégia de operações:** definindo o alinhamento estratégico e a natureza estratégica da gestão de operações complexas.

5. **Tecnologia:** utilização de sistemas computadorizados na gestão de operações.

9.1 ORIGENS DA TEORIA MATEMÁTICA NA ADMINISTRAÇÃO

A Teoria Matemática surgiu na teoria administrativa a partir de:

1. **Teoria dos Jogos:** o trabalho clássico de Von Neumann e Morgenstern (1947) e de Wald (1954) e Savage (1954) para a teoria estatística da decisão. A contribuição de H. Raiffa, R. Schalaifer e R. Howard foi fundamental.[2]

2. **Processo decisório:** a abordagem de Herbert Simon,[3] o criador da Teoria das Decisões, ressaltou a importância maior da decisão do que da ação dela decorrente na dinâmica organizacional. A tomada de decisão é decisiva para o sucesso de todo sistema organizacional.

3. **Decisões programáveis:** Simon[4] define as decisões qualitativas (não programáveis e tomadas por pessoas e gestores) e as decisões quantitativas (programáveis e programadas para máquina). Apesar da complexidade do processo decisório e das variáveis envolvidas, as decisões são quantificadas e representadas por modelos matemáticos e operacionalizadas por computação.[5]

4. **Computação:** proporcionou os meios adequados para aplicação e desenvolvimento de técnicas matemáticas mais complexas e sofisticadas.

5. **Pesquisa Operacional (PO):** a Teoria Matemática surgiu com a PO no decorrer da Segunda Guerra Mundial. O sucesso do método científico no campo da estratégia militar

fez com que a PO fosse utilizada nas organizações a partir de 1945. A Teoria Matemática pretendeu criar uma Ciência da Administração em bases lógicas e matemáticas e acabou produzindo a chamada Gestão de Operações focada na gestão da produção.

9.2 TEORIA DA DECISÃO E O PROCESSO DECISÓRIO

A Teoria Matemática desloca a ênfase da ação para a decisão que a antecede e condiciona. O processo decisório é o fundamento básico de toda ação. Constitui o campo de estudo da Teoria da Decisão iniciada por Simon na abordagem comportamental e que é aqui considerada um desdobramento da Teoria Matemática quando processada por modelos desta área. A tomada de decisão é o ponto focal da abordagem quantitativa da Teoria Matemática. E toda decisão deve basear-se em dados ou em fatos concretos para ser eficaz. A tomada de decisão é estudada sob duas perspectivas: a do processo e a do problema.[6]

1. **Perspectiva do processo:** concentra-se nas etapas sequenciais da tomada de decisão. Nesta perspectiva, o objetivo é selecionar a melhor alternativa de decisão. Focaliza o processo decisório como uma sequência de três etapas:

    a) Definição do problema.

    b) Quais as alternativas possíveis de solução do problema.

    c) Qual é a melhor alternativa de solução (escolha).

    A perspectiva do processo concentra-se na escolha, entre as possíveis alternativas de solução, daquela que produza melhor eficiência no processo. Sua ênfase está na busca dos meios alternativos. É uma abordagem criticada por se preocupar com o procedimento e não com o conteúdo da decisão. Preocupa-se com a eficiência da decisão.

2. **Perspectiva do problema:** orientada para a resolução de problemas, com ênfase na solução final do problema. Esta perspectiva é criticada pelo fato de não indicar alternativas e pela sua deficiência quando as situações demandam vários modelos de implementação. O tomador de decisão aplica métodos quantitativos para tornar o processo decisório o mais racional possível, concentrando-se na definição e equacionamento do problema a ser resolvido. Preocupa-se com a eficácia da decisão.

Quadro 9.1 Características das decisões programadas e não programadas[6]

Perspectiva do processo Perspectiva do problema	
Decisões programadas	**Decisões não programadas**
■ Dados adequados ■ Dados repetitivos ■ Condições estatísticas ■ Certeza ■ Previsibilidade ■ Rotina	■ Dados inadequados ■ Dados únicos ■ Condições dinâmicas ■ Incerteza ■ Imprevisibilidade ■ Inovação

 Acesse conteúdo sobre **Técnicas de tomada de decisão** na seção *Tendências* em TGA 9.1

As organizações adaptativas e de ágil e rápida retroação e mudança descentralizam o processo decisório para alcançar flexibilidade e rapidez a fim de aproveitar novas oportunidades e desafios à medida que surgem, quase que em tempo real. Assim, movem a tomada de decisão para a frente e para baixo em oposição ao velho e tradicional modo de capturar dados enviando-os para a distante cúpula da cadeia hierárquica, que os analisava centralmente e enviava as instruções de volta. Hoje, as organizações empurram a tomada de decisões para as bordas e bases e até além das fronteiras organizacionais, para parceiros e até consumidores a fim de que funcione mais como uma ampla rede colaborativa e menos como uma longa e demorada cadeia de comando.

Reflita sobre a aplicação de modelos matemáticos na definição de estoques com o texto **Os estoques da CustomCar**, na seção *Para reflexão* ITGAc 9.1

9.3 MODELOS MATEMÁTICOS EM ADMINISTRAÇÃO

A Teoria Matemática busca construir modelos matemáticos capazes de simular situações reais na empresa. A criação de modelos matemáticos focaliza a resolução de problemas de tomada de decisão. Um modelo é a representação de alguma coisa ou o padrão de algo a ser feito. É por meio do modelo que se fazem representações da realidade. Na Teoria Matemática, o modelo é usado como simulação de situações futuras e avaliação da probabilidade de sua ocorrência. O modelo delimita a área de ação de maneira a proporcionar o alcance de uma situação futura com razoável esperança de ocorrência.

A organização defronta-se com uma variedade de problemas em diferentes graus de complexidade e eles podem ser classificados como problemas estruturados e não estruturados.[7]

Aumente seus conhecimentos sobre **Modelos como simplificações da realidade** na seção *Saiba mais* ITGAc 9.1

1. **Problemas estruturados:** um problema estruturado é aquele que pode ser perfeitamente definido pois suas principais variáveis – como os estados da natureza, ações possíveis e possíveis consequências – são conhecidas. O problema estruturado pode ser subdividido em três categorias:[8]

   - **Decisões sob certeza:** as variáveis são bem conhecidas e a relação entre as ações e suas consequências é certa e determinística.
   - **Decisões sob risco:** as variáveis são conhecidas e a relação entre a consequência e a ação é conhecida em termos relativos e probabilísticos.
   - **Decisões sob incerteza:** as variáveis são conhecidas, mas as probabilidades para avaliar a consequência de uma ação são desconhecidas ou não são determinadas com algum grau de certeza.

Figura 9.1 *Continuum* incerteza – certeza.[9]

2. Problemas não estruturados: o problema não estruturado não pode ser claramente definido, pois uma ou mais de suas variáveis é desconhecida ou não pode ser determinada com algum grau de confiança.

O modelo matemático pode tratar tanto problemas estruturados quanto não estruturados com as seguintes vantagens:[10]

- Permite descobrir e entender uma situação, melhor do que uma descrição verbal.
- Descobre relações existentes entre os vários aspectos do problema que não transpareceriam na descrição verbal.
- Trata o problema em seu conjunto e considera todas as variáveis simultaneamente.
- Utiliza técnicas matemáticas objetivas e lógicas.
- Conduz a uma solução segura e qualitativa.
- Permite respostas imediatas e em escala gigantesca por meio de computadores e equipamentos eletrônicos.

Quadro 9.2 Problemas estruturados e não estruturados e decisões programadas e não programada[11]

		Decisões Programadas	Decisões Não programadas
Problemas	**Estruturados**	■ Dados adequados, certos, repetitivos e corretos. ■ Previsibilidade. ■ Situações conhecidas e estruturadas. ■ Processamento de dados convencional.	■ Dados inadequados, novos, incertos e não confiáveis. ■ Imprevisibilidade. ■ Situações conhecidas e variáveis estruturadas. ■ Tomada de decisão individual e rotineira.
	Não estruturados	■ Dados adequados, certos, repetitivos e corretos. ■ Previsibilidade. ■ Situações desconhecidas e não estruturadas. ■ Pesquisa Operacional. ■ Técnicas matemáticas.	■ Dados inadequados, novos, incertos e não confiáveis. ■ Imprevisibilidade. ■ Situações desconhecidas e variáveis não estruturadas. ■ Tomada de decisão individual e criativa.

3. **Tipos de decisão:** em função dos problemas estruturados e não estruturados, as técnicas de tomada de decisão – programadas e não programadas – são as informadas no Quadro 9.3.

Quadro 9.3 Os tipos de decisão e as técnicas de tomada de decisão[12]

		Técnicas de tomada de decisão	
		Tradicionais	**Modernas**
Decisões	**Programadas** Decisões repetitivas de rotina	■ Hábito ■ Rotina (processo padronizado) ■ Estrutura organizacional ■ Métodos e processos definidos	■ Pesquisa operacional ■ Análise matemática ■ Simulação em computador ■ Processamento de dados

	Não programadas
	Decisões únicas e diferenciadas, mal estruturadas, tratadas por processos
		■ Julgamento ou intuição
		■ Criatividade
		■ Regras empíricas
		■ Decisões de executivos
		■ Políticas e diretrizes
		■ Normas e regulamentos
			■ Técnicas heurísticas de solução aplicadas a:
			  • Treinamento de executivo em tomada de decisão
			  • Definição de programas heurísticos para computador

Reflita sobre a aplicação de equação à Teoria Matemática com o texto **A Companhia Kapa de Cimento**, na seção *Para reflexão* ITGAc 9.2

9.4 PESQUISA OPERACIONAL

O ramo da Pesquisa Operacional (PO) descende – sob vários aspectos – da Administração Científica, à qual acrescentou métodos matemáticos refinados como a tecnologia computacional e uma orientação mais ampla.[13] Ambas têm em comum a sua aplicação ao nível operacional. A PO adota o método científico como estrutura para a solução dos problemas, com forte ênfase no julgamento objetivo. Suas definições variam desde técnicas matemáticas específicas até o método científico e incluem três aspectos básicos comuns à abordagem de PO à tomada de decisão administrativa:[14]

Aumente seus conhecimentos com o texto **A PO é uma teoria da decisão aplicada** na seção *Saiba mais* ITGAc 9.2

1. Visão sistêmica dos problemas a serem resolvidos.
2. Uso do método científico na resolução de problemas.
3. Utilização de técnicas específicas de estatística, probabilidade e modelos matemáticos para ajudar o tomador de decisão a resolver o problema.

A PO focaliza a análise de operações de um sistema como um todo e não apenas um problema particular. Para tanto, a PO utiliza:

- **Probabilidades:** na abordagem de PO para decisões sob condições de risco e de incerteza.
- **Estatística:** na sistematização e análise de dados para obter soluções.
- **Matemática:** na formulação de modelos quantitativos.

PO é "a aplicação de métodos, técnicas e instrumentos científicos a problemas que envolvem as operações de um sistema de modo a proporcionar soluções ótimas para o problema em foco".[15] Ela se "ocupa de operações de um sistema existente [...]", envolvendo "materiais, energias, pessoas e máquinas já existentes [...]".[16] "O objetivo da PO é capacitar a administração a resolver problemas e tomar decisões."[17] Apesar da diversidade nas definições sobre a PO, há unanimidade quanto ao seu objetivo: fornecer subsídios racionais para a tomada de decisões nas organizações. Ela pretende tornar científico, racional e lógico o processo decisório nas empresas.

A metodologia da PO utiliza um processo de seis fases:[18]

1. **Formular o problema:** com a análise do sistema e seus objetivos e das alternativas de ação.
2. **Construir um modelo matemático para representar o sistema:** o modelo expressa o sistema como um conjunto de variáveis, das quais uma, pelo menos, está sujeita a controle.
3. **Deduzir uma solução do modelo:** a solução ótima de um modelo a partir do processo analítico ou do processo numérico.
4. **Testar o modelo e a solução:** construir o modelo que represente a realidade e que deve ser capaz de prever com exatidão o efeito das mudanças no sistema e a eficiência geral do sistema.
5. **Estabelecer controle sobre a solução:** a solução de um modelo será adequada enquanto as variáveis incontroladas conservarem seus valores e as relações entre as variáveis se mantiverem constantes.
6. **Colocar a solução em funcionamento (implementação):** a solução precisa ser testada e transformada em uma série de processos operacionais.

As principais técnicas de PO são detalhadas nas próximas seções.

9.4.1 Teoria dos Jogos

Proposta pelos matemáticos Johann von Neumann (1903-1957) e Oskar Morgenstern (1902-1962),[19] oferece uma formulação matemática para a estratégia e análise dos conflitos. Toda competição inclui um conflito. O conceito de conflito envolve oposição de forças ou de interesses em jogo. A situação de conflito ocorre quando um jogador ganha e outro perde, pois os objetivos visados são antagônicos e incompatíveis entre si.

A Teoria dos Jogos é aplicável nas seguintes situações:

- O número de participantes é finito.
- Cada participante dispõe de um número finito de cursos possíveis de ação.
- Cada participante conhece os cursos de ação ao seu alcance.
- Cada participante conhece os cursos de ação ao alcance do adversário, embora desconheça qual será o curso de ação escolhido por ele.
- As duas partes intervêm de cada vez e o jogo é "soma zero", isto é, puramente competitivo: os benefícios de um jogador são as perdas do outro, e vice-versa.

Quando os participantes escolhem seus respectivos cursos de ação, o resultado do jogo acusará perdas ou ganhos finitos que dependem dos cursos de ação por eles escolhidos. Os resultados de todas as combinações possíveis de ações são perfeitamente calculáveis.

A Teoria dos Jogos possui uma terminologia própria:[20]

- **Jogador:** cada participante envolvido.
- **Partida (ou disputa):** quando cada jogador escolhe um curso de ação.
- **Estratégia:** regra de decisão pela qual o jogador determina seu curso de ação. O jogador nem sempre conhece a estratégia escolhida pelo adversário.
- **Estratégia mista:** quando o jogador usa todos seus cursos de ação disponíveis, numa proporção fixa.
- **Estratégia pura:** quando o jogador utiliza apenas um curso de ação.
- **Matriz:** é a tabela que mostra os resultados de todas as partidas possíveis. Os números da matriz representam os valores ganhos pelo jogador. Os valores negativos traduzem perdas. A teoria é estática (pois trabalha apenas com valores dados, fixos e independentes do resultado do jogo), enquanto as situações concretas são dinâmicas (seus valores não são fixos). Como qualquer outra teoria científica, a Teoria dos Jogos representa um mapa simplificado, isomorfo, da realidade. Sua utilidade reside na razão direta do isomorfismo em relação a algum aspecto do mundo real.

A Teoria dos Jogos é utilizada em análises de concorrência em mercados competitivos:

- Na disputa de clientes ou consumidores, quando há forte competição entre eles.
- Na disputa de recursos financeiros no mercado financeiro ou de capitais.
- Na disputa de recursos de produção no mercado de fornecedores ou de matérias-primas etc.

 Aumente seus conhecimentos sobre **A aplicação da Teoria dos Jogos na estratégia organizacional** na seção *Saiba mais* ITGAc 9.3

9.4.2 Teoria das Filas

Refere-se à otimização de arranjos em condições de aglomeração e de espera e utiliza técnicas matemáticas variadas. É a teoria que cuida dos pontos de estrangulamento e dos tempos de espera, ou seja, das demoras verificadas em algum ponto de serviço. Sua aplicação situa-se em problemas de gargalos e esperas, como ligação telefônica, filas de bancos ou supermercados, problemas de tráfego viário, cadeias de suprimento, logística e entregas de mercadorias.[21] Nela, os pontos de interesse são: o tempo de espera dos clientes; o número de clientes na fila; e a razão entre o tempo de espera e o tempo de prestação do serviço. O mesmo para operações com produtos ou serviços.

Em toda situação de fila, existem os seguintes componentes:

a) Uma sequência de fila de clientes ou de operações.

b) Uma passagem ou ponto de serviço por onde devem passar os clientes ou operações envolvendo um tempo de espera.

c) Um processo de entrada (*input*) e de saída (*output*) de determinada operação com certo tempo de duração.
d) Uma disciplina ou ordenação sobre a fila.
e) Uma organização de serviço.

A situação de fila ocorre quando clientes desejam prestação de serviço. Quando cada cliente chega ao ponto de serviço, ocorre um período de prestação do serviço que determina quando o cliente se retira. Outros clientes que chegam esperam a sua vez formando uma fila de espera.

Aumente seus conhecimentos sobre **Decorrências da Teoria das Filas** na seção *Saiba mais* ITGAc 9.4

9.4.3 Teoria dos Grafos

Baseia-se em redes e diagramas de flechas para várias finalidades. Oferece técnicas de planejamento e programação por redes (CPM, PERT etc.) utilizadas na construção civil e montagem industrial. Tanto o PERT (*Program Evaluation Review Technique*) como o CPM (*Critical Path Method*) são diagramas de flechas que identificam o caminho crítico estabelecendo uma relação direta entre os fatores de tempo e custo, indicando o "ótimo econômico" de um projeto. Esse "ótimo econômico" é alcançado a partir de uma sequência das operações de um projeto que permita o melhor aproveitamento dos recursos disponíveis em um prazo otimizado. O Neopert é uma variação simplificada do PERT, possibilitando economia de tempo na sua elaboração. As redes ou diagramas de flechas são aplicáveis em projetos que envolvam várias operações simultâneas e etapas, vários recursos e órgãos envolvidos, prazos e custos mínimos. Tudo articulado, coordenado e sincronizado. Os cronogramas convencionais e o Gráfico de Gantt não permitem essa sincronização de todas essas variáveis.

As redes ou diagramas de flechas apresentam as seguintes vantagens:

- Execução do projeto no prazo mais curto e ao menor custo.
- Permitem o inter-relacionamento das etapas e operações do projeto.
- Distribuição ótima dos recursos disponíveis e facilidade de redistribuição em caso de modificações.
- Fornecem alternativas para a execução do projeto e facilitam a tomada de decisão.
- Identificam tarefas ou operações "críticas" que não oferecem folga de tempo na sua execução para nelas concentrar a atenção. As tarefas ou operações "críticas" afetam o prazo para o término do projeto global.
- Definem responsabilidade de órgãos ou pessoas envolvidos no projeto.

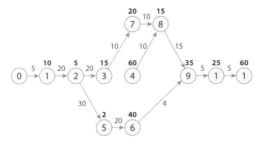

Figura 9.2 Diagrama PERT sobre introdução de nova linha de produtos.

9.4.4 Programação linear

Programação linear (PL) é uma técnica matemática que permite analisar os recursos de produção no sentido de maximizar o lucro e minimizar o custo. É uma técnica de solução de problemas que requer a definição dos valores das variáveis envolvidas na decisão para otimizar um objetivo a ser alcançado dentro de um conjunto de limitações ou restrições, que constituem as regras do jogo. Tais problemas envolvem alocação de recursos, relações lineares entre as variáveis da decisão, objetivo a alcançar e restrições. Quase sempre, esta técnica focaliza problemas e busca a melhor maneira de alocar recursos escassos entre atividades concorrentes. Essa alocação envolve situações como programar a produção para maximizar lucros, misturar ingredientes de um produto para minimizar custos, selecionar um portfólio excelente de investimentos, alocar pessoal de vendas em um território ou definir uma rede de transportes intermodais com o menor custo e maior rapidez.[22] A PL procura o custo mínimo ou rendimento máximo nos processos decisórios. Suas características são:

- Busca a posição ótima em relação a um objetivo. A finalidade é minimizar custos e maximizar benefícios em função do objetivo prefixado.
- Supõe a escolha entre alternativas ou combinação destas alternativas.
- Considera limites ou restrições que cercam a decisão.
- As variáveis devem ser quantificáveis e ter relações lineares entre si.

 Aumente seus conhecimentos sobre **As aplicações da programação linear e da dinâmica** na seção *Saiba mais* ITGAc 9.5

9.4.5 Programação dinâmica

É aplicada em problemas que possuem várias fases inter-relacionadas, onde se deve adotar uma decisão adequada a cada uma das fases, sem perder de vista o objetivo final. Somente quando o efeito de cada decisão for avaliado é que poderá ser efetuada a escolha final.

9.4.6 Análise estatística e cálculo de probabilidade

É o método matemático utilizado para obter a mesma informação com a menor quantidade de dados, como o controle estatístico de qualidade (CEQ) na área de produção. Os métodos estatísticos permitem produzir o máximo de informações a partir dos dados disponíveis. A análise estatística utiliza amostras e suas características para representarem um universo de dados e indicarem o risco associado na decisão de aceitar ou rejeitar um lote de produção em face das informações fornecidas pelo exame da amostra. Sua aplicação aos problemas de qualidade começou com Walter A. Shewhart no decorrer da Segunda Guerra Mundial e dois gurus iriam revolucionar o conceito de qualidade, inicialmente no Japão: Deming e Juran.

1. **Controle estatístico da qualidade:** a análise estatística encontrou seu maior divulgador em W. Edwards Deming[23] (1900-1993), que popularizou no Japão – e, posteriormente, no mundo ocidental – o controle estatístico da qualidade (CEQ) – ou *Statistical Quality Control* (SQC). A ideia era aplicar metodologia estatística na inspeção de qualidade, passando depois ao controle estatístico de qualidade e chegando à qualidade assegurada a fim de obter conformidade com as especificações e proporcionar alto grau de confiabilidade, durabilidade e desempenho nos produtos. Sua influência foi tão grande que desde 1951 foi instituído no Japão o Prêmio Deming de Qualidade como reconhecimento para as empresas premiadas nesse campo. O CEQ é baseado nas técnicas de determinação do momento em que os erros tolerados na produção começam a ultrapassar os limites de tolerância, quando então a ação corretiva torna-se necessária. As ideias de Deming conduziram ao conceito de melhoria contínua, que será discutido mais adiante. Trata-se de uma filosofia e de um sistema administrativo de redução de perdas para incrementar ganhos incessantes. O CEQ tem por objetivo localizar desvios, erros, defeitos ou falhas no processo produtivo, comparando o desempenho com o padrão estabelecido. Essa comparação pode ser feita por meio de:

   - **Controle de qualidade 100%:** corresponde à inspeção total da qualidade. O CQ total faz parte do processo produtivo e todos os produtos são inspecionados.
   - **Controle de qualidade por amostragem:** é o CQ por lotes de amostras recolhidos para serem inspecionados. Substitui o controle total para não interferir no processo produtivo. Se a amostra é aprovada, todo o lote é aprovado. Se é rejeitada, todo o lote deverá ser inspecionado.
   - **Controle de qualidade aleatório:** é o CQ probabilístico e consiste em inspecionar apenas uma certa percentagem de produtos ou do trabalho aleatoriamente.

Aumente seus conhecimentos sobre **Os cinco S do *housekeeping*** na seção *Saiba mais* ITGAc 9.6

2. **Qualidade total:** J. M. Juran (1904-2008)[24] estendeu os conceitos de qualidade para toda a empresa com o seu Controle Total da Qualidade (CTQ) – ou *Total Quality Control* (TQC). As ideias de Juran conduziram ao conceito estratégico de qualidade total, que será discutido mais adiante. Enquanto o controle estatístico da qualidade (CEQ) é aplicável no nível operacional – e de preferência na área de produção e manufatura –, a qualidade total (CTQ) estende o conceito de qualidade a toda a organização, desde o nível operacional até o nível institucional, abrangendo o pessoal de escritório e do chão da fábrica em um envolvimento total.[25] Mais ainda, envolve também a rede de fornecedores, indo até o cliente final em uma abrangência sem limites. As vantagens do CTQ são:

- Redução de desperdícios.
- Diminuição dos ciclos de tempo e dos tempos de resultados.
- Melhoria da qualidade dos resultados (produtos ou serviços).

Ambos – o CEQ e o CTQ – constituem abordagens incrementais para se obter excelência em qualidade dos produtos e processos, além de proporcionar uma formidável redução de custos.

 Reflita sobre **O dimensionamento de uma agência de turismo**, na seção *Para reflexão* ITGAc 9.3

Quadro 9.4 Os processos para administrar a qualidade[26]

Planejamento da qualidade	Controle da qualidade	Melhoria da qualidade
- Definir os objetivos de qualidade - Identificar os clientes - Aprender com as necessidades dos clientes - Desenvolver os requisitos dos produtos - Desenvolver os requisitos dos processos - Definir controle de processo - E transferi-lo para a produção	- Escolher os itens de controle - Escolher as métricas de medição - Definir objetivos - Criar sensores de desvios - Medir o desempenho atual - Interpretar a diferença - Tomar ação corretiva sobre desvios	- Satisfazer as necessidades do cliente - Identificar projetos de melhoria - Organizar equipes de projeto - Diagnosticar as causas dos desvios - Proporcionar remédios eficazes - Lidar com a resistência à mudança - Controlar para garantir ganhos

Quadro 9.5 Metodologia e técnicas de PO

1. Aplicação da probabilidade em condições de risco e incerteza. 2. Estatística na sistematização e análise de dados. 3. Matemática na formulação de modelos quantitativos.

Metodologia da PO	Técnicas de PO

- Formulação do problema
- Construção do modelo matemático
- Dedução de uma solução do modelo
- Teste de modelo e da solução
- Controle sobre a solução
- Colocação da solução em funcionamento (implementação)
	- Teoria dos Jogos
	- Teoria das Filas
	- Teoria dos Grafos
	- Programação linear
	- Programação dinâmica
	- Análise estatística e cálculo de probabilidade:
	  • Controle estatístico de qualidade
	  • Qualidade total

VOLTANDO AO CASO INTRODUTÓRIO
Supermercados High Tech

Com o avanço da tecnologia de gestão e a difusão dos chamados sistemas *Enterprise Resource Planning* (ERP), Ricardo Montes iniciou um amplo programa para aumentar a integração entre os departamentos da sua rede de supermercados e o grau de automação dos processos para alcançar redução dos custos operacionais. A ideia é criar sistemas integradores envolvendo todas as áreas da empresa para compensar a forte descentralização das suas operações. Como você poderia ajudar Ricardo?

9.5 NECESSIDADE DE INDICADORES DE DESEMPENHO

Uma das maiores contribuições da Teoria Matemática foi o aporte de indicadores financeiros e não financeiros – quantificados e objetivos – para medir ou avaliar o desempenho organizacional ou de parte dele, como indicadores departamentais, desempenho humano, financeiro ou contábil etc.

1. Por que medir? Os indicadores de desempenho são os sinais vitais de uma organização, pois permitem mostrar o que ela está fazendo e quais os resultados de suas ações. Um sistema de medição funciona como um painel de controle para que a organização ou cada departamento possa avaliar seu desempenho. O sistema de medição é um modelo da realidade e pode assumir várias formas, como relatórios periódicos, gráficos ou sistema de informação *online* etc. para que o desempenho seja analisado e as ações corretivas sejam tomadas quando necessárias. A montagem do sistema de medição envolve as etapas da Figura 9.3.

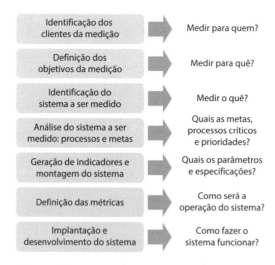

Figura 9.3 Etapas de um sistema de medição.

As principais vantagens de um sistema de medição são:
- Avaliar o desempenho e indicar as ações corretivas necessárias.
- Apoiar a melhoria do desempenho.
- Manter a convergência de propósitos e a coerência de esforços na organização mediante a integração de estratégias, ações e medições.

2. **O que medir?** As organizações utilizam a medição, avaliação e controle de três **áreas principais:**
- Resultados: isto é, os resultados concretos e finais que se pretende alcançar dentro de determinado período de tempo, como dia, semana, mês ou ano.
- Desempenho: ou seja, o comportamento ou os meios instrumentais que se pretende colocar em prática.
- Fatores **críticos de sucesso:** isto é, os aspectos fundamentais para que a organização seja bem-sucedida em seus resultados ou em seu desempenho.

Quadro 9.6 Exemplos de indicadores de desempenho

Área	Indicador de desempenho
Organizacional	Retorno sobre investimento Margem de contribuição Lucratividade
Marketing	Volume de vendas Participação no mercado Nível de atendimento de pedidos *Mix* de produtos/serviços Satisfação dos clientes
Produção	Produtividade Nível de qualidade Nível de refugo Rendimento da matéria-prima
Desenvolvimento	Lançamento de novos produtos/serviços Inovações em processos
Finanças	Índice de ganho financeiro Índice de clientes inadimplentes Nível de ciclo financeiro Redução de custos fixos Redução de custos variáveis
Logística	Pontualidade na entrega Nível de atendimento dos pedidos Custos de distribuição Giro do inventário
Suprimentos	Custo das matérias-primas Qualidade das matérias-primas
Recursos Humanos	Índice de absenteísmo Índice de acidentes de trabalho Nível de satisfação dos colaboradores

DICAS

Hierarquia dos indicadores de desempenho

Da mesma forma como os objetivos organizacionais, os indicadores obedecem a uma hierarquia na qual os mais simples são contidos em indicadores mais complexos. Nas organizações tradicionais, a hierarquia dos indicadores corresponde aos níveis hierárquicos. Naquelas organizadas por processos, essa hierarquia corresponde ao desdobramento dos processos mais complexos em processos mais simples.

3. *Six*-sigma: sigma é uma medida de variação estatística. Quando aplicada a um processo organizacional, ela se refere à frequência com que uma operação ou transação utiliza mais do que os recursos mínimos para satisfazer o cliente. A maioria das organizações está no nível "4-sigma", o que significa mais de 6 mil defeitos por um milhão de oportunidades. Isto significa 6.000 produtos defeituosos em cada milhão de produtos fabricados. A organização que está no nível "6-sigma" registra apenas três defeitos em um milhão. Isso significa uma vantagem de custos e, mais importante, faz com que sobrem recursos para serem dirigidos para os processos de diferenciar uma empresa 6-sigma em relação às demais.

O programa 6-sigma utiliza várias técnicas em um metódico processo passo a passo para atingir metas bem definidas. A diferença é que com o 6-sigma já não se busca qualidade pela qualidade, mas aperfeiçoar os processos da organização. Na prática, o 6-sigma diferencia-se da Qualidade Total em quatro áreas básicas:

Aumente seus conhecimentos sobre **O aparecimento do 6-sigma** na seção *Saiba mais* ITGAc 9.7

a) **Maior amplitude da aplicação:** a maior parte do TQM se aplica dentro da área de produção e manufatura e não no projeto, finanças etc. O 6-sigma é para a organização toda. A Motorola afixa boletins de tempo de ciclo, dados de defeitos e metas de melhoria nos refeitórios e banheiros.

b) **Estrutura de implementação mais simples:** os faixas-pretas dedicam-se inteiramente à mudança e ficam fora do cotidiano. A administração é premiada ou punida pela melhoria dos negócios.

c) **Ferramentas mais profundas:** além das ferramentas do TQM, o 6-sigma se aprofunda para descrever a situação atual e prever o futuro. Há uma forte dose de estatística aplicada e uma compreensão melhor de como os processos se comportam, um *software* para auxiliar e um mapa para a aplicação das ferramentas. O mapa de aplicação das ferramentas permite esclarecer os problemas e melhorar sua solução.

d) **Forte vinculação com a saúde (financeira) dos negócios:** o 6-sigma aborda os objetivos da empresa e se certifica de que todas as áreas-chave para a saúde futura da empresa contêm mensurações quantificáveis com metas de melhoria e planos de aplicação detalhados. Quantifica o que é necessário para atingir os objetivos financeiros da organização.

O 6-sigma busca a eficácia organizacional em três dimensões conjuntas:

a) **Redução do desperdício:** a partir do conceito de empreendimento enxuto (*lean enterprise*), ou esforço de tempo futuro, ou redução do ciclo de tempo ou, ainda, eliminação do desperdício do sistema ou eliminação de coisas que não têm valor para o cliente, imprimindo velocidade à empresa.

b) **Redução dos defeitos:** é o processo do 6-sigma em si.

c) **Envolvimento das pessoas:** por meio da chamada "arquitetura humana".

VOLTANDO AO CASO INTRODUTÓRIO
Supermercados High Tech

Por fim, Ricardo Montes lançou-se a mais outro desafio. Com a rápida expansão das tecnologias associadas à internet, o segredo do sucesso da rede estava em ultrapassar os muros da empresa e envolver toda a enorme cadeia de valor – clientes, fornecedores, parceiros – via *web* para aumentar as oportunidades de negócios que somente a conectividade pela internet poderia tornar possível, por quebrar barreiras de tempo e de geografia. Se você fosse Roberto, o que faria?

4. *Balanced Scorecard* **(BSC):** as medidas e indicadores afetam profundamente o comportamento das pessoas nas organizações. A ideia predominante é: o que se faz é o que se pode medir. E o que não se pode medir não se pode administrar. O que uma organização define como indicador é o que ela pretende obter como resultados. O foco dos sistemas e medidas utilizados tradicionalmente nas organizações – como o balanço contábil, demonstrativos financeiros, retorno sobre investimento (ROI), produtividade por pessoa etc. – concentra-se somente em aspectos financeiros ou quantitativos – para controlar desempenhos ou comportamentos. Esse controle típico da Era Industrial não funciona bem. Torna-se necessário um modelo direcionado para a organização no futuro – envolvendo mudanças, transformações, incertezas, velocidade, agilidade – colocando as diversas perspectivas em um sistema de contínua monitoração em tempo real e não no controle *a posteriori*.

Aumente seus conhecimentos sobre **O surgimento do Balanced Scorecard (BSC)** na seção *Saiba mais* ITGAc 9.8

O BSC é um método de administração focado no equilíbrio organizacional e se baseia em quatro perspectivas básicas, a saber:[27]

a) **Finanças:** para analisar o negócio sob o ponto de vista financeiro. Envolve indicadores e medidas financeiras e contábeis para avaliar o comportamento da organização perante itens como lucratividade, retorno dos investimentos, valor agregado ao patrimônio e outros indicadores que a organização adote como relevantes para seu negócio.

b) **Clientes:** para analisar o negócio sob o ponto de vista dos clientes. Inclui indicadores e medidas como satisfação e retenção dos clientes, participação e posicionamento no mercado, valor agregado aos produtos/serviços, tendências do mercado, nível de serviços à comunidade etc.

c) **Processos internos:** para analisar o negócio do ponto de vista interno da organização. Inclui indicadores sobre qualidade intrínseca dos produtos e processos, criatividade, inovação, capacidade de produção, alinhamento com demandas do mercado, logística e otimização dos fluxos, qualidade das informações, da comunicação interna e das interfaces com o ambiente externo.

d) **Aprendizagem/crescimento organizacional:** para analisar o negócio do ponto de vista daquilo que é básico para alcançar o futuro com sucesso. Considera as pessoas em termos de capacidades, competências, motivação, *empowerment*, alinhamento e a estrutura organizacional em termos de investimentos no seu futuro. Esta perspectiva garante a solidez e constitui o valor fundamental para as organizações de futuro.

O BSC cria um contexto para que as decisões relacionadas com as operações cotidianas possam ser alinhadas com a estratégia e a visão organizacional, permitindo divulgar a estratégia, promover o consenso e o espírito de equipe, integrando as partes da organização e oferecendo meios para envolver todos os programas do negócio, catalisar esforços e motivar as pessoas.

Aprofunde seus conhecimentos sobre **Princípios para focar a estratégia** na seção *Saiba mais* ITGAc 9.9

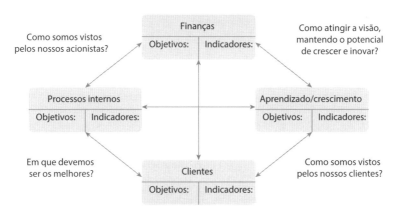

Figura 9.4 *Balanced Scorecard.*

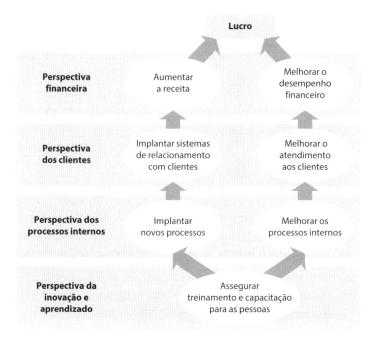

Figura 9.5 Mapa da estratégia, segundo o BSC.

Figura 9.6 Os princípios da organização focada na estratégia.[28]

9.6 APRECIAÇÃO CRÍTICA DA TEORIA MATEMÁTICA

A Teoria Matemática trouxe enorme contribuição à Administração oferecendo técnicas de planejamento e controle no emprego de recursos materiais, financeiros, humanos etc. e um formidável suporte na tomada de decisões, no sentido de otimizar a execução de trabalhos e diminuir os riscos envolvidos nos planos que afetam o futuro no curto ou longo prazo.

1. **Limitações da Teoria Matemática:** do ponto de vista de uma teoria administrativa, a Teoria Matemática apresenta enormes limitações, a saber:
   - **Aplicações restritas a projetos ou operações** que envolvam órgãos ou grupos de pessoas, com poucas condições de aplicações globais abrangendo toda a organização como um conjunto. Nesse sentido, ela ainda é mais um conglomerado de técnicas de aplicação individualizada do que um arcabouço teórico e abrangente.
   - **Total quantificação dos problemas administrativos**, abordando-os do ponto de vista estatístico ou matemático. Todas as situações são reduzidas a números ou expressões matemáticas para serem resolvidas. Do ponto de vista da organização, a maior parte dos conceitos, situações ou problemas nem sempre apresenta condições de redutibilidade a expressões numéricas ou quantitativas, daí a dificuldade de aplicação extensiva da PO.
   - **Técnicas de aplicação restritas no nível operacional**, na esfera de execução, e poucas técnicas em níveis mais elevados na hierarquia. A PO quase se restringe à pesquisa e investigação das operações situadas no nível operacional da organização.

2. **O reducionismo dos métodos de PO:** sua abordagem é eminentemente matemática, objetiva, quantitativa e reducionista.[29] Seus modelos:
   - **Enfatizam modelos para representação lógica de problemas** que podem ser simples ou complexos. As fórmulas contábeis – como ativo menos passivo é igual a propriedade, por exemplo – são modelos que simbolizam a relação das variáveis envolvidas.
   - **Enfatizam objetivos numéricos e medidas de eficiência** a fim de determinar se a solução atinge o objetivo. Se o objetivo é lucro, a medida de eficiência será o índice de retorno sobre o investimento e todas as soluções propostas farão com que se possa medir o resultado em relação com a medida. Contudo, apenas algumas variáveis podem ser controláveis, enquanto outras são incontroláveis.
   - **Tentam incorporar todas as variáveis em um problema** ou todas aquelas variáveis que parecem ser importantes para a sua solução.
   - **Tentam quantificar as variáveis de um problema**, pois somente dados quantificados são inseridos no modelo a fim de proporcionar um resultado definido.
   - **Tentam oferecer dados quantificáveis com recursos matemáticos e estatísticos úteis**, isto é, as probabilidades são inseridas na situação para que o problema matemático se torne prático e sujeito a uma pequena margem de erro.

3. **Similaridade com a Administração Científica:** a PO está orientada operacionalmente, enquanto a teoria administrativa está dirigida para a elaboração de uma teoria mais ampla, genérica e estratégica.[30] E não se pode traçar uma linha divisória para definir os limites entre a PO e a Administração Científica, a sua criadora: "para Leavitt, ambas criaram um conjunto de métodos técnicos para a solução de problemas do trabalho e apresentam

uma abordagem que separa o planejamento dos programas para solução dos problemas e as rotinas criadas com base nas soluções".
4. **Reducionismo da Teoria Matemática:** ela parece mais uma abordagem matemática dos problemas de Administração do que uma escola de Administração.[31] Talvez mais uma escola situada na tecnologia do que na Administração. Apesar da sua importância na teoria administrativa, torna-se necessário colocar as coisas nos devidos lugares. É o mesmo que pretender desenvolver uma teoria matemática na Astronomia, Economia ou na Psicologia. Pode?
5. **Gestão de operações:** a Teoria Matemática está se transformando gradativamente em uma gestão de operações e se concentrando nos seguintes aspectos:[32]
    a) **Produção *just-in-time*:** é um sistema de produção que procura agilizar a resposta às demandas do cliente por meio da eliminação do desperdício e do aumento da produtividade. O objetivo do sistema *just-in-time* (JIT) é produzir exatamente o que é necessário para satisfazer a demanda atual – nem mais nem menos. O sistema utiliza apenas materiais e produtos requeridos para atender aos requisitos de produção ou da demanda, o que permite incrível redução de níveis de inventários, níveis de qualidade e tempos mais curtos de manufatura.

Aprofunde seus conhecimentos sobre *just-in-time* na seção *Saiba mais* ITGAc 9.10

   b) **Qualidade total:** a qualidade sempre foi – ao lado da quantidade – um aspecto importante da produção. Três princípios básicos caracterizam a visão japonesa sobre qualidade, conhecida como *Total Quality Management* (TQM), a saber:
   - **Qualidade é construída e não apenas inspecionada:** não se trata de corrigir erros ou desvios apenas, mas, antes de tudo, melhorar para evitar e prevenir futuros erros, desvios ou retrabalhos.
   - **A melhoria da qualidade economiza dinheiro:** se a qualidade é vista como resultado da inspeção, então a qualidade custa dinheiro. Mas, se a qualidade melhora porque a organização melhora o desenho do produto e o processo produtivo, a organização reduz o desperdício e rejeições, economiza dinheiro na produção e aumenta a satisfação do cliente.
   - **A qualidade repousa no princípio da melhoria contínua (*kaizen*):** a partir de melhorias incrementais nos produtos e processos. O conceito de defeito zero estabelece o nível de defeitos aceitável, o que significa que a qualidade deve ser continuamente melhorada.
   c) **Operações com tecnologias avançadas:** tecnologias baseadas em computação na gestão das operações – como o *Computer-Aided Design* (CAD) e o *Computer-Aided Manufacturing* (CAM) – são impressionantes. Sistemas de planejamento e controle da produção – como o *Manufacturing Resources Planning* (MRP) e outras tecnologias de produção baseadas na computação – estão fazendo com que os operários tenham de ser mais qualificados e capacitados para lidar com dados.[33] As tecnologias estão proporcionando sistemas flexíveis e ágeis de manufatura em tempo real, favorecendo mecanismos rápidos de tomada de decisão graças a sistemas de suporte de decisão.

d) **Competição baseada no tempo:** produtos e serviços concorrem não apenas em função de preço e qualidade. O tempo – rapidez de expedição ou tempo de mercado – é também um fator importante. A *Time-Based Competition* (TBC) estende os princípios do JIT a cada faceta do ciclo de expedição do produto, desde o início da pesquisa e desenvolvimento (P&D), passando pela manufatura ou operações e chegando ao mercado e distribuição, envolvendo também a logística.[34]

Aumente seus conhecimentos sobre como **Agilizar processos a partir da troca eletrônica de dados** na seção *Saiba mais* ITGAc 9.11

e) **Reengenharia de processos:** representa um redesenho fundamental e drástico dos processos do negócio para melhorar custo, qualidade, serviço e velocidade. A reengenharia descarta as estruturas, processos e sistemas existentes e os reinventa de maneira completamente diferente. A reengenharia apresenta aspectos comuns com a qualidade total – pois ambas reconhecem a importância dos processos organizacionais e enfatizam necessidades do cliente – mas uma diferença entre ambas é significativa. Os programas de qualidade funcionam a partir dos processos existentes na organização e procuram melhorá-los ou incrementá-los gradativamente por meio da melhoria contínua. A reengenharia busca o desempenho excelente descartando os processos existentes e partindo para outros inteiramente novos e diferentes.[35]

f) **Usina de serviços:** ou fábrica de serviços é uma tendência no sentido de competir não somente com base nos produtos, mas também com base nos serviços. Serviços são atividades econômicas que produzem um lugar, tempo, forma ou utilidade psicológica para o consumidor. Os serviços podem incluir suporte informacional para o cliente, entrega rápida e confiável, instalação do produto, serviço pós-venda e solução de problemas. As organizações industriais estão se antecipando e respondendo às necessidades dos clientes combinando produtos superiores com serviços correlatos. A unidade de manufatura torna-se o centro das atividades da organização – localizadas em áreas separadas e distantes da organização – para atrair e reter clientes.[36]

VOLTANDO AO CASO INTRODUTÓRIO
Supermercados High Tech

Entretanto, Roberto Montes tem outro desafio projetado para o futuro: construir um modelo de negócio que possa adaptar-se dinamicamente aos voláteis mercados em que sua rede atua, marcados por fortes expansões e contrações rápidas, inesperadas e intempestivas. Roberto sabe que as empresas vencedoras serão aquelas capazes de aproveitar ao máximo as expansões de mercado e perder o mínimo nas contrações. Isso exige processos de negócio que tenham mais custos variáveis do que custos fixos. Para construir esse modelo de negócio, Ricardo precisa ter tecnologia sofisticada e saber utilizar estrategicamente a terceirização. Quais as suas recomendações a Roberto?

6. **O movimento pela qualidade:** graças à Teoria Matemática, surgiu o movimento pela qualidade como base fundamental para a excelência e competitividade das organizações. Esse movimento começou no Japão com a aplicação de critérios estatísticos no chão da fábrica, tomando uma dimensão fora do comum e envolvendo toda a organização e suas interfaces com fornecedores e clientes. Desdobramentos importantes desse movimento estão acontecendo no mundo todo, como o Prêmio Deming de Qualidade, o *Baldrige Award*, o Prêmio Nacional de Qualidade do Brasil e a ISO.

   a) **Prêmio Deming de Qualidade:** surgiu no Japão, em 1951, como meio de consagrar as empresas com alto nível de qualidade e em homenagem ao norte-americano que ajudou a reconstrução industrial do país. Rapidamente, foi copiado em vários lugares do mundo.

   b) *Malcolm Baldrige National Quality Award*: inspirado no Prêmio Deming do Japão e criado nos Estados Unidos, em 1987, para encorajar as empresas e servir como modelo para melhorar os padrões de qualidade e competitividade. Administrado em conjunto com o National Bureau of Standards e pela American Society for Quality Control (ASQC), premia, anualmente, as empresas que se destacam pela elevada qualidade de seus produtos e de sua administração. Um *board* de examinadores avalia cada organização que se inscreve na disputa a partir de um conjunto de critérios que, no total, chegam a 1.000 pontos. O aspecto pedagógico do prêmio é indiscutível, pois serve como *benchmarking* para todas as demais empresas que ainda não alcançaram o nível de qualidade e desempenho das empresas premiadas.

   c) **Prêmio Nacional de Qualidade (PNQ):** em 1991, foi criada a Fundação para o Prêmio Nacional da Qualidade (FNQ) para administrar o Prêmio Nacional da Qualidade.

   Os fundamentos da excelência do PNQ compreendem:[37]

   - Liderança e constância de propósitos.
   - Visão de futuro.
   - Foco no cliente e no mercado.
   - Responsabilidade social e ética.
   - Decisões baseadas em fatos.
   - Valorização das pessoas.
   - Abordagem por processos.
   - Foco nos resultados.
   - Inovação.
   - Agilidade.
   - Aprendizado organizacional.
   - Visão sistêmica.

Capítulo 9 – Teoria Matemática e a tecnologia na Administração

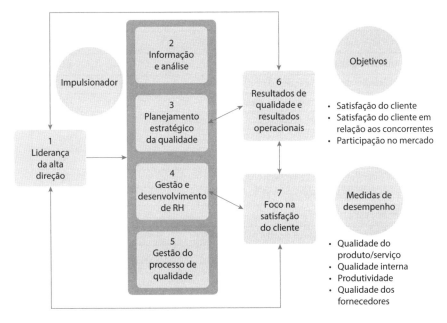

Figura 9.7 Modelo de avaliação do Prêmio Baldrige de Qualidade.

Os oito critérios de excelência do PNQ são os apresentados no Quadro 9.7.

Quadro 9.7 Critérios e itens de excelência do Prêmio Nacional de Qualidade[38]

Categorias	Pontos
1.0. Liderança	**100**
1.1. Sistema de liderança	30
1.2. Cultura de excelência	40
1.3. Análise crítica do desempenho global	30
2.0. Estratégias e planos	**90**
2.1. Formulação das estratégias	30
2.2. Desdobramento das estratégias	30
2.3. Planejamento da medição do desempenho	30
3.0. Clientes	**60**
3.1. Imagem e conhecimento de mercado	30
3.2. Relacionamento com clientes	30
4.0. Sociedade	**60**
4.1. Responsabilidade socioambiental	30
4.2. Ética e desenvolvimento social	30

(continua)

(continuação)

Categorias	Pontos
5.0. Informações e Conhecimento	**60**
5.1. Gestão das informações da organização	20
5.2. Gestão das informações comparativas	20
5.3. Gestão do capital intelectual	20
6.0. Pessoas	**90**
6.1. Sistema de trabalho	30
6.2. Capacitação e desenvolvimento	30
6.3. Qualidade de vida	30
7.0. Processos	**90**
7.1. Gestão de processos relativos ao produto	30
7.2. Gestão de processos de apoio	20
7.3. Gestão de processos relativos aos fornecedores	20
7.4. Gestão econômico-financeira	20
8.0 Resultados específicos da companhia	**450**
8.1. Resultados relativos aos clientes e ao mercado	100
8.2. Resultados econômico-financeiros	100
8.3. Resultados relativos às pessoas	60
8.4. Resultados relativos aos fornecedores	30
8.5. Resultados dos processos relativos ao produto	80
8.6. Resultados relativos à sociedade	30
8.7. Resultados dos processos de apoio e organizacionais	50
Total:	**1.000**

Figura 9.8 Modelo de excelência do PNQ: uma visão sistêmica da organização.

d) *International Organization for Standardization* (ISO): foi criada para estabelecer padrões internacionais de qualidade. Os padrões da série ISO9000 definem os componentes da qualidade. As organizações solicitam certificação naqueles padrões mais próximos de seu negócio a fim de concorrerem no mercado internacional. A certificação é baseada na capacidade da organização de implantar procedimentos documentados de seus processos. A certificação garante consistência de que a organização adota padrões reconhecidos mundialmente, mas isso não significa que a organização produza realmente produtos de qualidade. Os padrões da ISO14000 são desenhados para assegurar processos limpos de produção que reduzam problemas ambientais, como prevenção à poluição e à camada de ozônio e aquecimento global.

Em resumo, a Teoria Matemática está se transformando em uma importante área de negócios das organizações. Na Era Digital, até as empresas virtuais utilizam os conceitos operacionais, por meio de sistemas *business to consumer* (B2C) ou *business to business* (B2B), utilizando os modelos da Teoria Matemática e as modernas tecnologias.

9.7 TECNOLOGIA E ADMINISTRAÇÃO

A tecnologia sempre influenciou poderosamente as organizações desde as duas revoluções industriais nos séculos anteriores. A primeira foi o resultado da aplicação da tecnologia da força motriz do vapor na produção e que logo substituiu o esforço

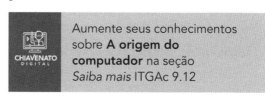

humano, permitindo o aparecimento das fábricas e indústrias, ferrovias e navegação a vapor. A segunda transformou totalmente as condições econômicas e sociais no mundo ocidental com a introdução do aço, petróleo e eletricidade e um desdobramento de grandes invenções. No final do século 18, a invenção da máquina de escrever foi o primeiro passo para a aceleração do processo produtivo nos escritórios. E a invenção do telefone, no final do século 19, permitiu a expansão das organizações rumo a novos e diferentes mercados. O rádio, telefone, automóvel, avião permitiram uma expansão sem precedentes nos negócios mundiais.

Agora, estamos atravessando a Quarta Revolução Industrial envolvendo uma profunda e rápida integração entre o físico e o digital a partir da chamada Indústria 4.0, que está mudando completamente os modelos de negócio das organizações. É importante saber como tudo isso começou.

9.8 PONTO DE PARTIDA DA CIBERNÉTICA

Então, voltemos às origens. A Cibernética é uma ciência relativamente recente que foi rapidamente assimilada pela Informática e pela Tecnologia da Informação (TI). A Cibernética foi criada por Norbert Wiener (1894-1963),[39] entre os anos de 1943 e 1947,[40] na época em que Von Neumann e Morgenstern (1947)[41] concebiam a Teoria dos Jogos, Shannon e Weaver (1949)[42] formulavam a Teoria Matemática da Informação e Von Bertalanffy (1947)[43] definia a Teoria Geral dos Sistemas.

A Cibernética surgiu como uma ciência interdisciplinar para relacionar todas as ciências, preencher os espaços vazios não pesquisados por nenhuma delas e permitir que cada ciência utilizasse os conhecimentos desenvolvidos pelas outras. O seu foco está na sinergia.

Aumente seus conhecimentos sobre **Cibernética e seu conceito original** na seção *Saiba mais* ITGAc 9.13

9.8.1 Origens da Cibernética

As origens da Cibernética estão ligadas aos seguintes fatos:[44]

a) **Áreas brancas no mapa das ciências:** o movimento iniciado por Norbert Wiener, em 1943, para esclarecer as chamadas "áreas brancas entre as ciências". A Cibernética começou como uma ciência interdisciplinar de conexão entre as ciências e como uma ciência diretiva: a *kybernytikys* da ciências. A ideia era juntá-las e não as separar. O mundo não se encontra separado por ciências estanques, com divisões arbitrárias e fronteiras bem definidas. Elas constituem diferentes especialidades inventadas pelo homem para abordar as mesmas realidades, deixando de lado fecundas áreas fronteiriças do conhecimento humano – as áreas brancas – entre os campos científicos. A única maneira de explorar essas áreas brancas é reunir uma equipe de cientistas de diferentes especialidades e criar uma ciência capaz de orientar o desenvolvimento de todas as demais ciências. Uma visão ampla e multidisciplinar.

b) **Intercâmbio de descobertas nas áreas brancas:** os estudos sobre o cálculo de variações da Matemática, o princípio da incerteza na mecânica quântica, a descoberta dos filtros de onda, o aparecimento da mecânica estatística etc. levaram a inovações na Engenharia, na Física, na Medicina etc., as quais exigiram maior conexão entre esses novos domínios e o intercâmbio de descobertas nas áreas brancas entre as ciências. A ciência que cuida dessas ligações foi chamada por Wiener de Cibernética: era um novo campo de comunicação e controle.

c) **Falta de informação entre as ciências:** os estudos sobre informação e comunicação começaram com o livro de Russell e Whitehead, *Principia Mathematica*, em 1910, e, entre Ludwig Wittgenstein e a linguística matemática de A. N. Chomsky, surgiram vários trabalhos sobre a lógica da informação. E, com os trabalhos de Alfred Korzybski sobre a semântica geral, surgiu o interesse pelo significado da comunicação. Mas foi com a abertura dos documentos secretos sobre a Primeira Guerra Mundial que se percebeu que a falta de comunicação entre as partes conflitantes, apesar das informações copiosas, fora a causa da terrível catástrofe que poderia ter sido evitada. Como decorrência, a informação passou a absorver a atenção do mundo científico.

d) **Os primeiros estudos e experiências com computadores** para a solução de equações diferenciais. Essas máquinas rápidas e precisas deveriam imitar o complexo sistema nervoso humano. Daí seu nome inicial: cérebro eletrônico. A comunicação e o controle no homem e no animal deveriam ser imitados pela máquina. O computador deveria ter condições de autocontrole e autorregulação, independentemente da ação humana exterior – típicas do comportamento dos seres vivos –, para efetuar o processamento eletrônico de dados. A inteligência artificial (IA) é um termo que significa fazer máquinas e computadores se comportando como seres humanos inteligentes. E capazes de aprender a aprender.

e) **Aplicações em equipamentos militares:** a Segunda Guerra Mundial provocou o desenvolvimento dos equipamentos de artilharia aérea. Wiener colaborou no projeto de um engenho de defesa aérea baseado no computador em uso na época, o analisador diferencial de Bush. Esse engenho preestabelecia a orientação de voo dos aviões rápidos para dirigir projéteis do tipo terra-ar para interceptá-los em voo. Tratava-se de um servomecanismo de precisão capaz de se autocorrigir rapidamente a fim de ajustar-se a um alvo em movimento rápido e variável. Surgiu o conceito de retroação (*feedback*): o instrumento detectava o padrão de movimento do avião e ajustava-se a ele autocorrigindo o seu funcionamento. A variação do movimento do avião funcionava como uma entrada de dados (retroação) que fazia a arma regulada reorientar-se no sentido do alvo em movimento.

f) **Cibernética:** ampliou seu campo de ação com o desenvolvimento da Teoria Geral dos Sistemas (TGS) iniciado por Von Bertalanffy, em 1947,[45] e com a criação da Teoria da Comunicação por Shannon e Weaver,[46] em 1949, em uma abordagem organicista que localiza aquilo que as diversas ciências têm de comum sem prejuízo daquilo que têm de específico. O movimento sistêmico teve um cunho pragmático voltado à ciência aplicada.

g) **Cibernética como ciência aplicada:** no início, ela se limitava ao desenvolvimento de máquinas de comportamento autorregulável, semelhante a aspectos do comportamento humano ou do animal (como robô, computador eletrônico, radar baseado no comportamento do morcego, piloto automático dos aviões etc.) e onde eram necessários conhecimentos vindos de diversas ciências.[47] As aplicações da Cibernética estenderam-se da Engenharia para a Biologia, Medicina, Psicologia, Sociologia etc., chegando à teoria administrativa.

9.8.2 Conceito de Cibernética

Cibernética é a ciência da comunicação e do controle, seja no animal (homem e seres vivos), seja na máquina (computador). A comunicação torna os sistemas integrados e coerentes e o controle regula o seu comportamento. A Cibernética compreende os processos e sistemas de transformação da informação e sua concretização em processos físicos, fisiológicos, psicológicos etc. Na verdade, a Cibernética é uma ciência interdisciplinar que oferece sistemas de organização e de processamento de informações e controles que auxiliam as demais ciências. Para Bertalanffy, "a Cibernética é uma teoria dos sistemas de controle baseada na comunicação (transferência de informação) entre o sistema e o meio ambiente e também dentro do sistema e do controle (retroação) dos sistemas com relação ao ambiente".[48]

Os principais conceitos da Cibernética são:

1. Campo de estudo da Cibernética: os sistemas

Sistema (do grego *syn* = junto e *stemi* = colocar) "é um conjunto de elementos que estão dinamicamente relacionados".[49] O sistema dá a ideia de conectividade: "o universo parece estar formado de conjunto de sistemas, cada qual contido em outro ainda maior, como um conjunto de blocos para construção".[50] O mecanicismo ainda está presente nesta conceituação.

Sistema é um conjunto de elementos dinamicamente relacionados entre si, formando uma atividade para atingir um objetivo, operando sobre entradas (informação, energia ou matéria) e fornecendo saídas (informação, energia ou matéria) processadas. Os elementos, as relações entre eles e os objetivos (ou propósitos) constituem os aspectos fundamentais na definição de um sistema. Os elementos são as partes ou órgãos que compõem o sistema e estão, dinamicamente, relacionados entre si, mantendo uma constante interação. A rede que caracteriza as relações entre os elementos define o estado do sistema, isto é, se ele está operando todas essas relações (estado dinâmico ou estável) ou não. As linhas que formam a rede de relações constituem as comunicações existentes no sistema. A posição das linhas reflete a quantidade de informações do sistema, e os eventos que fluem para a rede que constitui o sistema são as decisões. Essa rede é, basicamente, um processo decisório: as decisões são descritíveis (e mesmo previsíveis) em termos de informação no sistema e de estruturação das comunicações. Assim, no sistema, há um conjunto de elementos (que são as partes ou órgãos do sistema) dinamicamente relacionados em uma rede de comunicações (em decorrência da interação dos elementos), formando uma atividade (que é a operação ou processamento do sistema) para atingir um objetivo ou propósito (finalidade do sistema), operando sobre dados/energia/matéria (que são insumos ou entradas de recursos para o sistema operar) para fornecer informação/energia/matéria (que são as saídas do sistema).

Quadro 9.8 Conceituação de sistema

> **Sistema**
> é um conjunto de elementos
> dinamicamente inter-relacionados
> formando uma atividade
> para atingir um objetivo
> operando sobre dados/energia/matéria
> para fornecer informação/energia/matéria.

Organizações são sistemas. Na realidade, como administradores, em nossas atividades cotidianas lidamos com sistemas, como organizações de todos os tipos, divisões e departamentos, processos, projetos, e esse é o nosso trabalho, a nossa praia.

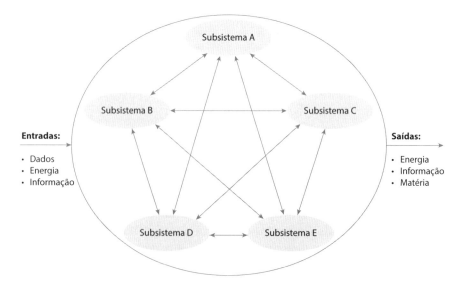

Figura 9.9 Exemplo de sistema.

2. Representação dos sistemas: modelos

A Cibernética busca a representação de sistemas originais a partir de outros sistemas comparáveis, que são denominados modelos. Os modelos – sejam físicos ou matemáticos ou descritivos – são úteis para a compreensão do funcionamento dos sistemas. Modelo é a representação simplificada de alguma parte da realidade. Existem três razões básicas para a utilização de modelos:[51]

a) A manipulação de entidades reais (como pessoas, coisas ou organizações) é socialmente inaceitável ou legalmente proibida, principalmente quando se torna necessário penetrá-las. Daí a utilização de modelos que as representem.

b) A incerteza com que a Administração lida cresce rapidamente e aumenta desproporcionalmente as consequências dos erros. A incerteza é o anátema da Administração.

c) A capacidade de construir modelos representativos da realidade aumentou enormemente com as novas tecnologias.

9.8.3 Principais conceitos relacionados com sistemas

Os principais conceitos relacionados com sistemas são: entrada, saída, retroação, caixa negra, homeostasia e informação.

1. **Entrada (*input*):** o sistema recebe entradas (*inputs*) ou insumos para poder operar. A entrada de um sistema é tudo o que o sistema importa ou recebe de seu mundo exterior, como informação, energia e materiais.

   a) **Informação:** é tudo o que permite reduzir a incerteza a respeito de alguma coisa, como dados que entram no sistema. Quanto maior a informação, tanto menor a incerteza. A informação proporciona orientação e conhecimento a respeito de algo e permite planejar e programar o funcionamento do sistema.

   b) **Energia:** é a capacidade utilizada para movimentar e dinamizar o sistema e fazê-lo funcionar.

   c) **Materiais:** são os recursos utilizados pelo sistema como meios para produzir as saídas (produtos ou serviços). Os materiais são chamados operacionais quando são usados para transformar ou converter outros recursos (como máquinas, equipamentos, instalações, ferramentas, instruções e utensílios) e são chamados produtivos (ou matérias-primas) quando são transformados em saídas (isto é, em produtos ou serviços).

   Por meio da entrada, o sistema importa insumos ou recursos do seu meio ambiente para poder funcionar.

2. **Saída (*output*):** é o resultado final da operação de um sistema. Todo sistema produz uma ou várias saídas. Por intermédio da saída, o sistema exporta o resultado de suas operações para o meio ambiente. É o caso de organizações que produzem bens ou serviços e uma infinidade de outras saídas (informações, lucros, poluição e detritos etc.).

3. **Caixa negra (*black box*):** refere-se a um sistema cujo interior não pode ser desvendado ou penetrado e cujos elementos internos são desconhecidos e só podem ser conhecidos "por fora" a partir de manipulações externas ou observação externa. Na Engenharia Eletrônica, o processo de caixa negra é utilizado quando se manipula uma caixa hermeticamente

fechada, com terminais de entrada (onde se aplicam tensões ou qualquer outra perturbação) e terminais de saída (onde se observa o resultado causado pela perturbação). O mesmo se dá em Medicina, quando o laboratório médico analisa externamente o paciente queixoso, ou quando o fisiologista observa o comportamento do rato no labirinto sujeito a estímulos ou perturbações. Utiliza-se o conceito de caixa negra em duas circunstâncias: quando o sistema é impenetrável ou inacessível. Por alguma razão (como o cérebro humano ou o corpo humano) ou quando o sistema é complexo e de difícil explicação ou detalhamento (como o computador eletrônico ou a economia nacional).

Na Cibernética, a caixa negra é uma caixa onde existem entradas (insumos) que conduzem perturbações ao seu interior, e de onde emergem saídas (resultados). Nada se sabe sobre a maneira pela qual as perturbações de entrada se articulam com as perturbações de saída, no interior da caixa. Daí o nome caixa negra, ou seja, interior desconhecido e impenetrável.

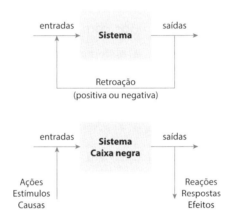

Figura 9.10 Desvendando a caixa negra.

4. **Retroação (*feedback*):** é um mecanismo segundo o qual uma parte da energia de saída de um sistema ou de uma máquina volta à entrada para influenciá-la. A retroação (*feedback*), também chamada de servomecanismo, retroalimentação ou realimentação, é um subsistema de comunicação de retorno proporcionado pela saída do sistema à sua entrada, no sentido de alterá-la de alguma maneira. A retroação serve para comparar a maneira como um sistema funciona em relação ao padrão estabelecido para ele funcionar. Quando ocorre alguma diferença (desvio ou discrepância) entre ambos, a retroação incumbe-se de regular a entrada para que a saída se aproxime do padrão estabelecido.

A retroação é uma ação pela qual o efeito (saída) reflui sobre a causa (entrada), seja incentivando-a ou inibindo-a. Existem dois tipos de retroação:

a) **Retroação positiva:** é a ação estimuladora da saída que atua sobre a entrada do sistema. Na retroação positiva, o sinal de saída amplifica e reforça o sinal de entrada. É o caso em que, quando as vendas aumentam e os estoques saem com mais rapidez, ocorre a retroação positiva no sentido de aumentar a produção e a entrada de produtos em estoque, para manter um volume adequado.

b) **Retroação negativa:** é a ação frenadora e inibidora da saída que atua sobre a entrada do sistema. Na retroação negativa, o sinal de saída diminui e inibe o sinal de entrada. É o caso em que, quando as vendas diminuem e os estoques saem com menor rapidez, ocorre a retroação negativa no sentido de diminuir a produção e reduzir a entrada de produtos no estoque, para evitar que o volume de estocagem aumente em demasia.

A retroação impõe correções ou ajustes no sistema, adequando suas entradas com suas saídas e reduzindo os desvios ou discrepâncias para regular seu funcionamento.

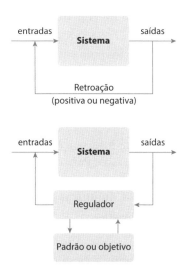

Figura 9.11 Retroação em um sistema.

5. **Homeostasia:** é o equilíbrio dinâmico obtido pela autorregulação, ou seja, pelo autocontrole por retroação. É a capacidade que tem o sistema de manter certas variáveis dentro de limites, mesmo quando os estímulos do meio externo forçam essas variáveis a assumirem valores que ultrapassam ou fiquem aquém dos limites da normalidade. Todo mecanismo homeostático é um dispositivo de controle para manter certa variável dentro de limites desejados (como é o caso do piloto automático em aviação ou do veículo autodirigido).

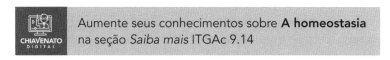

Aumente seus conhecimentos sobre **A homeostasia** na seção *Saiba mais* ITGAc 9.14

6. **Informação:** o conceito de informação, tanto do ponto de vista popular como do ponto de vista científico, envolve um processo de redução de incerteza. Na linguagem diária, a ideia de informação está ligada à de novidade e utilidade, pois informação é o conhecimento (não qualquer conhecimento) disponível para uso imediato e que permite orientar a ação, ao reduzir a margem de incerteza que cerca as decisões cotidianas.[53] Na sociedade moderna, a importância da disponibilidade da informação ampla e variada cresce proporcionalmente ao aumento da complexidade da própria sociedade.

O conceito de informação envolve necessariamente três conceitos: dado, informação e comunicação:

a) **Dado:** é um registro ou anotação a respeito de um evento ou ocorrência. Um banco de dados, por exemplo, é um meio de se acumular e armazenar conjuntos de dados para serem posteriormente combinados e processados. Quando um conjunto de dados possui um significado (um conjunto de números ao formar uma data, ou um conjunto de letras ao formar uma frase), temos uma informação. É impressionante o oceano de dados – o *big data* – que transita, hoje, ao redor do mundo todo, a tal ponto de se falar em *megadata* e uma engenharia de dados para conseguir processá-los adequadamente.

b) **Informação:** é um conjunto de dados com significado, ou seja, que reduz a incerteza ou que aumenta o conhecimento a respeito de algo. Na verdade, informação é uma mensagem com significado em determinado contexto, disponível para uso imediato e que proporciona orientação às ações pelo fato de reduzir a margem de incerteza a respeito de nossas decisões.

c) **Comunicação:** ocorre quando uma informação é transmitida a alguém, sendo então compartilhada também por essa pessoa. Para que haja comunicação, é necessário que o destinatário da informação a receba e a compreenda. A informação transmitida, mas não recebida, não foi comunicada. Comunicar significa tornar comum a uma ou mais pessoas uma determinada informação.

Reflita sobre **O oceano de dados e a era da análise (analytics)**, na seção *Para reflexão* ITGAc 9.4

9.9 TEORIA DA INFORMAÇÃO

A Teoria da Informação é um ramo da matemática aplicada que utiliza o cálculo da probabilidade. Originou-se em 1920, com os trabalhos de Leo Szilard e H. Nyquist, desenvolvendo-se com as contribuições de Hartley, Claude Shannon, Kolmogorov, Norbert Wiener e outros.

Mas foi com as pesquisas de Claude E. Shannon e Warren Weaver[52] para a Bell Telephone Company, no campo da telegrafia e telefonia, em 1949, que a Teoria da Informação cresceu. Ambos formulam uma teoria geral da informação, desenvolvendo um método para medir e calcular a quantidade de informação, com base em resultados da física estatística.[53] A preocupação de ambos era uma aferição quantitativa de informações. Sua teoria diferia das anteriores em dois aspectos: introdução de noções de estatística e o fato de sua teoria ser macroscópica e não microscópica, ao visualizar aspectos amplos e gerais dos dispositivos de comunicações.[54] O sistema de comunicação tratado pela Teoria da Informação consiste em seis componentes:

Aumente seus conhecimentos sobre **Transmissão da informação** na seção *Saiba mais* ITGAc 9.15

1. **Fonte:** significa a pessoa, coisa ou processo que emite ou fornece as mensagens por intermédio do sistema.
2. **Transmissor:** significa o processo ou equipamento que opera a mensagem, transmitindo-a da fonte ao canal. O transmissor codifica a mensagem fornecida pela fonte para poder transmiti-la. É o caso dos impulsos sonoros (voz humana da fonte) que são transformados e codificados em impulsos elétricos pelo telefone (transmissor) para serem transmitidos para outro telefone (receptor) distante. Em princípio, todo transmissor é um codificador de mensagens.
3. **Canal:** significa o equipamento ou espaço intermediário entre o transmissor e o receptor. Em telefonia, o canal é o circuito de fios condutores da mensagem de um telefone para outro. Em radiotransmissão, é o espaço livre por meio do qual a mensagem se difunde a partir da antena.
4. **Receptor:** significa o processo ou equipamento que recebe a mensagem no canal. O receptor decodifica a mensagem para colocá-la à disposição do destino. É o caso dos impulsos elétricos (canal telefônico) que são transformados e decodificados em impulsos sonoros pelo telefone (receptor) para serem interpretados pelo destino (pessoa que está ouvindo o telefone receptor). Todo receptor é um decodificador de mensagem.
5. **Destino:** significa a pessoa, coisa ou processo a quem é destinada a mensagem no ponto final do sistema de comunicação.
6. **Ruído:** significa a quantidade de perturbações indesejáveis que tendem a deturpar e alterar, de maneira imprevisível, as mensagens transmitidas. O conceito de ruído serve para conotar as perturbações presentes nos diversos componentes do sistema, como as perturbações provocadas por defeitos no transmissor ou receptor, ligações inadequadas nos circuitos etc.

A Teoria da Informação substitui cada bloco da Figura 9.12 por um modelo matemático que reproduz o comportamento do bloco correspondente, sua interação e sua interdependência, dentro de uma visão macroscópica e probabilística. Trabalhando com os conceitos de comunicação e controle, a Cibernética estuda o paralelismo entre o comportamento humano e as máquinas de comunicação.[55]

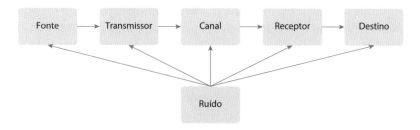

Figura 9.12 Sistema de comunicação.

Quadro 9.9 Exemplos de sistemas de comunicação

Componentes	Sistema telefônico	Porta automática	Programa de TV
Fonte	Voz humana	Afluência de pessoas interrompendo um raio de luz	Palcos e atores
Transmissor	Aparelho telefônico	Célula fotoelétrica e circuitos auxiliares	Câmera, transmissores e antena
Canal	Fio condutor que liga um aparelho ao outro	Fios conduzindo ao solenoide que move a porta	Espaço livre
Receptor	Outro aparelho telefônico	Mecanismo solenoidal	Antena e aparelho de TV
Destino	Ouvido humano	Porta	Telespectador
Ruído	Estática, linha cruzada, interferência	Mau funcionamento de um dispositivo	Estática, interferência, mau funcionamento de um componente

Aumente seus conhecimentos sobre **Sistema de informação** na seção *Saiba mais* ITGAc 9.16

No processo de informação, avultam três conceitos: redundância, entropia e sinergia.

1. **Redundância: é a repetição da mensagem para que sua recepção correta seja** mais garantida. A redundância introduz no sistema de comunicação uma certa capacidade de eliminar o ruído e prevenir distorções e enganos na recepção da mensagem. Por isso, quando se quer entrar em uma sala, bate-se na porta mais de duas vezes, ou, quando se quer comprovar o resultado de uma operação aritmética complexa, torna-se a fazê-la.

2. **Entropia:** (do grego *entrope* = transformação) é um conceito controvertido nas ciências da comunicação. A entropia é a segunda lei da termodinâmica e refere-se à perda de energia em sistemas isolados, levando-os à degradação, à desintegração e ao desaparecimento. A entropia significa que partes do sistema perdem comunicação entre si e sua integração e consistência, fazendo com que o sistema perca energia, informação e se degenere sucessivamente. Se a entropia é um processo pelo qual um sistema tende à exaustão, à desorganização, à desintegração e, por fim, à morte, para poder sobreviver o sistema precisa abrir-se e reabastecer-se de energia e de informação para manter a sua estrutura. A esse processo reativo de obtenção de reservas de energia e de informação dá-se o nome de entropia negativa ou negentropia. À medida que aumenta a informação, diminui a entropia, pois a informação é a base da configuração e da ordem. A negentropia, portanto, utiliza a informação adicional como meio ou instrumento de ordenação do sistema. A negentropia é o reverso da segunda lei da termodinâmica, ou seja, um suprimento de informação adicional capaz não apenas de repor as perdas, mas de proporcionar maior integração e organização no sistema. Contudo, a informação também sofre uma perda ao ser transmitida. Isto significa que todo sistema de informação possui uma tendência

entrópica. Daí decorre o conceito de ruído. Quando nenhum ruído é introduzido na transmissão, a informação permanece constante.

3. **Sinergia:** (do grego *syn* = com e *ergos* = trabalho) significa literalmente "trabalho conjunto". O conceito de sinergia também é controvertido. Existe sinergia quando duas ou mais causas produzem, atuando conjuntamente, um efeito maior do que a soma dos efeitos que produziriam atuando individualmente. É o caso da aspirina, que é um febrífugo, e a cafeína também. Ambas as substâncias, atuando simultaneamente, produzem um efeito febrífugo multiplicado. As organizações são exemplos maravilhosos de efeito sinérgico. Quando as partes de um sistema mantêm entre si um estado sólido, uma estrita inter-relação, integração e comunicação, elas se ajudam mutuamente e o resultado do sistema passa a ser maior do que a soma dos resultados de suas partes tomadas isoladamente. Assim, a sinergia constitui o efeito multiplicador das partes de um sistema que alavancam o seu resultado global. A sinergia é um exemplo de emergente sistêmico: uma característica do sistema que não é encontrada em nenhuma de suas partes tomadas isoladamente. A água, por exemplo, é totalmente diferente do hidrogênio e do oxigênio que a formam.

9.9.1 Informática

A informática é a disciplina que lida com o tratamento racional e sistemático da informação por meios automáticos. Aliás, ela existe porque existem os computadores e a internet. Na realidade, a informática trata das relações entre as coisas e suas características, de maneira a representá-las por meio de suportes de informação. Trata, ainda, da forma de manipular esses suportes, em vez de manipular as próprias coisas. A informática é um dos fundamentos da teoria e dos métodos que fornecem as regras para o tratamento da informação.

9.10 CONSEQUÊNCIAS DA INFORMÁTICA NA ADMINISTRAÇÃO

A Cibernética marca o início da era da eletrônica nas organizações. Até então, o aparato tecnológico se resumia a máquinas elétricas ou manuais sempre associadas aos conceitos de automação. Com a mecanização que se iniciou com a Revolução Industrial, o esforço muscular do homem foi transferido para a máquina. Porém, com a automação provocada, inicialmente, pela Cibernética e, depois, pela Informática, muitas tarefas que cabiam no cérebro humano passaram a ser realizadas pelo computador. Se as primeira e segunda revoluções industriais criaram as máquinas, fábricas e abriram mercados, a Terceira Revolução Industrial – provocada pela Cibernética e pela Informática – levou a uma substituição do cérebro humano pelo cérebro eletrônico e *softwares* cada vez mais complexos.[56] O computador substituiu o ser humano em uma gama crescente de atividades – como no diagnóstico médico, na cirurgia médica, no planejamento e nas operações de manufatura, nos diversos ramos da Engenharia, além de um infindável número de outras aplicações – e com enorme vantagem, rapidez e precisão.

No mundo dos negócios, a partir da tecnologia (na forma de centros de processamento de dados ou de redes descentralizadas e integradas de computadores), as organizações implementam bancos de dados e sistemas de informação e redes de comunicações integradas.

9.10.1 Automação

É uma síntese de ultramecanização, super-racionalização (melhor combinação dos meios), processamento contínuo e controle automático (pela retroação que alimenta a máquina com o seu próprio produto). Com a automação, surgiram os sistemas automatizados e as fábricas autogeridas. Algumas indústrias químicas, como as refinarias de petróleo, apresentam automação quase total. O mesmo ocorre em organizações cujas operações são relativamente estáveis e cíclicas, como as centrais elétricas, ferrovias, metrôs etc. Os bancos e as financeiras estão entre as organizações que mais estão investindo em automação de operações, seja em âmbito interno, seja em sua periferia com o mercado.

Os autômatos são engenhos que contêm dispositivos, *softwares* e algoritmos capazes de tratar informações ou estímulos que recebem do meio exterior e produzir ações (ou respostas). A teoria dos autômatos estuda, de forma abstrata e simbólica, as maneiras pelas quais um sistema pode processar informações recebidas. As máquinas automáticas são capazes de realizar sequências de operações até certo ponto semelhantes aos processos mentais humanos, podendo ainda corrigir erros que ocorrem no curso de suas operações seguindo critérios preestabelecidos. Os equipamentos automatizados podem cuidar das funções de observação, memorização e decisão. A automação abrange quatro setores bem distintos:

a) **Integração em cadeia contínua de diversas operações** realizadas sequencialmente, como os processos de fabricação, automação bancária ou automação no comércio.

b) **Utilização de dispositivos de retroação** e regulagem automática (retroação), para que as próprias máquinas corrijam seus erros, como na robotização e na indústria petroquímica.

c) **Utilização do computador ou rede de computadores** para acumular volumes de dados em bancos de dados e analisá-los a partir de operações lógicas complexas, com incrível rapidez, inclusive na tomada de decisões programadas, como é o caso do cadastro de clientes dos bancos e de contribuintes da Receita Federal.

d) **Máquinas organizadas**, em que o conceito de máquina se aproxima do conceito de organização (dotada de controle, retroação e análise da informação). Estamos passando da organização da produção (transformação de coisas em coisas) para a organização da produção em termos de fluxo de coisas e de informação. A automação cuida que as operações sejam analisadas como se fossem operações de máquinas e organizadas como tal (a Administração Científica realizou isto com sucesso), para que sejam executadas por máquinas capazes de substituir o ser humano.

Muito do que se faz em automação depende da robótica, termo criado por Isaac Asimov em 1942. Robótica é a disciplina que estuda o desenho e a aplicação de robôs para qualquer campo da atividade humana. Um robô (do eslavo *robota* = trabalho) é um mecanismo programável desenhado para aceitar entradas simbólicas ou materiais e operar processos físicos, químicos ou biológicos, mediante a mobilização de materiais de acordo com pautas especificadas em seus *softwares*. A robótica está invadindo as organizações.

Aumente seus conhecimentos sobre **O conceito de robô** na seção *Saiba mais* ITGAc 9.17

9.10.2 Tecnologia da Informação (TI)

Representa a convergência do computador com a televisão e as telecomunicações. Ela está invadindo e permeando a vida das organizações e das pessoas e provocando profundas transformações, a saber:

a) **Compressão do espaço:** a Era da Informação trouxe o conceito de escritório virtual ou não territorial. Prédios e escritório sofreram uma brutal redução em tamanho. A compactação fez com que arquivos eletrônicos acabassem com o papelório e com a necessidade de móveis, liberando espaço para outras finalidades. A fábrica enxuta foi decorrência da mesma ideia aplicada aos materiais em processamento e à inclusão dos fornecedores como parceiros no processo produtivo. Os centros de processamento de dados (CPD) foram enxugados (*downsized*) e descentralizados a partir de redes integradas de microcomputadores nas organizações. Surgiram as empresas virtuais conectadas eletronicamente, dispensando prédios e reduzindo despesas fixas que se tornaram desnecessárias. A miniaturização, a portabilidade e a virtualidade passaram a ser a nova dimensão espacial fornecida pela TI.

b) **Compressão do tempo:** as comunicações tornaram-se móveis, flexíveis, rápidas, diretas e em tempo real, permitindo maior tempo de dedicação ao cliente. A instantaneidade passa a ser a nova dimensão temporal fornecida pela TI. O *just-in-time* (JIT) foi o resultado da convergência de tempos reduzidos no processo produtivo. A informação em tempo real e *online* permite a integração de vários processos diferentes nas organizações e passa a ser a nova dimensão temporal fornecida pela TI.

c) **Conectividade:** com a internet, o microcomputador portátil, multimídia, trabalho em grupo (*workgroup*), estações de trabalho (*workstations*), surgiu o teletrabalho em que as pessoas trabalham juntas, embora distantes fisicamente. A teleconferência e a telerreunião permitem maior contato entre as pessoas sem necessidade de deslocamento físico ou viagens para reuniões ou contatos pessoais. E as plataformas permitiram o contato direto entre o produtor e o consumidor. As organizações virtuais conectadas em redes globais atuam no ciberespaço.

9.10.3 Sistemas de informação

Como qualquer organismo vivo, as organizações recebem e utilizam informações que lhes permitem viver, sobreviver e competir no ambiente que as rodeia. As decisões tomadas nas organizações baseiam-se nos dados e nas informações disponíveis. E, para melhorar seu processo decisório, elas concebem sistemas específicos de busca, coleta, armazenamento, classificação e tratamento de dados e informações relevantes para o seu funcionamento, que são denominados Sistemas de Informação Gerencial (SIG) (*Management Information Systems* – MIS).

Na essência, os SIG constituem sistemas computacionais capazes de proporcionar informação como matéria-prima para todas as decisões a serem tomadas pelos participantes tomadores de decisão dentro da organização. Constituem uma combinação de sistemas de computação, procedimentos e pessoas tomadoras de decisão e têm como base um banco de dados, que nada mais é do

Aprofunde seus conhecimentos sobre **A importância da TI** na seção *Saiba mais* ITGAc 9.18

que um sistema de arquivos (coleção de registros correlatos) interligados e integrados. Todo SIG possui três tipos de componentes: banco de dados, sistema de processamento de dados e canais de comunicação. E sua estrutura pode se apresentar em quatro tipos: centralizada, hierarquizada, distribuída ou descentralizada.[57]

9.10.4 Integração do negócio

Cada vez mais, a passagem do mundo real para o mundo virtual passa pelas modernas tecnologias, que proporcionam os meios adequados para que as organizações estruturem e agilizem seus processos internos, sua logística e seu relacionamento com o ambiente por meio do modelo digital. Cada vez mais, as organizações estão buscando meios para encontrar modelos capazes de integrar todas as soluções para alcançar sucesso nos seus negócios tradicionais e virtuais. Integração, conectividade, mobilidade e agilidade são as palavras de ordem no mundo atual. Incorporar modernas tecnologias à dinâmica da organização é imprescindível para o seu sucesso. A implantação de um sistema integrado de gestão empresarial passa por quatro etapas:

1. **Construir e integrar o sistema interno:** o primeiro passo para a utilização intensiva da TI é a busca de competitividade operacional, ou seja, a organização interna a partir da adoção de *softwares* complexos e integrados de gestão organizacional. Estes são conhecidos pela sigla ERM (*Enterprise Resource Management*) e são desdobramentos da tecnologia denominada *Computer-Integrated Manufacturing* (CIM), envolvendo a totalidade da organização. Por meio de módulos interligados entre si e implantados de forma customizada para cada área da organização, esse conjunto compõe um único programa capaz de manter o fluxo de processos e controlar e integrar todas as transações da organização. Os resultados: maior eficiência, menores custos, maior rapidez e clientes satisfeitos. Isso significa arrumar a própria casa.

Reflita sobre o **Sistema de informações da QuimPaulista**, na seção *Para reflexão* ITGAc 9.5

2. **Integrar as entradas** que compõem a cadeia integrada de fornecedores para dispor dos recursos no tempo certo, local exato e na quantidade esperada, e tudo isso ao menor custo possível da operação. Essa logística começa antes do pedido, já na entrega da matéria-prima do fornecedor ao fabricante, passando por eventuais atacadistas, transportadores, varejistas e, finalmente, do estoque do mercado para o usuário. Isso significa arrumar, também, a casa dos parceiros e fornecedores, buscando soluções adequadas à gestão de toda a cadeia logística da organização.

3. **Integrar as saídas** com o relacionamento com os clientes. Este constitui o foco das estratégias organizacionais para facilitar o acesso a informações e produtos oferecidos pela organização. Como o cliente é parte da essência do negócio, nada tão importante do que aplicar esforços e recursos em um primoroso relacionamento com ele. Porém, ter um sistema interno integrado e excelente e uma logística bem programada não basta. O atendimento impecável ao cliente é efetuado por meio de complexos *softwares* como o *Customer Relationship Management* (CRM), cujo objetivo é garantir a fidelização do cliente, oferecendo, também, serviços pós-venda altamente valorizados.

4. **Integrar o sistema interno com as entradas e saídas:** com a internet e tecnologias avançadas, as organizações estão se concentrando no modelo digital de fazer negócios:

compram, vendem, pagam, informam e se comunicam com esse novo ambiente virtual. Bancos e órgãos públicos oferecem serviços aos clientes, digitalizando e permitindo transações virtuais, intensas, ágeis e altamente eficientes, obtenção de informações, envio de documentos com redução de custos e aumento da lucratividade, além de produtos e serviços mais aprimorados para os seus clientes.

As novas tecnologias estão quebrando paradigmas, seja na relação empresa-cliente (B2C – *business to customer*) ou empresa-empresa (B2B – *business to business*), agilizando transações, aumentando a velocidade da comunicação, eliminando fronteiras, reduzindo custos e facilitando a forma de fazer negócios.

Essas modernas ferramentas estão trabalhando um conceito novo: a filosofia de que a base está não somente na organização do conhecimento da empresa, mas também em como visualizar e utilizar todas as informações internas e externas em prol dos negócios, para tornar a empresa mais produtiva, dinâmica, inovadora e competitiva. Nenhum negócio consegue viver isolado: é como se cada parte envolvida fosse uma peça de um grande quebra-cabeça que precisa ser encaixada corretamente para montá-lo. Permanece a visão sistêmica: o objetivo é reduzir a incerteza e os riscos na cadeia de fornecimento para aumentar o nível dos serviços, transações, processos, estoques e oferecer valor ao mercado.

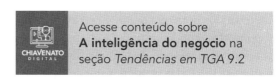

Acesse conteúdo sobre **A inteligência do negócio** na seção *Tendências em TGA 9.2*

9.10.5 *E-business*

É o motor da Nova Economia. Sãos os negócios virtuais feitos através da mídia eletrônica. Essa mídia, que recebe o nome de *web* (*world wide web*), está proporcionando todas as condições para uma ampla e enorme malha interligada de sistemas – portais de intermediação de negócios, *sites* para assegurar pagamento de bens e serviços, publicidades atualizadas dinamicamente com as últimas notícias de jornais ou de segmentos de mercados, *sites* para oferta e procura de todos os tipos de bens e serviços, *softwares* para oferta de treinamento e conhecimento e uma infinidade de outras aplicações totalmente inseridas na gestão das organizações. Isto significa que cada organização – independentemente do seu tamanho ou área de atuação – precisa construir por si própria ou utilizar por meio de terceiros uma infraestrutura de *hardware* e *software* que lhe permita manter-se intimamente conectada à malha. E isso passou a ser condição essencial para participar ativamente das oportunidades que estão surgindo no mundo do *e-business* – compras eletrônicas, parcerias, logística virtual, produção sob medida e tudo o mais.

A TI proporcionou a internet, a rede mundial de computadores, a chamada infovia global ou superestrada de informação, cuja capacidade de tráfego permite que o mundo se torne uma verdadeira aldeia global. A internet permite que se receba e forneça informação, isto é, que se ligue diretamente a empresas, fornecedores, clientes e consumidores no mundo inteiro por meio de um simples microcomputador, iniciando a Era Digital. A partir da internet surgem as intranets, redes internas que usam a mesma tecnologia e que permitem a comunicação direta entre empresas ou dentro da mesma empresa. Elas são ligadas à internet, mas protegidas dela por um programa de segurança que permite aos usuários da rede doméstica navegarem na internet, mas impede a entrada de intrusos no espaço virtual da corporação. O correio eletrônico (*e-mail*) promove relacionamentos, grupos de discussão, reuniões virtuais, tráfego de documentos, transações, negociações etc. Aliás, o *e-mail* sem intermediários segue a mesma direção do dinheiro eletrônico (*e-money* e *fintechs*), ou seja, da moeda digital que representa um meio de pagamento virtual e que pode dar a volta ao mundo em tempo real. Isto faz com que conceitos clássicos e imperturbáveis, como base monetária, meio circulante, nível de liquidez na economia, estejam a caminho da aposentadoria. A idade digital está derrubando conceitos clássicos e colocando em seu lugar novos e diferentes conceitos de um mundo sem fronteiras. Mas a coisa não fica por aí. Graças à sua interatividade, essas inovações tecnológicas apresentam possibilidades ilimitadas e podem criar organizações baseadas no conhecimento, derrubando as barreiras e paredes internas, bem como romper as ilhas de informação, fazendo com que a informação flua livremente no interior das organizações e derrubando os gerentes como fontes exclusivas e monopolizadoras de informação. O principal impacto do computador foi criar funções ilimitadas para as pessoas.

9.10.6 *Homo digitalis*

Já que a Administração Científica enfatizou o *homo economicus*, a Escola de Relações Humanas o homem social, o estruturalismo apontou o homem organizacional, a Teoria Comportamental conduziu ao homem administrativo, não é de estranhar que muitos autores estejam falando do homem digital: aquele cujas transações e interações com seu meio ambiente são todas efetuadas por computador, celular, *smartphone*, internet e redes sociais.

Quadro 9.10 As concepções do ser humano a partir das teorias administrativas

Teorias administrativas	Conceito de ser humano
Administração Científica	Homem Econômico
Teoria das Relações Humanas	Homem Social
Teoria Estruturalista	Homem Organizacional
Teoria Comportamental	Homem Administrativo
Teoria da Informação	Homem Digital

Na Era Digital, com as novas tecnologias emergentes e inteligentes, soluções rápidas e ágeis, com maior precisão e em tempo real, estão sendo cada vez mais necessárias para atender às demandas da Nova Economia.

9.11 DADOS

Os dados constituem, hoje, o combustível da moderna economia digital. Eles inspiram e transformam o mundo organizacional de hoje. Dados constituem conjuntos de valores ou ocorrências em um estado bruto a partir dos quais são obtidas as informações. Os dados podem ser utilizados por pessoas ou processados por computador, armazenados e ali processados e transmitidos como saída para outro computador, pessoa ou sistema.

Acesse conteúdo sobre **"Estar" conectado *versus* "ser" conectado** na seção *Tendências em TGA 9.3*

Da mesma forma que os problemas, também os dados podem ser classificados em:

1. **Dados estruturados:** são formatados, organizados em tabelas, linhas e colunas e são facilmente processados. Em geral, são registrados em um sistema gerenciador de banco de dados.
2. **Dados não estruturados:** não possuem formatação específica e são mais difíceis de serem processados, por **não terem nenhum** grau de confiança, como mensagens de *e-mail*, imagens, documentos de texto, mensagens em redes sociais.

Na TI, dado é uma sequência de símbolos quantificados ou quantificáveis. Um texto é um dado, pois as letras são símbolos quantificáveis, uma vez que o alfabeto constitui uma base numérica. Imagens, sons e animação também podem ser quantificados a partir de alguma representação quantificada. Quando agrupados adequadamente, os dados se transformam em informação (dados organizados que possuem algum sentido, como um texto), que, quando agrupada adequadamente, se transforma em conhecimento (resultado de várias informações organizadas de maneira lógica para criar ou entender um evento e suas causas). O conhecimento é uma informação valiosa, sendo um produto de reflexão e síntese, pois "se refere à habilidade de criar um modelo mental que descreve o objeto e indica as ações a implementar e as decisões a tomar".[58]

O segredo está no acesso e na captação de dados estruturados, na sua integração, no seu processamento, cruzamento, análises estatísticas e busca de *insights* como resultado.

Acesse conteúdo sobre a digitalização da empresa Embraco com o texto **Do manual para o digital** na seção *Tendências em TGA 9.4*

Quadro 9.11 Transformação dos dados até chegar ao conhecimento[59]

Dado	Informação	Conhecimento
Representação de um evento no tempo e no espaço	Conjunto de dados agrupados que possuem algum sentido ou significado	Conjunto de várias informações que criam um modelo mental, síntese ou contexto sobre algo
■ Facilmente estruturável ■ Frequentemente quantificado ■ Facilmente transferível ■ Facilmente trabalhado por máquinas	■ Exige consenso quanto ao significado ■ Exige a mediação humana ■ Requer unidade de análise	■ Estruturação difícil ■ Frequentemente tácito ■ Difícil transferência ■ Difícil captura em máquinas

9.11.1 *Big data*

A enorme e caudalosa quantidade de dados, informações e transações que cruzam incessantemente o planeta a todo momento é realmente impressionante. E conduz tendências e significados ocultos que precisam ser traduzidos e transformados em inteligência capaz de absorver deles a vantagem competitiva para o negócio. O *big data* provém de uma enorme variedade de fontes – como *e-mails*, mídias sociais, imagens, vídeos, *call centers*, internet, celulares, *smartphones*, transações de todos os tipos, negócios, dados do mercado, sistemas, sensores e máquinas inteligentes – que são analisadas e interpretadas por novas tecnologias avançadas cujos *softwares* são treinados para buscar significados ocultos, conclusões, padrões e inferências que conduzam a *insights* e a descobertas incríveis. Os algoritmos são construídos para coletar dados, lidar e aprender com eles e tomar decisões a partir da automatização do processo de análise. O segredo está em transformar essa imensidão de dados em informação útil e a informação em decisões em tempo real, ágeis e adequadas. E, com isso, criar, gerar e oferecer valor. Esta é a razão pela qual os dados – sejam estruturados ou não – possuem um enorme valor pelos resultados que podem oferecer nos dias de hoje. Amazon, Google, Spotify, Apple, Microsoft e uma enorme constelação de *startups* que o digam.

Acesse o conteúdo **Uber – Dados em ação** na seção Tendências em TGA 9.5

O *big data* se apresenta combinando três características básicas: volume elevado, alta velocidade e variedade provinda de múltiplas fontes. E está mudando completamente a maneira como analisamos os dados, em tempo real, em qualquer tipo de negócio. Todos os negócios são envolvidos e beneficiados pelo *big data*, que oferece um valor incrível para todos eles. Assim, representa um poderoso e amplo conjunto de dados que, em razão de suas complexas, mutáveis e díspares características, não pode mais ser analisado a partir das ferramentas ou metodologias tradicionais. E a maneira adequada de capturar, coletar, integrar, organizar, processar e analisar dados pode ser o diferencial competitivo de um negócio nos dias de hoje. Neste sentido, existem os negócios inovadores, os adotantes adiantados, os adotantes atrasados e os que tardam a adotar as novas tecnologias da ciência de dados. Essa poderosa transformação de dados brutos em informação para abastecer a tomada de decisões inteligentes do negócio vai requerer desempenho, utilidade, escalabilidade, flexibilidade e baixo custo. E, tudo isso, em tempo real.

É preciso entender o que os dados dizem e transformar os *insights* que eles produzem em oportunidades e estratégias. E soluções. Para isso, precisamos da TI para explorar melhor o *big data*. Essa oportunidade ocorre em face da explosão dos dados digitais e do surgimento de ferramentas de análise e computação na nuvem. A expansão da digitalização permite que quantidades massivas de dados de fornecedores, parceiros, clientes e colaboradores – e de todos os *stakeholders* – sejam disponíveis em tempo real enquanto todos eles estejam compartilhando informações a todo momento. O fato é que a inteligência artificial e a internet das coisas (IoT) vêm chegando para botar mais lenha na fogueira. A nossa capacidade de integrar, analisar e explorar dados e nossa habilidade para entender e aprender a partir dos dados está melhorando sensivelmente. Na medida em que aprendemos a formular as questões certas, nós estamos nos movendo rapidamente da Era da Informação para a Era Digital. As transações ocorrem no espaço físico e no virtual e os negócios estão se tornando cada vez mais virtuais. A digitalização do negócio reduz custos operacionais e cria novas e incríveis ofertas de valor aos consumidores e demais *stakeholders*. Vale a pena embarcar nessa onda.

A análise do *big data* envolvendo grande quantidades de dados permite vislumbrar *insights* poderosos descobrindo determinados padrões, tendências, e resultando em análises estatísticas, análises descritivas e preditivas. O processamento de dados requer uma série de cuidados, tal como no Quadro 9.12.

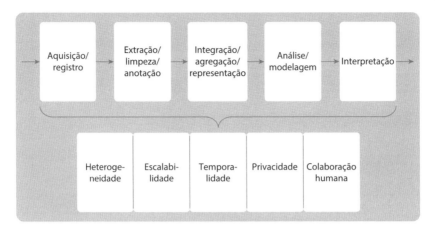

Figura 9.13 *Pipeline* da análise do *big data*.[60]

Quadro 9.12 O tratamento de dados

O que medir	Retorno do investimento (ROI) Lucratividade Faturamento Despesas gerais Investimentos	Cadastro de clientes Cadastro de fornecedores Cadastro de atacadistas Cadastro de varejistas Cadastro de funcionários	Cadastro de produtos Cadastro de serviços Manutenção Suprimentos Logística
Mineração de dados	Regiões e filiais Propaganda Promoções Vendas Devoluções	Desempenho Resultados Avaliações Críticas e reclamações Providências	Apontamentos *E-mails* Mídias sociais Todas as fontes possíveis de dados
Mapeamento de dados Como medir	Objetivos Estratégias Táticas Operações	Indicadores KPI's	Métricas
Como implementar	*Softwares* Algoritmos Inteligência artificial Sensores Aplicativos		Análises estatísticas Modelagem preditiva *Dashboards* descritivos *Chatbots* Otimização
Como alinhar	Foco nos objetivos estratégicos e nos resultados a oferecer a todos os *skateholders*		

9.11.2 Nível de maturidade digital

O nível de maturidade digital tornou-se uma maneira de avaliar o estágio atual das organizações, além de suas competências e recursos. E de sua gestão. A corrida na transformação digital, ou melhor, na Revolução Digital, mostra que algumas organizações mais bem-sucedidas se movimentam mais rapidamente do que outras e chegam agilmente aonde querem chegar. Em outras palavras, podem-se comparar as organizações em relação ao seu grau de avanço na transformação tecnológica em termos de maturidade digital, como mostra a Figura 9.14.

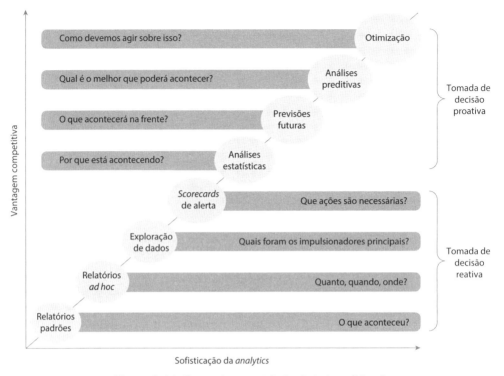

Figura 9.14 Graus de maturidade digital analítica.[61]

O caminho da maturidade digital requer mudanças profundas no modo de inovar para se diferenciar e prosperar na Era Digital. Ferramentas tecnológicas como agentes virtuais – como *chatbots* –, automação, robotização, bancos de dados, análises avançadas, inteligência artificial e avançada e uma infinidade de *softwares,* aplicativos e sensores estão definindo a nova identidade: ligando o velho com o novo. Ou, em outros termos, entrelaçando o mundo físico com o mundo virtual e envolvendo uma complexa série de ativos interligados e altamente conectados capazes de criar verdadeiros pontos de inflexão na curva do sucesso organizacional. Afinal, estamos na era exponencial e precisamos aproveitá-la com a agilidade, velocidade e urgência que ela requer. O futuro está chegando mais depressa.

Realmente, com a moderna e avançada tecnologia disponível e cada vez mais sofisticada, as aplicações matemáticas, estatísticas e analíticas (*analytics*) – principalmente nos grandes volumes de dados como no *big data* – estão oferecendo soluções incríveis às organizações a partir de algoritmos avançados e da inteligência artificial. A Era Digital está chegando cada vez mais rapidamente no seio das organizações e a Quarta Revolução Industrial já começou. E a Administração está ganhando novos rumos graças a elas.

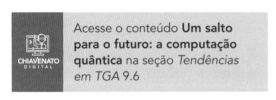

Acesse o conteúdo **Um salto para o futuro: a computação quântica** na seção *Tendências em TGA 9.6*

9.12 APRECIAÇÃO CRÍTICA DA TECNOLOGIA NA ADMINISTRAÇÃO

O recurso corporativo que desempenha o papel mais importante na criação da nova organização é a TI. Por trás dela, estão o computador e a internet. Salienta Crainer[62] que a TI gera produtividade e desempenho nas organizações, automatiza tarefas e operações, informa e conecta pessoas, sistemas e artefatos.[63] Ela é uma poderosa ferramenta de união e colaboração entre as pessoas que precisa ser urgentemente aproveitada.

Nada se faz, hoje em dia, sem as modernas tecnologias. Elas estão em tudo o que fazemos: nos nossos comportamentos, na forma como vivemos, trabalhamos, viajamos, aprendemos, nos divertimos, como nos relacionamos. Nós, humanos, andamos sobre duas ou quatro rodas, voamos em jatos a velocidades incríveis, comunicamos em tempo real com celulares ou *smartphones* em qualquer lugar e a qualquer hora, aprendemos com inteligência artificial, nos informamos com Google, conversamos com Facebook, viajamos com Waze. Temos muito mais do que cinco sentidos com toda essa moderna parafernália.

E as organizações? Sejam industriais, comerciais, *shopping centers*, hospitais, bancos, financeiras, transportes aéreos, navais, ferroviários, rodoviários, em uma sequência sem fim? As modernas tecnologias já estão presentes em quase todas elas. E as ajudam a serem administradas e dinamizadas.

Acesse o conteúdo **O poder da informação** na seção *Tendências em TGA 9.7*

Acesse o conteúdo sobre **O futuro é digital** na seção *Tendências em TGA 9.8*

REFERÊNCIAS

1. MARKLAND, Robert E.; VICKERY, Shawnee K.; DAVIS, A. *Operations management*: concepts in manufacturing and services. Cincinnati, Ohio: South-Western, 1995. p. 27-33.
2. LUCE, R. D.; RAIFFA, H. *Games and decisions*. New York: Willey, 1957.
3. SIMON, Herbert A. *The new science of management decision*. New York: Harper & Row, 1960. p. 2.
4. SIMON, Herbert A. The new science of management decision. In: *The shape of automation for men and management*. New York: Harper & Row, 1965. Cap. III.
5. SIMON, Herbert A. *The new science of management decision, op. cit.*, p. 2.
6. HAMPTON, David R. *Contemporary management*. New York: McGraw-Hill, 1977. p. 175.
7. MITROFF, I. I.; SAGASTI, F. Epistemology as general systems theory: an approach to the design of complex decision-making experiments. *Philosophy of Social Science*, v. 3, p. 117-134, 1973.
8. RAIFFA, H. *Decision analysis*. Reading, Massachusetts: Addison-Wesley, 1968.
9. HELLRIEGEL, Don; SLOCUM JR., John W. *Management*: a contingency approach. Reading, Massachusetts: Addison-Wesley, 1974. p. 159.
10. VAZSONYI, Andrew. *Scientific programming in business and industry*. New York: Wiley, 1958. p. 18.
11. SIMON, Herbert A. *The shape of automation for men and management*. New York: Harper & Row, 1965. p. 62.
12. SIMON, Herbert A. *The shape of automation for men and management, op. cit.*, p. 64.
13. KAST, Fremont E.; ROSENZWEIG, James E. *Organization and management*: a systems approach. New York: McGraw-Hill, 1976.
14. LUTHANS, Fred. *Introduction to management*: a contingency approach. New York: McGraw-Hill, 1976. p. 202.

15. CHURCHMAN, C. West; ACKOFF, Russell L.; ANSOFF, E. Leonard. *Introduction to operations research, op. cit.*, p. 18.
16. HALL, Arthur D. A. *A methodology for systems engineering.* New York: D. Van Nostrand, 1962. p. 18.
17. SIEGEL, G. D. A unidade do método sistêmico. *Revista de Administração Pública*, 5(1), p. 26, 1971.
18. CHURCHMAN, C. West; ACKOFF, Russell L.; ANSOFF, E. Leonard. *Introduction to operations research, op. cit.*
19. NEUMANN, J. VON; MORGENSTERN, O. *Theory of games and economic behavior.* Princeton, NJ: Princeton University, 1947.
20. EPSTEIN, Isaac. Teoria dos Jogos. In: *Enciclopédia Abril.* São Paulo: Abril, p. 2680-2681.
21. MARSHALL JR., Byron. Teoria das Filas *apud* McCLOSKEY, Joseph; TREFETHEN, Florence N. *Pesquisa operacional como instrumento de gerência.* São Paulo: Edgard Blücher,1966. p. 152.
22. MARKLAND, Robert E.; VICKERY, Shawnee K.; DAVIS, Robert A. *Operations management*: concepts in manufacturing and services, *op. cit.*, p. 841.
23. DEMING, W. Edwards. *Qualidade*: a revolução da administração. São Paulo: Marques Saraiva, 1990.
24. Ver: JURAN, J. M.; GRYNA, Frank M. *Controle da qualidade*: conceitos, políticos e filosofia da qualidade. São Paulo: Makron Books, 1991. v. 1; JURAN, J. M.; GRYNA, Frank M. *Controle da qualidade*: componentes básicos da função qualidade. São Paulo: Makron Books, 1991. v. II; JURAN, J. M.; GRYNA, Frank M. *Controle da qualidade*: ciclo dos produtos: do projeto à produção. São Paulo: Makron Books, 1991. v. III; JURAN, J. M.; GRYNA, Frank M. *Controle da qualidade*: ciclo dos produtos: inspeção e teste. São Paulo: Makron Books, 1991. v. IV; JURAN, J. M. *Managerial breakthrough.* New York: McGraw-Hill, 1964; JURAN, J. M. *Juran on planning for quality.* New York: Free Press, 1988.
25. Ver: MIRSHAWKA, Victor. *A implantação da qualidade e da produtividade pelo método do Dr. Deming.* São Paulo: Makron Books, 1991; BERMANO FILHO, Valentino. *Gerência econômica da qualidade através do TQC.* São Paulo: Makron Books, 1991; CROSBY, Philip. *Qualidade*: falando sério. São Paulo: Makron Books, 1991.
26. JURAN, J. M.; GRYNA, F. M. *Quality planning and analysis.* New York: McGraw-Hill, 1993. p. 9.
27. KAPLAN, Robert S.; NORTON, David P. *The strategy-focused organization*: how balanced scorecard companies thrive in the new business environment. Boston, Massachusetts: Harvard Business School, 2000. Ver tradução em português: KAPLAN, Robert S.; NORTON, David P. *Organização orientada para a estratégia*: como as empresas que adotam o balanced scorecard prosperam no novo ambiente de negócios. Rio de Janeiro: Campus, 2001.
28. KAPLAN, Robert S.; NORTON, David P. *The strategy-focused organization, op. cit.*, p. 9.
29. SIMON, Herbert A. *The new science of management decision, op. cit.*, p. 14-15.
30. LEAVITT, Harold J. Applied organization change in industry: structural, technical, and human approaches. In: COOPER, W. W.; LEAVITT, H. J.; SHELLY II, M. W. (ed.). *New perspectives in organization research.* New York: Wiley, 1964. p. 61-62.
31. KOONTZ, Harold. The management theory jungle. *Academy of Management Journal*, 4 (3), 1961. p. 22.
32. MARKLAND, Robert E.; VICKERY, Shawnee K.; DAVIS, Robert A. Operations management: concepts in manufacturing and services, *op. cit.*, p. 27-33.
33. WALLACE, Thomas F. *MRP II*: making it happen: the implementer's guide to success with manufacturing resource planning. Essex Junction, Vermont: Oliver Wright, 1985, p. 5.
34. BLACKBURN, Joseph D. *Time-based competition*: The next battleground in American manufacturing. Homewood, IL: Business One-Irwin, 1991. p. 69.
35. HAMMER, Michael; CHAMPY, James. Reengineering: the path to change. In: *Reengineering the corporation*: a manifesto for business revolution. New York: Harper Business, 1993. p. 31-49. Cap. 2.

36. CHASE, Richard B.; GARVIN, David A. The service factory. *Harvard Business Review* 67, p. 61-69, jul./aug. 1989.
37. FUNDAÇÃO PARA O PRÊMIO NACIONAL DA QUALIDADE. Disponível em: https://fnq.org.br/. Acesso em: 12 dez. 2019.
38. FUNDAÇÃO PARA O PRÊMIO NACIONAL DA QUALIDADE. Disponível em: https://fnq.org.br/. Acesso em: 12 dez. 2019.
39. WIENER, Norbert (1894-1963), matemático norte-americano, é considerado o fundador da Cibernética.
40. WIENER, Norbert. *Cybernetics* or control and communication in the animal and the machine. Cambridge, Massachusetts: MIT, 1948.
41. NEUMANN, Johann von; MORGENSTERN, Oskar. *Theory of games and economic behavior*, op. cit.
42. SHANNON, Claude E.; WEAVER, Warren. *The mathematical theory of communication*. Urbana, IL: University of Illinois, 1949.
43. BERTALANFFY, Ludwig von. The theory of open systems in physics and biology, *Science*, v. III, p. 23-28, 1947.
44. EPSTEIN, Isaac. Informação. In: *Enciclopédia Abril*. São Paulo: Abril, p. 2556.
45. BERTALANFFY, Ludwig von. The theory of open systems in physics and biology, *Science*, op. cit.
46. SHANNON, Claude E.; WEAVER, Warren. *The mathematical theory of communication*, op. cit.
47. ASHBY, W. R. *Introduction to cybernetics*. New York: Wiley, 1956.
48. BERTALANFFY, Ludwig von. *Teoria geral dos sistemas*. Petrópolis: Vozes, 1975. p. 41.
49. BEER, Stafford. *Cibernética e administração industrial*. Rio de Janeiro: Zahar, 1969. p. 25.
50. BEER, Stafford. *Cibernética e administração industrial*, op. cit., p. 28.
51. STARR, Martin K. *Management*: a modern approach. New York: Harcourt Brace Jovanovich, 1971. p. 32-33.
52. SHANNON, Claude E.; WEAVER, Warren. *The mathematical theory of communication*, op. cit.
53. SLEPIAN, David. Teoria das informações. *In*: McCLOSKEY, Joseph; TREFETHEN, Florence N. *Pesquisa operacional como instrumento de gerência*. São Paulo: Edgard Blücher, 1966.
54. KAPLAN, Abraham. Sociology learns the language of mathematics. *Commentary*, v. 14, p. 274-284, 1952.
55. KAPLAN, Abraham. Sociology learns the language of mathematics, *op. cit.*, p. 169.
56. DONOVVAN, J. J. The second industrial revolution: reinventing your business on the web. Upper Saddle River, NJ: Prentice Hall, 1997. p. 95-151.
57. TURBAN, E.; RAINER JR., K. K.; PORTER, R. E. *Administração da tecnologia da informação*. Rio de Janeiro: Campus, 2003. p. 243-282.
58. RESENDE, Solange Oliveira. *Sistemas inteligentes*. Barueri: Manole, 2003.
59. Adaptado de RESENDE, Solange Oliveira. *Sistemas inteligentes*, op. cit.
60. BERNSTEIN, Agrawal et al. *Challenges and opportunities with big data*. Computing Community Consortium Committee of the Computing Research Association. Disponível em: http://cra.org/ccc/resources/ccc-led-whitepapers/. Acesso em: 12 dez. 2019.
61. Adaptado de *Analytics maturity goal*: from reactive to predictive. SAS Institute, 2012. Disponível em: https://www.sas.com/pt_br/home.html. Acesso em: 12 dez. 2019.
62. CRAINER, S. *Key management ideas*: thinkers that changed the management world. London: Pearson, 1999.
63. D'AVENI, R. A. *Hypercompetition*. New York: The Free Press, 1994. p. xiii-xiv.

PARTE VIII — ABORDAGEM CONTINGENCIAL DA ADMINISTRAÇÃO

Capítulo 10 – Teoria da Contingência: em busca de flexibilidade e agilidade

A palavra *contingência* significa algo incerto ou eventual, que pode suceder ou não, dependendo das circunstâncias. Refere-se a uma proposição cuja verdade ou falsidade somente pode ser conhecida pela experiência e pela evidência, não pela razão. A abordagem contingencial salienta que não se alcança a eficácia organizacional seguindo um único e exclusivo modelo organizacional, ou seja, não existe uma forma única e melhor para organizar no sentido de se alcançarem os objetivos mutáveis e variados das organizações dentro de um ambiente também mutável e variado. Os estudos recentes sobre as organizações complexas levaram a uma nova perspectiva teórica: a estrutura da organização e seu funcionamento são dependentes de sua interface com o ambiente externo. Diferentes ambientes requerem diferentes desenhos organizacionais para obterem eficácia, ou seja, um modelo apropriado para cada situação. Além disso, diferentes tecnologias requerem diferentes desenhos organizacionais. Assim, variações no ambiente ou na tecnologia conduzem a variações na estrutura organizacional. Estudos de Dill,[1] Burns e Stalker,[2] Chandler,[3] Fouraker e Stopford,[4] Woodward,[5] Lawrence e Lorsch,[6] entre outros, demonstraram o impacto ambiental sobre a estrutura e o funcionamento das organizações.

Este paradigma lembra o modelo de estímulo-resposta proposto por Skinner no nível individual, que se preocupa com a adequação da resposta, deixando de lado os processos pelos quais um estímulo leva a uma resposta ou reação. Para Skinner,[7] determinado comportamento opera sobre o ambiente externo para nele provocar alguma mudança; se o comportamento causa uma mudança no ambiente, então a mudança ambiental será contingente em relação àquele comportamento. A contingência é uma relação do tipo se..., então...

O conceito skinneriano de contingência envolve três elementos:

1. Um estado ambiental.
2. Um comportamento sobre ele.
3. Uma consequência desse comportamento no ambiente.

As consequências ambientais funcionam como mecanismos controladores do comportamento aprendido. O comportamento atua sobre o ambiente para produzir determinada consequência ou resultado. Ele pode ser mantido, reforçado, alterado ou suprimido, de acordo com as consequências produzidas. Portanto, o comportamento é função de suas consequências ou resultados. Essa abordagem é eminentemente externa: enfatiza o efeito das consequências ambientais sobre o comportamento observável e objetivo das pessoas. E isso ocorre também com as organizações.

A abordagem contingencial marca uma nova etapa na Teoria Geral da Administração (TGA), a saber:

1. **Teoria Clássica:** concebe a organização como um sistema fechado, rígido e mecânico ("teoria da máquina"), sem nenhuma conexão com seu ambiente exterior. A preocupação dos autores clássicos era encontrar a "melhor maneira" (*the best way*) de organizar, válida para todo e qualquer tipo de organização. Com esse escopo, delineiam uma teoria normativa e prescritiva (como fazer bem as coisas), impregnada de princípios e receitas aplicáveis a todas as circunstâncias. O que era válido para uma organização também o era para todas as demais.

2. **Teoria das Relações Humanas:** movimento humanizador da teoria das organizações, apesar de todas as críticas que fez à abordagem clássica, não se livrou da concepção da organização como um sistema fechado, já que também sua abordagem era voltada para o interior da organização. Nessa abordagem introvertida e introspectiva, a preocupação era o comportamento humano e o relacionamento informal e social dos participantes em grupos sociais que moldam e determinam o comportamento individual. E a tentativa de deslocar o fulcro da teoria das organizações do processo e dos aspectos técnicos para o grupo social e os aspectos sociais e comportamentais. Da mesma forma, permaneceu o caráter normativo e prescritivo da teoria, impregnada de princípios e receitas aplicáveis a todas as circunstâncias.

3. **Teoria Neoclássica:** É um enfoque novo, utilizando velhos conceitos, mas apresenta um caráter universalista, em que realça a Administração como um conjunto de processos básicos (escola operacional), de aplicação de várias funções (escola funcional), de acordo com princípios fundamentais e universais; também os objetivos são realçados (Administração por Objetivos). Levanta-se aqui o problema da eficiência no processo e da eficácia nos resultados em relação aos objetivos. A abordagem torna a ser normativa e prescritiva, embora em certos aspectos a preocupação seja explicativa e descritiva.

4. **Teoria da Burocracia:** caracteriza-se, também, por uma concepção introvertida, restrita e limitada da organização, já que preocupada apenas com os aspectos internos e formais de um sistema fechado, hermético e monolítico. A ênfase na divisão racional do trabalho, na hierarquia de autoridade, na imposição de regras e disciplina rígida e a busca de um caráter racional, legal, impessoal e formal para o alcance da máxima eficiência conduziram a uma estrutura organizacional calcada na padronização do desempenho humano e na rotinização das tarefas para evitar a variedade das decisões individuais. Com o diagnóstico das disfunções burocráticas e dos conflitos, iniciam-se a crítica à organização burocrática e a revisão do modelo weberiano.

5. **Teoria Estruturalista:** os estudos sobre a interação organização-ambiente e a concepção da organização como um sistema aberto têm início nesta teoria. A sociedade de organizações

aproxima-se do conceito de um sistema de sistemas e de uma macroabordagem inter e extraorganizacional. Os conceitos de organização e do homem são ampliados e redimensionados em uma tentativa de integração entre as abordagens clássicas e humanística a partir de uma moldura fornecida pela visualização eclética e crítica dos estruturalistas.

6. **Teoria Comportamental:** ampliou os conceitos de comportamento social para o comportamento organizacional. Passou a comparar o estilo tradicional de Administração com o moderno estilo baseado na compreensão dos conceitos comportamentais e motivacionais. A organização é estudada sob o prisma de um sistema de trocas de alicientes e contribuições dentro de uma complexa trama de decisões. É com o movimento do Desenvolvimento Organizacional (DO) que o impacto da interação entre a organização e o mutável e dinâmico ambiente que a circunda toma impulso em direção a uma abordagem de sistema aberto. Enfatiza-se a necessidade de flexibilização das organizações e sua adaptabilidade às mudanças ambientais como imperativo de sobrevivência e crescimento. Para que uma organização mude e se adapte dinamicamente, é necessário mudar não só a sua estrutura formal, mas, principalmente, o comportamento dos participantes e suas relações interpessoais. Apesar da abordagem descritiva e explicativa, alguns autores do DO aproximam-se levemente da abordagem normativa e prescritiva.

7. **Teoria de Sistemas:** surge a preocupação com a construção de modelos abertos que interagem dinamicamente com o ambiente e cujos subsistemas denotam uma complexa interação interna e externa. Os subsistemas que formam uma organização são interconectados e inter-relacionados, enquanto o suprassistema ambiental interage com os subsistemas e com a organização como um todo. Os sistemas vivos – sejam indivíduos ou organizações – são analisados como "sistemas abertos", isto é, com incessante intercâmbio de matéria, energia e informação em relação a um ambiente circundante. A ênfase é colocada nas características organizacionais e nos seus ajustamentos contínuos às mutáveis demandas ambientais. Assim, esta teoria desenvolveu uma ampla visão do funcionamento organizacional, mas demasiado abstrata para resolver problemas específicos da organização e de sua administração.

8. **Teoria da Contingência:** provoca o deslocamento da visualização de dentro para fora da organização: a ênfase é colocada no ambiente e nas demandas ambientais sobre a dinâmica organizacional. Para esta abordagem, são as características ambientais e as tecnologias que condicionam as características organizacionais. É no ambiente que estão as explicações causais das características das organizações. Assim, não há uma única melhor maneira (*the best way*) de se organizar. Tudo depende (*it depends*) das características ambientais relevantes para cada organização. As características organizacionais somente podem ser entendidas mediante a análise das características ambientais com as quais se defrontam.

A Teoria da Contingência representa um passo além da Teoria dos Sistemas: sugere que a organização é um sistema composto de subsistemas e definido por limites que o identificam em relação ao suprassistema ambiental. A visão contingencial procura analisar as relações dentro e entre os subsistemas, bem como entre a organização e seu ambiente, e definir padrões de relações ou configuração de variáveis. Ela enfatiza a natureza multivariada das organizações e procura verificar como as organizações operam sob condições variáveis e em circunstâncias específicas. A visão contingencial está dirigida, acima de tudo, para desenhos organizacionais e sistemas gerenciais adequados para cada situação específica.[8]

REFERÊNCIAS

1. DILL, William R. Environment as an influence on managerial autonomy. *Administrative Science Quarterly*, v. II, p. 409-443, 1958.
2. BURNS, Tom; STALKER, G. M. *The management of innovation*. London: Tavistock Publications, 1961.
3. CHANDLER JR., Alfred D. *Strategy and structure*: chapters in the history of the american industrial enterprise. Cambridge, Massachusetts: MIT, 1962.
4. FOURAKER, Lawrence E.; STOPFORD, John M. Organizational structure and multinational strategy. *Administrative Science Quarterly*, p. 47-64, jun. 1968.
5. WOODWARD, Joan. *Industrial organizations*: theory and practice. London: Oxford University, 1970.
6. LAWRENCE, Paul R. Differentiation and integration in complex organizations *Administrative Science Quarterly*, jun. 1967. Ver também LAWRENCE, Paul R.; LORSCH, Jay W. *As empresas e o ambiente*: a interação das teorias administrativas. Petrópolis: Vozes, 1973.
7. SKINNER, B. F. *Science and human behavior*. New York: The Free Press, 1953.
8. KAST, Fremont E.; ROSENZWEIG, James E. General systems theory: applications for organization and management. *Academy of Management Journal*, p. 460, dec. 1972.

10 TEORIA DA CONTINGÊNCIA: EM BUSCA DE FLEXIBILIDADE E AGILIDADE

OBJETIVOS DE APRENDIZAGEM

- Introduzir a visão relativista e contingencial das organizações, mostrando que não existe uma única melhor maneira de administrar e organizar.
- Caracterizar os ambientes organizacionais e as dificuldades da análise ambiental.
- Proporcionar uma visão da tecnologia utilizada pelas organizações e sua influência.
- Mostrar os níveis organizacionais e suas interfaces com o ambiente e com a tecnologia.
- Introduzir a abordagem contingencial sobre o desempenho organizacional.
- Apresentar o conceito de homem complexo e o modelo contingencial de motivação.
- Proporcionar uma apreciação crítica da Teoria da Contingência.

O QUE VEREMOS ADIANTE

- Origens da Teoria da Contingência.
- Ambiente externo e organização do sistema.
- Impacto tecnológico sobre as organizações.
- Os três níveis organizacionais.
- Desenho organizacional para eficácia e eficiência.
- Homem complexo na Teoria da Contingência.
- Apreciação crítica da Teoria da Contingência.

CASO INTRODUTÓRIO
Power Soluctions

Benjamin Constant dirige a Power Soluctions (PS) e conta com uma equipe de executivos de altíssimo nível. A PS está focada na oferta de soluções para o *e-business*. Trata-se de um negócio virtual e extremamente sofisticado. Benjamin está de olho nas transações comerciais feitas por meio de um canal eletrônico. Sua área de atuação são os negócios digitais. Muitas empresas vendem e se conectam com fornecedores praticando o *e-business*. Para Benjamin, existem dois tipos de *e-business*. O primeiro e mais visível são os negócios que ocorrem entre empresa e consumidor, sem intermediários: o *business-to-consumer* ou B2C. As vendas nas lojas virtuais estão crescendo fortemente. O segundo e menos visível são os negócios digitais que ocorrem entre empresas, o *business-to-business* ou B2B, cujo montante equivale a quase 40 vezes o volume de negócios B2C. Como abordar o assunto?

Para a **Teoria da Contingência**, não há nada de absoluto nas organizações ou na teoria administrativa. Tudo é relativo. Tudo depende. Há uma relação funcional entre as condições do **ambiente** e as técnicas administrativas apropriadas para o alcance eficaz dos objetivos da organização. As variáveis ambientais são variáveis independentes, enquanto as técnicas administrativas são variáveis dependentes dentro de uma relação funcional. Em vez de uma relação linear de causa e efeito entre variáveis independentes do ambiente e as variáveis administrativas dependentes, há uma relação funcional entre elas. Essa relação funcional do tipo "se... então" pode levar ao alcance eficaz dos objetivos da organização.

10.1 ORIGENS DA TEORIA DA CONTINGÊNCIA

A Teoria da Contingência surgiu com várias pesquisas para avaliar os modelos de estruturas organizacionais mais eficazes em determinados tipos de empresas.[1] Essas pesquisas pretendiam confirmar se as organizações eficazes seguiam os pressupostos clássicos, como divisão do trabalho, amplitude de controle, hierarquia de autoridade etc. Os resultados levaram a uma nova concepção de organização: a estrutura e o funcionamento da organização dependem da interface com o ambiente. Não há um único e melhor jeito (*the best way*) de organizar.

SAIBA MAIS — Sobre as contingências externas

As pesquisas contingentes foram feitas para tentar compreender e explicar o modo como as empresas funcionam em diferentes condições do ambiente que a empresa escolhe como seu domínio de operação. Tais condições são ditadas "de fora" da empresa, isto é, do seu ambiente. As contingências externas podem ser oportunidades e imperativos ou restrições e ameaças que influenciam a estrutura e processos internos da organização.[2]

10.1.1 Pesquisa de Chandler sobre estratégia e estrutura

Chandler[3] realizou uma investigação histórica sobre as mudanças estruturais de quatro grandes empresas norte-americanas – a DuPont, General Motors, Standard Oil Co. de New Jersey e Sears Roebuck & Co. – para demonstrar como sua estrutura foi sendo continuamente adaptada e ajustada à sua estratégia. A estrutura organizacional é o desenho ou forma de organização que elas adotaram para integrar seus recursos, enquanto a estratégia é o plano global de alocação de recursos para atender às demandas do ambiente. Essas organizações passaram por um processo que envolveu quatro fases:[4]

1. Acumulação de recursos.
2. Racionalização do uso dos recursos.
3. Continuação do crescimento.
4. Racionalização do uso dos recursos em expansão.

> Reflita sobre mudanças estruturais com o texto **A estratégia define a estrutura organizacional** na seção *Para reflexão* ITGAc 10.1

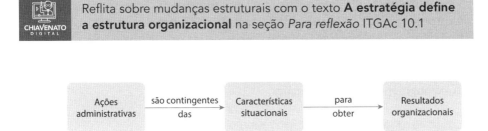

Figura 10.1 Abordagem contingencial de relatividade.

10.1.2 Pesquisa de Burns e Stalker sobre as organizações

Os sociólogos Tom Burns e G. M. Stalker[5] pesquisaram indústrias inglesas para verificar a relação entre práticas administrativas e o ambiente externo dessas indústrias. Encontraram diferentes procedimentos administrativos nas indústrias e as classificaram em dois tipos: organizações "mecanísticas" e "orgânicas".[6]

1. As organizações **mecanísticas** apresentam as seguintes características:

    a) Estrutura burocrática baseada em uma minuciosa divisão do trabalho.

    b) Cargos ocupados por especialistas com atribuições claramente definidas.

    c) Decisões centralizadas e concentradas na cúpula da empresa.

    d) Hierarquia rígida de autoridade baseada no comando único.

    e) Sistema rígido de controle: a informação sobe por meio de filtros e as decisões descem por uma sucessão de amplificadores.

    f) Predomínio da interação vertical entre superior e subordinado.

    g) Amplitude de controle administrativo mais estreita.

    h) Ênfase nas regras e procedimentos formais.

    i) Ênfase nos princípios universais da Teoria Clássica.

2. As organizações **orgânicas** apresentam as seguintes características:

    a) Estruturas organizacionais flexíveis com pouca divisão de trabalho.

    b) Cargos continuamente modificados e redefinidos a partir da interação com outras pessoas que participam da tarefa.

c) Decisões descentralizadas e delegadas aos níveis inferiores.

d) Tarefas executadas a partir do conhecimento que as pessoas têm da empresa como um todo.

e) Hierarquia flexível, com predomínio da interação lateral sobre a vertical.

f) Amplitude de controle administrativo mais ampla.

g) Maior confiabilidade nas comunicações informais.

h) Ênfase nos princípios de relacionamento humano da Teoria das Relações Humanas.

Parecia haver dois sistemas divergentes: um sistema "mecanicista" apropriado para empresas que operam em condições ambientais estáveis e um sistema "orgânico" apropriado para empresas que operam em condições ambientais em mudança.

A conclusão de Burns e Stalker é que a forma mecanística de organização é apropriada para condições ambientais estáveis, enquanto a forma orgânica é apropriada para condições de mudança e inovação. Parece haver um **imperativo ambiental**: o ambiente determina a estrutura e o funcionamento das organizações.

Aumente seus conhecimentos sobre **Adhocracia** na seção *Saiba mais* ITGAc 10.1

Quadro 10.1 Características dos sistemas mecanicistas e orgânicos

Características	Sistemas mecanicistas	Sistemas orgânicos
Estrutura organizacional	Burocrática, permanente, rígida e definitiva.	Flexível, mutável, adaptativa e transitória.
Autoridade	Baseada na hierarquia e no comando.	Baseada no conhecimento e na consulta.
Desenho de cargos e tarefas	■ Definitivo. ■ Cargos estáveis e definidos. ■ Ocupantes especialistas e univalentes.	■ Provisório. ■ Cargos mutáveis e redefinidos constantemente. ■ Ocupantes polivalentes.
Processo decisório	Decisões centralizadas na cúpula da organização.	Decisões descentralizadas *ad hoc* (aqui e agora).
Comunicações	Quase sempre verticais.	Quase sempre horizontais.
Confiabilidade em:	Regras e regulamentos formalizados por escrito e impostos pela empresa.	Pessoas e comunicações informais entre as pessoas.
Princípios predominantes	Princípios gerais da Teoria Clássica.	Aspectos democráticos da Teoria das Relações Humanas.
Ambiente	Estável e permanente.	Instável e dinâmico.

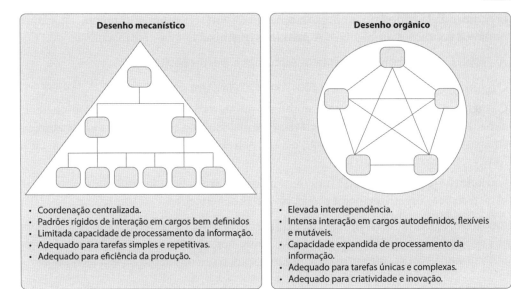

Figura 10.2 Propriedades da estrutura mecanística e da estrutura orgânica.

10.1.3 Pesquisa de Lawrence e Lorsch sobre o ambiente

A pesquisa de Lawrence e Lorsch sobre o defrontamento entre organização e ambiente provocou o aparecimento da Teoria da Contingência. Queriam saber as características organizacionais para enfrentar as condições externas, tecnológicas e de mercado.[7] Concluíram que os problemas organizacionais básicos são a diferenciação e a integração.

1. **Conceito de diferenciação e integração:** as organizações apresentam características de diferenciação e integração.

    a) **Diferenciação:** a organização divide seu trabalho em departamentos, cada qual desempenhando uma tarefa especializada para um contexto ambiental também especializado. Cada departamento reage somente à parte do ambiente que é relevante para sua própria tarefa. A diferenciação no ambiente de tarefa provoca diferenciação na estrutura dos departamentos. Quanto mais diferenciada lá fora, tanto mais diferenciada dentro da organização.

    b) **Integração:** quanto maior a diferenciação, tanto maior a necessidade de integração. Esta refere-se ao processo oposto à diferenciação que é gerado por pressões vindas do ambiente da organização no sentido de obter unidade de esforços e coordenação entre os vários departamentos.

 Aumente seus conhecimentos sobre **Diferenciação e integração** na seção *Saiba mais* ITGAc 10.2

2. **Teoria da Contingência:** em função dos resultados da pesquisa, os autores formularam a Teoria da Contingência, que preconiza não existir uma única maneira melhor de

organizar. Pelo contrário, as organizações precisam ser, sistematicamente, ajustadas às mutáveis condições ambientais. A mudança organizacional é contingente.

A Teoria Contingencial apresenta os seguintes aspectos básicos:

a) **Organização:** é de natureza sistêmica, ou seja, ela é um sistema aberto.
b) **Características organizacionais:** apresentam interação entre si e com o ambiente. Isso explica a íntima relação entre as variáveis externas (como a certeza/estabilidade ambiental e incerteza/instabilidade ambiental) e as características da organização (diferenciação e integração organizacionais).
c) **Características ambientais:** funcionam como variáveis independentes, enquanto as características organizacionais são as variáveis dependentes.

Em suma, a Teoria da Contingência explica que não há nada de absoluto nos princípios gerais de administração. Os aspectos universais e normativos devem ser substituídos pelo critério de ajuste constante entre cada organização, o seu ambiente e a sua tecnologia.

10.1.4 Pesquisa de Joan Woodward sobre a tecnologia

Joan Woodward fez uma pesquisa para avaliar a correlação entre os princípios de administração e o êxito do negócio.[8] Comparou uma amostra de 100 firmas inglesas classificadas em três grupos de **tecnologia** de produção, a saber:[9]

1. **Produção unitária ou oficina:** a produção é feita por unidades ou pequenos lotes, cada produto a seu tempo sendo modificado à medida que é feito. Os operários utilizam vários instrumentos e ferramentas. O processo produtivo é menos padronizado e menos automatizado, como na produção de navios, aviões, construções industriais ou residenciais, locomotivas e confecções sob medida.
2. **Produção em massa ou mecanizada:** a produção é feita em grandes lotes. Os operários trabalham em linha de montagem ou operam máquinas em linha que desempenham operações sobre o produto. A produção requer máquinas operadas pelo homem e linhas de produção automatizadas por robôs, como as empresas montadoras de automóveis.
3. **Produção em processo ou automatizada:** produção em processamento contínuo em que um ou poucos operários monitorizam um processo total ou parcialmente automático de produção. A participação humana é mínima e automação e robotização são o forte. É o caso do processo de produção das refinarias de petróleo, produção química ou petroquímica, siderúrgicas, cimenteiras etc.

Quadro 10.2 Arranjo físico da produção, conforme a tecnologia utilizada

Tecnologia	Tecnologia utilizada	Resultado da produção
Produção unitária ou oficina	■ Habilidade manual ou operação de ferramentas ■ Artesanato ■ Pouca padronização e pouca automatização ■ Mão de obra intensiva e não especializada	■ Produção em unidades ■ Pouca previsibilidade dos resultados ■ Incerteza quanto à sequência das operações
Produção em massa	■ Máquinas agrupadas em baterias do mesmo tipo (seções ou departamentos) ■ Mão de obra intensiva ■ Mão de obra barata e utilizada com regularidade	■ Produção em lotes e em quantidade regular ■ Razoável previsibilidade dos resultados ■ Certeza quanto à sequência das operações
Produção contínua	■ Processamento contínuo por meio de máquinas ■ Padronização e automação ■ Tecnologia intensiva ■ Pessoal especializado	■ Produção contínua e em grande quantidade ■ Previsibilidade dos resultados ■ Certeza absoluta quanto à sequência das operações

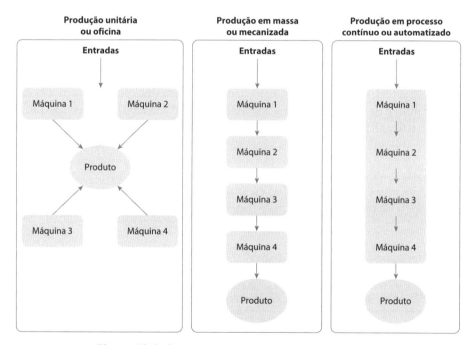

Figura 10.3 Os três tipos de tecnologia de produção.

Os três tipos de tecnologia – produção unitária, em massa e processamento contínuo – envolvem diferentes abordagens na manufatura dos produtos. A tecnologia extrapola a produção e influencia toda a organização empresarial. As conclusões da pesquisa de Woodward são as seguintes:[10]

1. **O desenho organizacional é afetado pela tecnologia:** as firmas de produção em massa bem-sucedidas são organizadas em linhas clássicas, com deveres e responsabilidades definidos, unidade de comando, distinção entre linha e *staff* e estreita amplitude de controle (cinco a seis subordinados para cada executivo). Assumem a forma burocrática e obtêm sucesso. Nos outros tipos de tecnologias – produção unitária e produção contínua –, a forma organizacional mais viável nada tem a ver com os princípios clássicos.

2. **Forte correlação entre estrutura organizacional e previsibilidade das técnicas de produção:** a previsão de resultados é alta na produção por processamento contínuo e é baixa na produção unitária (oficina). A previsibilidade do resultado afeta o número de níveis hierárquicos da organização: quanto menor a sua previsibilidade, tanto menor a necessidade de muitos níveis hierárquicos e quanto maior a previsibilidade, tanto maior o número de níveis hierárquicos.

3. **As empresas com operações estáveis requerem estruturas diferentes daquelas com tecnologia mutável:** organizações estruturadas e burocráticas com um **sistema mecanístico** são mais apropriadas para operações estáveis. A empresa inovadora com tecnologia mutável requer um sistema "orgânico" e adaptativo.

4. **Há sempre o predomínio de alguma função na empresa**, como vendas, produção e engenharia. A importância de cada função na empresa depende da tecnologia utilizada, como mostra o Quadro 10.3.

Em resumo, para Woodward, há um imperativo tecnológico: a tecnologia adotada pela empresa determina a sua estrutura e comportamento organizacional.

Essas quatro pesquisas – de Chandler, Burns e Stalker, Lawrence e Lorsch e de Woodward – revelam aspectos da dependência da organização em relação ao seu ambiente e à tecnologia adotada. As características da organização não dependem dela própria, mas das circunstâncias ambientais e da tecnologia que ela utiliza. Daí a Teoria da Contingência, que mostra que as características da organização são variáveis dependentes e contingentes em relação ao ambiente e à tecnologia, o que explica a importância do estudo do ambiente e da tecnologia.

 Reflita sobre o uso de padrões racionais e lógicos com o texto **O foco interno da BioVita** na seção *Para reflexão* ITGAc 10.2

Quadro 10.3 Tecnologia e suas consequências

Tecnologia	Previsibilidade de resultados	Níveis hierárquicos	Padronização e automação	Áreas predominantes
Produção unitária ou oficina	Baixa	Poucos	Pouca	Engenharia (Pesquisa e Desenvolvimento – P&D)
Produção em massa	Média	Médios	Média	Produções e operações
Produção contínua	Elevada	Muitos	Muita	Marketing e vendas

10.2 AMBIENTE

Ambiente é o contexto que envolve externamente a organização (ou o sistema). É a situação dentro da qual uma organização se encontra. Como a organização é um sistema aberto, ela mantém transações e intercâmbio com seu ambiente externo. Isto faz com que tudo o que ocorre externamente no ambiente passe a influenciar internamente o que ocorre na organização.

Caixa negra ao contrário

A análise das organizações dentro da abordagem múltipla envolvendo a interação entre organização e ambiente foi iniciada pelos estruturalistas.[11] Na medida em que a análise organizacional foi influenciada pela abordagem de sistemas abertos, aumentou a ênfase no meio ambiente para a compreensão da eficácia das organizações. A análise ambiental ainda não produziu uma adequada sistematização e operacionalização dos conhecimentos acerca do ambiente. As organizações pouco sabem a respeito de seus ambientes. Parece que muitas delas não chegaram à Teoria da Contingência.

10.2.1 Ambiente geral

É o macroambiente, o ambiente genérico e comum a todas as organizações. Tudo o que acontece no **ambiente geral** afeta direta ou indiretamente todas as organizações de maneira ampla e genérica. O ambiente geral é constituído de um conjunto de condições comuns para todas as organizações, a saber:

1. **Condições tecnológicas:** o desenvolvimento tecnológico que ocorre no ambiente provoca influências nas organizações, principalmente quando se trata de tecnologia inovadora, disruptiva e de futuro imprevisível. As empresas precisam adaptar-se e incorporar tecnologia do ambiente para não perderem competitividade.

2. **Condições legais:** constituem a legislação vigente e que afeta direta ou indiretamente as organizações, facilitando-as ou impondo-lhes restrições às suas operações. São leis de caráter comercial, trabalhista, fiscal, civil que constituem elementos normativos para a vida das organizações.

3. **Condições políticas:** são decisões e definições políticas tomadas em nível federal, estadual e municipal que influenciam as organizações e que orientam as condições econômicas.

4. **Condições econômicas:** constituem a conjuntura que determina o desenvolvimento econômico ou retração econômica e que condicionam fortemente as organizações. A inflação, balança de pagamentos do país, distribuição da renda interna etc. constituem aspectos econômicos que influenciam as organizações.

5. **Condições demográficas:** taxa de crescimento, população, raça, religião, distribuição geográfica, migração, distribuição por sexo e idade são aspectos demográficos que determinam as características do mercado atual e do futuro.

6. **Condições culturais:** a cultura de um povo penetra nas organizações a partir das expectativas e comportamentos de seus participantes e de seus consumidores.
7. **Condições ecológicas:** são condições relacionadas com o ambiente natural que envolve a organização. O ecossistema constitui o sistema de intercâmbio entre os seres vivos e seu meio ambiente. Existe a ecologia social: as organizações influenciam e são influenciadas por aspectos como poluição, clima, transportes, comunicações etc.

As condições tecnológicas, econômicas, sociais, legais, políticas, culturais, demográficas e ecológicas são fenômenos ambientais que formam um campo dinâmico de forças que interagem entre si. Esse campo de forças tem efeito sistêmico sinérgico. O ambiente geral é genérico e comum para todas as organizações, mas cada uma delas tem o seu ambiente particular: o ambiente de tarefa.

Figura 10.4 *Continuum* das teorias da Administração em relação ao ambiente.

10.2.2 Ambiente de tarefa

É o ambiente mais próximo e imediato de cada organização. Constitui o segmento do ambiente geral do qual a organização extrai suas entradas e deposita suas saídas. É o ambiente de operações de cada organização e constituído por:

- **Fornecedores de entradas:** são os fornecedores dos recursos de que uma organização necessita para trabalhar: recursos materiais (fornecedores de matérias-primas, que formam o mercado de fornecedores), recursos financeiros (fornecedores de capital que formam o mercado de capitais), recursos humanos (fornecedores de talentos que formam o mercado de candidatos) etc.
- **Clientes ou usuários:** isto é, consumidores das saídas da organização.
- **Concorrentes:** cada organização não está sozinha nem existe no vácuo, mas disputa com outras organizações os mesmos recursos (entradas) e os tomadores de saídas. Daí os concorrentes quanto a recursos e a clientes.
- **Entidades reguladoras:** cada organização está sujeita a várias outras organizações que procuram regular ou fiscalizar suas atividades. É o caso de sindicatos, associações de classe, órgãos reguladores do governo, órgãos protetores do consumidor, ONGs etc.

Cada organização tem o seu próprio e específico ambiente operacional ou de tarefa.

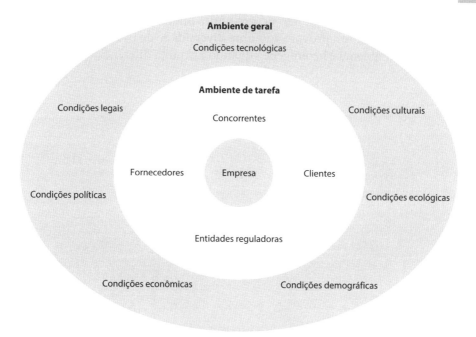

Figura 10.5 Ambiente geral e ambiente de tarefa.

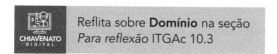

Reflita sobre **Domínio** na seção
Para reflexão ITGAc 10.3

O problema atual com que as organizações se defrontam é a incerteza. A incerteza é o desafio atual da Administração. A incerteza, porém, não está no ambiente, mas na percepção e interpretação das organizações e não na realidade ambiental percebida. É mais adequado falar-se em incerteza na organização, pois o mesmo ambiente pode ser percebido de maneiras diferentes por organizações diferentes. Melhor dizendo, a incerteza está na cabeça dos seus administradores.

10.2.3 Tipologia de ambientes

Embora o ambiente seja um só, cada organização está exposta a apenas uma parte dele e essa parte apresenta características diferentes das demais. Para facilitar a análise ambiental existem tipologias de ambientes, relacionadas com o ambiente de tarefa. Vejamos algumas classificações dos ambientes.[12]

1. **Quanto à sua estrutura:** os ambientes são classificados em homogêneos e heterogêneos (Figura 10.6):
   a) **Ambiente homogêneo:** quando é composto de fornecedores, clientes e concorrentes semelhantes. O ambiente é homogêneo quando há pouca segmentação ou diferenciação dos mercados.

b) **Ambiente heterogêneo:** quando ocorre muita diferenciação entre os fornecedores, clientes e concorrentes, provocando uma diversidade de problemas diferentes à organização. O ambiente é heterogêneo quando há muita diferenciação dos mercados.

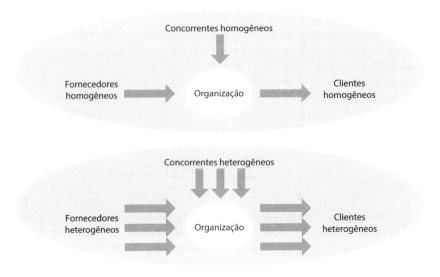

Figura 10.6 Homogeneidade e heterogeneidade ambiental.

Na realidade, os ambientes homogêneos e heterogêneos constituem dois extremos de um *continuum* e não simplesmente dois tipos de ambientes.

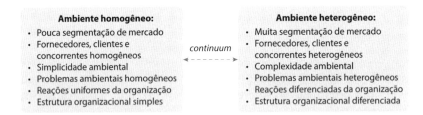

Figura 10.7 *Continuum* homogeneidade-heterogeneidade ambiental.

2. **Quanto à sua dinâmica:** os ambientes são classificados em estáveis e instáveis (Figura 10.8):

   a) **Ambiente estável:** é o ambiente caracterizado por pouca ou nenhuma mudança. É onde as mudanças são lentas e previsíveis ou onde quase não ocorrem mudanças. É um ambiente tranquilo e previsível.

   b) **Ambiente instável:** é o ambiente dinâmico e mutável. É onde os agentes estão constantemente provocando mudanças e influências recíprocas, formando um campo dinâmico de forças. A instabilidade provocada pelas mudanças gera a incerteza para a organização.

Capítulo 10 – Teoria da Contingência: em busca de flexibilidade e agilidade

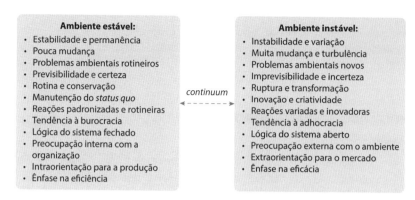

Figura 10.8 *Continuum* estabilidade-instabilidade ambiental.

As duas tipologias podem ser reduzidas a dois *continua* envolvendo homogeneidade-heterogeneidade e estabilidade-instabilidade, por onde navegam as organizações, conforme a Figura 10.9.

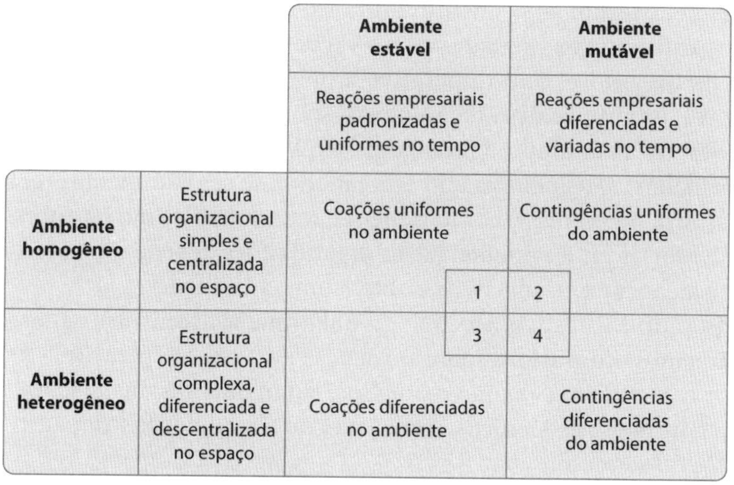

Figura 10.9 Correlação entre estrutura e dinâmica ambiental.

Quanto mais homogêneo for o ambiente de tarefa, menor diferenciação será exigida da organização, pois as poucas coações impostas à organização podem ser tratadas por uma estrutura organizacional simples e pequena departamentalização. Porém, quanto mais heterogêneo o ambiente de tarefa, maiores e diferentes serão as coações impostas à organização, exigindo diferenciação mediante maior departamentalização. Além disso, quanto mais estável o ambiente de tarefa, tanto menores são as contingências impostas à organização, permitindo-lhe adotar uma estrutura burocrática e conservadora, pois o ambiente apresenta poucas mudanças e inovações. Quanto mais dinâmico o ambiente de tarefa, tanto maiores as contingências impostas à organização, exigindo que esta absorva a incerteza por meio de uma estrutura organizacional flexível, adaptável, mutável e inovadora.

Reflita sobre **O cenário de operações da empresa Amaralina Confecções** na seção *Para reflexão* ITGAc 10.4

VOLTANDO AO CASO INTRODUTÓRIO
Power Soluctions

Em primeiro lugar, Benjamin Constant sabe que os canais eletrônicos oferecem simultaneamente custos menores que os canais tradicionais e uma capacidade de prover melhores serviços para quem está do outro lado da linha. Em segundo lugar, os meios eletrônicos desconhecem as distâncias geográficas e em uma competição globalizada permitem buscar novos mercados em outros locais para fazer frente à nova realidade. São armas estratégicas que as empresas precisam utilizar para manter sua competitividade.

10.3 TECNOLOGIA

Ao lado do ambiente, a tecnologia constitui outra variável independente que influencia as características organizacionais (tomadas como variáveis dependentes). Além do impacto ambiental (para certos autores, um imperativo ambiental), existe o impacto tecnológico (para outros autores, um **imperativo tecnológico**) sobre as organizações.

As organizações utilizam alguma tecnologia para executar suas operações e realizar suas tarefas e atividades. A tecnologia adotada tanto pode ser rudimentar (como faxina e limpeza com vassoura ou escovão) como pode ser sofisticada (como o processamento de dados por computador). Mas é evidente que as organizações dependem da tecnologia para poder funcionar e alcançar seus objetivos e obter competitividade.

Do ponto de vista administrativo, a tecnologia é algo que se desenvolve nas organizações a partir de conhecimentos acumulados sobre a execução de tarefas e operações – *know-how* – e pelas suas manifestações físicas – como máquinas, equipamentos, instalações, *hardware* – constituindo um complexo de técnicas usadas na conversão dos insumos em resultados, isto é, em produtos ou serviços.

A tecnologia pode estar ou não incorporada a bens físicos. A tecnologia é incorporada quando contida em bens de capital, matérias-primas ou componentes etc. Assim, uma placa de metal é constituída pelo metal mais a tecnologia que tornou possível a sua fabricação, que está incorporada no equipamento industrial. Neste sentido, a tecnologia corresponde ao conceito de *hardware*.

A tecnologia não incorporada encontra-se nas pessoas – como técnicos, peritos, especialistas, engenheiros, pesquisadores – sob formas de conhecimentos intelectuais ou operacionais, habilidade mental ou manual para executar operações, ou em documentos que a registram e asseguram sua conservação e transmissão – como mapas, plantas, desenhos, projetos, patentes, relatórios. Corresponde aqui ao conceito de *software*. As duas formas de tecnologia – incorporada e não incorporada – frequentemente interagem entre si.[13]

A tecnologia pode ser considerada sob dois ângulos diferentes: como uma variável ambiental e externa e como uma variável organizacional e interna.

- **Tecnologia como variável ambiental:** a tecnologia é um componente do meio ambiente, na medida em que as empresas adquirem, incorporam e absorvem as tecnologias criadas e desenvolvidas pelas outras empresas do seu ambiente de tarefa em seus sistemas.
- **Tecnologia como variável organizacional:** a tecnologia é um componente organizacional à medida que faz parte do sistema interno da organização, já incorporada a ele, passando, assim, a influenciá-lo poderosamente e, com isto, influenciando também o seu ambiente de tarefa.

Em razão de sua complexidade, os autores tentaram propor classificações ou tipologias de tecnologias para facilitar o estudo de sua administração.

10.3.1 Tipologia de tecnologias de Thompson

Thompson assinala que "a tecnologia é uma importante variável para a compreensão das ações das empresas".[14] As ações das empresas fundamentam-se nos objetivos desejados e nas convicções sobre relações de causa e efeito. Para alcançar um objetivo desejado, o conhecimento humano prevê quais são as ações necessárias e as maneiras de conduzi-las para aquele objetivo. Essas ações são ditadas pelas convicções das pessoas sobre como alcançar os objetivos desejados e constituem a tecnologia – também denominada racionalidade técnica. A racionalidade técnica pode ser avaliada por dois critérios: o critério instrumental – que permite conduzir aos objetivos desejados – e o critério econômico – que permite alcançar os objetivos com o mínimo de recursos necessários. A tecnologia instrumentalmente perfeita leva ao objetivo desejado, enquanto a tecnologia menos perfeita promete um resultado provável ou possível. Thompson propõe uma tipologia de tecnologias conforme o seu arranjo dentro da organização, a saber:[15]

1. **Tecnologia de elos em sequência:** baseia-se na interdependência serial das tarefas que é necessária para completar um produto: o ato Z pode ser executado depois de completar com êxito o ato Y, que, por sua vez, depende do ato X e assim por diante em uma sequência de elos encadeados e interdependentes. É o caso da linha de montagem da produção em massa. A repetição do processo produtivo permite a experiência que reduz as imperfeições na tecnologia, melhora o maquinário e serve de base para a manutenção preventiva programada. A repetição permite que os movimentos humanos sejam melhorados pela prática, reduzindo erros e perdas de energia a um mínimo. Essa foi a maior contribuição da Administração Científica.
2. **Tecnologia mediadora:** certas organizações têm por função básica a ligação de clientes que são ou desejam ser interdependentes. O banco comercial liga os depositantes com os que tomam emprestado. A companhia de seguros liga os que desejam associar-se em riscos comuns. A empresa de propaganda vende tempo ou espaço, ligando os veículos às organizações. A companhia telefônica liga os que querem chamar com os que querem ser chamados. A agência de colocações media a procura com a oferta de empregos. A complexidade da tecnologia mediadora reside no fato – não de cada atividade estar engrenada às necessidades da outra, como na tecnologia de elos em sequência – de requerer modalidades padronizadas para envolver clientes ou compradores distribuídos no tempo e no espaço. O banco comercial precisa encontrar e agregar depósitos de diversos depositantes. Mas, apesar dos diversos depositantes, a transação deve obedecer a termos padronizados

e procedimentos uniformes de escrituração e contabilização. Por outro lado, é preciso encontrar clientes que queiram tomar emprestado; mas, das suas variadas necessidades, os empréstimos são feitos com critérios padronizados e condições uniformes, para reduzir riscos e garantir a solvência do banco. A padronização leva a companhia de seguros a definir categorias de risco e a classificar seus clientes nessas categorias. "A padronização permite o funcionamento da tecnologia mediadora pelo tempo e espaço e assegura a cada segmento da empresa que outros segmentos estão funcionando de maneira compatível. As técnicas burocráticas de categorização e aplicação impessoal dos regulamentos são características."

3. **Tecnologia intensiva:** representa a convergência de várias habilidades e especializações sobre um único cliente. A organização utiliza várias técnicas para modificar um objeto específico. Seleção, combinação e ordem de aplicação dependem da realimentação proporcionada pelo próprio objeto. O hospital, a indústria de construção civil e industrial e os estaleiros navais utilizam este tipo de organização. O hospital geral ilustra a tecnologia intensiva: a internação de emergência exige a combinação de serviços dietéticos, radiológicos, de laboratório etc. em conjunto com diversas especialidades médicas, serviços farmacêuticos, terapias ocupacionais, serviço social e serviços espirituais religiosos. Qual destes e quando, será determinado pela evidência do estado do paciente ou de sua resposta ao tratamento. A tecnologia intensiva requer aplicação de parte ou de toda a disponibilidade das aptidões potencialmente necessárias, dependendo da combinação exigida pelo caso ou projeto individual. Ela conduz a uma organização do tipo de projeto.

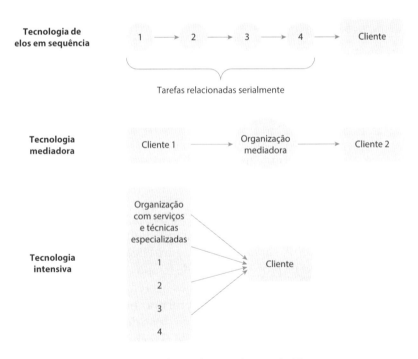

Figura 10.10 Tipologia de tecnologias de Thompson.

Quadro 10.4 Características das tipologia de tecnologias de Thompson

Tecnologia	Principais características
Elos em sequência	■ Interdependência serial entre as diferentes tarefas ■ Ênfase no produto ■ Tecnologia fixa e estável ■ Processo produtivo repetitivo e cíclico ■ Abordagem típica da Administração Científica
Mediadora	■ Diferentes tarefas padronizadas são distribuídas em diferentes locais ■ Ênfase em clientes separados, mas interdependentes, mediados pela empresa ■ Tecnologia fixa e estável, produto abstrato ■ Repetitividade do processo produtivo, padronizado e sujeito a normas e procedimentos ■ Abordagem típica da Teoria da Burocracia
Intensiva	■ Diferentes tarefas são convergidas e focalizadas sobre cada cliente individual ■ Ênfase no cliente ■ Tecnologia flexível ■ Processo produtivo variado e heterogêneo com técnicas determinadas pela retroação do objeto ■ Abordagem típica da Teoria de Contingência

Thompson e Bates[16] classificam a tecnologia em dois tipos básicos:

1. **Tecnologia flexível:** a flexibilidade da tecnologia refere-se à extensão em que as máquinas, o conhecimento técnico e as matérias-primas podem ser usados para outros produtos ou serviços diferentes. A maleabilidade da tecnologia permite que ela tenha outras aplicações.

2. **Tecnologia fixa:** é aquela que não permite utilização em outros produtos ou serviços. É a tecnologia inflexível e utilizada para um único fim.

A influência da tecnologia – seja flexível ou fixa – é perceptível quando associada com o tipo de produto da organização. Existem dois tipos de produtos:

1. **Produto concreto:** é o produto que pode ser descrito com precisão, identificado com especificidade, medido e avaliado. É o produto palpável.

2. **Produto abstrato:** não permite descrição precisa nem identificação e especificação notáveis. É o produto não palpável.

Ambas as classificações binárias podem ser reunidas em uma tipologia de tecnologia e produtos que considera suas consequências para a elaboração da estratégia global da organização. Daí as quatro combinações:

1. **Tecnologia fixa e produto concreto:** típica de organizações onde a mudança tecnológica é pequena ou difícil. A preocupação reside na possibilidade de que o mercado venha a rejeitar ou dispensar o produto oferecido pela organização. A estratégia global da organização enfatiza a colocação do produto com especial reforço na área mercadológica. É o caso das empresas do ramo automobilístico.

2. **Tecnologia fixa e produto abstrato:** a mudança tecnológica é difícil. A estratégia da organização enfatiza a obtenção do suporte ambiental para a mudança. As partes relevantes do ambiente de tarefa são influenciadas para que aceitem novos produtos que a organização deseja oferecer. É o caso de instituições educacionais baseadas em conhecimentos especializados e que oferecem cursos variados.

3. **Tecnologia flexível e produto concreto:** a mudança tecnológica é fácil para produzir um produto novo ou diferente mediante adaptação de máquinas, técnicas, equipamentos, conhecimento, etc. A estratégia enfatiza a inovação pela pesquisa e desenvolvimento, isto é, criação constante de produtos diferentes ou com características novas para antigos produtos. É o caso de empresas do ramo plástico ou equipamentos eletrônicos, nas quais as tecnologias adotadas são constantemente reavaliadas, modificadas e melhoradas.

4. **Tecnologia flexível e produto abstrato**: a tecnologia é adaptável e mutável. A estratégia enfatiza a obtenção do consenso externo em relação ao produto ou serviço a ser oferecido ao mercado (consenso de clientes) e aos processos de produção (consenso dos empregados). O problema está na escolha da alternativa mais adequada. É o caso de organizações abertas ou extraoficiais, de propaganda e relações públicas, empresas de consultoria administrativa, de consultoria legal, auditoria e organizações não governamentais (ONGs).

Quadro 10.5 Matriz de tecnologia/produto

	Produto concreto	**Produto abstrato**
Tecnologia fixa	■ Poucas possibilidades de mudança ■ Falta de flexibilidade da tecnologia ■ Estratégia focada na colocação do produto no mercado ■ Ênfase na área mercadológica ■ Receio de ter o produto rejeitado pelo mercado	■ Flexibilidade da tecnologia para mudanças nos limites da tecnologia ■ Estratégia para busca de aceitação de novos produtos pelo mercado ■ Ênfase na área mercadológica (promoção e propaganda) ■ Receio de não obter o apoio ambiental necessário
Tecnologia flexível	■ Mudanças nos produtos pela adaptação ou mudança tecnológica ■ Estratégia focada na inovação e na concepção de novos produtos ou serviços ■ Ênfase na área de pesquisa e desenvolvimento (P&D)	■ Adaptabilidade ao meio ambiente e flexibilidade tecnológica ■ Estratégia para obtenção de consenso externo (quanto aos novos produtos) e consenso interno (quanto aos novos processos de produção) ■ Ênfase nas áreas de P&D (novos produtos e processos), mercadológica (consenso dos clientes) e recursos humanos (consenso dos empregados)

Aumente seus conhecimentos sobre **Tecnologias fixas e tecnologias flexíveis** na seção *Saiba mais* ITGAc 10.3

10.3.2 Impacto da tecnologia

A influência da tecnologia sobre a organização é enorme e intensa pelas seguintes razões:[17]

- **A tecnologia determina a estrutura organizacional e o comportamento organizacional:** alguns autores falam de imperativo tecnológico, isto é, a tecnologia determina a estrutura da organização e seu comportamento. Apesar do exagero da afirmação, não há dúvida de que existe um forte impacto da tecnologia sobre a vida e o funcionamento das organizações.
- **A tecnologia, isto é, a racionalidade técnica, tornou-se um sinônimo de eficiência,** e a eficiência tornou-se o critério normativo pelo qual as organizações são avaliadas pelo mercado.
- **A tecnologia faz os administradores melhorarem cada vez mais a eficácia,** dentro dos limites do critério normativo de produzir eficiência.

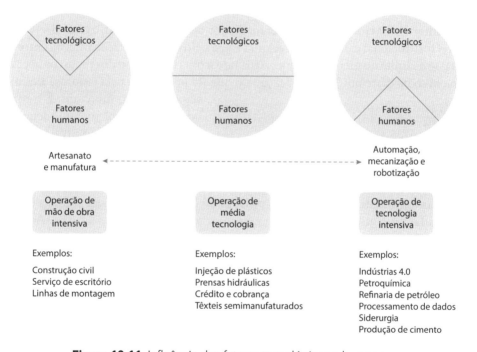

Figura 10.11 Influência dos fatores tecnológicos e humanos.

 VOLTANDO AO CASO INTRODUTÓRIO
Power Solutions

Para manter sua empresa sempre surfando na crista da onda, Benjamin Constant não se descuida jamais. Está sempre plugado no que fazem as empresas excelentes e nos desdobramentos da tecnologia. Afinal, sua empresa utiliza tecnologia de ponta. Como você poderia ajudar Benjamin?

10.4 ORGANIZAÇÕES E SEUS NÍVEIS

Para a Teoria da Contingência, não existe universalidade dos princípios de administração nem uma única e melhor maneira de estruturar as organizações. A estrutura e o comportamento organizacional são variáveis dependentes, enquanto as variáveis independentes são o ambiente e a tecnologia. O ambiente impõe desafios externos à organização, ao passo que a tecnologia impõe desafios internos. Para se defrontar com os desafios externos e internos, as organizações diferenciam-se em três níveis organizacionais, a saber (Figura 10.12):[18]

1. **Nível institucional ou estratégico:** corresponde ao nível mais elevado e é composto de diretores, proprietários ou acionistas e dos altos executivos. É o nível em que as decisões são tomadas e onde são definidos os objetivos da organização e as estratégias para alcançá-los. O nível institucional é, basicamente, extrovertido, pois mantém a interface com o ambiente. Lida com a incerteza pelo fato de não ter poder ou controle sobre os eventos ambientais presentes e muito menos capacidade de prever, com razoável precisão, os eventos ambientais futuros.

2. **Nível intermediário:** chamado nível mediador ou nível gerencial, é o nível situado entre o nível institucional e o nível operacional e que cuida da articulação interna entre ambos. Trata-se da linha do meio de campo. Atua na escolha e captação dos recursos necessários, bem como na distribuição e colocação do que foi produzido pela empresa nos diversos segmentos do mercado. É o nível que lida com os problemas de adequação das decisões tomadas no nível institucional (no topo) e com as operações realizadas no nível operacional (na base da organização). O nível intermediário compõe-se da média administração, isto é, das pessoas ou órgãos que transformam as estratégias formuladas para atingir os objetivos empresariais em programas de ação. A média administração forma uma cadeia escalar de autoridade.

Aumente seus conhecimentos sobre **Nível intermediário e nível mediador** na seção *Saiba mais* ITGAc 10.4

3. **Nível operacional:** denominado nível técnico ou núcleo técnico, é o nível localizado nas áreas inferiores da organização. Está ligado aos problemas de execução cotidiana e eficiente das tarefas e operações da organização e orientado para as exigências impostas pela natureza da tarefa técnica a ser executada, com os materiais a serem processados e a cooperação de vários especialistas necessários ao andamento dos trabalhos. É o nível no qual as tarefas são executadas e as operações realizadas: envolve o trabalho básico relacionado com a produção dos produtos ou serviços da organização. É composto pelas áreas que programam e executam as tarefas e operações básicas da organização. É nele que estão as instalações físicas, máquinas e equipamentos, linhas de montagem, escritórios e balcões de atendimento cujo funcionamento deve atender a rotinas e procedimentos programados com regularidade e continuidade que assegurem a utilização plena dos recursos disponíveis e a máxima eficiência das operações.

Capítulo 10 – Teoria da Contingência: em busca de flexibilidade e agilidade

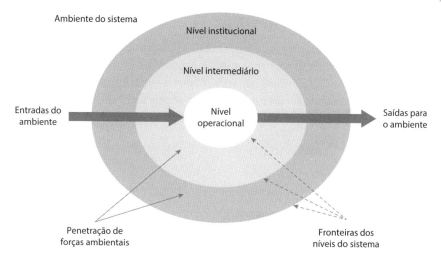

Figura 10.12 Relação sistêmica entre a organização e seu ambiente.

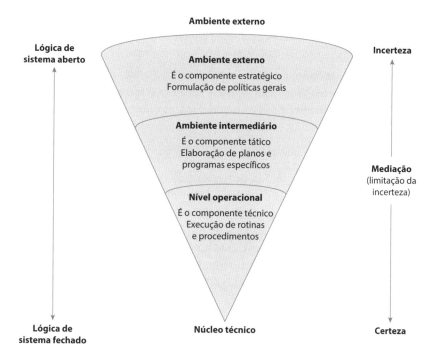

Figura 10.13 Níveis organizacionais e seu relacionamento com a incerteza.

10.5 ARRANJO ORGANIZACIONAL

O desenho organizacional retrata a configuração estrutural da organização e implica o arranjo dos órgãos dentro da estrutura no sentido de aumentar a eficiência e a eficácia por meio da conectibilidade. Como as organizações vivem em um mundo em constante e acelerada mudança, sua estrutura deve caracterizar-se por flexibilidade e adaptabilidade ao ambiente e à tecnologia.

Três requisitos do desenho organizacional

O desenho organizacional deve preencher três requisitos, a saber:

1. Como estrutura básica: contribuindo para a implementação dos planos da organização, alocando pessoas, competências e recursos para as tarefas relevantes e proporcionando mecanismos para sua coordenação adequada. A estrutura básica toma a forma de descrição do trabalho, definição de equipes etc.

2. Como mecanismo de operação: indicando aos membros aquilo que deles é esperado, por meio de procedimentos de trabalho, padrões e indicadores de desempenho, sistemas de avaliação e recompensas, programas, sistemas e comunicação.

3. Como mecanismo de decisão: permitindo meios para auxiliar o processo decisório e o processamento da informação. Inclui arranjos para obter informação do ambiente, procedimentos para cruzar, avaliar e tornar disponíveis as informações para os tomadores de decisão.

A estrutura organizacional é afetada por estes três requisitos – estrutura básica, mecanismo de operação e mecanismo de decisão – e sua interação. Daí o fato de não haver uma única maneira de organizar as empresas, ou seja, não existem princípios gerais para o desenho organizacional. As organizações são, de um lado, sistemas abertos, defrontando-se com a incerteza que provém das coações e contingências externas impostas pelo ambiente e que nelas penetram a partir do nível institucional. Sua eficácia reside na tomada de decisões capazes de permitir que a organização se antecipe às oportunidades, se defenda das coações e se ajuste às contingências do ambiente.

Por outro lado, as organizações também são sistemas fechados, tendo em vista que o nível operacional funciona em termos de certeza e de previsibilidade, operando a tecnologia de acordo com critérios de racionalidade limitada. A eficiência reside nas operações executadas dentro de programas, rotinas e procedimentos estandardizados, cíclicos, repetitivos nos moldes da "melhor maneira" (*the best way*) e da otimização na utilização dos recursos disponíveis. Tudo isso precisa ser levado em conta. Assim, a estrutura e o comportamento organizacional dependem do ambiente externo e da tecnologia adotada pela organização.[19]

Quanto maior a incerteza ambiental, tanto maior a necessidade de flexibilidade da estrutura organizacional. Na medida em que o ambiente se torna mutável e turbulento, a incerteza dele aumenta e o número de exceções cresce – o que pode sobrecarregar a hierarquia –, a organização precisa recorrer a novas alternativas de desenho organizacional para coordenar as suas atividades.

Em resumo, quanto maior a incerteza percebida e trazida pelo ambiente, tanto maior a necessidade de flexibilidade da estrutura organizacional.

10.5.1 Adhocracia

O termo **adhocracia** foi cunhado por Toffler[20] em seu livro *Choque do futuro*. A nova sociedade do futuro, segundo ele, será extremamente dinâmica e mutável. Para poderem acompanhar o ambiente turbulento, as organizações precisarão ser orgânicas, inovadoras, temporárias e antiburocráticas. Elas precisarão mudar suas feições internas com tal frequência que os cargos mudarão de semana para semana e as responsabilidades deslocar-se-ão continuamente. As estruturas organizacionais serão flexíveis e mutáveis, levando departamentos e divisões a irromperem, subitamente, para se integrarem em outras organizações. A flexibilidade aparece com mais ênfase nos projetos ou forças-tarefa, nos quais os grupos se reúnem a fim de resolver problemas específicos, temporários e evanescentes. Uma nova forma de organização surgirá: a adhocracia, o inverso da burocracia. A adhocracia (do latim *ad hoc* = aqui e agora, pessoa ou coisa preparada para determinada missão ou circunstância, para isto ou para este fim) significa uma estrutura flexível capaz de amoldar-se contínua e rapidamente às condições ambientais em mutação. Essa organização temporária – que se agrupa e se dissolve, que se modifica e se altera a cada momento – leva as pessoas a passar rapidamente de um lugar para outro, em vez de preencher cargos ou posições fixas no quadro organizacional. A hierarquia dentro das organizações sofrerá um colapso: haverá a exigência de maior número de informações dentro de um ritmo mais rápido – ou tempo real –, o que derrubará a hierarquia vertical típica da burocracia. Os sistemas deverão ser temporários, capazes de rápida adaptação e de mutações rápidas e substanciais.

A adhocracia se caracteriza por:[21]

1. **Equipes temporárias e multidisciplinares de trabalho**, isto é, autônomas e autossuficientes.
2. **Autoridade totalmente descentralizada** por meio de equipes autogeridas ou autoadministradas.
3. **Atribuições e responsabilidades fluidas e mutáveis**.
4. **Poucas regras e procedimentos**, ou seja, muita liberdade de trabalho.

Quadro 10.6 Comparação entre burocracia e adhocracia

Práticas administrativas	Burocracia	Adhocracia
Planejamento	■ Detalhado e abrangente ■ Situado no longo prazo ■ Políticas, procedimentos, regras e regulamentos	■ Genérico e amplo ■ Situado no curto prazo ■ Apenas situações rotineiras e previsíveis
Organização	■ Apenas a organização formal ■ Especialização e responsabilidades específicas ■ Departamentalização funcional ■ Centralização da autoridade	■ Algumas vezes, informal ■ Responsabilidades vagamente definidas ■ Departamentalização por produto ou clientela ■ Descentralização da autoridade
Direção	■ Diretiva e autoritária ■ Supervisão fechada ■ Autoridade estrita e impessoal ■ Centrada na tarefa	■ Participativa e democrática ■ Supervisão genérica e ampla ■ Centrada na pessoa e na tarefa
Controle	■ Controles compreensivos ■ Para assegurar cumprimento dos procedimentos ■ Acentua e reforça as regras	■ Controles genéricos ■ Orientados para os resultados ■ Acentua e reforça o autocontrole
Características	■ Formal, especializada e centrada nas regras	■ Informal, baseada em equipes temporárias

10.5.2 Estrutura matricial

É denominada **matriz** ou organização em grade. A matriz combina duas formas de departamentalização – a funcional e a departamentalização de produto ou projeto – na mesma estrutura organizacional. É uma estrutura mista e híbrida. A organização adota os dois tipos de departamentalização.

Figura 10.14 Autoridade dividida em organização tradicional e organização matricial.

O desenho matricial apresenta duas dimensões: gerentes funcionais e gerentes de produtos ou de projeto. Com isso, o princípio da unidade de comando vai para o espaço e se estabelece uma delicada balança de duplo poder que caracteriza a matriz. Cada departamento passa a ter dupla subordinação: segue orientação dos gerentes funcionais e dos gerentes de produto/projeto, simultaneamente. A estrutura matricial funciona como uma tabela de dupla entrada.

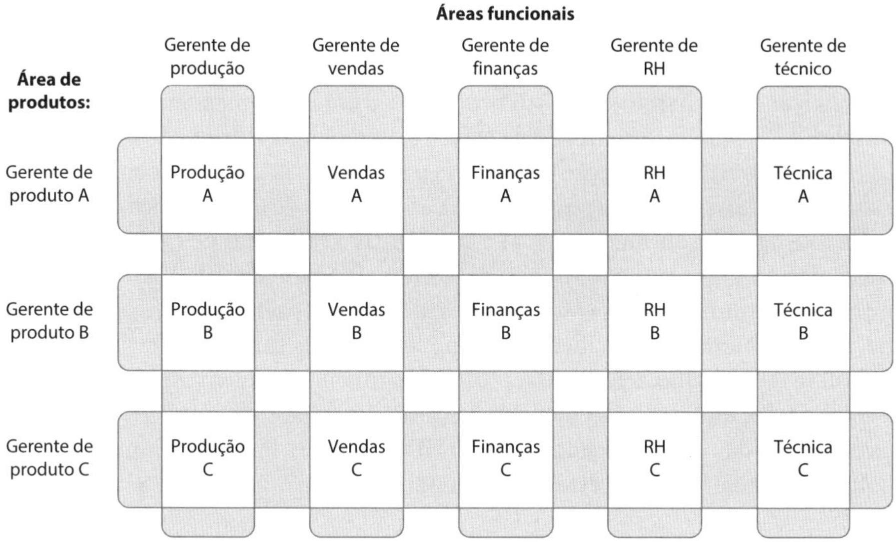

Áreas funcionais

Área de produtos:	Gerente de produção	Gerente de vendas	Gerente de finanças	Gerente de RH	Gerente de técnico
Gerente de produto A	Produção A	Vendas A	Finanças A	RH A	Técnica A
Gerente de produto B	Produção B	Vendas B	Finanças B	RH B	Técnica B
Gerente de produto C	Produção C	Vendas C	Finanças C	RH C	Técnica C

Figura 10.15 Estrutura matricial.

Na realidade, a estrutura matricial é uma espécie de remendo na velha estrutura funcional para torná-la mais ágil e flexível às mudanças. Uma espécie de turbo em um motor velho e exaurido para fazê-lo funcionar com mais velocidade.

a) **Vantagens da estrutura matricial:** o desenho matricial permite vantagens da estrutura funcional e de produto/projeto enquanto neutraliza as fraquezas e desvantagens de ambas. A estrutura funcional enfatiza a especialização, mas não enfatiza o negócio. A de produto/projeto enfatiza o negócio, mas não enfatiza a especialização de funções. Uma alternativa é sobrepor o gerente de produto com responsabilidade pelo lucro com os gerentes funcionais que administram os recursos da empresa. O desenho matricial permite satisfazer duas necessidades da organização: especialização e coordenação.

b) **Limitações da estrutura matricial:** utilizada por grandes organizações como meio de incentivar inovação e flexibilidade, a estrutura matricial viola a unidade de comando e introduz conflitos de duplicidade de supervisão: ela enfraquece a cadeia de comando e a coordenação vertical, enquanto melhora a coordenação lateral. O desenho matricial impõe uma nova cultura organizacional, uma nova mentalidade e um novo tipo de comportamento dentro da organização.

c) **Aplicações da estrutura matricial:** a matriz constitui um esquema participativo e flexível que depende da colaboração das pessoas e enfatiza a interdependência entre departamentos. A necessidade de lidar com a complexidade constitui uma das razões para sua utilização, pois ela utiliza equipes cruzadas (funcionais e por produto/projeto) como resposta à mudança e inovação. A estrutura matricial é um meio-termo em uma gama de combinações de desenhos organizacionais.

Em uma rápida comparação entre a estrutura funcional tradicional e a estrutura matricial, encontramos as seguintes situações extremas da estrutura funcional:

10.5.3 Organização por equipes

A forte tendência atual consiste em implementar o trabalho em equipe nas organizações. A cadeia vertical de comando constitui um meio de controle, mas seu ponto frágil é jogar a responsabilidade para o topo. As delegações conferem autoridade e responsabilidade em todos os níveis a partir da formação de equipes participativas para obter comprometimento das pessoas. O *empowerment* faz parte disso. A abordagem de equipes torna as organizações mais flexíveis e ágeis ao ambiente global e competitivo.[22] E, quando compostas de pessoas de vários departamentos funcionais, elas se tornam equipes cruzadas para resolver problemas mútuos ou comuns. Cada pessoa se reporta ao seu departamento funcional e também à equipe. Um dos membros é o líder da equipe. As equipes funcionais cruzadas produzem uma atmosfera de trabalho coletivo e representam uma abordagem multidisciplinar na departamentalização, embora não cheguem a constituir órgãos propriamente (Figura 10.16). As empresas baseadas em computação, como IBM, Hewlett-Packard, Compaq, Quantum e Microsoft, utilizam fartamente esta abordagem.

Figura 10.16 Estrutura de equipes.

a) **Vantagens da estrutura de equipes:**
- **Aproveita as vantagens da estrutura funcional**, como economias de escala e treinamento especializado e melhoria do relacionamento grupal.
- **Redução das barreiras entre departamentos**, com aumento do compromisso pela maior proximidade entre as pessoas.
- **Menor tempo de reação** aos requisitos do cliente e mudanças ambientais. As decisões da equipe são rápidas e dispensam a aprovação hierárquica.

- **Participação das pessoas com envolvimento em projetos** e não em tarefas monótonas. As tarefas são ampliadas e enriquecidas.
- **Menores custos administrativos** à medida que a equipe derruba a hierarquia e não requer gerentes para sua supervisão.

b) **Desvantagens da estrutura por equipes:**
- **Membros da equipe enfrentam conflitos e uma dupla lealdade:** a equipe funcional cruzada impõe diferentes solicitações aos seus membros.
- **Aumento de tempo e recursos despendidos em reuniões**, o que aumenta a necessidade de coordenação.
- **Pode levar a uma descentralização exagerada e não planejada:** os gerentes departamentais tomam decisões em função dos objetivos da organização, enquanto os membros da equipe nem sempre têm uma noção corporativa e podem tomar decisões que são boas para a equipe e que podem ser más para a organização como um todo.

10.5.4 Abordagens em redes

A mais recente abordagem é a estrutura em rede (*network organization*) em que a organização transfere algumas de suas funções tradicionais para empresas ou unidades separadas que são interligadas por um órgão coordenador, que constitui o núcleo central. Produção, vendas, engenharia, contabilidade passam a constituir serviços prestados por unidades separadas que trabalham sob contrato e que são conectadas, eletronicamente, a um escritório central para efeito de coordenação e integração. A companhia central retém o aspecto essencial do negócio (*core business*), enquanto transfere para terceiros as atividades que outras companhias podem fazer melhor e mais barato.

Figura 10.17 Organização em redes.

Aumente seus conhecimentos sobre **Organização em redes** na seção *Saiba mais* ITGAc 10.5

A abordagem em redes apresenta duas características básicas, a saber:

1. **Modularidade:** é uma alternativa em que áreas ou processos da organização constituem módulos completos e separados. Cada módulo funciona como um bloco em um caleidoscópio, permitindo conectividade, arranjos, transferências e, principalmente, agilidade nas mudanças.
2. **Sistema celular:** é uma combinação de processos e arranjos de produtos, nos quais se arranjam as pessoas e máquinas em células autônomas e autossuficientes para as operações requeridas na elaboração de um produto. Cada **célula de produção** tem total autonomia para planejar e trabalhar.

Coca-Cola, Pepsi, Nike, McDonald's, KFC são exemplos de empresas organizadas em redes no mundo todo. Essa abordagem revolucionária torna difícil reconhecer onde começa e onde termina a organização em termos tradicionais.[23]

a) **Vantagens da organização em redes:**
- **Permite competitividade em escala global**, pois aproveita as vantagens no mundo todo e alcança qualidade e preço em seus produtos e serviços.
- **Flexibilidade da força de trabalho e habilidade em fazer as tarefas onde elas são necessárias**. Apresenta flexibilidade para mudar rapidamente sem limitações de fábricas próprias ou equipamentos fixos. A organização pode redefinir-se em direção a novos produtos e oportunidades de mercado.
- **Custos administrativos reduzidos**, pois sua hierarquia de apenas dois ou três níveis hierárquicos é menor que dez ou mais das organizações tradicionais.

b) **Desvantagens da organização em redes:**
- **Falta de controle global**, pois os gerentes não têm todas as operações dentro de sua empresa e dependem de contratos, coordenação e negociação com outras empresas para operar todas as coisas em conjunto.
- **Maior incerteza e potencial de falhas** já que, se uma empresa subcontratada deixa de cumprir o contrato, o negócio pode ser prejudicado. A incerteza é maior porque não existe o controle direto sobre todas as operações.
- **A lealdade das pessoas é enfraquecida**, pois elas sentem que podem ser substituídas por outros contratos de serviços. A cultura corporativa torna-se frágil. Com produtos e mercados mutáveis, a organização pode mudar as pessoas para adquirir o composto de novas habilidades e competências.

10.5.5 Permeabilidade e flexibilidade das fronteiras organizacionais

A Teoria de Sistemas mostrou que toda organização tem seus limites ou fronteiras que a separam do seu ambiente externo. Nos sistemas fechados, a incrível mudança ambiental traria como proteção e defesa um reforço nas suas fronteiras. Contudo, nos sistemas organizacionais, está acontecendo exatamente o contrário. Para se manterem sustentáveis nos tempos atuais, cada organização necessita reconfigurar, refinar, flexibilizar ou mesmo quebrar quatro tipos de fronteiras:[24]

1. **Fronteiras verticais (os andares e tetos das organizações):** que separam órgãos e pessoas por níveis hierárquicos, títulos e *status*.

2. **Fronteiras horizontais (as paredes internas):** que separam as pessoas nas organizações por função, unidade de negócio, grupo de produto ou departamento.
3. **Fronteiras externas (as paredes externas):** que dividem as organizações de seus fornecedores, consumidores, comunidades e outros elementos externos.
4. **Fronteiras geográficas (as paredes culturais):** que incluem aspectos das outras três fronteiras, mas que são aplicadas no tempo e no espaço, muitas vezes em diferentes países e culturas.

Cada uma dessas fronteiras requer adequada permeabilidade e flexibilidade para que ideias, informação e recursos possam fluir livremente acima e abaixo, dentro e fora e ao longo de toda a organização. A ideia não é somente ter fronteiras totalmente permeáveis ou mesmo não ter fronteiras – o que poderia ser uma "desorganização" –, mas obter adequada permeabilidade para que a organização possa ajustar-se de maneira ágil e criativa às mudanças no seu meio ambiente.[25]

10.5.6 Organizações virtuais

Na verdade, muitas organizações não somente derrubaram suas fronteiras, como também eliminaram tudo o que era físico ou material. A Tecnologia da Informação (TI) abriu espaço para a Era da Informação e proporcionou um ambiente informacional cooperativo, rompeu com as tradicionais fronteiras organizacionais e facilitou o aparecimento das organizações virtuais, que não requerem espaço e recursos físicos nem os tradicionais conceitos de tempo e duração. São organizações não físicas que fazem uso intensivo da TI para a coordenação interorganizacional de seus negócios e interagir no ciberespaço. Na maior parte das vezes, elas funcionam como verdadeiros consórcios organizacionais frutos da integração de competências entre organizações independentes para oferecer algo em tempo rápido e custo baixo, o que não era possível com apenas um dos parceiros ou aliados envolvidos. Constituem um arranjo sistêmico de redes virtuais temporárias de pessoas, organizações ou bancos de dados formulado pela TI para atender, rapidamente, as oportunidades emergentes e interligar demandas e recursos.

As organizações virtuais não estão presentes fisicamente, mas estão coletivamente disponíveis umas para as outras e para o mercado. Na Era Digital que se seguiu, a competitividade organizacional passa pela minimização do conceito de tempo de criação e exploração de oportunidades. E o mercado recompensa as organizações capazes de fazê-lo e pune aquelas que não o conseguem. Na verdade, as organizações virtuais são alianças oportunistas de competências essenciais – como a maioria das *startups* – para atender a determinada demanda ou explorar determinada oportunidade.[26] Elas desempenham atividades em comum por meio de um leque de relacionamentos.[27] São organizações altamente flexíveis, ágeis e em constante mudança.

A internet está constituindo um poderoso fator modificador dos formatos organizacionais e na maneira de agir e trabalhar. As organizações virtuais não se limitam às fronteiras de espaço nem de tempo, pois estão presentes em qualquer lugar e em qualquer momento graças aos seguintes aspectos:

1. **Uso intensivo da TI** como plataforma que permite sustentar maior capacidade de armazenamento de dados, fluxos multidirecionais de informação e velocidade de transmissão na *web*.

2. **Utilização da TI para unir organizações, pessoas, bens e conhecimentos** de maneira interativa e dinâmica, sem necessidade de juntá-las em um mesmo espaço físico ou ao mesmo tempo. Constitui o cenário predominante na Era da Informação e na Era Digital.
3. **Integração e concentração de uma enorme variedade de competências essenciais** oferecidas por vários e diferentes parceiros por meio de uma intensa coordenação interorganizacional.
4. **Capilaridade em termos de acesso e cobertura global** e não apenas local ou regional, tornando a localização geográfica sem importância.
5. **Poucos investimentos em recursos tradicionais, físicos ou concretos**, como prédios, edifícios, instalações físicas, locais de atendimentos.
6. **Utilização de redes colaborativas e interativas** para oferecer vários e diferentes serviços por meio de parcerias com outras organizações, cada qual oferecendo sua competência essencial para obter maior vantagem competitiva.
7. **Elevada flexibilidade, adaptabilidade, mutabilidade e agilidade** para inovar, crescer, encolher ou desaparecer.

As organizações virtuais têm por base a informação e estão trazendo novas concepções sobre:

- **Comércio eletrônico (*e-business*)**, envolvendo interações pessoais e transações comerciais, financeiras, imobiliárias, acionárias etc.
- **Teletrabalho** ou trabalho remoto.
- **Ensino a distância** (EAD).
- **Teleconferências**, proporcionando ensino ou reuniões interativas.
- **Informação, conhecimento e relacionamento (redes sociais)** por meio de *sites* de jornais, revistas, anúncios, *blogs* etc.

O conceito de organização está mudando fortemente e as tradicionais fronteiras organizacionais estão se tornando cada vez mais permeáveis, indefinidas e voláteis. É impressionante a enorme difusão de uma incrível variedade de organizações virtuais em todo o planeta e que fazem o *e-business*, vendas, noticiário, redes de relacionamento, entretenimento, educação a distância e uma infinidade de possibilidades de viver a vida com uma qualidade muito melhor.

VOLTANDO AO CASO INTRODUTÓRIO
Power Soluctions

Benjamin pretende implantar um desenho organizacional avançado na PS, a fim de integrar os diferentes consultores e especialistas focados nas soluções para os clientes. Como você poderia ajudá-lo?

10.6 MODELO CONTINGENCIAL DE MOTIVAÇÃO

Os autores da contingência substituem as tradicionais teorias de McGregor, Maslow e de Herzberg baseadas em uma estrutura uniforme, hierárquica e universal de necessidades humanas por novas teorias que rejeitam ideias preconcebidas e que reconhecem tanto as diferenças individuais quanto as diferentes situações em que as pessoas estão envolvidas.

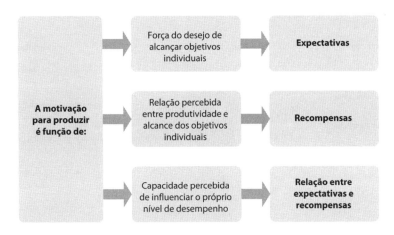

Figura 10.18 As três dimensões básicas da motivação.

10.6.1 Modelo de motivação de Vroom

O modelo contingencial proposto por Victor H. Vroom[28] mostra que o nível de produtividade depende de três forças básicas em cada indivíduo, a saber:

1. **Expectativas:** são objetivos individuais que incluem dinheiro, segurança no cargo, aceitação social, reconhecimento e várias combinações de objetivos.
2. **Recompensas:** é a relação percebida entre produtividade e alcance dos objetivos individuais.
3. **Relações entre expectativas e recompensas:** é a capacidade percebida de aumentar a produtividade para satisfazer expectativas com recompensas.

Esses três fatores determinam a motivação do indivíduo para produzir em quaisquer circunstâncias em que se encontre. O modelo parte da hipótese de que a motivação é um processo que orienta opções de comportamento (resultados intermediários) para alcançar determinado resultado final. Os resultados intermediários compõem uma cadeia de relações entre **meios** e fins. Quando a pessoa deseja alcançar um objetivo individual (resultado final), ela o busca a partir do alcance de vários resultados intermediários que funcionam como objetivos gradativos (*path-goal*) para o alcance do objetivo final.

O modelo contingencial de Vroom se baseia em objetivos gradativos e na hipótese de que a motivação é um processo governando escolhas entre comportamentos. O indivíduo percebe as consequências de cada alternativa de ação como um conjunto de possíveis resultados decorrentes de seu comportamento. Esses resultados constituem uma cadeia entre meios e fins.

Quando o indivíduo procura um resultado intermediário (como produtividade elevada, por exemplo), ele está buscando meios para alcançar um resultado final (como dinheiro, benefícios sociais, apoio do supervisor, promoção ou aceitação do grupo).[29]

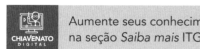

Aumente seus conhecimentos sobre **Instrumentalidade** na seção *Saiba mais* ITGAc 10.6

Figura 10.19 Modelo de expectância.

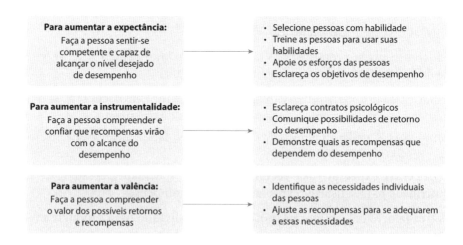

Figura 10.20 Implicações gerenciais da Teoria da Expectância.

10.6.2 Modelo de motivação de Lawler

O modelo proposto por Vroom foi desenvolvido por Lawler III, que o relacionou com o dinheiro.[30] As conclusões de Lawler III são as seguintes:[31]

1. **As pessoas desejam o dinheiro** porque o dinheiro permite a satisfação de necessidades fisiológicas e de segurança (alimentação, conforto, padrão de vida etc.), como também dá

plenas condições para a satisfação das necessidades sociais (relacionamentos, amizades etc.), de estima (*status*, prestígio) e de autorrealização (realização do potencial e talento individual).

2. **Se as pessoas creem que a obtenção do dinheiro (resultado final) depende do desempenho (resultado intermediário)**, elas se dedicarão a ele, pois ele terá valor de expectação quanto ao alcance do resultado final.

O dinheiro foi criticado como fator motivador desde os tempos da Administração Científica, quando os incentivos salariais e prêmios de produção foram abusivamente usados no sentido de elevar a produtividade. Desde então, o dinheiro foi afigurado como o vilão da história que compra a dedicação do empregado. Lawler achou evidências de que o dinheiro motiva o desempenho excelente e, também, o companheirismo, relacionamento com colegas e dedicação ao trabalho. O dinheiro tem apresentado pouca potência motivacional em face de sua incorreta aplicação pela maior parte das empresas. O dinheiro é um resultado intermediário com elevada **expectância** para o alcance de resultados finais.

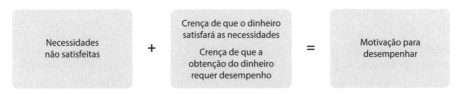

Figura 10.21 Teoria da Expectância.

10.6.3 Modelo de impulsos motivacionais

A motivação humana é muito mais complexa do que se pensava, e os modelos que procuram explicá-la abordam apenas algumas de suas características. Para compreendê-la melhor, as ideias básicas de Maslow e Herzberg são usadas para abordar quatro classes de impulsos básicos que dirigem o nosso comportamento:

1. **Impulso de adquirir:** relacionado com possuir, ter, ganhar, conquistar, comprar. Tem a ver com as necessidades psicológicas.
2. **Impulso de formar laços:** relacionado com a amizade, relacionamento, vida social e confiança. Tem a ver com as necessidades sociais.
3. **Impulso de compreender:** relacionado com conhecimento, habilidade, competência, contribuição. Tem a ver com as necessidades de autorrealização.
4. **Impulso de defender:** relacionado com segurança, proteção, garantia, equidade, justiça, defesa. Tem a ver com as necessidades de segurança.

Todos esses impulsos estão intimamente interligados e interagem dinamicamente entre si, como mostra o Quadro 10.7.

Quadro 10.7 Impulsos humanos e alavancas impulsionadoras

Impulsos	Alavancas	Medidas necessárias
Adquirir	Sistema de premiação	■ Diferenciar o bom do mau desempenho ■ Vincular a recompensa com o desempenho e com os resultados ■ Remuneração compatível com a competência e retribuição
Formar laços	Cultura	■ Valorizar a colaboração, as relações e o trabalho em equipe ■ Promover a confiança recíproca ■ Incentivar a amizade e camaradagem entre as pessoas ■ Compartilhar as melhores práticas
Compreender	Desenho do trabalho	■ Desenhar tarefas inteiras, distintas, relevantes e importantes ■ Organizar o trabalho com sentido e significado ■ Criar um senso de contribuição e de solidariedade
Defender	Gestão do desempenho	■ Aumentar a transparência dos processos administrativos ■ Enfatizar a justiça e a equidade nos processos ■ Conquistar a confiança das pessoas ■ Clareza no reconhecimento e nas recompensas

Para satisfazê-los, as organizações costumam utilizar quatro alavancas organizacionais básicas:

1. **Cultura organizacional:** para satisfazer o impulso de formar laços sociais, clima, relacionamentos, amizades, ambiente social, reconhecimento, confiança e compromisso com e entre as pessoas.
2. **Desenho do trabalho:** para satisfazer o impulso de compreender, entender, melhorar, desenvolver, refletir, contribuir, criar, inovar.
3. **Gestão do desempenho:** para satisfazer o impulso de defender, ter o seu lugar e papel, ampliar, melhorar, garantir, competir e obter justiça e equidade.
4. **Sistema de premiação e recompensas:** para satisfazer o impulso de ganhar, adquirir, incrementar o merecimento, reconhecimento e autoestima das pessoas.

Esses são os ingredientes do bolo. O desafio está em dosá-los adequadamente e integrá-los para que produzam um contexto agradável e incentivador para as pessoas. Além disso, o segredo do engajamento das pessoas para que elas possam pensar grande, enfrentar desafios, participar ativamente das mudanças e alcançar objetivos está em dar-lhes autonomia. E autonomia significa liberdade para pensar, decidir, agir e executar. Sem dúvida, a administração constitui a maior invenção do século XX, mas ela é somente otimizada quando consegue que as pessoas façam as coisas de maneira correta, inteligente, eficiente, cada vez melhor e eficaz e cada vez mais agradável e gratificante.

10.6.4 Clima organizacional

O conceito de clima organizacional representa o quadro mais amplo da influência ambiental sobre a motivação. O clima organizacional é a qualidade ou propriedade do ambiente organizacional que é percebida ou experimentada pelos participantes da organização e que influencia o seu comportamento. O ambiente organizacional produz um clima organizacional que apresenta certas propriedades que podem ou não provocar motivação para determinados comportamentos das pessoas. Assim, as dimensões do clima organizacional residem nos seguintes aspectos:

- **Estrutura organizacional:** pode incentivar liberdade de ação para as pessoas. Quanto mais flexibilidade da estrutura, tanto mais liberdade e tanto melhor o clima.
- **Responsabilidade:** pode incentivar a participação Quando mais incentiva a responsabilidade, tanto melhor o clima organizacional.
- **Desafios:** a situação de trabalho pode ser essencialmente impulsionadora no sentido de assumir desafios novos e diferentes. Quanto mais impulsionadora, tanto melhor o clima e o entusiasmo.
- **Recompensas:** a organização pode estimular recompensas e incentivos pelo alcance de resultados, deixando o método de trabalho a critério de cada pessoa. Quanto mais estimula recompensas e incentivos, tanto melhor o clima.
- **Calor e apoio:** a organização pode criar um clima de calor humano, boa camaradagem e apoio à iniciativa pessoal e grupal. Quanto mais calor e apoio, tanto melhor o clima.
- **Conflito:** a organização pode incentivar diferentes pontos de vista e administrar os conflitos decorrentes por meio da busca de consenso. Quanto mais incentivo a diferentes pontos de vista, tanto melhor o clima. A diversidade facilita a inovação.

Essas são as principais dimensões do clima organizacional. Diferentes climas organizacionais podem ser criados a partir de variações nessas dimensões. O importante é que o clima organizacional tenha uma influência poderosa na motivação das pessoas e sobre o desempenho e satisfação no trabalho.

VOLTANDO AO CASO INTRODUTÓRIO
Power Soluctions

Benjamin Constant sabe que seus concorrentes não estão dormindo e sempre o surpreendem com novas estratégias. Como poderia Benjamin desenvolver uma estratégia adequada para a PS?

10.7 APRECIAÇÃO CRÍTICA DA TEORIA DA CONTINGÊNCIA

A Teoria da Contingência representa uma das mais recentes abordagens da teoria administrativa. Muito embora suas raízes remontem aos primeiros estudos de Woodward,[32] de Burns e Stalker,[33] de Chandler,[34] de Emery e Trist,[35] de Sherman,[36] de Evan,[30] somente em 1967, com o trabalho de Lawrence e Lorsch,[37] é que passou a constituir uma preocupação consolidada e coerente.

Aumente seus conhecimentos sobre **A integração sistêmica da Teoria Contingencial** na seção *Saiba mais* ITGAc 10.7

Os principais aspectos críticos da Teoria da Contingência são:

1. **Relativismo na Administração:** a Teoria da Contingência rechaça os princípios universais e definitivos de administração. A prática administrativa é situacional e circunstancial. Ela é contingente, pois depende de situações e circunstâncias diferentes e variadas. Tudo é relativo e tudo depende. Nada é absoluto ou universalmente aplicável. A abordagem contingencial representa a primeira tentativa séria de responder à questão de como os sistemas interagem e intercambiam com seu ambiente. Ela requer habilidades de diagnóstico situacional e não somente habilidades de utilizar ferramentas de trabalho. Administrar não se limita a indicar o que fazer, mas analisar por que fazer as coisas.

2. **Bipolaridade contínua:** os conceitos da Teoria da Contingência são utilizados em termos relativos, como em um *continuum*. Os autores não utilizam conceitos únicos estáticos e em termos absolutos e definitivos, mas conceitos dinâmicos abordados em diferentes situações e circunstâncias e em diferentes graus de variação, como em um *continuum* variando entre Teoria X e Teoria Y, sistema fechado e sistema aberto, modelo mecanístico e modelo orgânico.

3. **Ênfase no ambiente:** a Teoria Contingencial focaliza a organização de fora para dentro. Autores mais exacerbados pregam que o ambiente determina e condiciona as características e comportamento das organizações – o que é um exagero. A abordagem contingencial mostra a influência ambiental na estrutura e no comportamento das organizações.

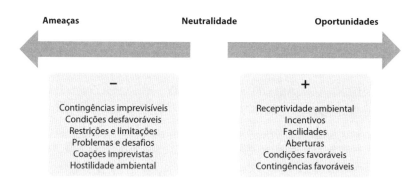

Figura 10.22 Lados opostos do ambiente como fonte de oportunidades e ameaças.

4. **Ênfase na tecnologia:** a visão contingencial focaliza a organização como um meio de utilização racional da tecnologia. Certos autores apregoam o imperativo tecnológico: a tecnologia constitui a variável independente que condiciona a estrutura e o comportamento organizacional, que constituem as variáveis dependentes do sistema. Embora se trate de evidente exagero, não há dúvida de que a tecnologia impacta fortemente as características organizacionais, principalmente nos tempos atuais. A organização funciona como um meio de se utilizar adequadamente a tecnologia que lhe permite produzir e distribuir seus produtos e serviços.

Figura 10.23 Organizações burocráticas e organizações adaptativas.

5. **Compatibilidade entre abordagens de sistema fechado e aberto:** a Teoria da Contingência mostra que as abordagens mecanísticas se preocupam com os aspectos internos da organização, enquanto as abordagens orgânicas se fixam nos aspectos da periferia organizacional e dos níveis organizacionais mais elevados. Ela mostra que ambas andam de mão dadas.

Quadro 10.8 Organizações burocráticas e organizações adaptativas

Sistemas mecanicistas	Sistemas orgânicos
Rigidez	Flexibilidade
Definitivo	Adaptabilidade
Permanência	Mudança
Certeza	Incerteza
Previsibilidade	Imprevisibilidade
Ambiente estável	Ambiente mutável
Teorias tradicionais	Teoria da Contingência
Burocracia	Adhocracia

As organizações são, ao mesmo tempo, sistemas abertos dotados de componentes de sistemas fechados. Elas se confrontam com a incerteza (ambiente) e, ao mesmo tempo, necessitam de certeza e previsibilidade em suas operações (tecnologia). Cada organização requer sua própria estrutura organizacional, que depende das características do ambiente e da tecnologia adotada.

Quadro 10.9 Características dos três níveis organizacionais quanto ao contexto ambiental

Subsistema organizacional	Principal tarefa administrativa	Contexto	Comportamento	Preocupação básica	Lógica
Nível estratégico	Relacionar a empresa com o ambiente	Imprevisibilidade e incerteza	Extrovertido	Eficácia do sistema todo	Sistema aberto
Nível tático	Integrar e coordenar atividades internas	Amortecimento da incerteza	Elo interno de ligação	Integração e coordenação	Sistema bifocal
Nível operacional	Cumprir metas e os programas cotidianos	Previsibilidade e certeza	Introvertido	Eficiência na execução	Sistema fechado

Quadro 10.10 Características dos três níveis organizacionais quanto à perspectiva temporal

Subsistema organizacional	Visão predominante	Perspectiva	Ponto de vista	Processos gerais	Decisão
Nível estratégico	Longo prazo	Futuro e destino da organização	Satisfatório	Não programados	Julgamental
Nível tático	Médio prazo	Condições de presente e futuro	Meio-termo	Não programados e programáveis	Meio-termo
Nível operacional	Curto prazo	Presente e o cotidiano	Otimizante	Totalmente programados	Computacional

Como se pode observar dos Quadros 10.9 e 10.10, a ação administrativa, isto é, o processo de planejar, organizar, dirigir e controlar, além de ser contingencial, é totalmente diferente conforme o nível organizacional considerado.

Quadro 10.11 Processo administrativo nos três níveis organizacionais

Subsistema organizacional	Planejamento	Organização	Direção	Controle
Nível estratégico	Estratégico e global. Objetivos organizacionais	Desenho organizacional	Direção e liderança	Estratégico e global
Nível tático	Tático e departamental. Objetivos intermediários	Desenho departamental	Gerência	Tático e departamental
Nível operacional	Operacional e cotidiano. Programas e metas	Desenho de cargos e tarefas	Supervisão	Operacional e detalhado

6. Caráter eclético e integrativo: a abordagem contingencial é eclética e integrativa, absorvendo os conceitos de todas as teorias administrativas no sentido de ampliar horizontes e mostrar que nada é absoluto. A tese central é a de que não há um método ou técnica que seja válido, ideal ou ótimo para todas as situações. O que existe é uma variedade de métodos e técnicas das diversas teorias administrativas apropriados para determinadas situações. Cada teoria administrativa foi forjada e desenvolvida para uma dada situação dentro da qual funciona adequadamente. Mudando-se a situação, ela deixa de produzir resultados. Devem-se diagnosticar as características do ambiente e da tecnologia para se verificarem as características organizacionais requeridas e adotar a abordagem mais adequada no arsenal das teorias que compõem a TGA.

CONCLUSÃO

A abordagem contingencial é a mais eclética e integrativa de todas as teorias administrativas. Além de considerar todas as contribuições das teorias anteriores, ela abrange e dosa as seis variáveis básicas da teoria administrativa que vimos no começo deste livro, a saber: tarefas, estrutura, pessoas, tecnologia, ambiente e competitividade. É com ela que se nota que as fronteiras entre as diversas teorias administrativas estão se tornando mais permeáveis e porosas pelo crescente intercâmbio de ideias e conceitos que ela proporciona. Isso mostra que, no futuro, a TGA tende a ser cada vez mais uma teoria integrada, coesa e única em vez de um emaranhado disperso de teorias individualizadas. A Teoria da Contingência trouxe a Administração ao mundo moderno e foi o passaporte para a Era Digital.

REFERÊNCIAS

1. Daí o nome de neoestruturalismo dado por Schein a autores como Lawrence, Lorsch, Galbraith etc., pela abordagem inicialmente dada à estrutura organizacional como resposta às demandas ambientais. Ver SCHEIN, Edgard H. *Psicologia de la organización*. Madrid: Prentice-Hall, 1972. p. 125-127.
2. LAWRENCE, Paul R.; LORSCH, Jay W. *As empresas e o ambiente*: diferenciação e integração administrativas. Petrópolis: Vozes, 1973. p. 210.
3. CHANDLER JR., Alfred. *Strategy and structure*: chapters in the history of american industrial enterprises. Cambridge, Massachusetts: MIT, 1976.
4. CHANDLER JR. Alfred. *Strategy and structure*: chapters in the history of american industrial enterprises, *op. cit.*, p. 380-396.
5. BURNS, Tom; STALKER, G. M., do Tavistock Institute of Human Relations de Londres. BURNS, Tom; STALKER, G. M. *The Management of innovation*. London: Tavistock Public, 1961.
6. BURNS, Tom Burns; STALKER, G. M. *The management of innovation*, *op. cit.*, p. 5-6.
7. LAWRENCE, Paul R.; LORSCH, Jay W. *As empresas e o ambiente*: diferenciação e integração administrativas, *op. cit.*, p. 24.
8. WOODWARD, Joan. *Management and technology*. London: Her Majesty's Stationery Office, 1958. A pesquisa envolveu 100 firmas: 24 de produção unitária, 31 de produção em massa, 25 de produção por processo e 20 de sistemas combinados de produção.
9. Os três livros de WOODWARD são: *Management and technology*, citado em *Industrial organizations*: behavior and control. London: Oxford University, 1970; *Industrial organizations*: theory and practice, *op. cit.*
10. WOODWARD, Joan (ed.). *Industrial organization*: theory and practice, *op. cit.*, 1970.
11. HALL, Richard H. *Organizaciones*: estructura y proceso. Madrid: Prentice Hall, 1973. p. 276-300.

12. THOMPSON, James D. *Dinâmica organizacional*: fundamentos sociológicos da teoria administrativa, *op. cit.*, p. 30.
13. THOMPSON, James D. *Dinâmica organizacional*: fundamentos sociológicos da teoria administrativa, *op. cit.*, p. 30-33.
14. THOMPSON, James D. *Dinâmica organizacional*: fundamentos sociológicos da teoria administrativa, *op. cit.*, p. 31.
15. THOMPSON, James D. *Dinâmica organizacional*: fundamentos sociológicos da teoria administrativa, *op. cit.*, p. 32.
16. THOMPSON, James D. *Dinâmica organizacional*: fundamentos sociológicos da teoria administrativa, *op. cit.*, p. 33.
17. THOMPSON, James D.; BATES, Frederick L. *Technology, organization and administration*. Ithaca: Business and Public Administration School, Cornell University, 1969.
18. SCOTT, William G.; MITCHELL, Terence R. *Organization theory*: a structural and behavioral analysis. Homewood, IL: Richard D. Irwin, 1976. p. 307-308.
19. Adaptado de KAST, Fremont E.; ROSENZWEIG, James E. *Contingency views of organizations and management*. Chicago: Science Research, 1973. p. 314-315.
20. TOFFLER, Alvin. *O choque do futuro*. Rio de Janeiro: Artenova, 1972. p. 101-124. Do latim *ad hoc* = pessoa ou coisa preparada para determinada missão ou circunstância.
21. TOFFLER, Alvin. *O choque do futuro, op. cit.*, p. 120.
22. KATZENBACH, Jon R. The works of teams. Boston: *Harvard Business Review*, 1998.
23. CASTELLS, Manuel. *A sociedade em rede*. São Paulo: Paz e Terra, 1999.
24. CHIAVENATO, Idalberto. *Para onde vai a administração?* Brasília: Conselho Federal de Administração, 2017. p. 16-17. Disponível em: http://www.sevilha.com.br/paraondevai/paraondevai.pdf. Acesso em: 17 dez. 2019. Este artigo serviu de tema do XVIII ENBRA – Encontro Nacional de Administradores realizado na Bolsa de Valores do Rio de Janeiro, em 6 a 8 de agosto de 2018.
25. CHIAVENATO, Idalberto. *Para onde vai a administração? op. cit.*, p. 17.
26. GOLDMAN, S. L.; NAGEL, R. N.; PREISS, K. *Agile competitors and virtual organizations*: strategies for enriching the customer. New York: Thomson, 1995.
27. DAVIDOW, W. H.; MALONE, M. S. *The virtual corporation*: structuring and revitalizing the corporation for the 21st century. New York: Harper Collins, 1995.
28. VROOM, Herbert, H. *Work and motivation*. New York: Wiley, 1964.
29. VROOM, Herbert H. *Work and motivation, op. cit.*
30. EVAN, William M. Organization set: toward a theory of interorganizational relations. In: THOMPSON, James D. (org.). *Approaches to organizational design*. Pittsburgh: The University of Pittsburgh, 1966..
31. LAWLER III, Edward E. *Pay and organizational effectiveness*. New York: McGraw-Hill, 1971
32. WOODWARD, Joan. *Management and technology, op. cit.*
33. BURNS, Tom; STALKER, G. M. *The management of innovation, op. cit.*
34. CHANDLER JR., Alfred D. *Strategy and structure, op. cit.*
35. EMERY, F. E.; TRIST, E. L. The causal texture of organizational environments. *Human Relations*, v. 8, p. 21-32, feb. 1965.
36. SHERMAN, Harvey. *It all depends*: a pragmatic approach to organization. Alabama: University of Alabama, 1967.
37. LAWRENCE, Paul R.; LORSCH, Jay W. *Organization and environment*: managing differentiation and integration, *op. cit.*

PARTE IX — NOVAS ABORDAGENS DA ADMINISTRAÇÃO

Capítulo 11 – Para onde vai a Administração? Administração em um mundo exponencial

A teoria administrativa está atravessando um período de intensa e profunda revisão, crítica e mudança. Desde os tempos da Teoria Estruturalista não se via tamanha onda de revisionismo. O mundo mudou, assim como a teoria administrativa está mudando. Mas, para onde? Quais os caminhos? Algumas dicas podem ser oferecidas pelo que está acontecendo com a ciência moderna, que também está passando por uma forte revisão em seus conceitos. Afinal, a teoria administrativa não fica incólume ou distante desse movimento de crítica e renovação. Contudo, para sabermos para onde vamos, precisamos, antes, saber de onde viemos.

Na verdade, toda a teoria administrativa passou por três períodos em sua trajetória:

1. **O período cartesiano e newtoniano da Administração:** foi a formação das bases teóricas da Administração iniciada por Taylor e Fayol envolvendo, principalmente, a Administração Científica, Teoria Clássica e Neoclássica. A influência predominante foi a Física tradicional de Isaac Newton e a metodologia científica de René Descartes. Foi um período que se iniciou no começo do século 20 até a década de 1960, aproximadamente, e no qual o pensamento linear e lógico predominou na teoria administrativa. Foi um período de calmaria e de relativa permanência no mundo das organizações.

2. **O período sistêmico da Administração:** aconteceu com a influência da Teoria de Sistemas que substituiu o reducionismo, pensamento analítico e mecanicismo pelo expansionismo, pensamento sintético e teleologia, respectivamente, a partir da década de 1960. A abordagem sistêmica trouxe uma nova concepção da Administração e a busca do equilíbrio na dinâmica organizacional em sua interação com o ambiente externo. Teve sua maior influência na Teoria da Contingência. Foi um período de mudanças e de busca de flexibilidade e adaptabilidade no mundo das organizações.

3. **O período atual da Administração:** está acontecendo graças à profunda influência das teorias do caos e da complexidade e, também, dos avanços na moderna tecnologia e nas rápidas inovações. A mudança e a inovação chegaram ao mundo organizacional.

IX.1 PARADOXOS DAS CIÊNCIAS

As ciências sempre guardaram um íntimo relacionamento entre si. Principalmente depois da revolução sistêmica: o que ocorre em uma área científica logo permeia nas demais, provocando um desenvolvimento científico que, se não é homogêneo, pelo menos se torna relativamente concomitante. E produz intensa influência na teoria administrativa.

IX.1.1 Darwinismo organizacional

No século 19, após coletar uma enorme massa de informações, Charles Darwin (1809-1882) escreveu seu famoso livro, *As origens das espécies*, no qual apresenta sua teoria da evolução das espécies. Concluiu que todo organismo vivo – seja planta ou animal – é resultado, não de um ato criador isolado ou de um evento estático no tempo, mas de um processo natural que vem se desenrolando há bilhões de anos. Tudo evolui gradativamente, desde os sistemas simples até os mais complexos. A complexidade organizada dos seres vivos ocorre sem necessidade da intervenção de qualquer força não natural. Em outras palavras, a vida vem se transformando continuamente ao longo dos tempos. A evolução é orientada por um mecanismo incrível chamado seleção natural das espécies. Esse mecanismo seleciona os organismos mais aptos a sobreviver e elimina, automaticamente, os demais. Não são os mais fortes da espécie os que sobrevivem, nem os mais inteligentes, mas os que se adaptam melhor às mudanças ambientais.[1] O raciocínio de Darwin é o seguinte: se em uma espécie existem variações nas características que os indivíduos herdam de uma geração para outra e, se algumas dessas características são mais úteis do que outras, então, estas últimas vão disseminar-se mais amplamente na população e, com o tempo, vão acabar predominando.

A evolução pela seleção natural das espécies explica o mundo vivo. O ser humano é o último passo da caminhada evolutiva de determinado tipo de chimpanzé. Passados quase 200 anos de sua divulgação, a ideia da evolução das espécies também está sendo aplicada às organizações como organismos vivos enfrentando um meio ambiente mutável e dinâmico. Elas também estão sujeitas ao darwinismo organizacional.

IX.1.2 Teoria dos *Quanta*

No ano de 1900, o cientista alemão Max Planck (1858-1947) apresentou a sua teoria dos *quanta* que iria revolucionar a Física tradicional. Planck descobriu que, no mundo das partículas subatômicas, as leis de Newton não funcionam. Até então, a Física clássica de Isaac Newton estabelecia uma exata correspondência entre causa e efeito. O mundo newtoniano e previsível como um mecanismo de relojoaria passou a ser entendido como aleatório, tanto quanto um jogo de dados. Era como se Deus fosse um excelente jogador. A física quântica deixou de ser determinística para se tornar probabilística. Ao estudar os problemas que envolviam trocas de energia e emissão de radiações térmicas, Planck chegou à conclusão de que a energia é algo descontínuo e discreto e seu crescimento se faz em acréscimos, tal como um muro feito de tijolos que só pode aumentar segundo múltiplos inteiros de um tijolo. A energia é transmitida em pequenos pacotes – os *quanta* (uma quantidade de alguma coisa) – e não de modo contínuo. É isso que acontece no mundo das partículas subatômicas.

A física quântica mostra que, no nível subatômico, não há partículas estáveis nem blocos de construção de matéria, mas apenas ondas de energia em contínuo movimento que podem, em certas condições, formar partículas. Todos os fenômenos subatômicos atuam como ondas (vibrações) ou como partículas (com posição localizada no espaço e no tempo). É a energia – e não a matéria – a substância fundamental do universo. E o efeitos do mundo quântico não se limitam apenas ao pequeno. Einstein apontou seus efeitos macroscópicos no universo. E Planck nos ensinou a ver o lado quântico das organizações.

Quadro IX.1 As duas visões do mundo: a clássica e a quântica[2]

Perspectiva newtoniana	Perspectiva quântica
■ Mundo material, visível e concreto.	■ Mundo intangível, invisível e abstrato.
■ Estático, estável, preciso, inerte.	■ Dinâmico, vibratório e em contínua mudança.
■ Previsível e controlável.	■ Imprevisível e indeterminado.
■ Não afetado pela observação.	■ Sujeito o impacto da consciência do observador.
■ A realidade é objetiva.	■ A realidade é subjetiva.
■ Uma **máquina**: as coisas são mais bem compreendidas quando reduzidas em suas partes mais simples.	■ Um **sistema**: tudo é parte de um todo inter-relacionado.
■ São as partes que determinam o todo.	■ O todo é que determina as partes.
■ Localmente controlado.	■ Afetado por aquilo que escapa aos olhos.
■ Causas e efeitos são claramente discerníveis.	■ As coisas acontecem a partir de certa distância.
■ Dependentes de fontes externas de energia.	■ Pleno de energia.
■ Sem a força externa tudo se desagrega.	■ A energia é intrínseca à vida e aos seus sistemas.

Quadro IX.2 As duas diferentes visões organizacionais[3]

Visão mecanística As organizações são:	Visão sistêmica As organizações são:
■ Semelhantes a uma máquina: máquinas são construídas com partes padronizadas e orientadas com base na estrutura.	■ Organismos vivos nos quais não há partes idênticas, pois são orientados com base no processo.
■ Estáticas, estáveis, passivas e inertes.	■ Dinâmicas e em contínua mudança.
■ Previsíveis, pois funcionam de acordo com uma cadeia linear de causa e efeito. Rupturas são facilmente identificáveis.	■ Imprevisíveis, pois funcionam de acordo com padrões cíclicos de informações (laços de retroação). Rupturas são causadas pela interação de múltiplos fatores intervenientes.
■ Externamente controláveis mediante observação.	■ Auto-organizadas e sua ordem é estabelecida internamente, sendo permitida ampla autonomia.

(continua)

(continuação)

Visão mecanística As organizações são:	Visão sistêmica As organizações são:
■ São mais bem entendidas quando reduzidas às suas partes mais simples, pois as partes determinam o todo.	■ São mais bem entendidas quando se observa o todo, pois o todo é que determina as partes.
■ Análise é a melhor abordagem.	■ Síntese é a melhor abordagem.
■ Sistemas fechados que procedem em direção à entropia, pois obedecem à segunda lei da termodinâmica.	■ Sistemas abertos que interagem continuamente com o ambiente e evoluem em direção a níveis cada vez mais elevados de ordem e complexidade, pois renovam-se e transcendem a si mesmas.

IX.1.3 Teoria da Relatividade

Em 1905, Albert Einstein (1879-1955) aplicou a hipótese quântica ao efeito fotoelétrico para obter uma explicação para o fenômeno. Admitiu que cada elétron é liberado por um *quantum* de luz, denominando-o fóton, a que está ligada uma energia proporcional à respectiva frequência. Assim, a luz tem um caráter dual: ela é onda e é partícula ao mesmo tempo, o que confundia totalmente os cientistas. Daí a Teoria da Relatividade estar vinculada às noções de espaço e de tempo e aos métodos de medida dessas duas grandezas, que acabou influenciando a relatividade na Teoria da Contingência. Einstein nos ensinou a lidar com a relatividade das organizações. Tudo é relativo e nada é absoluto.

IX.1.4 Princípio da Incerteza

Em 1927, Werner Heisenberg (1901-1976) propôs o princípio da incerteza: não é possível determinar precisamente em um mesmo experimento a posição e a velocidade de uma partícula, pois a medida precisa de uma dessas quantidades leva à indeterminação da outra. Aqui se enterra o velho determinismo clássico. Heisenberg ganhou o Prêmio Nobel de Física pela criação da mecânica quântica como campo de estudo paralelo à mecânica clássica de Newton. A mecânica (estudo do movimento) quântica constitui o estudo das partículas subatômicas em constante movimento. Assim, a objetividade newtoniana é substituída pela subjetividade quântica. A velha visão mecanicista, determinista e reducionista do mundo cai por terra. E a substância fundamental do universo é a energia e não a matéria.

Heisenberg nos ensinou a encarar a incerteza, conviver com ela e aceitar a indeterminação que ocorre nas organizações.

IX.1.5 Teoria do Caos

Na década de 1960, Edward Lorenz, do Instituto de Tecnologia de Massachusetts (MIT), desenvolveu um modelo que simulava no computador a evolução das condições climáticas. Dados os valores iniciais de ventos e temperaturas, o computador fazia uma simulação da previsão do tempo. Lorenz imaginava que pequenas modificações nas condições iniciais provocariam alterações também pequenas na evolução do quadro como um todo. A surpresa: mudanças infinitesimais nas entradas podem ocasionar alterações drásticas nas condições futuras do tempo. Como dizia Lorenz: uma leve brisa em Nevada, a queda de um grau em Massachusetts, o bater de asas de uma borboleta na Califórnia podem causar um furacão na Flórida um mês depois.[4] Uma estrambólica variação em cadeia do chamado efeito dominó. Da previsão do tempo à constatação de que mudanças diminutas podem acarretar desvios radicais no comportamento de um sistema, veio reforçar a nova visão probabilística da Física. O comportamento dos sistemas físicos, mesmo aqueles relativamente simples, é imprevisível.[5]

Na ciência moderna, caos significa uma ordem mascarada de aleatoriedade. O que parece caótico é, na verdade, o produto de uma ordem subliminar, na qual pequenas perturbações podem causar grandes efeitos em função da não linearidade do universo.[6] Para a ciência moderna, os fenômenos deterministas – que obedecem ao princípio da linearidade de causa e efeito – constituem uma pequena minoria nos eventos naturais. Tudo na natureza muda e evolui continuamente. Nada no universo é passivo ou estável. A noção de equilíbrio – tão cara à Teoria de Sistemas – constitui um caso particular e pouco frequente. Na verdade, não existem mudanças no universo. O que existe é a mudança. O estado de equilíbrio, o determinismo e a causalidade linear são casos muito singulares em um universo primordialmente evolutivo, onde tudo é fluxo, transformação e mudança. No decorrer do século 20, a ciência passou da visão clássica de uma realidade em permanente estado de equilíbrio para uma visão de uma realidade sujeita a perturbações e ruídos.

Para a teoria do caos, a desordem, a instabilidade e o acaso no campo científico constituem a norma, a regra, a lei. A influência dessas ideias na teoria administrativa é marcante. Afinal, estamos ainda buscando a ordem e a certeza em um mundo carregado de incertezas e instabilidade. Os modelos de gestão baseados na velha visão do equilíbrio e da ordem estão obsoletos. Além do mais, quando se faz um esforço para integrar a administração com outras ciências, os resultados caminham em uma direção completamente diferente.[7] A ciência moderna mostra que o sistema vivo é, para si, o centro do universo e sua finalidade é a produção de sua identidade. O sistema procura interagir com o ambiente externo sempre de acordo com uma lógica única, própria e singular.

Lorenz nos ensinou a lidar com o caos, a instabilidade, o acaso e a desordem.

IX.1.6 Teoria da Complexidade

Em 1977, Ilya Prigogine ganhou o Prêmio Nobel de Química ao aplicar a segunda lei da termodinâmica aos sistemas complexos, incluindo os organismos vivos. A segunda lei estabelece que os sistemas físicos tendem espontânea e irreversivelmente a um estado de desordem ou de entropia crescente. Contudo, ela não explica como os sistemas complexos emergem espontaneamente de estados de menor ordem, desafiando a tendência à entropia. Prigogine verificou que alguns sistemas, quando levados a condições distantes do equilíbrio – à beira do caos –, iniciam processos de auto-organização, que são períodos de instabilidade e de inovação dos quais resultam sistemas mais complexos e adaptativos. Exemplos desses sistemas adaptativos e auto-organizantes são os ecossistemas de uma floresta tropical, formigueiros, cérebro humano e a internet. São sistemas complexos que se adaptam em redes (*networks*) de agentes individuais que interagem para produzir um comportamento autogerenciado, mas extremamente organizado e cooperativo. Esses agentes respondem à retroação (*feedback*) que recebem do ambiente e, em função dela, ajustam seu comportamento. Aprendem com a experiência e introduzem o aprendizado na própria estrutura do sistema. Se, no lugar de formigas, abelhas ou neurônios, forem considerados seres humanos reunidos em redes cooperativas, verifica-se que esta descoberta científica ingressou na teoria administrativa com muito atraso, indicando que as organizações são sistemas complexos, adaptativos e que se auto-organizam até alcançar um estado de aparente estabilidade.

Prigogine elaborou sua teoria das estruturas dissipativas – também conhecida como teoria do não equilíbrio – para explicar a ordem por meio das perturbações que governam o fenômeno da evolução. A evolução é, basicamente, um processo de criação de complexidade por meio do qual os sistemas se tornam progressivamente capazes de utilizar maiores quantidades de energia do ambiente para ampliação de suas atividades.

A palavra *complexidade* tem sido utilizada para representar aquilo que temos dificuldade de compreender e dominar. A complexidade constitui uma nova visão das ciências. O emaranhado das ciências interdisciplinares levou à constatação de que a realidade que nos cerca apresenta segredos ainda não totalmente desvendados para a inteligência humana.[8] As fronteiras do conhecimento exploradas pelas teorias da complexidade – principalmente pela teoria do caos e teoria das estruturas dissipativas – levam a conclusões impressionantes.

A teoria da complexidade é a parte da ciência que trata do emergente, da física quântica, da Biologia, inteligência artificial e como os organismos vivos aprendem e se adaptam. Ela é um subproduto da teoria do caos. No estudo do comportamento das partículas fundamentais que constituem todas as coisas do mundo, a física quântica proporciona conclusões ambíguas e indeterminadas: como pode a realidade se revelar ao ser humano a partir de um mundo de coisas concretas e determinadas, se ela é constituída de aspectos indeterminados?[9] O mundo quântico tem as suas esquisitices. A lógica da ciência da complexidade substitui o determinismo pelo indeterminismo e a certeza pela incerteza. Os físicos tiveram de reconstruir as bases sobre as quais a ciência vinha se desenvolvendo desde o mundo mecânico, previsível e linear de Newton.[10]

Alguns autores preconizam um paralelo entre o mundo da ciência e o mundo dos negócios, mostrando que, da mesma forma, também a teoria administrativa terá de se estabelecer sobre bases novas que definam a nova lógica para a atuação das organizações.[11] Para abordar os movimentos ondulatórios dos negócios, seria necessária uma total recauchutagem da teoria administrativa?

Todas essas contribuições – o darwinismo organizacional, teoria dos *quanta*, teoria da relatividade, princípio da incerteza, teoria do caos e a teoria da complexidade – vieram trazer uma nova conceituação da ciência e da realidade em que vivemos. Em suma, a ciência moderna não está apenas descobrindo novos campos científicos, mas redefinindo o sentido do que seja ciência, como:[12]

- **A ciência abandona o determinismo** e aceita o indeterminismo e a incerteza, inerentes ao homem e às suas sociedades.
- **A ciência abandona a ideia de uma simplicidade** inerente aos fenômenos do mundo natural e abraça a complexidade, também inerente ao homem e a organizações e sociedades.
- **A ciência abandona o ideal de objetividade** como única forma válida de conhecimento, assumindo, enfim, a subjetividade, marca maior da condição humana.

A complexidade significa a impossibilidade de se chegar ao conhecimento completo a respeito da natureza. Ela não pode trazer certeza sobre o que é incerto nem pode apenas reconhecer a incerteza e tentar dialogar com ela.[13]

IX.2 QUINTA ONDA

A Era Industrial predominou em quase todo o século 20 e cedeu lugar à Era da Informação e agora à Era Digital. Nessa nova era, as mudanças e transformações passam a ser gradativamente mais rápidas e intensas. Sobretudo, descontínuas. A descontinuidade significa que as mudanças não são mais lineares ou sequenciais e nem seguem uma relação causal (causa e efeito). Elas são totalmente diversas e alcançam patamares diferentes do passado. A simples projeção do passado ou do presente não funciona mais, pois as mudanças não guardam nenhuma similaridade com o que se foi. Elas estão passando a exponenciais. Como dizia Joseph Schumpeter, a economia saudável é aquela que rompe o equilíbrio por meio da inovação tecnológica.[14] Em vez de tentar otimizar o que já existe, a atitude produtiva é a de inovar por meio daquilo que ele chamou de destruição criativa. Destruir o velho para criar o novo. Na visão de Schumpeter, os ciclos em que o mundo viveu no passado foram todos eles determinados por atividades econômicas diferentes. Cada ciclo – como qualquer ciclo de vida de produto – tem as suas fases. Só que essas ondas estão ficando cada vez mais curtas, fazendo com que a economia renove a si mesma mais rapidamente para que um novo ciclo possa começar.

O primeiro elemento central da quinta onda foi a internet. A *World Wide Web* (www), rede mundial que interliga centenas de milhões de computadores de pessoas, equipes e organizações.[15] E a inquebrantável lógica dessa nova onda é de que não há mais lugar para se fazer as mesmas coisas do passado. Claro que precisamos conhecer o que foi feito no passado como base elementar para nosso conhecimento e para poder imaginar, criar e inovar. Todavia, o que aprendemos no passado passa a ter pouco valor prático para o futuro que se aproxima cada vez mais rapidamente. Trata-se de uma nova dimensão de tempo e de espaço à qual ainda não estamos acostumados.

O segundo elemento central da quinta onda é a globalização dos negócios. Ela é um processo de mudança que combina um número crescentemente maior de atividades por entre as fronteiras e da Tecnologia da Informação (TI), permitindo a comunicação praticamente instantânea com o mundo todo. E, de lambuja, promete dar a todas as pessoas em todos os cantos o acesso ao melhor do mundo. A globalização constitui uma das mais poderosas e difusas influências sobre nações, organizações, ambientes de trabalho, comunidades e vidas.

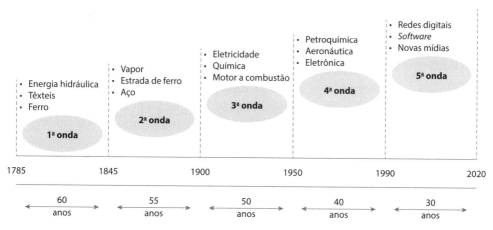

Figura IX.1 O crescente ritmo de inovação: as sucessivas ondas de Schumpeter.

Para Kanter,[16] quatro processos abrangentes estão associados à globalização:

a) **Mobilidade de capital, pessoas e ideias:** os principais ingredientes de um negócio – capital, pessoas e ideias – estão adquirindo cada vez mais mobilidade. Estão migrando de um lugar para o outro com incrível rapidez e facilidade. A transferência de informações em alta velocidade torna o lugar irrelevante.

b) **Simultaneidade – em todos os lugares ao mesmo tempo:** o processo de globalização significa uma disponibilidade cada vez maior de bens e serviços em muitos lugares ao mesmo tempo. O intervalo de tempo entre o lançamento de um produto ou serviço em um lugar e sua adoção em outros lugares está caindo vertiginosamente, em especial no que se refere às novas tecnologias.

c) **Desvio – múltiplas escolhas:** a globalização é ajudada pela competição além das fronteiras apoiada por um trânsito internacional mais fácil, desregulamentação e privatização de monopólios governamentais que aumentam as alternativas. O desvio significa inúmeras rotas alternativas e opções para atingir e servir os clientes. O surgimento de serviços de entrega de encomendas rápidas em qualquer lugar do mundo substitui os serviços postais governamentais. O mesmo ocorreu com o fax e agora com a internet e com as redes sociais. Transferências eletrônicas de fundos substituem os bancos centrais. Os novos canais são mais universais, menos específicos ao local e podem ser explorados em qualquer lugar.

d) **Pluralismo – o centro não pode dominar:** no mundo inteiro, os centros monopolistas estão se dispersando e sofrendo um processo de descentralização. O pluralismo se reflete na dissolução e dispersão de funções para todo o mundo, independentemente do lugar.

Esses quatro processos juntos – mobilidade, simultaneidade, desvio e pluralismo – ajudam a colocar um número maior de opções nas mãos do consumidor individual e dos clientes organizacionais que, em contrapartida, geram uma "cascata de globalização", reforçando mutuamente os ciclos de retroação que fortalecem e aceleram as forças globalizantes. Pensar como o cliente está se tornando a lógica global de negócios. Além disso, dois fenômenos ocorrem simultaneamente: o regulamentado está se tornando desregulamentado (o que reduz o controle político), enquanto o desorganizado está ficando organizado (o que aumenta a coordenação dos setores).

Para vencer em mercados globais e altamente competitivos, as organizações bem-sucedidas compartilham uma forte ênfase na inovação, aprendizado e colaboração a partir das seguintes ações:[17]

- **As organizações estruturam-se em torno da lógica do cliente:** atendem rapidamente às necessidades e desejos dos clientes em novos conceitos de produtos e serviços e transformam o conceito geral do negócio quando as tecnologias e mercados mudam.
- **Estabelecem metas elevadas:** tentam definir os padrões mundiais nos nichos almejados e buscam redefinir a categoria a cada nova oferta.
- **Selecionam pensadores criativos com uma visão abrangente:** definem seus cargos de forma abrangente e não de forma limitada, estimulam seus funcionários a adquirir múltiplas habilidades, trabalhando em vários territórios, e dão a eles as melhores ferramentas para executar suas tarefas.

- **Encorajam o empreendedorismo:** investem em equipes de *empowerment* para que elas possam buscar novos conceitos de produtos e serviços, deixam que elas coloquem em prática suas ideias e reconhecem fortemente a iniciativa.
- **Sustentam o aprendizado constante:** promovem a ampla circulação de informações, observam os concorrentes e inovadores no mundo inteiro, medem seu próprio desempenho com base em padrões mundiais de qualidade e oferecem treinamento contínuo para manter atualizado o conhecimento das pessoas.
- **Colaboram com os parceiros:** combinam o melhor de sua especialização e da de seus parceiros, desenvolvendo aplicações customizadas para os clientes.

Daí outros paradoxos: as organizações bem-sucedidas apresentam uma cultura que combina características aparentemente opostas: padrões rígidos e interesse pelas pessoas; ênfase em inovações proprietárias e uma habilidade de compartilhar com os parceiros. E seus principais ativos são os três Cs: conceitos, competência e conexões, que elas estimulam e repõem continuamente. Dessa maneira, as organizações bem-sucedidas estão criando o *shopping center* global do futuro. E, no processo de globalização, elas se tornam classe mundial: focalizadas externamente e não internamente, baseando-se no conhecimento mais recente e operando por entre as fronteiras de funções, setores, empresas, comunidades ou países em complexas redes de parcerias estratégicas.

A quinta onda é caracterizada por:

1. Mobilidade de capital, pessoas e ideias.
2. Simultaneidade – em todos os lugares ao mesmo tempo.
3. Desvio: escolhas múltiplas.
4. Pluralismo – o centro não pode dominar.

Quando estão presentes estas características:

1. As empresas organizam-se em torno da lógica do cliente.
2. Estabelecem metas elevadas.
3. Selecionam pensadores criativos com uma visão abrangente.
4. Encorajam o empreendimento.
5. Sustentam o aprendizado constante.
6. Colaboram com os parceiros.

REFERÊNCIAS

1. DENNETT, Daniel. *Darwin's dangerous idea*. New York: Simon & Schuster, 1995.
2. SHELTON, Charlotte. *Gerenciamento quântico*: como reestruturar a empresa e a nós mesmos usando sete novas habilidades quânticas. São Paulo: Cultrix, 1997. p. 25.
3. SHELTON, Charlotte. *Gerenciamento quântico*: como reestruturar a empresa e a nós mesmos usando sete novas habilidades quânticas, *op. cit.*, p. 159.

4. LORENZ, Edward N. *The essence of chaos*. Seattle: University of Washington, 1993. p. 181-184.
5. PRIGOGINE, Ilya; STENGERS, Isabelle. *Order out of chaos*: man's new dialogue with nature. Boulder: Shambhala, 1984. p. 38.
6. O que parece caótico à primeira vista é produto de uma ordem subliminar, na qual pequenas perturbações podem causar grandes efeitos, em razão da não linearidade do universo. Uma borboleta voando na Califórnia pode provocar um tufão na Flórida. Para os defensores da Teoria do Caos, todos os resultados têm um causa. Esta precisa ser estudada a partir da Teoria das Probabilidades e não pelo determinismo causal.
7. PERRINGS, Charles. *Biodiversity loss*: economical and ecological issues. Cambridge, Massachusetts: Cambridge University, 1997.
8. CAMPBELL, Jeremy. *Grammatical man*: information, entropy, language and life. New York: Simon & Schuster, 1982.
9. KELLY, Kevin. *Out of control*: the new biology of machines, social systems, and the economic world. Boston, Massachusetts: Addison-Wesley, 1994.
10. LINDLEY, David. *Where does the weirdness go?* New York: Basic Books, 1996.
11. NÓBREGA, Clemente. *Em busca da empresa quântica*. Rio de Janeiro: Ediouro, 1996.
12. BAUER, Ruben. *Gestão da mudança*: caos e complexidade nas organizações. São Paulo: Atlas, 1999. p. 233.
13. BAUER, Ruben. *Gestão da mudança*: caos e complexidade nas organizações, *op. cit.*, p. 19.
14. SCHUMPETER, J. A. The creative response in economic history. *Journal of Economic History*, p. 149-159, Nov. 1947.
15. Tudo foi muito rápido. Em 1989, um físico nuclear inglês, Tim Berners-Lee, criou um programa que permitia que textos e figuras fossem transferidos e captados por qualquer computador ligado à rede: o hipertexto (nome abreviado como http – *hypertext transfer protocol*). Tim abre mão do lucro e torna sua criação um domínio público. Em 1991, é inventada a *World Wide Web* (www ou *web*, que, em português, significa teia), o avanço tecnológico a partir do qual a internet se tornaria rapidamente um fenômeno mundial. Logo mais, em 1992, surge o primeiro *browser* – o Mosaic –, que permite o acesso à rede por meio do *mouse* e eliminando os códigos de programação. A partir de então, a *web* passou a proporcionar uma rede mundial cuja avalanche de dados provoca uma formidável explosão de informações. A chamada superrodovia da informação virou as comunicações e o mundo dos negócios de pernas para o ar. Com isso, surgiu a rede interativa chamada de ciberespaço (*cyberspace*, termo criado por William Gibson em seu livro *Neuromancer*, em 1984).
16. KANTER, Rosabeth Moss. *Classe mundial*: uma agenda para gerenciar os desafios globais em benefício das empresas e das comunidades. Rio de Janeiro: Campus, 1996. p. 32-46.
17. KANTER, Rosabeth Moss. *Classe mundial*: uma agenda para gerenciar os desafios globais em benefício das empresas e das comunidades, *op. cit.*, p. 55-56.

11 PARA ONDE VAI A ADMINISTRAÇÃO? ADMINISTRAÇÃO EM UM MUNDO EXPONENCIAL

OBJETIVOS DE APRENDIZAGEM

- Apresentar o impacto da Era da Informação, da Era Digital e da Revolução 4.0 e suas consequências na Administração.
- Expor as soluções emergentes, como: melhoria contínua, qualidade total, reengenharia, *benchmarking*, equipes de alto desempenho e novas dimensões das organizações.
- Mostrar o impacto das mudanças e transformações recentes na Administração.
- Identificar os principais desafios atuais da Administração.
- Permitir algumas conclusões sobre os novos caminhos da Administração.

O QUE VEREMOS ADIANTE

- A Era da Informação: mudança e incerteza.
- As soluções emergentes.
- A nova lógica das organizações.
- O que está acontecendo.
- Estratégia organizacional.
- Apreciação crítica das novas abordagens.

CASO INTRODUTÓRIO

Os Desafios da Panorama

Ao receber a presidência da Panorama, Domingo Monteverdi percebeu que sua empresa precisa se defrontar com forças instabilizadoras, como a mudança tecnológica, a competição globalizada, a instabilidade política, a necessidade constante de novos produtos e a forte tendência para uma sociedade de serviços na Era da Informação. Todas essas forças estão mudando o campo do jogo dos negócios. Assim, Domingo reuniu-se com a diretoria da empresa para tratar de uma agenda de prioridades:

1. A primeira delas é achatar a estrutura organizacional e torná-la pequena e flexível, com unidades menores desdobradas em unidades menores ainda, pequenas e autossuficientes.
2. A nova organização deverá ser baseada em equipes funcionais cruzadas e forte comunicação lateral.
3. Uma organização sem fronteiras internas na qual as pessoas não mais se identificarão com departamentos isolados, mas que interagirão com quem seja necessário.

Como você poderia ajudar Domingo?

A Teoria Administrativa tem pouco mais de 100 anos. Essa jovem senhora é um produto típico do século 20. No decorrer desse século, ela passou por grandes e profundas transformações. E, até agora, está enfrentando a forte turbulência da Era da Informação.

11.1 ERA DA INFORMAÇÃO: MUDANÇA E INCERTEZA

O começo da década de 1990 marca o surgimento da Era da Informação, graças ao tremendo impacto provocado pelo desenvolvimento tecnológico e pela Tecnologia da Informação (TI). Na Era da Informação, o capital financeiro cede o trono para o capital intelectual. A nova riqueza passa a ser o conhecimento, o recurso organizacional mais valioso e importante. E, logo depois, surge a Era Digital com os desdobramentos da TI.

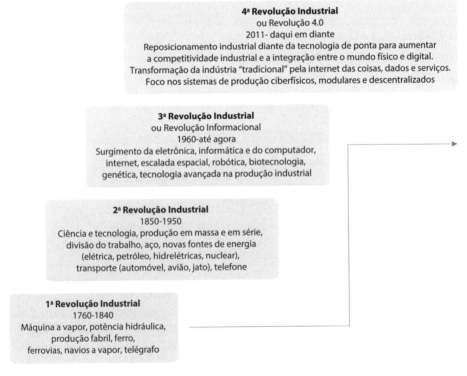

Figura 11.1 As quatro revoluções industriais.

11.1.1 A forte influência da Tecnologia da Informação

A Era da Informação surgiu graças ao impacto provocado pelo desenvolvimento tecnológico e pela Tecnologia da Informação. A Tecnologia da Informação – o casamento do computador com a televisão e as telecomunicações – invade a vida das organizações e das pessoas provocando profundas transformações.

A TI modifica profundamente o trabalho dentro das organizações e fora delas. A ligação com a internet e adoção da intranet e redes internas de comunicação intensificam a globalização da economia a partir da globalização da informação. A internet – com suas avenidas digitais ou infovias e a democratização do acesso à informação – é um sinal disso. Nessa nova era, quanto mais poderosa a TI, tanto mais informado e poderoso se torna o seu usuário, seja ele uma pessoa, organização ou país. A informação torna-se a principal fonte de energia da organização: seu principal combustível e o mais importante recurso ou insumo. A informação direciona todos os esforços e aponta os rumos a seguir.

A tecnologia passa a constituir a principal ferramenta a serviço do homem e não mais a variável independente e dominadora que impunha condições tanto à estrutura como ao comportamento das organizações, como ocorria nas duas eras industriais anteriores. A tecnologia guarda, recupera, processa, divulga e propaga a informação. E é a informação que leva ao conhecimento. Na idade da informação instantânea, as coisas mudam rápida e incessantemente. Em uma economia globalizada, a administração torna-se artigo de primeira necessidade e não é mais possível implementar estratégias de terceira geração (para enfrentar desafios da Era da Informação) em estruturas empresariais de segunda geração (concebidas na Era Neoclássica), com executivos de primeira geração (treinados para trabalhar na Era Clássica).

11.1.2 Desafios da Era da Informação

Na Era da Informação, existem 12 temas básicos que diferenciam a nova economia em relação à velha economia:[1]

1. **Conhecimento:** a nova economia é uma economia do conhecimento, graças à TI. Mas, o conhecimento é criado por pessoas, apesar da inteligência artificial e de outras tecnologias da informação. O conteúdo de conhecimento integrado em produtos e serviços está crescendo significativamente: edifícios inteligentes, casas inteligentes, carros inteligentes, rodovias inteligentes, cartões inteligentes (*smart cards*) etc.

2. **Digitalização:** a nova economia é uma economia digital. A nova mídia é a internet. A informação está em formato digital em *bits*. A TI permite trabalhar um incrível volume de informações comprimidas e transmitidas na velocidade da luz. A infoestrutura está substituindo a estrutura tradicional.

3. **Virtualização:** na transformação da informação de analógica para digital, as coisas físicas podem tornar-se virtuais, como a empresa virtual, escritório virtual, emprego virtual, congresso virtual, realidade virtual, loja virtual etc.

4. **Molecularização:** a nova economia é uma economia molecular. A antiga corporação foi desagregada e substituída por moléculas dinâmicas e grupos de indivíduos e entidades que formaram a base da atividade econômica.

5. **Integração/redes interligadas:** a nova economia é uma economia interligada em rede, integrando organizações conectadas a outras gerar riqueza. As novas estruturas organizacionais em rede são horizontalizadas e conectadas pela internet. Redes de redes, rompendo as fronteiras entre empresas, fornecedores, clientes e concorrentes.
6. **Desintermediação:** as funções de intermediário entre produtores e consumidores estão sendo eliminadas em razão das redes digitais e plataformas do comércio eletrônico. As informações são *online*, e proprietários e compradores se conectam entre si dispensando os intermediários.
7. **Convergência:** na nova economia, o setor econômico predominante deixou de ser a indústria automobilística para ser a nova mídia, para a qual convergem as indústrias de computação, comunicação e conteúdo baseado em computador e telecomunicações digitais.
8. **Inovação:** a nova economia é uma economia baseada em inovações. Tornar os produtos obsoletos é o lema das organizações. Os ciclos de vida dos produtos estão se tornando cada vez mais rápidos.
9. **Produ-consumo:** na nova economia, a distinção entre consumidores e produtores é pouco nítida. Na internet, todo consumidor torna-se produtor de mensagens, contribui para discussões, faz *test-drives* em carros ou visualiza o cérebro de um paciente no outro lado do mundo e influencia decisivamente o processo decisório da empresa. A PwC salienta que os consumidores são mais disruptivos do que os concorrentes.[2]
10. **Imediatismo:** em uma economia baseada em *bits*, o imediatismo torna-se o elemento propulsor da atividade econômica e do sucesso empresarial. A nova empresa é uma empresa em tempo real. O intercâmbio eletrônico de dados (*Electronic Data Interchange - EDI*) interliga sistemas de computadores entre fornecedores e clientes, proporcionando concomitância de decisões e ações.
11. **Globalização:** a nova economia é uma economia global. Mundial e planetária. As organizações globais e empresas internacionais estão na pauta. Negócios e conhecimento não conhecem fronteiras.
12. **Discordância:** questões sociais sem precedentes estão emergindo e provocando traumas e conflitos que precisam ser administrados.

Tudo isso vem passando por uma crescente aceleração, com mudanças e transformações súbitas trazendo disrupções rápidas e profundas e provocando uma série de incertezas a respeito de como será a Administração em um futuro próximo ou remoto. Esse aspecto exponencial aumenta essas incertezas.

A Era da Informação trouxe um novo contexto e uma avalanche de oportunidades para as organizações. Pegou a maior parte delas totalmente despreparadas para a nova realidade. A velocidade e a intensidade das mudanças foram além do que se esperava. O diferencial entre o que as organizações estão fazendo e o que elas deveriam fazer está se tornando enorme e inultrapassável.[3] A solução? Recorrer a medidas extremas e rápidas para a busca da sobrevivência. E da excelência. Foi assim que começaram a surgir modismos na Administração.

Reflita sobre a **Busca da excelência** na seção *Para reflexão* ITGAc 11.1

11.2 SOLUÇÕES EMERGENTES JÁ EXPERIMENTADAS

Como a mudança chegou para valer, as organizações tatearam várias tentativas para acompanhá-la ou, pelo menos, não ficar muito longe dela. A sobrevivência delas estava em jogo. No final da Era Neoclássica, surgiram várias técnicas de intervenção e abordagens inovadoras de mudança organizacional. Algumas lentas e incrementais vindas da experiência japonesa (como a **melhoria contínua** e a **qualidade total**), outras pedagógicas e baseadas no mercado (como o *benchmarking*) e outras rápidas e revolucionárias como reação tipicamente norte-americana (como a reengenharia). O filão está em oferecer soluções práticas e que atendam às emergências impostas pelas mudanças e transformações.

11.2.1 Melhoria contínua

A melhoria contínua teve seu início com autores vinculados à Teoria Matemática. Ela começou com os primeiros trabalhos de implantação do controle estatístico de **qualidade**. Nenhum programa de melhoria organizacional decretado de cima para baixo é bem-sucedido. Todos os processos de mudança desenvolvidos com sucesso começaram pequenos. Na maioria dos casos, começaram apenas com uma equipe e de baixo para cima, ou seja, da base para a cúpula. A melhoria contínua é uma técnica de mudança organizacional suave e contínua centrada nas atividades em grupo das pessoas. Visa à qualidade dos produtos e serviços dentro de programas de longo prazo, que privilegiam a melhoria gradual e passo a passo por meio da intensiva colaboração e participação das pessoas. Trata-se de uma abordagem incremental e participativa para obter excelência na qualidade dos produtos e serviços a partir das pessoas.

Aumente seus conhecimentos sobre **Círculos de qualidade** na seção *Saiba mais* ITGAc 11.1

A filosofia da melhoria contínua deriva do *kaizen* (do japonês *kai* = mudança e *zen* = bom). *Kaizen* é uma palavra que significava um processo de gestão e uma cultura de negócios e que passou a significar aprimoramento contínuo e gradual, implementado por meio do envolvimento ativo e comprometido de todos os membros da organização no que ela faz e na maneira como as coisas são feitas. O *kaizen* é uma filosofia de contínuo melhoramento de todos os empregados da organização, de maneira que realizem suas tarefas um pouco melhor a cada dia. Fazer sempre melhor. É uma jornada sem fim que se baseia no conceito de começar de um modo diferente a cada dia e que os métodos de trabalho podem ser sempre melhorados.[4]

Para o *kaizen*, nada é estático nem há preservação do *status quo*, pois tudo deve ser revisto continuamente. As melhorias não precisam ser grandes, mas devem ser contínuas e constantes. A mudança é endêmica.

Aprofunde seus conhecimentos sobre **Kaizen** na seção *Saiba mais* ITGAc 11.2

Reflita sobre **Os 14 pontos de Deming para a produtividade gerencial** na seção *Para reflexão* ITGAc 11.2

11.2.2 Qualidade total

A qualidade total é uma decorrência da aplicação da melhoria contínua. A palavra *qualidade* tem vários significados. Qualidade é o atendimento das exigências do cliente.[5] Para Deming, "a qualidade deve ter como objetivo as necessidades do usuário, presentes e futuras".[6] Para Juran, representa a "adequação à finalidade ou ao uso".[7] Para Crosby, é a "conformidade com as exigências".[8] Feigenbaum diz que ela é "o total das características de um produto ou serviço referentes a marketing, engenharia, manufatura e manutenção, pelas quais o produto ou serviço, quando em uso, atenderá às expectativas do cliente".[9]

Aumente seus conhecimentos sobre **Qualidade** na seção *Saiba mais* ITGAc 11.3

A gestão da qualidade total (*Total Quality Management* – TQM) é um conceito de controle que atribui às pessoas, e não somente aos gerentes e dirigentes, a responsabilidade pelo alcance de padrões de qualidade. O tema central da qualidade total é bastante simples: obrigação de alcançar qualidade está nas pessoas que a produzem. Os funcionários, e não os gerentes, são os responsáveis pelo alcance de elevados padrões de qualidade. Com isso, o controle burocrático – rígido, unitário e centralizador – cede lugar para o controle pelas pessoas envolvidas – solto, coletivo e descentralizado.[10]

A qualidade total está baseada no empoderamento (*empowerment*) das pessoas. *Empowerment* significa proporcionar aos funcionários as habilidades e a autoridade para tomar decisões que, tradicionalmente, eram dadas aos gerentes. Significa, também, a habilitação dos funcionários para resolverem os problemas do cliente sem consumir tempo para aprovação do gerente. O *empowerment* traz uma diferença significativa na melhoria dos produtos e serviços, na satisfação do cliente, na redução de custos e de tempo, resultando em economias para a organização e satisfação das pessoas envolvidas.[11]

A qualidade total se aplica a todas as áreas e níveis da organização e deve começar no topo da empresa. O comprometimento da alta administração é indispensável para garantir uma profunda mudança na cultura da organização. O gerenciamento da qualidade total trouxe técnicas conhecidas, tais como:[12]

1. **Enxugamento (*downsizing*):** a qualidade total enxugou os antigos departamentos de controle de qualidade (DCQ) e sua descentralização para o nível operacional, com redução de níveis hierárquicos e enxugamento das operações ao essencial (*core business*) do negócio e transferindo o acidental para terceiros que saibam fazê-lo melhor e mais barato (terceirização). Uma nova cultura que incentiva a iniciativa das pessoas.[13] O policiamento externo é substituído por comprometimento e autonomia das pessoas, além do treinamento para melhorar a produtividade.

2. **Terceirização (*outsourcing*):** é uma decorrência da filosofia de qualidade total. Ela ocorre quando uma operação interna da organização é transferida para outra organização que consiga fazê-la melhor e mais barato. As organizações transferem para outras organizações atividades como malotes, limpeza e manutenção de escritórios e fábricas, serviços de expedição, guarda e vigilância, refeitórios etc. Por isso, empresas de consultoria em contabilidade, auditoria, advocacia, engenharia, relações públicas, propaganda etc. representam antigos departamentos ou unidades organizacionais terceirizados para reduzir a

estrutura organizacional e dotar a organização de agilidade e flexibilidade. A terceirização é uma transformação de custos fixos em custos variáveis. Uma simplificação da estrutura e do processo decisório das organizações e uma focalização maior no *core business* e nos aspectos essenciais do negócio.

3. **Redução do tempo do ciclo de produção:** o tempo de ciclo refere-se às etapas seguidas para completar um processo, como fabricar um carro ou atender a um cliente. A simplificação de ciclos de trabalho, a queda de barreiras entre as etapas do trabalho e entre departamentos envolvidos e a remoção de etapas improdutivas no processo permitem que a qualidade total seja melhorada.[14] O ciclo operacional torna-se mais rápido e o giro do capital mais ainda, o que possibilita a competição pelo tempo, o atendimento mais rápido do cliente e etapas de produção mais rápidas. Os conceitos de fábrica enxuta e *just-in-time* (JIT) são baseados no ciclo de tempo reduzido.

11.2.3 Reengenharia

Foi uma reação ao colossal abismo existente entre as mudanças ambientais velozes e intensas e a inabilidade das organizações em ajustar-se a essas mudanças. Um remédio forte e amargo. Significa fazer uma nova engenharia da estrutura organizacional, uma total reconstrução e não, simplesmente, uma reforma total ou parcial da empresa. Nada de fazer reparos rápidos ou mudanças cosméticas (isto seria o mesmo que sofisticar aquilo que é eficiente ou buscar uma forma ineficiente de fazer as coisas erradas), mas promover a sua total substituição por processos inteiramente novos.

A reengenharia é o reprojeto dos processos de trabalho e a implementação de novos projetos,[15] ou a reestruturação radical dos processos empresariais visando alcançar enormes melhorias no desempenho de custos, qualidade, atendimento e velocidade.[16] Ela se fundamenta em quatro palavras-chave:[17]

1. **Fundamental:** busca reduzir a organização ao essencial e fundamental. As questões: Por que fazemos o que fazemos? E por que fazemos dessa maneira?

2. **Radical:** impõe uma renovação radical, desconsiderando as estruturas e procedimentos atuais para inventar novas maneiras de fazer o trabalho.

3. **Drástica:** a reengenharia joga fora tudo o que existe atualmente na empresa. Destrói o antigo e busca sua substituição por algo inteiramente novo. Não aproveita nada do que existe.

4. **Processos:** a reengenharia reorienta o foco para os processos e não mais para as tarefas ou serviços, nem para pessoas ou para a estrutura organizacional. Busca entender o "quê" e o "porquê" e não o "como" do processo.

A reengenharia serve para fazer cada vez mais com cada vez menos. Seus três componentes são: pessoas, TI e processos. Na verdade, a reengenharia focaliza os processos organizacionais. Um processo é o conjunto de atividades com uma ou mais entradas e que produz uma saída de valor para o cliente. As organizações estão mais voltadas para tarefas, serviços, pessoas ou estruturas, mas não para os seus processos. Ninguém gerencia processos. Na realidade, as organizações são constituídas de vários processos fragmentados que atravessam os departamentos funcionais separados como se fossem diferentes feudos. Melhorar apenas tais processos não resolve. A solução é focalizar a empresa nos seus processos e não nos seus órgãos. Daí virar o velho e tradicional organograma de cabeça para baixo. Ou jogá-lo fora. A reengenharia trata de processos.

A reengenharia de processos direciona as características organizacionais para os processos. Suas consequências para a organização são:[18]

1. **Os departamentos tendem a desaparecer e ceder lugar a equipes orientadas para os processos e para os clientes:** a orientação interna para funções especializadas dos órgãos cede lugar para uma orientação voltada para os processos e clientes.

2. **A estrutura organizacional hierarquizada, alta e alongada passa a ser nivelada, achatada e horizontalizada:** é o enxugamento (*downsizing*) da organização para transformá-la de centralizadora e rígida em flexível, maleável e descentralizadora.

3. **A atividade da empresa também muda:** as tarefas simples, repetitivas, rotineiras, fragmentadas e especializadas, com ênfase no isolamento individual, passam a basear-se em equipes com trabalhos multidimensionais, com ênfase na responsabilidade grupal, solidária e coletiva.

4. **Os papéis das pessoas deixam de ser moldados por regras e regulamentos internos:** para a plena autonomia, liberdade e responsabilidade.

5. **A preparação e desenvolvimento das pessoas deixa de ser feita por meio do treinamento específico:** com ênfase na posição e no cargo ocupado, para uma educação integral e com ênfase na formação da pessoa e nas suas habilidades pessoais.

6. **As medidas de avaliação do desempenho humano deixam de se concentrar na atividade passada:** passam a avaliar os resultados alcançados e a contribuição efetiva e o valor criado à organização e ao cliente.

7. **Os valores sociais visando à subordinação das pessoas às suas chefias passam a ser produtivos:** objetiva-se a orientação das pessoas para o cliente, seja ele interno ou externo.

8. **Os gerentes – antes controladores de resultados e distantes das operações cotidianas – tornam-se líderes e impulsionadores:** ficando mais próximos das operações e das pessoas.

9. **Os gerentes deixam de ser supervisores dotados de habilidades técnicas e se tornam orientadores, líderes e educadores:** dotados de habilidades interpessoais.

Reflita sobre **A reengenharia da empresa Casa de Flores** na seção *Para reflexão* ITGAc 11.3

Capítulo 11 – Para onde vai a Administração? Administração em um mundo exponencial

Veja na Figura 11.2 um exemplo de reengenharia da empresa Casa de Flores.

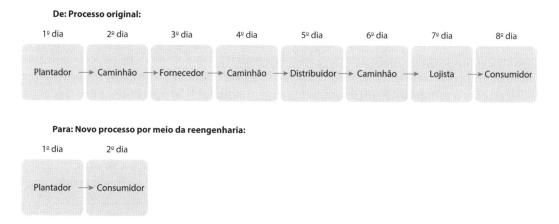

Figura 11.2 Exemplo de reengenharia de processos da empresa Casa de Flores.

A reengenharia nada tem a ver com a tradicional departamentalização por processos. Ela simplesmente elimina departamentos e os substitui por equipes (Figura 11.3).[19] Apesar de estar ligada a demissões em massa em razão do consequente *downsizing* e à substituição de trabalho humano pelo computador, ela mostrou a importância dos processos horizontais das organizações e do seu tratamento racional.

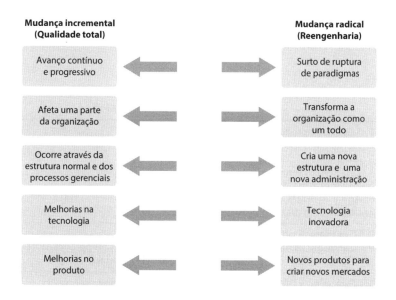

Figura 11.3 Mudança incremental *versus* mudança radical.[20]

11.2.4 Benchmarking

O *benchmarking* foi introduzido, em 1979, pela Xerox como um "processo contínuo de avaliar produtos, serviços e práticas dos concorrentes mais fortes e daquelas empresas que são reconhecidas como líderes empresariais".[21] Spendolini agrega que o *benchmarking* é um processo contínuo e sistemático de pesquisa para avaliar produtos, serviços, processos de trabalho de empresas ou organizações que são reconhecidas como representantes das melhores práticas, com o propósito de aprimoramento organizacional.[22] Isto permite comparações de processos e práticas administrativas entre empresas para identificar o "melhor do melhor" e alcançar um nível de superioridade ou vantagem competitiva. O *benchmarking* encoraja as organizações a pesquisar os fatores-chave que influenciam a produtividade e a qualidade. Essa visualização pode ser aplicada a qualquer função – como produção, vendas, recursos humanos, engenharia, pesquisa e desenvolvimento, distribuição etc. –, o que produz melhores resultados quando implementado na empresa como um todo.

O *benchmarking* exige três objetivos que a organização precisa definir:[23]

1. **Conhecer suas operações e avaliar seus pontos fortes e fracos** e documentar os passos e práticas dos processos de trabalho, definir medidas de desempenho e diagnosticar suas fragilidades.
2. **Localizar e conhecer os concorrentes ou organizações líderes do mercado** para comparar suas habilidades, com elas conhecendo seus pontos fortes e fracos e compará-los com seus próprios pontos fortes e fracos.
3. **Incorporar o melhor do melhor adotando os pontos fortes dos concorrentes** e, se possível, aprendendo para excedê-los e ultrapassá-los.

O *benchmarking* é constituído de 15 estágios, todos eles focalizados no objetivo de comparar competitividade, como apresentado no Quadro 11.1.

Quadro 11.1 Estágios do *benchmarking*[24]

	Estágios de *benchmarking*
Planejar	1. Selecionar processos a avaliar. 2. Identificar o melhor concorrente. 3. Identificar os *benchmarks*. 4. Organizar a equipe de avaliação. 5. Escolher a metodologia de colheita de dados. 6. Agendar visitas ao concorrente. 7. Utilizar uma metodologia de colheita de dados.
Analisar	8. Comparar a organização com seus concorrentes. 9. Catalogar as informações e formar um centro de competências. 10. Compreender os processos e as medidas de desempenho.
Desenvolver	11. Estabelecer objetivos ou padrões do novo nível de desempenho. 12. Desenvolver planos de ação para atingir as metas.
Melhorar	13. Implementar ações específicas e integrá-las nos processos da organização.
Revisar	14. Monitorar os resultados e os melhoramentos. 15. Revisar continuamente os *benchmarks*.

A principal barreira à adoção do *benchmarking* reside em convencer os administradores de que seus desempenhos podem ser melhorados e até excedidos, em comparação com outras organizações.

Quadro 11.2 Vantagens do *benchmarking*[25]

Objetivos	Sem *benchmarking*	Com *benchmarking*
Competitividade	Focalização interna Mudanças por meio da evolução	Conhecimento da concorrência Mudanças inspiradas nos outros
Melhores práticas	Poucas soluções Manutenção das práticas atuais	Muitas opções de práticas Desempenho superior
Requisitos do cliente	Baseados na história ou intuição Percepção subjetiva De dentro para fora	Baseados na realidade do mercado Avaliação objetiva De fora para dentro
Metas e objetivos	Focalização interna e subjetiva Abordagem reativa	Focalização externa e objetiva Abordagem proativa
Medidas de produtividade	Perseguição de estimativas Noção de forças e fraquezas Caminho de menor resistência	Solução de problemas reais Compreensão dos resultados Melhores práticas do mercado

O *benchmarking* requer consenso e comprometimento das pessoas. Sua meta é a competitividade ao desenvolver um esquema sobre como a operação pode sofrer mudanças para atingir um desempenho superior e excelente.

11.2.5 Equipes de alto desempenho

Nunca se falou tanto em equipes como agora. As organizações estão migrando velozmente para o trabalho em equipe. O objetivo: obter a participação das pessoas e buscar respostas rápidas às mudanças no ambiente de negócios e que permitam atender às crescentes demandas dos clientes.

Mas não basta desenvolver equipes. É necessário levá-las a um desempenho excelente. Os principais atributos de equipes de alto desempenho são:[26]

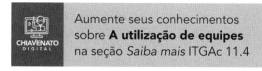

Aumente seus conhecimentos sobre **A utilização de equipes** na seção *Saiba mais* ITGAc 11.4

- **Participação:** todos os membros estão comprometidos com *empowerment* e autoajuda. Motivo: buscar sinergia de esforços.
- **Responsabilidade:** todos os membros se sentem responsáveis pelos resultados do desempenho. Motivo: alcançar solidariedade.
- **Clareza:** todos os membros compreendem e apoiam o propósito da equipe. Motivo: desenvolver o esforço conjunto.
- **Interação:** todos os membros comunicam-se em um clima aberto e confiante. Motivo: buscar maior comunicação.
- **Flexibilidade:** todos os membros desejam mudar para melhorar o desempenho. Motivo: tentar a adaptação rápida a novas circunstâncias.

- **Foco:** todos os membros estão dedicados a alcançar expectativas de trabalho. Motivo: buscar melhoria e aperfeiçoamento contínuos.
- **Criatividade:** todos os talentos e ideias dos membros são usados para beneficiar a equipe. Motivo: incentivar inovação e mudança.
- **Agilidade:** todos os membros agem rápida e prontamente sobre problemas e oportunidades. Motivo: buscar competitividade ao longo do tempo.

11.3 NOVA LÓGICA DAS ORGANIZAÇÕES

A velocidade da mudança e os desafios do mundo globalizado estão conduzindo a um sentido de emergência quanto ao ajustamento e adaptabilidade das organizações, como condição para que sobrevivam no novo ambiente de negócios. Desde que o enfoque sistêmico substituiu os princípios universais clássicos e cartesianos em que se basearam as anteriores teorias administrativas, está havendo uma nova abordagem e uma nova visão do futuro das organizações.

De tudo o que vimos, a pergunta que paira no ar é: será que estamos fazendo o suficiente? Parece que não. Torna-se necessário preparar as nossas empresas para as mudanças e transformações que estão vindo. Não se trata de fazer previsões ou cenários a respeito do futuro da Administração, mas convidar o leitor a pensar, seriamente, em como reinventá-la em nossas organizações enquanto o futuro ainda não chega. Pois, quando ele chegar – e chegará rapidamente –, teremos pouco tempo para nos engajarmos na mesma velocidade dele. E isso poderá ser mais difícil, pois teremos de improvisar para encontrar soluções rápidas.

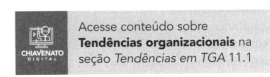
Acesse conteúdo sobre **Tendências organizacionais** na seção *Tendências em TGA* 11.1

Mas, a cada vez que se visualiza o futuro da Administração, ocorre um pressentimento diferente. É lógico! Vivemos em um mundo com tantas e tão rápidas mudanças e repercussões que, a cada momento, as coisas se transformam com uma rapidez incrível e nos apontam novas direções e incursões. Assim, novas abordagens e diferentes expectativas surgem ante novos e inusitados paradigmas. Na verdade, um enorme quebra-cabeças. Aspectos como volatilidade, instabilidade, mobilidade, imprevisibilidade, ambiguidade são as principais características desse ambiente evanescente e provisório que envolve nossas organizações. E corremos o sério risco de lidar com situações totalmente novas aplicando velhas e antiquadas soluções. Isso não vai funcionar.

Na verdade, a Administração se envolve com uma incrível multiplicidade de fatores internos e externos às organizações, realidades, tendências, paradigmas, fenômenos, muitos dos quais estão além da nossa alçada ou controle. Ou mesmo de nossa compreensão. A Administração se envolve com um mundo globalizado dos negócios e de mercados onde proliferam fatores tecnológicos, econômicos, sociais, culturais, políticos, ecológicos e demográficos que se juntam ou se dispersam, interpenetram ou colidem, sintonizam ou antagonizam produzindo momentos de força que conduzem a situações dinâmicas altamente complexas, inesperadas, ambíguas, imprecisas, rápidas, momentâneas e passageiras.

Reflita sobre empresas virtuais com o texto **Amazon: uma empresa virtual** na seção *Para reflexão* ITGAc 11.4

11.4 O QUE ESTÁ ACONTECENDO

A teoria administrativa está passando por uma profunda e intensa revisão. O mundo mudou e ela também está mudando. Mas, para onde? Em que direção? Os caminhos futuros da teoria administrativa são variados e exponenciais.

11.4.1 Gestão do conhecimento e capital intelectual

Na Era da Informação, o recurso mais importante deixou de ser o capital financeiro para ser o capital intelectual, baseado no conhecimento. Trocando em miúdos, isso significa que o recurso mais importante na atualidade não é mais o dinheiro, mas o conhecimento. O capital financeiro guarda sua importância relativa, mas ele depende totalmente do conhecimento sobre como aplicá-lo e rentabilizá-lo adequadamente. O conhecimento ficou na dianteira de todos os demais recursos organizacionais, pois todos eles passaram a depender do conhecimento. Conhecimento é a informação estruturada que tem valor para uma organização. O conhecimento conduz a novas formas de trabalho e de comunicação, a novas estruturas e tecnologias e a novas formas de interação humana. E onde está o conhecimento? Na cabeça das pessoas. São as pessoas que aprendem, desenvolvem e aplicam o conhecimento na utilização adequada dos demais recursos organizacionais. Os recursos são estáticos, inertes e dependentes da inteligência humana que utiliza o conhecimento. O conhecimento é criado e modificado pelas pessoas a partir da interação social, estudo, trabalho e lazer.[27] Assim, as organizações bem-sucedidas são aquelas que sabem conquistar e motivar as pessoas para que elas aprendam e apliquem seus conhecimentos na solução dos problemas e na busca da inovação rumo à excelência.[28] A organização baseada no conhecimento depende da **gestão do conhecimento**. E o que é gestão do conhecimento? Um processo integrado destinado a criar, organizar, disseminar, intensificar e aplicar o conhecimento para melhorar o desempenho global da organização. Portanto, não é qualquer conhecimento que interessa, mas aquele conhecimento crítico que importa à organização. Aquela que é bem-sucedida por aplicar e rentabilizar o seu conhecimento.

Aprofunde-se sobre **A urgência do conhecimento** na seção Saiba mais ITGAc 11.5

Quadro 11.3 Gestão do conhecimento × capital intelectual

Gestão do conhecimento	Capital intelectual
■ Conhecimento é a informação estruturada que tem valor para a organização	■ Conhecimento é um ativo intangível.
■ Conhecimento conduz a novas formas de trabalho e de comunicação, a novas estruturas, tecnologias e a novas formas de interação.	■ Não ocupa espaço.
■ Onde está o conhecimento?	■ É a base do capital intelectual.
■ Recursos são estáticos e inertes.	■ O capital intelectual tem mais valor que o capital financeiro na Era da Informação.

(continua)

(continuação)

Gestão do conhecimento	Capital intelectual
■ Conhecimento é criado e modificado pelas pessoas e obtido pela interação social.	■ O capital intelectual é formado por: • Nossos clientes. • Nossa organização. • Nossas pessoas.
■ As organizações bem-sucedidas sabem motivar as pessoas a aprender e aplicar seus conhecimentos.	■ As organizações bem-sucedidas usam indicadores (como eficiência, renovação, crescimento) para gerir e monitorar seus ativos intangíveis.
■ A organização de conhecimento se baseia na gestão do conhecimento (GC).	

Contudo, o conhecimento é um recurso diferente, pois não ocupa espaço físico. Ele é um ativo intangível.[29] Em uma organização do conhecimento, os assuntos financeiros não representam, necessariamente, o principal valor do negócio.[30] Existem importantes **ativos intangíveis** – ainda não mensuráveis pelos tradicionais métodos da contabilidade – e que são identificados como "nossas pessoas", "nossos clientes" e "nossa organização". Sveiby propõe que o valor total dos negócios da organização seja calculado pelo valor dos clientes, valor da organização e valor das competências, respectivamente, e não apenas pelos ativos tangíveis que formam o capital financeiro. Assim, o **capital intelectual** é constituído por três aspectos intangíveis:[31]

1. **Nossos clientes:** baseado no valor proporcionado por crescimento, força e lealdade dos clientes. Refere-se à estrutura externa, ao relacionamento com os clientes e seu impacto nos retornos e imagem e como essa estrutura externa pode ser expandida para incluir novas relações externas.
2. **Nossa organização:** baseado no valor derivado de nossos sistemas, processos, concepção de novos produtos e estilo de gestão. Refere-se à estrutura interna que inclui sistemas e processos, ferramentas de negócios, marcas registradas e cultura organizacional.
3. **Nossas pessoas:** baseado no valor da organização proporcionado por crescimento e desenvolvimento das competências das pessoas e como elas são aplicadas às necessidades dos clientes. Refere-se às competências e habilidades dos funcionários para agirem eficazmente em uma ampla variedade de situações.

Quadro 11.4 Capital intelectual, segundo Sveiby

Capital intelectual	Estrutura externa Relações com clientes e fornecedores, marcas, reputação e imagem. Dependem de como a organização resolve e oferece soluções para os problemas dos clientes.	Capital externo
Ativos intangíveis e invisíveis	Estrutura interna Conceitos, modelos, sistemas administrativos e informacionais. São criados pelas pessoas e utilizados pela organização.	Capital interno
	Competências individuais Habilidades das pessoas em agir em determinadas situações. Educação, experiência, valores e habilidades sociais.	Capital humano

As organizações bem-sucedidas utilizam indicadores (como eficiência, renovação, crescimento, estabilidade e agilidade), para gerir e monitorar seus ativos intangíveis, pois o valor deles supera, muitas vezes, o valor dos seus ativos tangíveis. Percebeu-se que administrar pessoas vem antes, durante e depois da administração de qualquer recurso organizacional, seja o capital, máquinas, instalações etc.[32] Por isso, o investimento maior é feito não em máquinas e ferramentas, mas no conhecimento das pessoas. As organizações desenvolvem educação corporativa e universidades corporativas e virtuais para melhorar não só a gestão de seu capital intelectual, bem como intensificar a educação corporativa.

Os principais objetivos da educação corporativa são:[33]

- A universidade corporativa é um processo integrado de aprendizagem e não necessariamente um local físico. Ela pode ser inteiramente virtual.
- Oferecer oportunidades de aprendizagem que deem sustentação aos assuntos empresariais mais importantes. Tornar a aprendizagem totalmente disponível.
- Oferecer um currículo fundamentado em três Cs: cidadania corporativa, contexto situacional e competências básicas para ajustá-lo às demandas da empresa.
- Treinar toda a cadeia de valor envolvendo todos os parceiros externos: clientes, distribuidores, fornecedores, terceiros, instituições de ensino superior etc.
- Passar do treinamento conduzido pelo instrutor para vários e diferentes formatos de apresentação da aprendizagem, utilizando, simultaneamente, várias tecnologias.
- Encorajar e facilitar o envolvimento dos líderes com o aprendizado. O líder passa a ser, também, um educador e orientador de sua equipe.
- Assumir foco global no desenvolvimento de soluções de aprendizagem.
- A universidade corporativa é o meio de ganhar novas vantagens competitivas para possibilitar que a organização possa entrar em novos mercados.

11.4.2 Organizações de aprendizagem

O conhecimento não pode ficar ao sabor do acaso nem das oportunidades. Na verdade, o aprendizado e o desenvolvimento devem ser feitos nas atividades do dia a dia para associar o que se aprende ao que se faz na prática e não podem ficar restritos a algumas semanas por ano durante cursos específicos de treinamento. O aprendizado deve ser organizado e contínuo, afetando e envolvendo todos os membros da organização e não apenas alguns deles. As organizações bem-sucedidas estão se transformando em verdadeiros centros de **aprendizagem**. Por essa razão, recebem o nome de organizações de aprendizagem. São organizações que aprendem por meio de seus membros.

Quadro 11.5 Paradigmas das novas organizações[34]

Item	Paradigmas da Era Industrial	Paradigmas da Era do Conhecimento
Pessoas	Geradores de custos ou recursos	Geradores de receitas
Fonte do poder gerencial	Nível hierárquico na organização	Nível de conhecimentos

(continua)

(continuação)

Item	Paradigmas da Era Industrial	Paradigmas da Era do Conhecimento
Luta de poder	Operários *versus* capitalistas	Trabalhadores do conhecimento *versus* gerentes
Responsabilidade da gerência	Supervisionar os subordinados	Apoiar os colegas
Informação	Instrumento de controle	Recurso e ferramenta para comunicação
Produção	Operários que processam recursos físicos para criar produtos tangíveis	Trabalhadores do conhecimento que convertem conhecimento em ativos intangíveis
Fluxo de Informação	Através da hierarquia organizacional	Através de redes colegiadas
Gargalos da produção	Capital financeiro e habilidades humanas	Tempo e conhecimento
Fluxo de produção	Sequencial. Direcionado por máquinas	Caótico. Direcionado pelas ideias
Efeito do tamanho	Economia de escala no processo produtivo	Economia de escopo das redes
Relações com clientes	Unidirecionais através do mercado	Interativas através de redes pessoais
Conhecimento	Uma ferramenta ou recurso	O foco do negócio
Propósito do aprendizado	Aplicação de novas ferramentas	Criação de novos ativos
Valor de mercado (das ações)	Decorrente dos ativos tangíveis	Decorrente dos ativos intangíveis

Aumente seus conhecimentos sobre **O investimento em pessoas** na seção *Saiba mais* ITGAc 11.6

    Argyris salienta que a TI tem um papel crucial no sentido de ampliar a aceitação e a prática do aprendizado nas organizações.[35] No passado, a abordagem de cima para baixo ganhou força com base no fato de que boa parte do comportamento não é transparente. A TI torna as transações transparentes. Portanto, o comportamento não é mais velado nem oculto. A TI cria verdades fundamentais onde essas verdades não existiam antes. Em outras palavras, a TI está estimulando e incrementando a ética e o aprendizado nas organizações.[36]

    O conhecimento depende da aprendizagem. Peter Senge[37] propõe cinco disciplinas de aprendizagem como um conjunto de práticas para construir a capacidade de aprendizagem nas organizações. A **aprendizagem organizacional** é feita a partir dessas cinco disciplinas capazes de fazer com que pessoas e grupos possam conduzir as organizações para a mudança e renovação contínuas. As cinco disciplinas para a aprendizagem organizacional são:[38]

1. **Domínio pessoal:** é uma disciplina de aspiração. Envolve a formulação de um conjunto coerente de resultados que as pessoas desejam alcançar como indivíduos (sua visão pessoal) em um alinhamento realístico com o estado atual de suas vidas (sua realidade atual). Aprender a cultivar a tensão entre a visão pessoal e a realidade externa aumenta a capacidade de fazer melhores escolhas e alcançar melhor os resultados escolhidos.

2. **Modelos mentais:** formam uma disciplina de reflexão e habilidades de questionamento. Focalizam o desenvolvimento de atitudes e percepções que influenciam o pensamento e a interação entre as pessoas. Ao refletirem continuamente, falando a respeito e reconsiderando aspectos internos do mundo, as pessoas ganham mais capacidade de governar suas ações e decisões.

3. **Visão compartilhada:** é uma disciplina coletiva. Estabelece um foco sobre propósitos mútuos. As pessoas aprendem a nutrir um senso de compromisso em um grupo ou organização desenvolvendo imagens do futuro que pretendem criar e os princípios e práticas orientadoras pelas quais elas esperam alcançar.

4. **Aprendizagem de equipes:** é uma disciplina de interação grupal. A aprendizagem é feita por equipes e utiliza técnicas, como diálogo e discussão, para desenvolver o pensamento coletivo, aprender a mobilizar energias e ações para alcançar objetivos comuns e desenvolver uma inteligência e capacidade maior do que a soma dos talentos individuais.

5. **Pensamento sistêmico:** é uma disciplina de aprendizagem. Por meio dela, as pessoas aprendem melhor compreendendo a interdependência e mudança para lidar, eficazmente, com as forças que produzem efeitos em suas ações. Pensamento sistêmico é baseado na retroação e na complexidade. Trata-se de mudar sistemas na sua totalidade e não mudar apenas os detalhes. A aprendizagem organizacional é feita a partir dessas cinco disciplinas capazes de fazer com que pessoas e grupos possam conduzir as organizações para a mudança e a renovação contínuas.[39]

A aprendizagem é a principal vantagem competitiva de uma organização. Ela conduz à criatividade e à inovação. Embora pareça um produto, a aprendizagem organizacional é um processo. E os processos não se revelam facilmente para que todos os vejam. Assim, é necessário desenvolver nas organizações uma mentalidade de aprendizagem contínua, como a sua principal vantagem competitiva.[40]

Quadro 11.6 Organizações que aprendem por meio de seus talentos

---

Organizações de aprendizagem

- O conhecimento não pode ficar ao sabor do acaso nem das oportunidades.
- O aprendizado deve ser feito nas atividades do dia a dia para associar o que se aprende ao que se faz.
- O aprendizado deve ser organizado e contínuo, envolvendo todos os membros da organização e não apenas alguns deles.
- As organizações estão se transformando em centros de aprendizagem.
- A aprendizagem organizacional ocorre:
  - Quando a organização alcança o que pretende. Seu plano de ação torna-se real.
  - Quando a defasagem entre o ideal e o real é identificada e corrigida.

Toda organização precisa inovar e aprender para enfrentar os desafios que bloqueiam o seu progresso. A vantagem competitiva de uma organização somente é sustentável a partir do que ela sabe, como ela consegue utilizar aquilo que sabe e a rapidez com que aprende algo novo. A aprendizagem organizacional requer uma cadeia integrada de líderes e de pessoas que possuem o conhecimento adequado às necessidades da organização para que se construa uma organização maior do que a soma de suas partes e que ultrapasse os resultados esperados.[41] A aprendizagem humana é o resultado dinâmico de relações entre as informações e os relacionamentos interpessoais.

Assim, a aprendizagem organizacional busca desenvolver o conhecimento e desenvolver competências que capacitem as pessoas a compreender e a agir, eficazmente, dentro das organizações. Uma organização de aprendizagem constrói relações colaborativas no sentido de dar força aos conhecimentos, experiências, competências e maneiras de fazer as coisas. É o repensar e revitalizar as organizações em direção à sua identidade futura.[42]

Aumente seus conhecimentos sobre **Aprender a aprender** na seção *Saiba mais* ITGAc 11.7

Em resumo, as organizações bem-sucedidas são aquelas que aprendem com eficácia. Em uma economia na qual a única certeza é a incerteza, a única vantagem competitiva duradoura é o conhecimento. Quando os mercados mudam, as tecnologias se proliferam, os concorrentes se multiplicam e os produtos se tornam obsoletos, organizações bem-sucedidas são aquelas que criam o novo conhecimento de modo consistente, disseminam-no amplamente pela organização e, rapidamente, o incorporam às novas tecnologias e aos produtos.[37] Mas a **aprendizagem organizacional** é algo mais do que simplesmente adquirir novos conhecimentos e percepções. É também crucial e mais difícil desaprender os antigos conhecimentos que perderam relevância.[43]

11.5 ÉTICA E RESPONSABILIDADE SOCIAL

A ética constitui o conjunto de valores ou princípios morais que definem o que é certo ou errado para uma pessoa, um grupo ou uma organização. O comportamento ético acontece quando a organização incentiva seus membros a se comportarem eticamente de maneira que aceitem e sigam tais valores e princípios. Em termos amplos, a ética é uma preocupação com o bom comportamento: é uma obrigação de considerar não apenas o bem-estar pessoal, mas o das outras pessoas.

A ética influencia todas as decisões dentro da organização. Muitas organizações têm o seu código de ética como uma declaração formal para orientar e guiar o comportamento de seus parceiros. Para que o código de ética encoraje decisões e comportamentos éticos das pessoas são necessárias duas providências:

1. As organizações devem comunicar o seu código de ética a todos os seus parceiros, isto é, às pessoas dentro e fora da organização.
2. As organizações devem cobrar, continuamente, comportamentos éticos de seus parceiros seja por meio do respeito aos seus valores básicos, seja mediante práticas transparentes de negócios.

No passado, as organizações estavam orientadas, exclusivamente, para os seus próprios negócios. Essa orientação, gradativamente, deixou de ser interna para se projetar externamente em direção ao ambiente de negócios.

Toda organização forte exerce alguma influência no seu ambiente, que pode ser positiva – quando a organização beneficia o ambiente por meio de suas decisões e ações – ou negativa – quando traz problemas ou prejuízos ao ambiente. Há pouco tempo, as organizações começaram a preocupar-se com obrigações sociais. Essa preocupação crescente não foi espontânea, mas provocada por movimentos ecológicos e de defesa do consumidor que põem em foco o relacionamento entre organização e sociedade.

Existem vários graus de envolvimento de uma organização na responsabilidade social. O modelo *stakeholder* favorável ao envolvimento organizacional em atividades e obras sociais apresenta três diferentes graus de envolvimento:[44]

Aumente seus conhecimentos sobre **Ética e responsabilidade social** na seção *Saiba mais* ITGAc 11.8

1. **Abordagem da obrigação social e legal:** as metas da organização são de natureza econômica focadas na otimização dos lucros e do patrimônio líquido dos acionistas. A organização deve satisfazer obrigações mínimas impostas pela lei sem assumir nenhum esforço adicional voluntário.

2. **Abordagem da responsabilidade social:** a organização não tem apenas metas econômicas, mas também responsabilidades sociais. Suas decisões são tomadas não apenas em função de ganhos econômicos e conformidade legal, mas também com base no critério do benefício social. Certos recursos organizacionais são usados para projetos de bem-estar social sem trazerem dano econômico para a organização. São organizações que praticam uma adaptação reativa, pois agem para providenciar uma solução de problemas já existentes.

3. **Abordagem da sensibilidade social:** a organização não tem apenas metas econômicas e sociais, mas se antecipa aos problemas sociais do futuro e age, agora, em resposta a ele antes que se tornem críticos. É a abordagem de cidadania corporativa a partir de um papel proativo na sociedade. Isso provoca envolvimento na comunidade e encoraja as pessoas a fazer esforços de conscientização social, voluntariado espontâneo e programas comunitários em áreas carentes.[45]

No fundo, a responsabilidade social deixa de se limitar aos velhos conceitos de proteção passiva e paternalista ou de fiel cumprimento de regras legais para avançar na proteção ativa e na promoção humana, em função de um sistema explicitado de valores éticos.

Figura 11.4 Níveis de sensibilidade social das organizações.

11.6 ERA DIGITAL E EXPONENCIALIDADE

O computador, a internet e as modernas tecnologias disruptivas estão levando o mundo à Era Digital. Hoje, tudo está digitalizado e essas tecnologias estão unidas integrando os mundos físico e virtual. E facilitando o acesso a dados, imagens, interações, transações, comunicação e interação. Esta nova era está rapidamente mudando modelos organizacionais, produtos, serviços, operações, comunicação, informação e a vida das pessoas.

Pesquisa da consultoria McKinsey mostra que as empresas que conseguiram se transformar em organizações digitais de alto desempenho são capazes de orquestrar seis blocos de construção simultaneamente, a saber:[46]

1. **Estratégia e inovação:** com foco no valor futuro e no impulso provocado pela constante experimentação.
2. **Viagem de decisão do cliente:** por meio da análise profunda e pesquisa para compreender como e por que o consumidor toma suas decisões de compra.
3. **Automação de processos:** para reinventar processos e jornadas agradáveis ao consumidor com a automação, no sentido de agilizar os processos de entrega.
4. **Organização:** por intermédio de processos ágeis, flexíveis e colaborativos e de competências que seguem apontadas para a estratégia.
5. **Tecnologia:** dotada de velocidade para apoiar as funções essenciais e o rápido desenvolvimento do negócio. É o que está fazendo a computação em nuvem e os sistemas de gestão empresarial para oferecer agilidade e processos integrados.
6. **Dados e *analytics*:** mediante análises preditivas de grandes volumes de dados úteis e relevantes para atender à estratégia e aos objetivos do negócio.

Os autores da pesquisa descobriram que essa abordagem de seis blocos oferece uma estrutura coerente para pensar e gerenciar programas digitais em grande escala. Peter Diamandis, *chairman* da Singularity University, dá uma dica: para ele, a organização exponencial se fundamenta em seis Ds: ela é digitalizada, dissimulada, disruptiva, desmaterializada, desmonetizada e democratizada.[47] Toda organização, para ser digital (primeiro D), entra em um período de crescimento dissimulado, a seguir disruptivo e continua adiante nos Ds restantes.

A Sloan School of Management do Massachusetts Institute of Technology (MIT) pesquisou em profundidade o sucesso de empresas – como Microsoft, Apple, Intel, Google, Toyota e outras – que enfrentaram

Aprofunde seus conhecimentos sobre **Empresas na Era Digital** na seção *Saiba mais* ITGAc 11.9

enormes mudanças em seus negócios ou disrupções em suas tecnologias digitais e que ganharam força e estão competindo valorosamente. Dessa pesquisa, Cusumano alinhou seis princípios utilizados em várias combinações envolvendo estratégias, práticas de gestão da inovação e habilidades para lidar com a mudança e incerteza e que mostram como mudar, ajustar e competir em um mundo de negócios dinâmico, mutável, instável e complexo e garantir uma permanente vantagem competitiva para nossas organizações. Os seis princípios duráveis são:[48]

1. **Plataformas (e não apenas produtos):** é preciso mover-se de um pensamento convencional sobre estratégia e competências para competir na base de plataformas ou complementos para plataformas envolvendo outras empresas parceiras. O termo *plataforma* significa um conjunto de componentes por meio dos quais a empresa cria um conjunto de produtos ou componentes (ou serviços) ou uma base de tecnologia *core*. Ela é uma mistura de trocas e tecnologia interoperável que permite uma ampla gama de fornecedores e clientes interagindo diretamente entre si, como Amazon, Apple, eBay, Facebook, Google e Microsoft, que constituem plataformas poderosas.

Gawer e Cusumano introduziram o conceito de plataforma de liderança para indicar uma visão de que o todo do ecossistema pode ser maior do que a soma de suas partes, se a empresa trabalha junto com suas associadas e segue uma liderança adequada. A plataforma de liderança adota quatro alavancadores:[49]

- **Escopo da empresa:** o propósito para definir qual o nível de diversificação, para definir o que fazer em casa e como encorajar empresas externas como parceiras ou usuárias, utilizando plataformas internas ou externas, ou ambas. A Toyota fabrica vários modelos de carros com a mesma carroçaria e os mesmos motores utilizando plataformas externas para isso. A Microsoft faz o mesmo em relação ao Word, PowerPoint, Excel e uma multiplicidade de aplicativos. Plataformas conduzem a uma variedade de produtos, principalmente quando utilizam um amplo consórcio de empresas para juntar e aproveitar a diversidade de competências que todas elas oferecem.
- **Tecnologia do produto:** a empresa precisa decidir sobre o grau de modularidade de sua arquitetura e a abertura do acesso de sua interface com outras empresas, assim como definir as questões sobre propriedade intelectual.
- **Relações com complementadores externos:** para determinar como as suas relações externas serão colaborativas ou competitivas.
- **Organização interna:** a maneira como a plataforma líder deve se organizar para aproveitar todas as contribuições internas e externas e lidar com conflitos internos e externos no sentido de conciliá-los e integrá-los adequadamente.

A implementação de uma estratégia de plataforma complementar envolve uma mentalidade diferente e um conjunto de ações e investimentos diferentes de uma estratégia de produto. Diferentes riscos e elevados custos de curto prazo. Mas as recompensas de longo prazo compensam. As plataformas são um modelo de abrir as fronteiras organizacionais para aproveitar o apoio estratégico e colaborativo de outras empresas. O modelo de plataforma funciona como uma extensa rede (*network*), onde a plataforma é uma empresa que realiza interações e transações que criam valor entre produtos e comunidades externas, oferecendo uma infraestrutura básica para tais interações e estabelecendo condições de funcionamento para elas.[50] Plataformas de negócios – como Uber, Airbnb e eBay – desestruturam e dominam imensos setores tradicionais de atividades utilizando menos recursos e funcionários. A revolução das plataformas está conduzindo a um verdadeiro darwinismo digital em que sobrevivem apenas as mais aptas. A plataforma transforma uma operação em um sistema complexo em que a soma do todo naquele microcosmo supera em muito as partes e quando o sistema de repente parece se tornar autônomo e imprevisível.

2. **Serviços (e não somente produtos ou plataformas):** serviços podem ser uma fonte de retornos e lucros. E o balanço adequado entre o produto e o retorno de serviços no sentido de "serviciar" o produto cria novas oportunidades de novo valor adicionado. Bem como "produtivizar" serviços para entregar com mais eficiência e flexibilidade utilizando a TI e a automação de serviços.[51] Trata-se de entregar mais serviços utilizando novos conceitos em tempo real diretamente ao consumidor e, muitas vezes, com a participação direta dele. Trata-se de economias de escopo – como utilizar o reúso do conhecimento, tecnologia e artefatos de projeto como abordagem de *design*, ou módulos etc.[52] Uma abordagem híbrida (produtos + serviços) que vale a pena ser pensada.

3. **Competências (e não somente estratégia ou posicionamento estratégico):** isso significa não apenas focar a formulação estratégica ou a visão de futuro (que é decidir o que fazer), mas, também, construir as competências organizacionais distintivas e as habilidades operacionais (como fazer as coisas) a respeito das práticas (o que a organização deve fazer).

4. **Puxar (e não somente empurrar):** o "estilo de puxar" (*pull*) significa ligar cada etapa sequencial do processo de operações à saída para obter *feedback* contínuo (positivo ou negativo) e reajustá-lo no sentido de responder em tempo real às mudanças da demanda, preferências do consumidor ou condições competitivas externas. O objetivo é ligar cada etapa das operações da companhia retrocedendo ao mercado, permitir um rápido ajustamento e aprender e inovar. O velho estilo de empurrar (*push*) para frente a sequência do processo funcionou bem enquanto a demanda era estável e previsível, mas tropeça em ambientes dinâmicos e subitamente instáveis. Na medida em que a empresa conduz a descentralização e o *empowerment* para permitir que pessoas e processos respondam diretamente às novas informações, o ritmo de inovação aumenta pela participação ativa e proativa de todos. E isto conduz ao foco em pequenas equipes multifuncionais dotadas de colaboradores multicompetentes com responsabilidades que se sobrepõem, coordenadas por objetivos comuns. Isto traz como consequência mais complexidade e flexibilidade para a Administração.

5. **Economias de escopo (e não somente de escala):** a busca da eficiência sempre foi prioritária e levou a economias de escala em todas as atividades da empresa. Hoje, a escala

é menos importante do que o propósito, o intuito, o alvo, como variedade, qualidade, reputação, habilidades de marketing ou *timing*. É preciso ter o produto ou serviço certo no tempo certo. A opção por economias de escopo conduz a novos formatos organizacionais, como a organização por multiprojetos, a matriz e a matriz diferenciada com vários subsistemas integrados. Além disso, conduz a oportunidades de compartilhar tecnologia e conhecimento especializado, exigindo uma organização mais aberta, integrada, complexa e sofisticada.

6. **Flexibilidade (e não somente eficiência):** durante muito tempo, as organizações se preocupavam com a eficiência: fazer cada vez mais com cada vez menos. Contudo, elas passaram a cuidar mais intensamente de perseguir objetivos de adaptar-se rapidamente a mudanças nas demandas do mercado, competição e tecnologia. Também passaram a ter de explorar oportunidades para inovação de produtos ou processos e desenvolvimento de novos negócios na medida em que elas aparecem. Isto passou a exigir sistemas e processos flexíveis para reforçar a eficiência e a qualidade, além da eficácia geral, bem como facilitar a inovação.

Quadro 11.7 Seis princípios duráveis para competir em um mundo em mudança

Plataformas + Produtos
Serviços + Produtos ou Plataformas
Competências + Estratégia ou Posicionamento
Estilo de puxar + Estilo de empurrar
Economias de escopo + Economias de escala
Flexibilidade + Eficiência + Agilidade

Esses seis princípios duráveis apontados por Cusumano são essenciais para competir em um mundo novo dominado por plataformas e serviços habilitados por tecnologias avançadas. E, principalmente, para preparar as nossas organizações para o futuro.

11.7 QUARTA REVOLUÇÃO INDUSTRIAL

A Indústria 4.0 constitui a combinação de várias inovações tecnológicas em tecnologia digital, que incluem robótica avançada e inteligência artificial, sensores sofisticados, computação em nuvem, internet das coisas, captura e análise de dados, fabricação digital incluindo impressão em 3D, *software* como serviço, *smartphones* e outros dispositivos móveis, plataformas que utilizam algoritmos e a incorporação de todos esses elementos em uma cadeia de valor global interoperável compartilhada por muitas empresas de muitos países. Essas tecnologias ainda são tomadas separadamente, mas, quando juntas, integram o mundo físico e o virtual proporcionando uma nova e poderosa maneira de organizar operações globais e incluir a velocidade do *software* na produção em larga escala. O *design* e o desenvolvimento de produtos ocorrem em laboratórios simulados utilizando modelos de fabricação digital, e os produtos assumem forma tangível somente depois que todos os problemas de projeto e engenharia foram resolvidos. As redes de máquinas tornam-se sistemas hiperconscientes de tecnologia altamente flexível, respondendo não apenas aos comandos humanos, mas também às suas próprias percepções, autodireção e inteligência. Três aspectos da digitalização formam o coração da abordagem da Indústria 4.0:[53]

a) **Digitalização completa das operações da empresa:** integrada verticalmente (para incluir todas as funções e toda a hierarquia) e horizontalmente (vinculando fornecedores, parceiros e distribuidores na cadeia de valor e transferindo dados entre eles).

b) **Redesenho de produtos e serviços:** incorporados com *softwares* personalizados para que se tornem interativos e responsivos, acompanhando suas próprias atividades e resultados, juntamente com a atividade de outros produtos ao seu redor.

c) **Interação mais próxima com os clientes:** possibilitada por esses novos processos, produtos e serviços. A Indústria 4.0 torna a cadeia de valor mais interativa e responsiva, permitindo que fabricantes alcancem os clientes finais mais diretamente e adaptem seus modelos de negócios de acordo com suas demandas.

11.8 EXPECTATIVAS QUANTO AO FUTURO

As tradicionais cadeias da estrutura organizacional estão sendo quebradas e as fronteiras das organizações estão se partindo ou expandindo gradativamente. A essência de um novo mundo sem fronteiras virá por meio de:[54]

1. **Novos fatores críticos de sucesso:** no decorrer do século passado, vários fatores críticos de produção influenciaram o sucesso organizacional. Esses velhos e tradicionais foram substituídos ou alinhados com novos paradigmas que passaram a constituir o veículo para alcançar eficácia organizacional, mesmo quando conflitam uns com os outros. O administrador deve criar organizações com suficiente massa crítica capaz de movê-las pronta e ligeiramente por meio de uma mutável, dinâmica e competitiva força nos negócios.

Quadro 11.8 Os velhos e os novos paradigmas e seus fatores críticos de sucesso

Os velhos paradigmas:	Os novos paradigmas:
Velhos fatores críticos de sucesso: ■ Tamanho ■ Definição de papel ■ Especialização ■ Controle ■ Lucratividade ■ Retorno rápido	Novos fatores críticos de sucesso: ■ Velocidade ■ Flexibilidade e agilidade ■ Integração ■ Inovação ■ Competitividade ■ Sustentabilidade

2. **Fronteiras organizacionais:** para incrementar esses fatores críticos de sucesso, cada organização necessita reconfigurar, refinar, flexibilizar ou mesmo quebrar suas fronteiras. A abordagem contingencial já havia conseguido uma razoável flexibilidade e permeabilidade das fronteiras organizacionais, tanto verticais, horizontais, externas e geográficas. Esse fenômeno teve um enorme avanço no sentido de fazer fluir livremente acima e abaixo, dentro e fora e ao longo de toda a organização, permitindo rápidos ajustes às mudanças e transformações no seu meio ambiente.

3. **Impulsionadores:** há uma variedade de impulsionadores para proporcionar adequada permeabilidade – como se fosse uma fina sintonia no dial de um rádio. Os quatro mais poderosos impulsionadores para prover a permeabilidade são:[55]
   - **Informação:** alimentando o acesso rápido à informação ao longo de todas as fronteiras.
   - **Autoridade:** dar poder e autonomia às pessoas para tomar decisões relevantes e independentes sobre atividades e recursos.
   - **Competências:** ajudar as pessoas a desenvolver as suas habilidades e competências para usar informação e autoridade de maneira ampla e eficaz.
   - **Recompensas:** proporcionar às pessoas apropriados incentivos compartilhados que promovam o alcance dos objetivos organizacionais.
4. *Empowerment*: os líderes precisam adotar novas maneiras de trabalhar para conduzir organizações sem fronteiras e substituir o comando e o controle por métodos baseados em uma mentalidade compartilhada, objetivos amplos e *empowerment* das pessoas. E ter as respostas certas para focar resultados, manter clara responsabilidade pelo desempenho e tomar decisões inteligentes.

11.8.1 Estamos adequadamente preparados?

Mas, ao lado dessa crescente permeabilidade das organizações – e de um novo conceito de Administração mais amplo e abrangente – dentro de uma nova e diferente realidade, a organização do futuro deve estar preparada para produzir alta qualidade e produtos competitivos para satisfazer consumidores sem destruir o planeta ou degradar a vida humana. O mundo de hoje vai na direção de novas formas de democracia organizacional e, quanto mais profunda a mudança, tanto mais os valores se mostram importantes.

11.8.2 E o que virá no futuro?

De fato, a Administração de amanhã deverá ser muito diferente daquilo que temos hoje. Não só pelos avanços tecnológicos que avançam a cada momento trazendo consequências disruptivas, como também pelo incrível desenvolvimento das organizações como comunidades humanas complexas e pelas mudanças sociais e culturais que nelas ocorrem. Sem deixar de lado o fato de que, nunca antes como agora, as pessoas se comunicam entre si intensamente por *smartphones* e mídias sociais. Tudo isso junto acarreta profundas mudanças na forma e no conteúdo da moderna Administração. Isso nos traz um imperativo e um desafio, simultaneamente: temos que nos preparar adequadamente para enfrentar esse futuro que está chegando cada vez mais depressa, mais rápido e mais mutável, mais complexo e mais desafiador. E isso se torna cada vez mais imperioso.

Para lidar com tantas complexidades e incertezas, não há receita pronta e acabada. E não dá para se chegar a uma visão holística e abrangente do futuro. Neste vasto oceano de mudanças, a Administração precisará de muito fôlego e talento para sair-se bem no enorme desafio que o futuro lhe apresentará a cada dia que passa. Provavelmente, será necessária uma nova e diferente caixa de ferramentas dotada de aspectos intangíveis, como novas habilidades e competências para lidar com modelos e sistemas mergulhados em incríveis mudanças e transformações.

VOLTANDO AO CASO INTRODUTÓRIO
Os Desafios da Panorama

Em outra rodada de reuniões da diretoria, Domingo Monteverdi insistiu: 1. A nova organização da Panorama será baseada no conhecimento. As equipes deverão ser intensamente treinadas para utilizar seu conhecimento no cotidiano do trabalho e no contato com clientes. 2. O papel dos líderes será o de ajudar os funcionários mediante orientação e treinamento, ajudando-os a inovar e aplicar o conhecimento, proporcionando recursos e meios necessários. O líder deverá ser o educador, o consultor, o patrocinador, o condutor, o *coach* e compartilhador de conhecimento. 3. A nova organização deverá enfatizar a missão, a visão e os valores organizacionais para que todas as pessoas tenham um claro entendimento do que a Panorama está pretendendo.
Como você poderia assessorar Domingo?

11.9 APRECIAÇÃO CRÍTICA DAS NOVAS ABORDAGENS

Vimos, ao longo do livro, que as teorias administrativas apresentam diferentes abordagens para a administração das organizações. Cada uma delas reflete os fenômenos históricos, sociais, culturais, tecnológicos e econômicos de sua época e contexto, bem os problemas básicos que afligiam as organizações. Cada teoria representa soluções administrativas encontradas para determinadas situações tendo em vista as variáveis focalizadas e os temas considerados mais relevantes.

Reflita sobre **Qual é a teoria mais correta** na seção *Para reflexão* ITGAc 11.5

Na verdade, ao longo dos tempos a teoria administrativa constituiu uma constante e ininterrupta tentativa de reduzir a incerteza a respeito do funcionamento e da otimização das organizações. Ela apresenta as várias maneiras e diferentes ângulos para se visualizar e tratar um mesmo fenômeno organizacional. O administrador pode tentar resolver problemas administrativos dentro do enfoque neoclássico quando a solução neoclássica lhe parecer a mais apropriada de acordo com as circunstâncias ou contingências. Pode, também, tentar resolvê-los dentro do enfoque comportamental ou sistêmico, se as circunstâncias ou contingências assim o aconselharem. Nisto reside o encanto da Teoria Geral da Administração (TGA): mostrar uma variedade de opções à disposição do administrador. A ele cabe o desafio de fazer a leitura da realidade, diagnosticar a situação e entrever a abordagem mais indicada a utilizar.

11.9.1 Caráter provocativo da Administração

Para as teorias anteriores, a Administração era tida como uma consequência e não como causa. Ou seja, era uma resposta às necessidades atuais das organizações. Uma decorrência ou consequência. Hoje, é considerada uma criadora de novas oportunidades. Modernamente, percebe-se que é a Administração que produz e impulsiona o desenvolvimento econômico e social: este é o resultado direto e concreto da Administração. Os recursos econômicos tradicionais – natureza, capital e trabalho – já não fazem mais a diferença. A vantagem competitiva está além deles ao conceber inovações em termos de novas soluções criativas para os problemas da humanidade.

11.9.2 Caráter universal da Administração

A Administração figura, hoje, como a única instituição que transcende as fronteiras de países e organizações apresentando um significado global e mundial, como a Organização das Nações Unidas (ONU). A Administração moderna não se pauta por limites ou fronteiras nacionais. Para ela, as fronteiras nacionais perderam a antiga relevância. Além do mais, o centro de nossa sociedade e de nossa economia não é mais a tecnologia, nem a informação nem a produtividade. O fulcro central está na organização como entidade que oferece sinergia: a organização administrada que maneja a tecnologia, a informação e a produtividade. A organização é a maneira pela qual a sociedade consegue que as coisas sejam feitas da melhor maneira possível. E a Administração é a ferramenta, a função ou o instrumento que torna as organizações capazes de criar valor, gerar resultados excepcionais e produzir o desenvolvimento do planeta.

11.9.3 Novos parâmetros da Administração

Cinco aspectos serão vitais para a Administração neste novo milênio:

1. **A emergência das organizações enxutas, flexíveis e ágeis:** as organizações do novo milênio serão completamente diferentes daquelas que dominaram o panorama organizacional do século 20. As novas organizações apresentarão características, como ambiguidade, menos fronteiras e comunicação mais rápida e intensiva com seus membros, fornecedores e clientes. O trabalho conjunto em equipe em detrimento do individualismo, a busca de mercados globais em detrimento da atuação doméstica e a focalização nas necessidades do cliente em detrimento do lucro no curto prazo. Uma das vantagens competitivas será o tempo reduzido de duração do ciclo e não os custos baixos. Sua essência será baseada em rápidas mudanças de paradigma: do sucesso baseado na eficiência e nas economias de escala para o sucesso baseado em pessoas com conhecimentos e na utilização de novas e disruptivas tecnologias. Assim, trabalho humano e automatizado e aprendizagem serão, essencialmente, a mesma coisa. As organizações tornam-se cada vez mais sofisticadas, automatizadas e educadoras, de um lado, e flexíveis, adaptáveis, ágeis e espertas navegando em um mundo exponencial.

2. **O advento e a consolidação da sociedade do conhecimento e da economia do conhecimento:** os trabalhadores do conhecimento constituem uma parcela cada vez maior da força de trabalho das organizações. A agregação de valor à organização, será feita pelo capital intelectual.[56] E a riqueza é criada pela capitalização da inovação.[57] E, acrescenta Nonaka, "em uma economia na qual a única certeza é a incerteza, a única fonte de vantagem competitiva duradoura é o conhecimento. Quando os mercados mudam, as

tecnologias se proliferam, os concorrentes se multiplicam e os produtos se tornam obsoletos virtualmente da noite para o dia, empresas bem-sucedidas são aquelas que criam o novo conhecimento de modo consistente, disseminam-no amplamente pela organização e rapidamente o incorporam às novas tecnologias e aos produtos".[58] Em síntese, empresas bem-sucedidas serão organizações que aprendem rápida e eficazmente.[59]

3. **Redução do prazo de validade do conhecimento:** o conhecimento é mutável e dinâmico e a sua obsolescência é cada vez mais rápida. O prazo de validade do conhecimento é cada vez menor. A economia do conhecimento exige um aprendizado contínuo e ininterrupto para desenvolver qualificações mais amplas e complexas. As organizações estão aumentando seu compromisso com a educação e aprendizagem para gerir e exponenciar o conhecimento corporativo.

4. **Ocupabilidade para a vida toda em vez do emprego para a vida toda:** o antigo contrato social implícito – emprego duradouro e em tempo integral com carteira assinada – está sendo substituído por um novo contrato psicológico: a manutenção de um portfólio diversificado de qualificações profissionais. A empregabilidade (capacidade de conquistar e manter um emprego) deixa de ser vitalícia e fixa para ser temporária e flexível. A segurança no emprego está sendo substituída pela aprendizagem a todo tempo e toda a vida. A organização deixará de ser empregadora para ser cliente. Os indivíduos deixarão de ser empregados para se tornarem fornecedores de conhecimento para uma ou várias organizações. O velho conceito de emprego passa a ser substituído pelo novo conceito de parceiro ou fornecedor de conhecimento. E boa parte do trabalho humano será feita pelas máquinas inteligentes. As profissões se converterão em ocupações provisórias.

5. **O administrador será avaliado pela capacidade de agregar valor, riqueza e inovação:** passará a ser avaliado não mais pela capacidade de assegurar lucros, mas pela habilidade de contribuir para os negócios atuais e criar e gerar novos negócios que garantam a permanência da organização no mercado e a geração de riqueza a ser distribuída proporcionalmente a todos os *stakeholders*. Agregar valor aos negócios atuais e inovar com novos negócios futuros. Isso significa a ênfase cada vez maior na criatividade e inovação.

11.9.4 Características das organizações

Kanter salienta que as empresas do novo milênio devem reunir, simultaneamente, cinco características fundamentais, os cinco Fs: *fast, focused, flexible, friendly* e *fun* (veloz, focada, flexível, amigável e divertida).[60] Indo nessa mesma direção, Crainer assegura os sete hábitos da nova organização:[61]

1. **Flexível e de livre fluxo:** a organização eficaz de amanhã será reconstruída a partir do zero a cada dia.

2. **Não hierárquica:** as hierarquias não desapareceram, mas foram drasticamente reduzidas e as organizações tornaram-se enxutas, ajustadas e terão de continuar esse processo de "des-hierarquização" se desejarem competir no futuro.

3. **Baseada em participação:** os gerentes não possuem todas as ideias. Terão de buscar ideias e retroação a partir de todas as pessoas – dentro e fora da organização.

4. **Criativa e empreendedora:** o processo de empreender conduz à busca de novas oportunidades de criar novos negócios.

5. **Baseada em redes e plataformas:** a empresa do futuro lembra o mundo de espetáculos em uma rede flexível de atores, diretores, autores e técnicos, que constituem uma força itinerante, além do apoio de patrocinadores experientes. Uma numerosa equipe que, quando termina o espetáculo, se evapora. Explorando essa rede é possível viabilizar uma produção que talvez seja um sucesso estrondoso ou fracasso retumbante. O número de peças que se consegue manter em cartaz por um longo período de tempo é pequeno, mas ideias novas e criativas continuam surgindo. As organizações não são mais conjuntos de fatores de produção, mas redes de parceiros de elevada conectividade e desempenho excepcional.[62] São sistemas virtuais.

6. **Impulsionada por metas corporativas:** em lugar de metas funcionais bem definidas. A missão e a visão organizacional estão em alta.

7. **Tecnologia como recurso-chave:** a nova organização considera a tecnologia um dos principais recursos para o seu sucesso futuro.

Quadro 11.9 Paradigmas das novas organizações

Modelo do século 20	Aspectos	Protótipo deste século
Divisão do trabalho e cadeia escalar de hierarquia	**Organização**	Rede de parcerias com valor agregado
Desenvolver a maneira atual de fazer negócios	**Missão**	Introduzir mudanças com valor agregado
Domésticos ou regionais	**Mercados**	Globais
Custo	**Vantagem competitiva**	Tempo
Ferramenta para desenvolver a mente	**Tecnologia**	Ferramenta para desenvolver colaboração
Cargos funcionais e separados	**Processo de trabalho**	Equipes interfuncionais de trabalho
Homogênea e padronizada	**Força de trabalho**	Heterogênea e diversificada
Autocrática	**Liderança**	Inspiradora e renovadora

11.9.5 Amplitude de ação do administrador

Em um mundo de mudanças e transformações exponencias, a visão do administrador se ampliou no sentido de abordar todo o espectro da organização e do seu entorno, como mostrado na Figura 11.5.

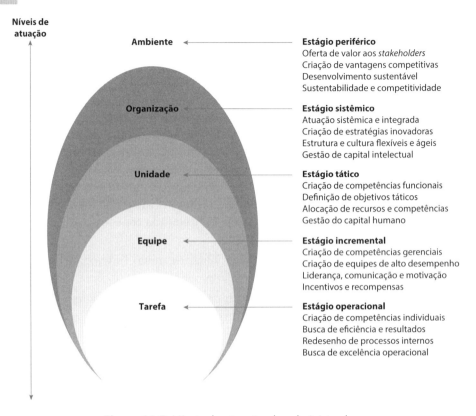

Figura 11.5 Níveis de atuação do administrador.

11.9.6 Competências das pessoas

As pessoas precisarão aprender e desenvolver novas competências pessoais para atuarem nos novos ambientes de negócios das organizações, tais como:[63]

1. **Aprender a aprender:** as pessoas devem contribuir construtivamente em tudo, desde como assegurar a qualidade dos produtos até como melhorar os processos organizacionais. Para tanto, elas precisam ter condições de utilizar um conjunto de técnicas, como analisar situações, questionar, procurar conhecer o que não compreendem e pensar criativamente para gerar opções. O objetivo é fazer com que a atitude de aprender a aprender faça parte natural do modo como as pessoas pensam e se comportam no trabalho. O conhecimento das pessoas constitui um ativo intangível. Elas não são mais consideradas um elemento de custo no balanço patrimonial, mas parte integrante do seu capital intelectual.

2. **Comunicação e colaboração:** anteriormente, o bom desempenho significava a execução de um conjunto de tarefas que eram repetitivas e a qualificação profissional era associada com cada tarefa específica. Agora, as equipes constituem o fundamento das organizações flexíveis, e a eficiência das pessoas está cada vez mais vinculada com sua habilidade interpessoal de comunicação e colaboração.

3. **Raciocínio criativo e solução de problemas:** a administração paternalista do passado assumia a responsabilidade de desenvolver os meios de aumentar a produtividade do

trabalhador. Ela centralizava o pensar e o planejar. Hoje, espera-se que todas as pessoas descubram por si como melhorar e agilizar seu trabalho. Para isso, elas precisam pensar criativamente, desenvolver habilidades de resolução de problemas e analisar situações, indagar, esclarecer o que não sabem e sugerir melhorias.

4. **Conhecimento tecnológico:** conhecer tecnologia significava saber como operar o computador pessoal para processar textos ou análises financeiras. Agora, a ênfase está em usar o equipamento de informação que conecte as pessoas com os membros de suas equipes ao redor do mundo, seja para tarefas relacionadas com o trabalho, fazer contatos profissionais ou compartilhar melhorias em seus processos de trabalho na sua plataforma profissional.

5. **Conhecimento de negócios globais:** cada vez mais, as pessoas deverão aprender novas habilidades técnicas e comerciais que levem em conta o ambiente competitivo global, que não permite prever com certeza o que virá no futuro para a organização ou para o mercado. Nesse ambiente global, mutável e volátil, a capacidade de ver o todo sistêmico (*Gestalt*) em que a organização opera torna-se indispensável para cumprir a exigência de agregar mais valor à organização.

6. **Liderança:** o novo imperativo é o desenvolvimento da liderança nas organizações. A identificação e o desenvolvimento de pessoas excepcionais capazes de levar a organização para o sucesso serão fundamentais. O incentivo a lideranças será vital. E o segredo do sucesso organizacional estará centrado cada vez mais nas pessoas.

7. **Autogestão da carreira:** as organizações estão transferindo para as pessoas o autodesenvolvimento para que elas possam assumir o controle de suas carreiras e gerenciar seu próprio desenvolvimento profissional. Como as qualificações necessárias continuam a mudar e a evoluir, as pessoas deverão assumir o compromisso de assegurar que possuam as qualificações, conhecimento e competências exigidas tanto na atividade atual como nas futuras. A capacidade de gerenciar a própria vida profissional passa a ser considerada uma competência adquirida e necessária para deslanchar todas as outras competências exigidas no novo ambiente de negócios.

11.9.7 Profundo realinhamento e atualização de conceitos

Estamos rumo a uma nova teoria das organizações? Claro que sim. Os conceitos básicos da teoria administrativa estão sendo redefinidos e realinhados com a nova realidade na medida em que ela surge. O conceito sistêmico de equilíbrio está sendo substituído por um tipo de circularidade entre ordem e desordem. A ideia de que simples e complexo são dois polos opostos em uma espécie de escala hierárquica que vai do simples (como uma máquina) até o mais complexo (como sociedades humanas) está sendo substituído por uma nova visão em que simplicidade e complexidade são conceitos complementares e conjugados, pois a simplicidade pode chegar a uma complexidade extrema a partir de perturbações ínfimas.[64] Além disso, a noção de programa está sendo substituída pelo conceito de estratégia. Um programa representa uma sequência de etapas predeterminadas em um ambiente de muita ordem e pouca desordem. Já a estratégia é resultado do exame simultâneo das condições determinadas (ordem) e incertas (desordem) e cria a ação necessária. Essa ação só é possível onde haja ordem, desordem e organização, pois onde existe apenas ordem, restringem-se possibilidades e alternativas de ação e onde existe apenas desordem, a ação não passa de uma arriscada aposta no acaso.[65]

Assim, os sistemas vivos – e, principalmente, as organizações – constituem tanto organização como eventualidade. Tanto sistemas cibernéticos dotados de retroação (o metabolismo que assegura a homeostase e manutenção de sua constância interna a despeito das flutuações nas trocas com o ambiente) quanto sistemas capazes de lidar com a aleatoriedade (mudanças, novidades, acidentes, imprevistos) e capazes de se redefinir (auto-organizar-se) diante da aleatoriedade, isto é, de aprender. Assim, os organismos vivos são, simultaneamente, envolvidos por estruturas de conservação (invariância) e de auto-organização (transformação).[66]

Dentro dessas premissas, a teoria administrativa está temperando seus conceitos básicos em direção às seguintes tendências:

a) **Planejamento:** a função de planejamento nas organizações sempre foi a de reduzir a incerteza quanto ao futuro e quanto ao ambiente. Agora, o planejamento deve aceitar a incerteza tal como ela é e se apresenta. Não há tempo nem cabeça para brigar com ela. E o que se busca para desafiar incerteza é criatividade e inovação. Somente há criatividade e inovação quando se afasta do equilíbrio. Assim, a adaptação a um ambiente mutável e instável deve ser feita – não mais por meio do retorno cíclico ao equilíbrio dentro de escolhas limitadas e restritas – mas mediante maior liberdade de escolha e inovar escapando às transformações e limitações impostas pelo ambiente.

Assim, o planejamento deve repousar nos seguintes aspectos dinâmicos:[67]

- **A base do novo planejamento muda:** ele deve ser um processo flexível e fluido (horizontal e livre) no qual informações, relações, interações e os *insights* produzidos no processo sejam mais importantes.

- **O foco na previsão futura passa para o foco no potencial:** o planejamento está deixando a atenção para cenários futuros e se deslocando, decisivamente, para a localização de potencialidades que a organização pode explorar e dinamizar para encontrar oportunidades e oceanos azuis.

- **A incerteza e a aleatoriedade conduzem à liberdade:** liberdade é a capacidade de autonomia da organização ao lidar com um contexto dinâmico e competitivo ao seu redor, que leva à maior flexibilidade e mais amplas possibilidades de escolha. E, em consequência, a um maior potencial de estratégias.

- **O mundo imprevisível e caótico no qual pequenas causas podem gerar grandes efeitos:** em um mundo turbulento, o estratégico e o tático se confundem de maneira indissociável. É preciso preparar-se para tudo. A exponencialidade das mudanças rápidas e inesperadas requer flexibilidade e agilidade, simultaneamente, das organizações. Para que sejam ágeis, elas precisam de uma plataforma fixa e estável.

b) **Organização:** a organização sempre constituiu a plataforma em que se sustenta a instituição. Em um ambiente instável e turbulento, a organização que tem mais chances de sobrevivência deve ser também instável. E quanto mais instável ela é, tanto mais ela pode influenciar o ambiente. É neste sentido que tanto ambiente e organização podem coevoluir paralelamente. Difícil? É claro, e nem poderia ser diferente.

A nova organização deverá levar em conta o seguinte:

- **Desmistificar a ideia de controle centralizado no topo:** a velha tradição de que deve haver uma cúpula centralizadora de todas as atividades organizacionais pertence ao passado. Morin[68] afirma que qualquer organização, biológica ou social, é, simultaneamente, cêntrica (por dispor de um centro decisório), policêntrica (por dispor de outros centros de controle) e acêntrica (por funcionar de maneira anárquica, a partir das interações espontâneas entre seus membros). Toda organização é, simultaneamente, ordem e desordem. Ela necessita ao mesmo tempo de continuidade e de mudança, de normas e de liberdade, de controle e de autonomia, de tradição e de inovação, de ser e de devir. Ordem e desordem são mais parceiras do que adversárias na consecução da auto-organização.[69]

- **O papel da hierarquia deve ser redefinido:** o modelo tradicional e mecanicista está sendo substituído por formas de auto-organização (como a organização em rede). Os mecanismos de integração – que sempre foram assegurados pelo controle hierárquico – precisam ser redefinidos. A liberdade concedida aos membros organizacionais – como no *empowerment* – deverá acabar por levá-los a alcançar por si mesmos uma nova forma de integração. Mas, para que isso possa ocorrer, será necessário que se promova uma estratégia organizacional global adequada que estimule iniciativa, cooperação, colaboração, criatividade e sinergia.

c) **Direção:** a direção – como função administrativa – também está passando por uma formidável carpintaria. A maneira de dinamizar a organização, fazer com que as coisas aconteçam, servir ao cliente, gerar valor e produzir e distribuir resultados relevantes para todos os envolvidos está passando por mudanças, tais como:

- **O papel dos gerentes deve ser redefinido:** e o abandono da visão tradicional de que o futuro da organização deve ser estabelecido e capitaneado pelos gerentes passa por um reajuste das relações de poder. O *empowerment* está por trás disso. E está crescendo.

- **Os gerentes não são os guardiães do espírito de equipe corporativo:** da visão compartilhada de futuro, da conservação da cultura organizacional e das crenças e valores da organização. Tudo isto está mudando. O novo papel da gerência está em fomentar a necessária instabilidade para estimular potencialidades acêntricas latentes e para construir as condições de aprendizado e trocas de informação e colaboração por meio das interações. Trata-se de questionar, permanentemente, o *statu quo*. Em situações de volatilidade, a nova gerência deve:[70]
  - Estimular a curiosidade e imaginação a partir da introdução de novas ideias e informações, às vezes ambíguas e confusas para gerar criatividade e inovação.
  - Estimular a autonomia, iniciativa, empreendedorismo, conectividade, comunicação e cooperação.
  - Estimular a identidade organizacional como uma comunidade em permanente mudança e atualização em um contínuo vir a ser.
  - Renovar sempre a atenção e a percepção das transformações e circunstâncias ambientais para entender rapidamente o que se passa no ambiente ao redor para adaptar-se rapidamente a ele.
  - Comportar-se como um grupo de pesquisadores que não se limitam a focalizar aspectos reconhecidos da cultura organizacional, mas tentam compreender o imaginário e o inconsciente da organização. Afinal, tudo está mudando.

- Incentivar o espírito crítico e a desordem para mudar padrões de comportamento vigentes e obsoletos no sentido de acionar a mudança organizacional para encompassá-la com as mudanças externas.
- Agir como *coach*, impulsionando, orientando e dinamizando as ações das pessoas em direção a metas e alvos instáveis e ágeis negociados e consensuais e com retroação mútua e ágil.

 Reflita sobre **Interações e aprendizado** e sobre **Retroação e causalidade** na seção *Para reflexão* ITGAc 11.6

d) **Controle:** o controle é o aspecto administrativo que mais sofreu mudanças nos últimos tempos, com sérias restrições e limitações em favor da liberdade e autonomia das pessoas e na isenção de regras que balizavam comportamentos e decisões. Passou a ter foco na retroação e realimentação em tempo real.

11.9.8 O profundo impacto da tecnologia

A tecnologia está promovendo uma nova ordem no mundo global. A Quarta Revolução Industrial e a Indústria 4.0. As empresas ponto-com e as *startups* já definiram os novos padrões da chamada Nova Economia e revolucionaram a maneira de fazer negócios, instituíram uma nova maneira de trabalhar e uma nova cultura de relacionamento e interação entre as pessoas e clientes. A comunicação é o núcleo central. A formatação organizacional e a dinâmica das organizações estão se transformando rapidamente como nunca se viu antes.[71] A digitalização e a virtualização crescente das organizações são decorrência disso. Agora, o desafio reside na busca incessante de novas soluções, e a essência da eficácia e excelência está se deslocando para a busca de redes e parcerias em conexões virtuais dentro de um contexto ambiental mutável e em crescente transformação.

11.9.9 Simplificar, descomplicar e digitalizar para enfrentar a complexidade e a transformação exponencial

No fundo, fazer a mudança, vivê-la e encarar a complexidade e a incerteza de frente. Simplificando e descomplicando as organizações. Dar mais liberdade para as pessoas e desamarrá-las do entulho autocrático e burocrático para que elas possam utilizar seu recurso mais importante: a inteligência, o talento, o conhecimento e a competência. E, quem sabe, ajudá-las a conquistar e a organizar o tempo livre para melhor viver a própria vida.[72] Isto significa melhorar a qualidade do trabalho e a qualidade de vida das pessoas. Aquilo que Taylor chamava de princípio da máxima prosperidade para o patrão e para o empregado, hoje, pode ser transferido e atualizado para o princípio da qualidade de vida nas organizações para melhorar a vida de todos os parceiros envolvidos, sejam *stakeholders* internos ou externos. Não só beneficiar o cliente ou usuário, mas todos os membros que participam direta ou indiretamente das organizações: fornecedores, trabalhadores e gerentes, clientes e usuários, investidores e capitalistas, intermediários etc. E se possível também a comunidade carente ao redor que tanto precisa de ajuda. Não só utilizar o produto ou serviço produzido

Capítulo 11 – Para onde vai a Administração? Administração em um mundo exponencial — 393

Quadro 11.10 Esquema comparativo das teorias administrativas

Aspectos principais	Abordagens prescritivas e normativas					Abordagens explicativas e descritivas			
	Teoria Clássica	Relações Humanas	Teoria Neoclássica	Teoria da Burocracia	Teoria Estruturalista	Teoria Comportamental	Teoria de Sistemas	Teoria da Contingência
Ênfase	Nas tarefas e estrutura organizacional	Nas pessoas	No ecletismo: tarefas, pessoas e estrutura	Na estrutura organizacional	Na estrutura e no ambiente	Nas pessoas, na estrutura e no ambiente	No sistema organizacional e no ambiente	No ambiente, tecnologia, estrutura e pessoas
Abordagem da organização	Organização formal	Organização informal	Organização formal e informal	Organização formal	Organização formal e informal	Organização formal e informal	Organização como sistema aberto	Variável dependente do ambiente e da tecnologia
Aspectos principais	Conjunto de órgãos, cargos e tarefas	Sistema social como conjunto de papéis	Sistema social com objetivos a alcançar	Sistema social como conjunto de funções oficializadas	Sistema social intencionalmente construído e reconstruído	Sistema social cooperativo e racional	Sistema aberto	Sistema aberto e fechado
Conceito de Administração	Engenharia humana / da produção	Ciência social aplicada	Técnica social básica e administração por objetivos	Sociologia da burocracia	Sociedade de organizações e abordagem múltipla	Ciência comportamental aplicada	Abordagem sistêmica. Administração de sistemas	Abordagem contingencial. Administração contingencial.
Concepção do Homem	Homem econômico	Homem social	Homem organizacional e administrativo	Homem organizacional	Homem organizacional	Homem administrativo	Homem funcional	Homem complexo
Comportamento humano	Ser isolado que reage como indivíduo (atomismo tayloriano)	Ser social que reage como membro de grupo social	Ser racional e social focado no alcance de objetivos organizacionais e individuais	Ser isolado que reage como ocupante de cargo	Ser social que vive em organizações	Ser racional tomador de decisões quanto à participação nas organizações	Ser social que desempenha papéis	Ser social que desempenha papéis
Sistema de incentivos	Incentivos salariais e materiais	Incentivos sociais e simbólicos	Incentivos mistos, tanto materiais como sociais	Incentivos salariais e materiais	Incentivos mistos, tanto materiais como sociais	Incentivos mistos	Incentivos mistos	Incentivos mistos
Relação entre objetivos individuais e organizacionais	Identidade de interesses. Não há conflito perceptível	Identidade de interesses. Todo conflito é indesejável e deve ser evitado	Integração entre objetivos organizacionais e individuais	Não há conflito perceptível. Prevalecem os objetivos da organização	Conflitos inevitáveis e mesmo desejáveis, que levam à inovação	Conflitos possíveis e negociáveis	Conflitos de papéis	Conflitos de papéis
Resultados almejados	Máxima eficiência	Satisfação do operário	Eficiência e eficácia	Máxima eficiência	Máxima eficiência	Equilíbrio entre eficiência e eficácia satisfatória	Máxima eficiência	Eficiência e eficácia

pela organização, mas envolver todos os processos organizacionais, todos os sistemas internos e externos, tecnologias etc. Enfim, utilizar toda a imensa sinergia organizacional para melhorar a vida de todas as pessoas. E, também, da sociedade e de comunidades. É exatamente para isso que servem as organizações. E, por trás disso tudo, este é o papel fundamental da Administração: melhorar a vida das organizações, das nações e das pessoas. E o administrador como um poderoso agente de mudanças e transformações para conduzi-las exatamente para onde elas querem chegar e da melhor maneira possível: aos seus objetivos de oferecer valor, riqueza e satisfação a todos os seus *stakeholders*.

Esse é o mantra da teoria administrativa: apontar contínua e gradativamente os novos rumos e proporcionar novas soluções inovadoras para melhorar a qualidade de vida das pessoas e das organizações. E, afinal de contas, tornar o mundo cada vez melhor e mais feliz, com muito desenvolvimento e melhorias no padrão de vida da humanidade. Um mundo melhor para ser vivido e curtido seja por todos nós, seja pelas nossas futuras gerações. Um longo caminho de prosperidade sem fim. E a Administração bem no meio dele.

REFERÊNCIAS

1. TAPSCOTT, Don. *Economia digital*: promessa e perigo na era da inteligência em rede. São Paulo: Makron Books, 1997. p. 50-81.
2. PwC GLOBAL. The disruptors: how five key factor can make or break your business. Pricewaterhouse-Coopers. Disponível em: http://www.pwc.com/gx/en/ceo-agenda/pulse/the-disruptors.html. Acesso em: 17 dez. 2019.
3. TOFFLER, Alvin. *Powershift*: as mudanças do poder. Rio de Janeiro, Record, 1998. Ver também TOFFLER, Alvin. *The future shock*. New York: Bantan Books, 1970; TOFFLER, Alvin. *The third wave*. New York: Bantan Books, 1980; TOFFLER, Alvin. *Powershift*: knowledge, wealth, and violence at the edge of the 21st century. New York: Bantan Books, 1990.
4. WELLINGTON, Patricia. *Estratégias kaizen para atendimento ao cliente*. São Paulo: Educator, 1999.
5. OAKLAND, John S. *Gerenciamento da qualidade total – TQM*. São Paulo: Nobel, 1994. p. 20.
6. DEMING, W. Edwards. *Out of the crisis*, op. cit.
7. JURAN, Joseph M. *Juran on leadership for quality*: an executive handbook. New York: The Free Press, 1989.
8. CROSBY, Philip B. *Quality is free*: the art of making quality certain. New York: McGraw-Hill, 1979.
9. FEIGENBAUM, A.V. *Total quality control*: engineering and management. New York: McGraw-Hill, 1991.
10. WALTON, Mary. *The deming management method*. New York: Dodd-Meade, 1986.
11. TOMASKO, Robert M. *Downsizing*: reformulando e redimensionando sua empresa para o futuro. São Paulo: Makron Books, 1992.
12. CHIAVENATO, Idalberto. *Os novos paradigmas*: como as mudanças estão mexendo com as empresas, op. cit., p. 142-152.
13. TOMASKO, Robert M. *Downsizing*: reformulando e redimensionando sua empresa para o futuro. São Paulo: Makron Books, 1992.
14. THOMAS, Philip R.; GALLACE, Larry J.; MARTIN, Kenneth R. *Quality alone is not enough*, op. cit.
15. MORRIS, Daniel; BRANDON, Joel. *Reengenharia*: reestruturando a sua empresa. São Paulo: Makron Books, 1994. p. 11.
16. HAMMER, Michael; CHAMPY, James. *Reengenharia*: revolucionando a empresa. Rio de Janeiro: Campus, 1994.

17. HAMMER, Michael; CHAMPY, James. *Reengenharia*, op. cit., p. 37-38.
18. CHIAVENATO, Idalberto. *Manual de reengenharia*: um guia para reinventar sua empresa com a ajuda das pessoas. São Paulo: Makron Books, 1995. p. 29-31.
19. Baseado em MEYER, Alan D.; GÓES, James B.; BROOKS, Geoffrey R. Organizations in disequilibrium: environmental jolts and industry revolutions. In: HUBER, George; GLICK, William H. (ed.). *Organizational change and redesign*. New York: Oxford University, 1992. p. 66-111.
20. CAMP, Robert. *Benchmarking*: o caminho da qualidade total. São Paulo: Pioneira, 1993.
21. ROTHMAN, Howard. You need not be big to benchmark. *Nation's Business*, p. 64-65, dec. 1992.
22. SPENDOLINI, Michael J. *Benchmarking*. São Paulo: Makron Books, 1993.
23. CHIAVENATO, Idalberto. *Os novos paradigmas*: como as mudanças estão mexendo com as empresas, op. cit, p. 144.
24. OAKLAND, John S. *Gerenciamento da qualidade total – TQM*, op. cit., p. 185.
25. OAKLAND, John S. *Gerenciamento da qualidade total – TQM*, op. cit., p. 184.
26. SCHERMERHORN JR., John R. *Management*. New York: Wiley, 1996. p. 275.
27. CAMPBELL, Jeremy. *Grammatical man*: information, entropy, language and life. New York: Simon & Schuster, 1982.
28. KELLY, Kevin. *Out of control*: the new biology of machines, social systems, and the economic world. Reading, Massachusetts: Addison-Wesley, 1994.
29. STEWART, Thomas A. *Capital intelectual*: a vantagem competitiva das empresas. Rio de Janeiro: Campus, 1998.
30. KOULOPOULOS, Thomas M.; SPINELLO, Richard A.; WAYNE, Toms. *Corporate instinct*: building a knowing enterprise for the 21st century. New York: Van Nostrand Reinhold, 1997.
31. SVEIBY, Karl Erik. *A nova riqueza das organizações*: gerenciando e avaliando patrimônios de conhecimento. Rio de Janeiro: Campus, 1997. p. 9-12.
32. STEWART, Thomas A. *Capital intelectual*: a vantagem competitiva das empresas, op. cit.
33. MEISTER, Jeanne C. *Educação corporativa*: a gestão do capital intelectual através das universidades corporativas. São Paulo: Makron Books, 1999.
34. Adaptado de SVEIBY, K. E. *The new organizational wealth*: managing and measuring knowledge-based assets. San Francisco, CA: Berrett-Koehler, 1997. p. 27.
35. ARGYRIS, Chris; SCHÖN, Donald. *Organizational learning*: a theory of action perspective. Reading, Massachusetts: Addison-Wesley, 1978.
36. SENGE, Peter et al. *The dance of change*: the challenges of sustaining momentum in learning organizations. New York: Doubleday/Currency, 1999.
37. NONAKA, Ikujiro. The knowledge-creating company. *Harvard Business Review*, p. 96, jul./aug. 1991.
38. SENGE, Peter. *The fifth discipline*: the art and practice of the learning organization. New York: Doubleday, 1990.
39. SENGE, Peter et al. *The fifth discipline fieldbook*. London: Nicholas Brealey, 1994.
40. SENGE, Peter et al. *The dance of change*: the challenges of sustaining momentum in learning organizations. New York: Doubleday/Currency, 1999.
41. GEUS, Arie de. *The living company*. New York: Doubleday, 1997.
42. SENGE, Peter. *The fifth discipline*: the art and practice of the learning organization, op. cit.
43. SENGE, Peter et al. *The dance of change*: the challenges of sustaining momentum in learning organizations, op. cit., 1999.

44. DAVIS, K.; BLOMSTROM, R. L. *Business and society*: environment and responsibility. New York, McGraw-Hill, 1975.
45. KIERNAN, Mathew J. *11 mandamentos da administração do século XXI*. São Paulo: Makron Books, 1998. p. 199.
46. DESMET, Driek et al. Six building blocks for creating a high performance digital enterprise. New York: McKinsey & Company, sept. 2015. Disponível em: https://www.mckinsey.com/business-functions/organization/our-insights/six-building-blocks-for-creating-a-high-performing-digital-enterprise. Acesso em: 17 dez. 2019.
47. DIAMANDIS, Peter H.; KOTLER, Steven. *Abundância*: o futuro é melhor do que você imagina. São Paulo: HSM do Brasil, 2012; Ver também DIAMANDIS, Peter H.; KOTLER, Steven. *Bold*: how to big, create wealth and impact the world. New York: Simon & Schuster, 2015.
48. CUSUMANO, Michael A. *Staying power*: six enduring principles for managing strategy and innovation in an uncertain world. Oxford: Oxford University Press, 2010.
49. GAWER, Annabelle (ed.). *Platforms, markets and innovation*. Cheltenham: Edward Elgar, 2009. Ver também GAWER, A.; CUSUMANO, M. A. How companies become platforms leaders. *MIT Sloan Management Review*, 49, (20), p. 29-30, 2008; GAWER, A.; CUSUMANO, M. A. Platform leadership: how Intel, Microsoft, and Cisco drive industry innovation. Boston: Harvard Business School Press, 2002.
50. PARKER, Geoffrey G.; ALSTYNE, Marshall W. Van; CHOUDARY, Sangee Paul. *Plataforma*: a revolução da estratégia. São Paulo: HSM do Brasil, 2016. p. 13
51. Adaptado de ASHKENAS, Ron et al. *The boundaryless organization*: breaking the chains of organizational structure, *op. cit.*, p. 28-29.
52. GENERAL ELECTRIC COMPANY. *Form 10-K, fiscal year ended*, 2009. Disponível em: www.ge.com. Acesso em: 17 dez. 2019.
53. GEISSBAUER, Reinhard; VEDESO, Jesper; SCHRAUF, Stefan. A strategists guide to industry 4.0. *Strategy + Business*, ed. 83, summer 2016. Disponível em: https://www.strategy-business.com/article/A-Strategists-Guide-to-Industry-4.0. Acesso em: 17 dez. 2019.
54. ASHKENAS, Ron et al. *The boundaryless organization*: breaking the chains of organizational structure. San Francisco, CA: Jossey-Bass, 2002. p. xvii-xix.
55. ASHKENAS, Ron et al. *The boundaryless organization*: breaking the chains of organizational structure, *op. cit.*, p. 29.
56. MATURANA, Humberto. Humberto Maturana: as origens e suas reflexões. Santiago, mimeo: Entrevista a Cristina Magro e Ricardo Santamaria, 1990.
57. KELLY, K. *Out of control*: the new biology of machines: social systems and the economic world. Reading, Massachusetts: Addison-Wesley, 1994.
58. NONAKA, Ikujiro. The knowledge-creating company. *Harvard Business Review*, p. 96, jul./aug. 1991.
59. KELLY, K. *Out of control*: the new biology of machines, social systems and the economic world, Reading, Massachusetts: Addison-Wesley, 1994.
60. KANTER, Rosabeth Moss. *Quando os gigantes aprendem a dançar*. Rio de Janeiro: Campus/Elsevier, 1992.
61. CRAINER, S. *Key Management ideas*: thinkers that changed the management world. New York: Pearson, 1999.
62. STACEY, R. D. The science of complexity: an alternative perspective for strategic change processes. *Strategic Management Journal*, 16 (6), p. 477-495, 1995.
63. WEICK, Karl E. Organizational design: organizations as self-designing systems. *Organizational Dynamics*, n. 6, p. 31-46, 1977.

64. BAUER, Ruben. *Gestão da mudança*: caos e complexidade nas organizações. São Paulo: Atlas, 1999. p. 233.
65. BAUER, Ruben. *Gestão da mudança*: caos e complexidade nas organizações, *op. cit.*, p. 19.
66. HARMON, Paul; KING, David. *Expert systems*: artificial intelligence in business. New York: Wiley, 1985.
67. PERRINGS, Charles *et al*. *Biodiversity loss*: economical and ecological issues. Cambridge, UK: Cambridge University, 1997.
68. MORIN, E. *Ciência com consciência*. Rio de Janeiro: Bertrand Brasil, 1996.
69. DOZ, Y. L.; THANHEISER, H. Embedding transformational capability. ICEDR, oct. 1996. *Forum Embedding Transformational Capability*, Fountainebleau, France, INSEAD, 1996.
70. CAMPBELL, J. *Grammatical man: information, entropy, language and life*. New York: Simon & Schuster, 1982.
71. LINDLEY, David. *Where does the weirdness go?* New York: Basic Books, 1996.
72. DE MASI, D. *A emoção é a regra*. São Paulo: José Olímpio, 1999.

ÍNDICE ALFABÉTICO

A

Abordagem(ns)
 clássica da administração, 30
 de sistema fechado, 51, 67
 em redes, 335
 incompleta da organização, 51
 prescritiva e normativa, 51
Abrangência
 da direção, 151
  no nível departamental, 151
  no nível operacional, 151
 do controle, 154
 do planejamento, 148
Ação corretiva, 154
Adaptabilidade, 211, 243
Adaptação do trabalho ao trabalhador, 71
Adhocracia, 331
Administração, 11, 30, 135, 139
 abordagem clássica da, 30
 caráter
  provocativo da, 384
  universal da, 385
 científica, 36, 48, 50
  mecanicismo da, 48
  princípios da, 44
 como arte, 13
 como ciência, 13, 37, 60
 como técnica social, 139
 como tecnologia, 13
 conceito de, 11
 conteúdo e objeto de estudo da, 11
 elementos da, 64
 escola humanística da, 76
 estilos de, 189
 extremo racionalismo na concepção da, 66
 influência das ciências do comportamento sobre, 207
 na sociedade moderna, 15
 novos parâmetros da, 385
 organização e, diferença entre, 59
 para Fayol
  conceito de, 57
  princípios gerais de, 59
 período
  atual da, 349
  cartesiano e newtoniano da, 349
  sistêmico da, 349
 perspectivas futuras da, 16
 pioneirismo na, 51
 por objetivos, 172, 175
 princípios de, 64, 136
 relativismo na, 344
 tecnologia e, 281, 301
 teoria estruturalista da, 120
Administrador
 funções do, 144
 novo papel do, 99
Agente de mudança, 211, 217
Agilidade, 370
Alimentação de retorno, 239
Ambiente, 240, 313, 317
 de tarefa, 318
 estável, 320
 geral, 317
 heterogêneo, 320
 homogêneo, 319
 instável, 320
 organizacional, 127
Amplitude
 administrativa, 64, 142
 de ação do administrador, 387

Análise(s)
  das organizações, 121
  do trabalho, 38
    e adaptação do trabalhador ao trabalho, 71
  estatística, 266
  interorganizacional, 123
  organizacional a partir do comportamento, 208
Aprender a aprender, 388
Aprendizagem, 273, 373
  de equipes, 375
  experiencial, 217
  organizacional, 374, 376
Aptidão para aprender, 180
Argyris, Chris, 204
Arranjo organizacional, 330
Aspectos emocionais, 78
Assessoria, 64, 159
Associações de benefícios mútuos, 125
Atitude, 4
Atividades administrativas essenciais, 57
Ativos intangíveis, 372
Ausência de trabalhos experimentais, 65
Autoavaliação do desempenho, 191
Autogestão da carreira, 389
Automação, 292
  de processos, 378
Autoridade, 64, 107, 141, 383
  carismática, 108
  de linha, 63
  de *staff*, 63
  legal, racional ou burocrática, 108
  tradicional, 107
Autorregulação, 240
Autossustentabilidade, 10

B

Balanced Scorecard (BSC), 272
Barnard, Chester, 72
Bem-estar da organização, 216
Benchmarking, 368, 369
Big data, 297
Bipolaridade contínua, 344
Bonaparte, Napoleão, 24
Burocracia
  características da, 110
  dimensões da, 117
  disfunções da, 114
  origens da, 106

C

Cadeia
  de comando, 60
  escalar, 62
Caixa negra (*black box*), 285
Calor, 343
Canal(is), 289
  de comunicação, 200
Capital intelectual, 371, 372
Capitalismo
  industrial, 26
  financeiro, 26
Cargos e tarefas, 41
Carnegie, Andrew, 29
Categorização como base do processo decisório, 115
Centralização
  da autoridade, 62
  versus descentralização, 142
Cibernética, 282, 283, 291
Ciclo motivacional, 83
Circularidade, 252
Clareza, 369
Clausewitz, Karl von, 24
Clientes, 204, 273, 318
Clima organizacional, 84, 210, 211, 247, 342
Colaboração, 80, 388
Colaboradores, 204
Colheita de dados, 219
Comando, 58
  e controle, 52
Comparação do desempenho com o padrão estabelecido, 153
Compensação, 83
Competências, 380, 383
  das pessoas, 388
  duráveis do administrador, 3
  pessoais, 4
  técnica, 111
Competição baseada no tempo, 277
Competitividade, 10
Comportamento, 183
  dos grupos sociais, 82
  humano orientado para objetivos, 180
  organizacional, 201
  padrão dual de, 180
  probabilístico e não determinístico, 242
  social, 77, 82
Compressão
  do espaço, 293
  do tempo, 293

Comprovação científica, ausência de, 50
Computação, 258
Comunicação(ões), 26, 91, 247, 288, 388
    caráter formal das, 110
    caráter racional, 110
Concorrência mais aguda, 17
Concorrentes, 318
Condições de trabalho, 42
Conectividade, 293
Confiabilidade, 113
Confiança, 100
Conflitos
    entre órgãos de linha e de *staff*, 161
    organizacionais, 127
Conforto, 43
Conhecimento, 4, 361
    de negócios globais, 389
    tecnológico, 389
Conjunto organizacional, 127
Constância, 113
Consultoria, 159
Conteúdo do cargo, 78
Contingência(s), 305
    conceito skinneriano de, 305
    externas, 310
Continuidade da organização, 113
Contribuições, 202
Controle, 58, 145, 152, 159, 392
    de qualidade, 267
    físico, 124
    função
        administrativa, 152
        restritiva e coercitiva, 152
    material, 124
    normativo, 124
    sistema automático de regulação, 152
Convergência, 175, 362
Conversão, 249
Coordenação, 58, 62, 64
Crescimento
    das organizações, 17
        acelerado e desorganizado, 31
    industrial, 27
Criatividade, 190, 370
Cultura organizacional, 209, 211, 247, 342

D

Dados, 288, 296, 378
    estruturados, 297
    não estruturados, 297

Darwin, Charles, 350
Darwinismo organizacional, 350
Decisões
    programáveis, 258
    sob certeza, 260
    sob incerteza, 260
    sob risco, 260
Defrontamentos, 224
Delegação, 142
Departamentalização, 61, 162
    como característica organizacional, 163
    escolhas de alternativas de, 171
    geográfica, 166
    por cliente, 167
    por funções, 164
    por processo, 167
    por produtos ou serviços, 165
    por projetos, 168
Departamento, 163
    de produção, 29
    de vendas, 29
    financeiro, 29
    técnico, 29
Desafios, 343
Descartes, René, 24
Descentralização das decisões, 191
Descongelamento do padrão atual de
    comportamento, 211
Desempenho organizacional, 139
Desenho
    de cargos e tarefas, 41
    do trabalho, 342
Desenvolvimento, 214
    da economia monetária, 109
    de equipes, 217, 218
    intergrupal, 219
    organizacional, 215
        modelos de, 222
        processo de, 219
    sistemático, 215
Desintermediação, 362
Despersonalização do relacionamento, 115
Destreza de gestão situacional, 226
Desvio, 356
Diferenciação, 224, 246, 313
Dificuldade no atendimento a clientes e conflitos
    com o público, 116

Digitalização, 361
  completa das operações da empresa, 382
Dimensões da burocracia, 117
Dinâmica de grupo, 94
Direção, 64, 145, 151, 391
Discordância, 362
Disfunções, 110
  da burocracia, 114
Diversidade de organizações, 123
Divisão
  de tarefas, 199
  do trabalho, 40, 60, 110, 140
    horizontal, 61
    vertical, 61
Dominação, 107
  tradicional, 107
Domínio pessoal, 375

E

E-business, 295
Economias de escopo, 380
Economistas, 28
Eficácia, 31
  gerencial, 225
  organizacional, 216, 248
Eficiência, 10, 31, 381
Einstein, Albert, 352
Elementos da administração, 63
  para Gulick, 64
  para Urwick, 63
Emerson, Harrington, 45
Empowerment, 383
Empreendedores, 28
Empresas *holdings*, 27
Energia, 285
Enfoque interativo, 218
Enriquecimento de cargos, 187
Entidades reguladoras, 318
Entrada, 239, 285
Entropia, 238, 290
  negativa, 245
Enxugamento (*downsizing*), 172, 364
Equação humana, 99
Equifinalidade, 246
Equilíbrio dinâmico, 240
Equipes de alto desempenho, 369
Era
  da informação, 360, 361
  digital, 378

Escola
  da administração científica, 30
  humanística da administração, 76
Escopo da empresa, 379
Especialização, 64, 140, 160
  da administração, 111
  das tarefas, 119
  do operário, 40
  horizontal, 163
  vertical, 162
Estabelecimento
  de objetivos, 146
  de padrões ou métricas, 153
Estado firme, 245
Estatística, 263
Estilos
  de administração, 189
  gerenciais, 225
Estratégia(s), 264, 378
  de operações, 258
  e estrutura, 310
  mista, 264
  pura, 264
Estrutura
  de equipes, 334
  funcional, 157, 159
  linear, 24, 159
  matricial, 332, 333
  organizacional, 316, 342
  por equipes, 335
Estudo dos tempos e movimentos, 38
Ética, 376
Excellence gap, 222
Excesso de formalismo e de papelório, 114
Exibição de sinais de autoridade, 116
Expectativas, 339
Experiência de Hawthorne, 76, 77
Exponencialidade, 378
Exportação, 245, 249

F

Fadiga humana, 39
Fatores
  críticos de sucesso, 382
  higiênicos, 185
  motivacionais, 186
Fayol, Henri, 30, 56
Filosofia pragmática, 76
Finanças, 272

Física tradicional, 24
Flexibilidade, 226, 369, 381
　de estilo, 226
Foco, 370
Follett, Mary Parker, 72
Fonte, 289
Força motriz, 26
Ford, Henry, 45
Fordismo, 46
Fornecedores, 204
　de entradas, 318
Fronteiras, 243, 246
　externas, 337
　geográficas, 337
　horizontais, 337
　organizacionais, 382
　verticais, 336
Frustração, 83
Funções
　básicas da empresa, 56
　　administrativas, 57
　　comerciais, 56
　　contábeis, 56
　　de segurança, 56
　　financeiras, 56
　　técnicas, 56
　do administrador, 144

G

Gerentes profissionais, 29
Gestão
　de operações, 276
　do conhecimento, 371
　do desempenho, 342
Gestão da qualidade total (*Total Quality Management*, TQM), 364
Gilbreth, Frank B., 39
Globalismo, 238
Globalização, 362
　da economia, 17
Gouldner, Alvin W., 117
Grupos informais, 77, 97

H

Habilidades, 4
　necessárias ao administrador, 2
　　conceituais, 3
　　humanas, 3
　　técnicas, 2

Hardware, 238
Heisenberg, Werner, 352
Herzberg, Frederick, 185
Hierarquia, 58, 140, 160
　da autoridade, 110
　das necessidades de Maslow, 183
　de objetivos, 147
　dos indicadores de desempenho, 271
　nível
　　institucional, 140
　　intermediário, 140
　　operacional, 140
Hierarquização das decisões, 199
Homem
　administrativo, 200
　funcional, 252
Homeostase dinâmica, 245
Homeostasia, 238, 240, 242, 243, 287
Homo
　digitalis, 296
　economicus, 42, 48

I

Igreja Católica, 23
Imediatismo, 362
Imperativo
　ambiental, 312
　tecnológico, 322
Imperfeição das decisões, 199
Impessoalidade nas relações pessoais, 110
Implementação da mudança, 213
Importação, 245, 249
Impulsionadores, 383
Impulso
　de adquirir, 341
　de compreender, 341
　de defender, 341
　de formar laços, 341
Inadequação das tipologias organizacionais, 129
Incentivos, 202
　salariais, 41
Incerteza, 360
Inclusão parcial, 247
Industrialização, 27
Influência organizacional, 199
Informação, 64, 285, 287, 383
　como insumo, 245
Informática, 291
Inovação, 362

Integração, 224, 313, 362
    do negócio, 294
    social, 77
Interação, 369
    mais próxima com os clientes, 382
Interdependência
    das organizações com a sociedade, 127
    das partes, 242
Interesse
    alienatório, 124
    calculista, 124
    moral, 124
Internacionalização dos negócios, 17
Internalização das regras, 114
Investidores, 204

J
Jogador, 264
Julgamento e decisão, 4

K
Kaizen, 363

L
Legitimidade, 107
Liderança, 85, 151, 389
    autocrática, 87
    democrática, 88
    fenômeno de influência interpessoal, 85
    liberal, 87
    processo
        de lidar com as variáveis da situação, 86
        de redução da incerteza de um grupo, 85
    relação funcional entre líder e subordinados, 86
    teorias sobre, 86
Limitação do campo de aplicação, 51
Limites, 243, 246
Linguagem, 180
Linhas formais de comunicação, 159
Lorenz, Edward, 352

M
Malcolm Baldrige National Quality Award, 278
Managerial grid, 222
Mão de obra, 52
Máquinas organizadas, 292
Matemática, 263
Materiais, 285
Matriz, 264, 332
Mecanicismo, 106, 119, 232

Mecanização da indústria e da agricultura, 25
Megatendências, 19
Melhoria contínua, 154, 363
Meritocracia, 111
Mobilidade de capital, pessoas e ideias, 356
Modelo(s)
    contingencial de motivação, 339
    de desenvolvimento organizacional, 222
    de impulsos motivacionais, 341
    de Katz e Kahn, 244
    de Lawrence e Lorsch, 224
    de motivação
        de Lawler, 340
        de Vroom, 339
    de organização, 244
        de Schein, 244
    matemáticos em administração, 260
    mentais, 375
    sociotécnico de Tavistock, 248
Modularidade, 336
Molecularização, 361
Monitoração, 159
Moral, 84
Morfogênese, 243
Motivação, 83, 190
    humana, 82, 183
    modelo contingencial de, 339
Movimentos elementares (*therbligs*), 39
Mudança, 211, 360
    evolucionária, 214
    organizacional, 226
    revolucionária, 214
Multiple management, 157
Münsterberg, Hugo, 72

N
Não duplicação de função, 119
Natureza humana, 81
Necessidades
    de autorrealização, 184
    de contínua adaptação, 216
    de estima, 183
    de indicadores de desempenho, 269
    de participação e de comprometimento, 216
    de segurança, 183
    fisiológicas, 183
    humanas, 81, 179, 183
    sociais, 183
Negentropia, 290

Negociação, 128, 205
Newton, Isaac, 25
Nível(is)
  da organização, 122
  gerencial, 123
  institucional, 122
  técnico, 123
  de maturidade digital, 299
  de produção, 77
Normas, 110

O

Objetivos, 238
  estratégicos, 146
  individuais, 204
  operacionais, 146
  organizacionais, 126, 204
  táticos, 146
Observação do desempenho, 153
Operações, 258
  com tecnologias avançadas, 276
Oportunidades de participação, 175
Orçamento, 64, 148
Ordem, 253
Organização(ões), 58, 64, 145, 150, 310, 314, 328, 378, 390
  abordagem incompleta da, 66
  análise das, 121
  behaviorista, 209
  características das, 386
  coercitivas, 124
  crescimento acelerado e desorganizado das, 31
  de aprendizagem, 373
  de Estado, 126
  de interesses comerciais, 125
  de serviços, 125
  em redes, 336
  em relação a seu meio ambiente, 247
  entidade social, 59, 150
  formal, 122, 150
    abordagem simplificada da, 65
  função administrativa, 150
  e parte do processo administrativo, 59
  funcional, 157
  industrial
    funções básicas da, 79
  informal, 92, 93, 122, 150
  interna, 379
  linear, 62, 156
  linha-*staff*, 158
  mecanísticas, 311
  militar, 24
  modelos de, 244
  nível
    das tarefas e operações, 151
    departamental, 151
    institucional ou estratégico, 328
    intermediário, 328
    operacional, 328
  normativas, 125
  nova lógica das, 370
  orgânica, 311
  por equipes, 334
  princípios básicos de, 140
  racional do trabalho, 38
  relacionamento com os objetivos da, 158
  sistema
    aberto, 241
    de decisões, 197
    de papéis, 248
    social cooperativo, 196
  tipologia das, 124
  tipos de, 156
  utilitárias, 125
  virtuais, 337, 338
Órgãos operacionais, 160
Orientação
  contingencial, 218
  sistêmica, 217

P

Padrões, 111
  de desempenho, 199
Padronização, 43
  do desempenho, 119
Papéis
  do administrador, 5
    decisórios, 6
    informacionais, 5
    interpessoais, 5
Paradoxos das ciências, 350
Participação, 369
  nas decisões, 191
Partida, 264
Pensamento
  analítico, 231
  sintético, 232
  sistêmico, 375

Períodos de lazer, 94
Permeabilidade e flexibilidade das fronteiras organizacionais, 336
Pesquisa
   de Burns e Stalker sobre as organizações, 311
   de Chandler sobre estratégia e estrutura, 310
   de Joan Woodward sobre a tecnologia, 314
   de Lawrence e Lorsch sobre o ambiente, 313
   operacional, 258, 262
Pioneiros, 28
Planck, Max, 350
Planejamento, 64, 145, 159, 390
   de ação, 219
   estratégico, 148
   operacional, 148
   tático, 148
Plataformas, 379
Pluralismo, 356
Precisão, 113
Prêmio(s)
   de produção, 41
   Deming de Qualidade, 278
   nacional de qualidade, 278
Previsão, 58
Prigogine, Ilya, 353
Princípio(s)
   básicos de Ford, 45
   básicos de organização, 140
   da administração, 64, 136
      científica de Taylor, 44
      para Urwick, 64
   da amplitude administrativa, 64
   da análise ou de decomposição, 25
   da definição, 64
   da dúvida sistemática ou da evidência, 24
   da enumeração ou da verificação, 25
   da especialização, 64
   da exceção, 47
   da execução, 45
   da hierarquia, 141
   da incerteza, 352
   da melhoria contínua (*kaizen*), 276
   da síntese ou da composição, 25
   de autoridade, 64
      única, 160
   de economicidade, 46
   de eficiência de Emerson, 45
   de intensificação, 46
   de planejamento, 44
   de preparo, 44
   de produtividade, 47
   do controle, 45
   gerais de administração para Fayol, 59
Probabilidades, 263
Problemas
   estruturados, 260
   não estruturados, 261
Procedimentos, 148
Processamento, 238
Processo(s)
   de grupo e desenvolvimento de equipes, 217
   de mudança, 212
   decisório, 192, 197, 198, 258, 259
   internos, 273
Produ-consumo, 362
Produção
   em massa ou mecanizada, 314
   em processo ou automatizada, 314
   just-in-time, 276
   unitária ou oficina, 314
Produtividade, 43
Produto
   abstrato, 325
   concreto, 325
Profissionalização dos participantes, 111
Programação
   dinâmica, 266
   linear, 266
Proporcionalidade das funções administrativas, 58
Propósito, 238
Psicologia da forma, 237

Q

Qualidade, 258
   total, 267, 276, 364
Quinta onda, 355

R

Raciocínio criativo, 388
Racionalidade, 106, 113
   administrativa, 199
   burocrática, 113
   limitada, 199
Rapidez nas decisões, 113
Receptor, 289
Recompensas, 339, 343, 383
   e sanções sociais, 77
   materiais e sociais, 122

Recongelamento, 211
Redesenho de produtos e serviços, 382
Redução
    do atrito entre as pessoas, 113
    do tempo do ciclo de produção, 365
Reducionismo, 231
Redundância, 253, 290
Reengenharia, 172, 365
    de processos, 277
Relacionamento interpessoal, 192, 193
Relações
    humanas, 78
Relatividade das decisões, 199
Relativismo na administração, 344
Resiliência, 243
Resistência às mudanças, 115
Responsabilidade, 142, 343, 369
    social, 376, 377
Retroação, 218, 239, 286
    de dados, 219
    negativa, 287
    positiva, 286
Retroalimentação, 239
Retroinformação, 239
Revoluções industriais, 25
    primeira, 25
    quarta, 381
    segunda, 25
Rockefeller, John D., 29
Rotinas e procedimentos padronizados, 111
Rubrica da excelência empresarial, 223
Ruído, 289

S

Saída, 239, 285
Segurança, 52
Sensitividade situacional, 226
Senso de identidade, 211
Ser humano, visão microscópica do, 50
Serviços, 159, 258, 380
Simultaneidade, 356
Sinergia, 291
Sistema(s), 237, 283
    aberto, 236, 239, 241
    abstratos ou conceituais, 238
    administrativo, 192
        autoritário benevolente, 192
        autoritário coercitivo, 192
        consultivo, 193
        participativo, 193
    características dos, 237
    celular, 336
    conceito de, 237
    de autoridade, 200
    de comunicações, 192, 193
    de informação, 293
    de premiação e recompensas, 342
    de recompensas e punições, 192, 193
    dentro de sistemas, 236
    fabril, 26
    fechado, 239, 241
    físicos ou concretos, 238
    parâmetros dos, 239
    psíquico, 179
    social cooperativo, 196
    sociotécnico, 248
Six-sigma, 271
Smith, Adam, 28
Sociedade
    carismática, 107
    de organizações, 121
    legal, racional ou burocrática, 107
    tradicional, 107
Sofisticação crescente da tecnologia, 17
Software, 238
Solução de problemas, 217, 388
Subsistema
    social, 248
    técnico, 248
Superconformidade às rotinas e aos procedimentos, 115
Superespecialização do operário, 49
Supervisão
    funcional, 43
    única, 62

T

Taylor, Frederick Winslow, 30, 36, 44
Taylorismo, 49
Tead, Ordway, 72
Tecnologia, 258, 314, 322, 378, 392
    como variável ambiental, 323
    como variável organizacional, 323
    da informação, 293, 360
    de elos em sequência, 323
    do produto, 379
    e administração, 281
    fixa, 325
        e produto abstrato, 325
        e produto concreto, 325

flexível, 325
 e produto abstrato, 326
 e produto concreto, 325
 impacto da, 327
 intensiva, 324
 mediadora, 323
 na administração, 301
Teleologia, 232
Teoria(s)
 3-D da eficácia gerencial, de Reddin, 225
 administrativas, 13
 clássica da administração, 31, 56, 65, 306
 comportamental, 182, 307
  dimensões bipolares da, 206
 da administração, 60, 136
 da burocracia, 106, 118, 130, 306
  dentro da teoria das organizações, 119
 da complexidade, 353
 da contingência, 307, 310, 313
 da decisão, 259
 da informação, 288
 da máquina, 66, 119
 da motivação, 183
 da organização, 60
 da relatividade, 352
 das decisões, 197, 198
 das filas, 264
 das relações humanas, 76, 96, 99, 306
 de campo de Lewin, 82
 de crise, 129
 de motivação relatividade das, 207
 de sistemas, 307
 de traços de personalidade, 87
 de transição e de mudança, 129
 do caos, 352
 do desenvolvimento organizacional, 209
 do equilíbrio organizacional, 202
 dos dois fatores de Herzberg, 185
 dos grafos, 265
 dos jogos, 258, 263
 dos *quanta*, 350
 estruturalista da administração, 120, 129, 130, 306
 geral
  da administração, 15
  de sistemas, 236
 matemática, 258, 275, 276
 neoclássica, 138, 306
 situacionais de liderança, 90
 sobre estilos de liderança, 87
 sobre liderança, 86
 transitivas, 72
 X, 190
 Y, 1190
Terceirização (*outsourcing*), 172, 364
Therbligs, 39
Tipologia
 das organizações, 124
 de ambientes, 319
 de Blau e Scott, 125
 de Etzioni, 124
 de tecnologias de Thompson, 323
Tipos
 de organização, 156
 de participantes, 203
 de planos, 149
Tomador de decisão, 198
Traços
 físicos, 87
 intelectuais, 87
 relacionados com a tarefa, 87
 sociais, 87
Transformação, 245
Transmissor, 289
Transportes, 26
Treinamento, 200

U

Uma única maneira certa (*the one best way*), 52
Unidade
 de comando, 62, 119
 de direção, 62
Unidirecionalidade, 242
Uniformidade
 de práticas institucionalizadas, 119
 de rotinas e procedimentos, 113
Univocidade de interpretação, 113
Usina de serviços, 277
Utilidade
 das contribuições, 202
 dos incentivos, 202

V

Viagem de decisão do cliente, 378
Virtualização, 361
Visão compartilhada, 375
Visibilidade maior das organizações, 17